HANGHAI
XINLIXUE

航海心理学 （第二版）

主编 ◉ 杨传勇 阎婧祎
主审 ◉ 王有权

大连海事大学出版社
DALIAN MARITIME UNIVERSITY PRESS

© 杨传勇　阎婧祎　2024

图书在版编目（CIP）数据

航海心理学／杨传勇，阎婧祎主编. — 2 版.
大连：大连海事大学出版社，2024. 6. — ISBN 978-7
-5632-4557-4

Ⅰ. U675-05
中国国家版本馆 CIP 数据核字第 2024TR4359 号

大连海事大学出版社出版

地址：大连市黄浦路523号　邮编：116026　电话：0411-84729665（营销部）　84729480（总编室）
http://press.dlmu.edu.cn　E-mail：dmupress@dlmu.edu.cn

大连金华光彩色印刷有限公司印装　　　　　　大连海事大学出版社发行

2021 年 6 月第 1 版　　2024 年 6 月第 2 版　　2024 年 6 月第 1 次印刷
幅面尺寸：184 mm×260 mm　　　　　　　　印张：18.75
字数：468 千　　　　　　　　　　　　　　印数：1~3000 册

出版人：刘明凯

责任编辑：刘长影　　　　　　　　　　　　责任校对：杨玮璐
封面设计：解瑶瑶　　　　　　　　　　　　版式设计：解瑶瑶

ISBN 978-7-5632-4557-4　　定价：46.00 元

第二版前言

近年来,立体化教材建设成为新的发展趋势和需求,为适应教学新需要,我们对2021年出版的《航海心理学》进行了修订。

本次修订的指导思想是贴近使用者需求,使结构更合理,内容表述更专业、更有条理,研究数据更新,事例更丰富。为此,我们主要做了三个方面的调整。

第一,对部分章节的结构做了微调,增添了新的内容和案例,删减了联系不紧密的内容。调整的章节包括:第三章由"海员的生态系统特征与心理品质要求"改为"海员的生态系统与影响",对第一节"生态系统理论"和第二节"海员的生态系统"的具体内容做了一些修改;第五章由"航海安全与心理因素"改成"航海安全与人的因素",第一节和第二节中均增加了对理论的解释,第三节中原第四部分内容由"其他情绪因素与安全"调整为第三部分"情绪智力与航海安全",第六节改为"疲劳与航海安全",内容以国际海事组织(IMO)制定的《疲劳导则》为指导相应做了扩充和调整,原第六节"人格因素与航海安全"变更为第七节,并删减了五因素理论关于子维度的解释;第六章第一节内容有微调,第二节"海员常见心理问题"中原第一项"急性紧张综合征与精神疲劳"改成"精神疲劳与睡眠问题",对第四节的部分内容做出调整;第七章第一节改为"心理咨询与心理咨询师概述",第二节改为"海员心理咨询的对象、任务和一般程序",对其内容进行了相应调整,在第三节中增加了心理会谈技术的内容;第十一章第四节由"领导风格的选择模式"改为"领导胜任理论与领导力开发"。此外,为了促进学习者理解,书中新增引用十余个航海事故案例。

第二,在每一章末尾增加了复习题,包括"名词与术语"和"思考题"两部分,以帮助学习者更好地把握学习重点。

第三,本书改版为立体化教材。编写团队组织录制了在线课程资源(智慧树平台《船员心理学》),在教材中也插入了知识点的视频和音频链接二维码,为学习者提供更好的学习支持。插入的视频既有对知识点的讲解,也有对教材内容的扩充。

本书第一版由杨传勇、阎婧祎搭建整体框架,杨传勇编写第一至五章,阎婧祎编写第六、七章,高杨编写第八、九章,顾源编写第十、十一章,杨传勇负责全书统稿,王有权教授主审。本次修订,第一至第十章文字修改由杨传勇完成,第十一章文字修改由顾源完成;视频资源由郑琳娜、杨传勇、阎婧祎、高杨、顾源共同录制完成。

需要说明的是,尽管本次修订已经参考了新的信息资料和研究成果,更正了一些不严谨的表达方式,但仍可能存在需要继续完善之处,希望使用本书的同人和读者予以包容和理解,并不吝批评指正。

最后,诚挚感谢大连海事大学出版社刘长影编辑及其同事!感谢本教材编写过程中参考过的所有文献的作者!同时,也向在编写过程中给予航海实务知识指导的郑永炳先生、吕世东船长、李振国船长和曲霄船长致谢。

杨传勇

2024 年 6 月

第一版前言

航海心理学是普通心理学、发展心理学、社会心理学、变态心理学、安全心理学、劳动心理学、咨询心理学、医学心理学、管理心理学等学科在航海领域的具体应用。它以提升航海过程中的安全性、增强海员的心理健康水平为目标，研究海员在航海中的心理与行为特征，关注海员心理健康咨询、海员心理危机救援、海员心理选拔、海员心理训练，为海员的心理成长和航运企业的安全管理、海员队伍建设提供理论指导和支持。

本教材内容兼顾教学与实际应用，参考了大量心理学和医学专著及文献资料，吸收了《航海心理学（第二版）》（王有权编著）的核心内容，充实了心理学的基础理论，更新了近年来相关的最新理论研究成果，采用了最新精神类疾病的分类标准和名称，补充了一些新的案例。教材在结构方面着重突出了航海安全与心理因素的关系、海员心理健康两方面内容，尽量做到通俗易懂而不失专业性。

从使用的角度，本教材既可以作为没有心理学基础的读者（如航海类学生、海员）的教材和自学读物，从基础理论学起，循序渐进，了解航海心理学的相关知识，也可以作为专业心理学工作者的参考书，利用本书梳理的航海心理学的有关规律，更好地为海员的心理健康服务。本教材还可以作为航运企业管理人员的参考书，以便他们更好地了解海员心理，做好海员选拔、安全管理与服务保障工作。

本教材得以成稿并出版，要感谢大连海事大学王有权教授的倾力支持。本教材是对王有权教授所编著的《航海心理学（第二版）》的传承。《航海心理学（第二版）》自2007年出版以来，获得了业内人士的高度认可，成为国内航海心理学的经典教材，为中国海员的心理健康知识的推广和普及做出了不可磨灭的贡献。编者自涉入航海心理学的研究以来，时常得到王教授之教导和勉励，此次受王教授嘱托新编教材，深刻感悟"前人种树，后人乘凉"，唯有更加努力，才不负厚望。奈何心理学浩瀚博大，管中窥豹终有不及之处，书中难免有表述不当甚至疏漏谬误之处，恳请读者与同行批评指正。

本教材由杨传勇、阎婧祎搭建整体框架，杨传勇（第1～5章）、阎婧祎（第6、7章）、高杨（第8、9章）、顾源（第10、11章）负责初稿编写，杨传勇负责全书统稿，王有权教授主审。戚发勇和郑琳娜也参与了本教材的编写工作。

最后，诚挚感谢为本教材的顺利出版而付出辛勤努力的大连海事大学出版社刘长影编辑及其同事！感谢本教材编写过程中参考过的所有文献的作者！同时，也向在编写过程中给予航海实务知识指导的吕世东先生和曲霄船长致谢。

编者
2021 年 2 月

目　录

第一章　心理学概述

心理学对于当代人来说并不陌生。现在的文学作品、杂志、影视作品以及互联网中,随处可见心理学元素。随着心理知识的科普,心理学的神秘感在逐渐消失。但是,我们能够发现,即使在受过良好教育的群体里,人们对心理学的认识也有限,通常联想到的还是精神疾病、压力以及心理治疗等方面。其实,心理学包罗万象,渗透在生活的方方面面,比我们能够想象的要复杂和博大得多。

第一节　心理学的研究对象

"心理学"一词来源于希腊文,意思是关于灵魂的科学。灵魂在希腊文中也有气体或呼吸的意思,因为古希腊人认为生命依赖于呼吸,一旦呼吸停止,生命就完结了。后来,随着科学的发展,认识的进步,心理学的对象由灵魂改为心灵。到了19世纪后叶,科学心理学诞生,伴随着学者间的争论和探索,心理学得到了迅猛的发展。俟至当代,心理学不断融合,对心理学的研究对象与范畴的认识也渐趋一致。

戴维·迈尔斯在《心理学》一书中提到心理学是研究行为和心理过程的科学。

卡罗尔·韦德在《大众心理学》一书中认为心理学是研究人类行为和精神活动,以及这些行为和活动如何受到生物体的身体状态、精神状态以及外界环境影响的一门学科。

理查德·格雷格和菲利普·津巴多在《心理学与生活》一书中定义心理学是关于个体的行为及心智过程(心理活动)的科学研究。

尽管具体表述上有所差别,仍然为我们勾勒出一个心理学研究对象的基本范畴,即心理学是研究人的行为和心理活动的科学。更加广泛的心理学研究对象还包括动物。行为本身并不属于心理活动,它是人在内外环境因素刺激下的外显活动,受心理活动支配和调节,是心理活动的延伸。心理活动无法直接观察,因而行为成为心理学无法回避的研究对象。心理活动的表现形式也称心理现象。苏联心理学家 Н.д.列维托夫将其划分为心理过程、心理状态与心理特征三种形态。

一、心理过程

心理过程是指在客观事物的作用下,心理活动在一定时间内发生、发展的过程。心理过程是心理现象的动态表现形式,通常包括认知过程、情绪和情感过程、意志过程三个方面。

【微视频】
心理学的
定义

1.认知过程

认知也叫认识,是指人认识外界事物的过程,是人们获得知识或者运用知识的过程,也可以说是对作用于人的感觉器官的外界事物进行信息加工的过程。这是人基本的心理现象。它包括感觉、知觉、记忆、思维、想象、判断等。

人们通过各个感觉器官认识了作用于它的事物的一个个属性,产生了感觉。人们又能把各种感觉结合起来,产生对事物整体的认识,这就是知觉。感觉和知觉都是对事物外部现象的认识,属于感性认识阶段。人们通过思维才能产生对事物本质的认识,这是由表及里、去粗取精的过程。这种过程的产生依赖于记忆,记忆提供了过去获得的经验,使人们能把过去的经历和现在的经历联系起来,并加以对照,从而认识到事物的本质和事物之间的内在联系,达到理性认识。

2.情绪和情感过程

情绪和情感是一个人在对客观事物的认识过程中表现出来的态度体验,如满意、愉快、气愤、悲伤等。它以人的需要为中介,和一定的行为表现联系在一起。当我们被称赞和表扬的时候,我们被认同、被喜欢的需要得以满足,因而产生了高兴等积极情绪;当我们被批评和嘲讽的时候,被认同、被喜欢的需要遭到了破坏,因而产生了难过等消极情绪。

3.意志过程

一个人有意识地提出目标、制订计划、选择方式方法、克服困难,以达到预期目的的内在心理活动过程即为意志过程。有意识、有目标、需要克服困难,是意志活动的三个必要条件。意志表现了心理活动对人的行为的支配和调节。

对于心理过程,我们可以这样简单地理解:当外界事物作用于感觉器官的时候,人们总要感觉它、认识它;在认识它的同时,人们就会产生对它的态度,引起情绪,激发人们的行动,并努力达到目的。这就是人的认识、情绪和情感以及意志活动,它们都是以过程的形式存在的,都要经历发生、发展和结束的不同阶段,因此被称为心理过程。

二、心理状态

心理状态是指在一段时间内相对稳定的心理活动。心理状态表现于心理过程之中。在认知过程中,专注与注意力分散状态,思维的活跃与迟钝状态;在情绪过程中,冷静与激情状态,愉悦与兴奋状态;在意志过程中,坚韧与脆弱状态,果断与犹豫状态等,都是人的心理状态的具体表现。

三、心理特征

心理特征是指一个人心理过程进行时经常表现出来的稳定特点。如有的人观察敏锐细致,有的人马虎粗心;有的人思维灵活开放,有的人僵化守旧;有的人热情豪爽,有的人敏感冲动;有的人乐于交往,有的人喜欢独处;有的人刚毅果断,有的人优柔寡断;有的人聪慧过人,有的人资质平庸……

心理特征包括个性心理特征和个性倾向性两个方面。个性心理特征主要包括气质、性格和能力等。其中,气质指人在进行心理活动时,在强度、速度、稳定性、灵活性等动态性质方面的心理特征;性格指人对现实的态度以及与之相适应的行为方式上的心理特征;能力标志着人在完成某种活动时的潜在可能性上的心理特征。个性倾向性包括需要、动机、兴趣、信仰、价值观、理想等。个性心理特征受到个性倾向性的制约。例如,能力和性格是在动机、价值观、理想等推动作用下形成或者变化的,也需要依赖于动机和理想等动力机制表现出来。个性心理特征与个性倾向性两者相互制约、相互作用,使个体表现出时间上和情景中的一贯性。

四、三种形态的关系

心理过程、心理状态与心理特征既相互联系又相互统一。

心理过程是暂时的,心理特征是稳固的,而心理状态则是介于两者之间的,它兼有心理过程和心理特征的特点,既有暂时性又有稳固性,是心理过程与心理特征统一的表现。心理过程都是在一定的心理状态的背景中进行的,都表现为一定的心理状态。如:注意力的分散与集中;思维的明确性、迅速性和"灵感"状态;情绪的兴奋与冷静;意志方面的坚强与软弱等。一个人在过去、现在以及将来的时间线上的心理过程中的心理状态呈现一定的特征和规律,这就形成了他的心理特征。因此,一个人在特定时刻的心理状态,是当前事物引起的心理过程、过去形成的心理特征和以前的心理状态相结合的产物。心理状态是心理过程和心理特征联结的中介环节,是从心理过程向心理特征转化的中间过渡环节。心理过程和心理特征是在两者相互结合统一的基础上,由心理状态直接表现出来的。也就是说,一切心理现象实际上都直接表现于心理状态之中。心理活动结构图解如图1-1所示。

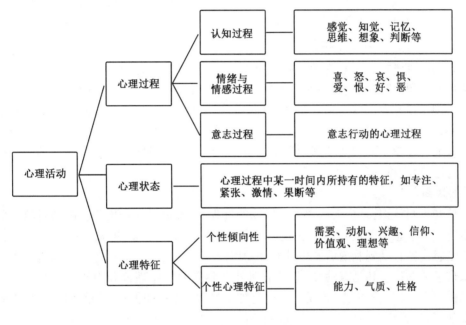

图 1-1　心理活动结构图解

第二节　心理学的研究内容

【微视频】
心理学的
研究内容

心理学已经深入我们的日常生活,以心理学为题材的小说、影视作品甚多,亲子关系教育培训遍地开花,心理咨询需求越来越大。在企业招聘、员工岗位适任、产品营销中,心理学方面手段的使用越来越普及,可以说心理学的应用在当代几乎无处不在。

一、心理学的分类

心理学是一门内容广泛的学科,一般可分为基础心理学和应用心理学。将两者区分开来只具有相对的意义,因为两者除研究的目的不同之外,在其他方面,如研究的领域、研究的对象,乃至运用的概念和研究的方法等都是相互交叉的。基础心理学着重于理论体系的建立和基本规律的探讨。在基础理论研究方面,心理学形成了许多领域,即心理学包含了许多分支。例如,从心理现象发生、发展的角度进行研究,形成了动物心理学和比较心理学;从人类个体心理现象发生和发展的角度进行研究,形成了发展心理学,其中包括儿童发展心理学、老年心理学等;研究社会对心理发展的制约和影响,形成了社会心理学;研究心理现象的神经机制,形成了生理心理学;总结人的心理活动的一般规律,形成了普通心理学;概括心理学研究方法,又形成了心理学研究方法和实验心理学;等等。把心理学研究的成果运用于解决人类实践活动中的问题,以服务于提高人们的工作水平和生活质量,又形成了应用心理学的众多分支。例如,服务于教育的教育心理学;服务于管理的人力资源管理心理学;服务于人类心理健康的临床心理学,其中包括心理卫生、心理健康、变态心理学、心理咨询和心理治疗等。此外,还有工程心理学、环境心理学、体育运动心理学、司法心理学、航空航天心理学、文艺心理学、心理测验学以及航海心理学等心理学分支。只要是人类实践活动的领域,就会有特殊的心理学问题,就可以形成一个心理学的应用分支学科。

二、普通心理学的内容

普通心理学在整个心理学中有着重要地位,它是整个心理学的基础。它以正常成人为研究对象,研究心理活动的一般规律,概括了心理学各个分支学科研究的成果,构建了心理学最基本的概念和最基本的理论。学习普通心理学,熟悉心理学最基本的概念和心理活动的一般规律,对于心理学的涉猎者是必要的。

普通心理学主要包括心理学的基础内容,如:认知;需要和动机;情绪与情感;意志;意识与注意;人格;能力,等等。

1.认知

认知也叫认识,是指人认识外界事物的过程,或者说是对作用于人的感觉器官的外界事物进行信息加工的过程。它包括感觉、知觉、记忆、思维、想象、判断等心理现象。感觉是感受器官受到刺激后产生神经冲动以反映身体内外经验的过程。知觉是大脑整合来自感觉的信息和已有的知识,形成对外部刺激的整体理解和识别。记忆是大脑存储和提取信息的一种能力,也是一个信息加工过程,反映的是过去的经验。思维以感知为基础,又超越感知的界限。它把过去的经验与当下的经历加以比较,通过分析、综合、抽象、概括等形式,达到对事物本质的认识。通常意义上的思维,涉及所有的认知或智力活动。它探索与发现事物的内部本质联系和规律性,是认识过程的高级阶段。想象与判断,严格来说,属于思维的范畴。想象是基于形象记忆的再加工和改造过程,创造出新的形象,是创造性的思维过程。判断是思维过程的一个节点,代表着思维过程的一个暂时的终结。

2.需要和动机

(1)需要

人的心理活动都有其内部推动力量,这种力量就是人的需要。需要以欲望、要求的形式表现出来,它反映的是人体内部的不平衡状态。人要维持和发展自己的生命,就必须有一定的外部条件来满足它。当这样的条件缺乏时,就会反映到人的头脑里,让人产生对所缺物质或社会条件的需求,这就是人的需要。当人们意识到这种需要的时候,这种需要就转化成了推动人从事某种活动,并朝向一定目标前进的内部动力,即人心理活动的动机。所以,需要和动机是推动人从事心理活动的内部动力。

所有的需要都指向某个确定的对象,不存在没有对象的需要。人的需要是不断发展的。人的需要永远不会停留在同一个水平上,永远不会彻底满足。当原有的需要得到满足,内外的不平衡得到消除,这种状态就会改变,新的不平衡随即就会产生,也就是产生了新的需要,迫使人们追求新的对象。周而复始,人的需要成为人类活动的动力和源泉。例如,在经济条件较差的时候,人们的基本需要就是吃饱和穿暖;经济条件逐渐改善之后,人们就不再满足于吃饱和穿暖,还希望吃得好、穿得美,然后,逐渐开始追求吃得营养健康、穿得时尚新颖。

从产生的角度来看,需要可以分为生理需要和社会需要;从满足的对象角度来看,需要可以分为物质需要和精神需要。生理需要与人的生存和种族延续有密切的关系,比如,吃喝拉撒睡、生殖繁衍等。社会需要是在社会关系中通过学习而产生的需要,比如,求知、艺术、劳动、成就、交往等。物质需要是对社会物质产品的需要,包括衣服、食物等直接需要,也包括工作、生活环境和条件的需要。精神需要是对社会精神产品的需要,比如,科学知识、文化艺术、新闻信息、道德观念的需要等,往往需要一定的物质条件作为保障。

(2)动机

动机是激发个体朝着一定的目标活动,并维持这种活动的一种内在的心理动力。行为活动背后都有它的原因,动机就是答案。需要是动机产生的基础。动机在人意识到自己的需要,开始追求满足的对象时产生。

生理性需要引起的动机,如吃饭、睡觉、求偶等,叫作生理性动机,是内驱力。有时候,人的内部并没有失去平衡,但是外部环境条件对人的引诱,如财富、名誉、权力、地位等,也能促使人产生行为的动机,以满足某种心理需要,这个外部条件就叫作诱因。

人的各种需要在一定的情境下会展示出优先与否的次序。美国心理学家亚伯拉罕·马斯洛(Abraham Maslow,1970)把人的需要的先后顺序描述为需要的层级(Hierarchy of Needs)。在这个金字塔的底层是生理需要,比如,对食物、水、氧气、睡眠的需要等。只有这些需要得到一定程度的满足,人们才被激励去满足安全的需要,然后再去满足更高阶的需要:爱与归属的需要、尊重的需要。马斯洛认为人类最高级别的需要是发挥全部潜能的自我实现需要。在马斯洛晚年的时候,他又提出有些人还能达到自我超越的层次。在这个层次上,人们会努力寻找超越自我的意义、目的和亲密交往。科特科-里维拉(Koltko-Rivera)称之为超个人需要。

3.情绪与情感

人有喜、怒、哀、乐,即人的情绪与情感。情绪与情感是伴随认识和意志过程产生的对外界事物的态度和体验。这种态度和体验反映了客观事物和主体需要之间的关系。当外界事物正好满足人的需要时,人就会引起愉快的体验,否则就会引起消极的体验。

情绪与情感是同一过程和同一现象,只是分别强调了同一心理现象的两个不同方面。

情绪指的是感情的反应过程,也就是脑的活动过程。它具有情景性和易变性。引发情绪的情景改变,情绪通常也会随之消失。情绪还伴随着明显的生理变化和外部行为的表现。人的基本情绪包括喜、怒、哀、惧等。

情感常常被用来描述具有深刻而稳定的社会意义的情感。它具有稳定性和持久性。人的基本情感包括爱、恨、好、恶等,高级情感包括美感和道德感等。

4.意志

意志是有意识地确立目的、调节和支配行为,并通过克服困难和挫折来实现预定目的的心理过程。意志是人的思维决策见之于行动的心理过程,表现了心理对行为的支配,而支配的力量因人而异,有强弱之分,代表了一个人的意志品质水平。

人们在各种意志行动中会表现出稳定的特点,在心理学上就被归纳为意志品质。良好的意志品质是保证活动顺利进行、实现预定目的的重要条件。意志具有四个品质特性:自觉性、果断性、坚韧性和自制性。

5.意识与注意

意识是人在觉醒状态下的觉察或觉知。意识既包括向外对外界事物的觉知,也包括向内对自身内部状态的觉知。意识涉及觉知时刻的各种直接经验,比如,感知觉、思维、情绪与情感、欲望、期待与信念,还有如何评价这些内容以及自身行为。由于意识的调节作用,人们的心理活动能够集中而富有成效。意识的状态可以分为不同的层次和水平,从无意识到意识是一个连续的过程,一种意识状态可以转化为其他状态。比如,在沉睡之中突然听到闹钟大作,想起考试要迟到了,一下子就从睡眠状态转化到清醒状态。

注意是意识的一种属性,是心理活动或者意识活动对一定对象的指向和集中。每天人们受外界的刺激不计其数,但是感觉器官接受外界刺激的能力却是有限的,所以人们不得不有选择地接受外界刺激,使自己能对特定的刺激进行精细的加工。

一个人的注意品质可以从稳定性、广度、转移、分配四个方面来进行衡量。

6.人格

人格是一切心理特征的总和,也是各种心理特性的一个相对稳定的组织结构,是一个人在一段时间内的思维、偏好、情感及行为的特有统合模式,这个模式包含了一个人区别于他人的稳定而统一的心理特质。

艾森克(Eysenck,1970)认为,人格是个人性格、气质、智力和体格的相对稳定而持久的组织,它决定个人适应环境的独特性。黄希庭(1998)认为,人格是个体行为上的内部倾向,它表现为个体适应环境时在能力、情绪、需要、动机、兴趣、态度、价值观、气质、性格和体质等方面的整合,是具有动力一致性和连续性的自我。

人格与个性是两个相近的概念。在一些学者的观点里,它们是同等的内涵,但在使用个性的概念时,强调的是个体之间的差异性,而在使用人格的概念时,则强调心理特征的稳定性。另一些学者认为,能力是独立于人格之外的心理特征,能力与人格组成了个性。本书采用第一种观点,即能力是人格的组成部分。但是,作为一项重要的心理因素,我们也将单独介绍能力的概念。

关于人格的理论学说有很多,比如,人格的类型学说、人格特质理论、人格结构理论、人格的形成与发展理论等。心理学家们于其中辛勤耕耘,百家争鸣。在人格类型学说中,较为知名的包括希波克拉底和盖伦提出的体液说,荣格提出的内-外倾学说等。在人格特质理论中,有奥尔波特提出的特质理论、卡特尔提出的16种人格特质理论、大五人格模型等。此外,还有弗洛伊德提出的人格结构理论,以及埃里克森提出的人格发展阶段理论等。

7.能力

能力是顺利、有效地完成某种活动所必须具备的心理条件。例如,美术能力就包含着敏锐的视觉、清晰的视觉形象记忆力和手的灵活操作能力等。能力表现在心理活动的各个方面,人与人之间存在着能力的差异。比如,在智力水平方面,有的人智商高,有的人很平庸;在特殊能力方面,有的人擅长数理化,有的人擅长艺术,还有的人擅长创造发明;在发展水平上,有的人早慧,有的人大器晚成,等等。能力是具体的,是与完成某种活动相联系的,不存在纯粹抽象的能力,并且能力随着年龄的变化而变化。有些能力随着年龄的增大会经历一个由弱变强,再由强变弱的过程,比如,运动能力和记忆能力。有些能力随着年龄的增大一直在逐渐提高,只不过提高的速度不一致,比如,与经验相关的能力。

除了以上列出的内容之外,普通心理学还研究心理的生理基础、心理发展、学习行为、社会心理等。

人的心理活动是一个密不可分的有机整体,尽管以上罗列了认知、需要和动机、情绪与情感、意志、意识与注意、人格、能力等普通心理学的核心概念,但并不意味着它们就是独立的、割裂的。这些心理现象实质上是相互渗透、相互参与、紧密联系的。

第三节　心理学的研究目标

【微视频】
心理学的
研究目标

心理学家从事基础研究的目的是描述、解释、预测和控制心理活动和行为。具体地说,就是在适宜的水平上客观地描述行为,解释产生行为的原因,预测行为在何种情况下于何时会发生,以及控制行为以改进生活质量。这些目标构成了心理学专业的基础。

一、描述发生的事情

心理学的第一个任务是对行为进行准确的观察。心理学家通常把这种观察称为行为数据。

行为数据是关于机体的行为以及行为发生条件的观察报告。当研究者进行数据收集时,他们必须选择一个适宜的分析水平,并且设计出能保证客观性的测量方法。为了研究个体的行为,研究者可能使用不同的分析水平,即从最宽泛的整体水平到最细微的具体水平。心理学描述的水平不同,提出的问题也不同。比如,在一个水平上,研究者可能研究暴力、偏见的根源、精神疾病影响的跨文化差异。在下一个水平上,心理学家关注较为狭窄和精细的行为单元,比如,对信号灯的反应速度、阅读过程中的眼动以及儿童在学习语言过程中的语法错误。心理学家还可能研究更小的行为单元。他们可能通过确定大脑中存储不同记忆类型的部位、在学习过程中发生的生物化学变化以及负责视觉和听觉的感觉通路来探索行为的生物基础。每个水平上的分析都提供所需的基本信息,最终通过整合之后,才能呈现心理学家所希望描绘的关于人类本性的完整因素。不论观察的焦点宽窄如何,心理学家们都在努力客观地描述行为。最重要的是按照事实的本貌而不是研究者的期待或希望去收集它们。因为每一个观察者都可能把自己的主观观点(如偏差、偏见和期望等)带进观察中,因此,防止这些个人因素混淆和扭曲数据是非常重要的。

心理学家利用个案研究、调查总体中的随机样本和自然观察来观察和描述行为。

对观察结果做出概括时,把握具有代表性的样本以及运用恰当的观察方法是心理学家说明问题的关键。

二、解释发生的事情

描述必须忠实于可察觉的信息,而解释却需有意地、谨慎地超越可观察到的现象。在心理学的许多领域,其中心目标是找到行为和心理过程的规律模式。心理学家希望发现行为是如何产生的。比如,当发生的情形出乎意料时,为什么有的人大笑,而有的人却不为所动?什么情况会导致一个人产生懈怠心理或者违反规则?

心理学的解释通常承认大多数行为受到一些因素的共同影响。一些因素在个体内部起作用,比如,基因构成、动机、智力水平或自尊等。这些内部决定性因素是关于机体的一些特殊内容。而其他因素,比如,环境、任务的难易程度、人际关系、经济状况等,则在外部起作用。当心理学家们寻求对行为的解释时,他们几乎总是同时考虑这两种类型的解释。例如,心理学家想解释为什么一些人开始吸烟。研究者可能会认为某些个体特别倾向于冒险(内部解释),或者一些个体承受了大量来自同辈人的压力(外部解释),或者冒险的倾向和某种情境下的同辈压力都起到了作用(综合解释)。

为了检验这些对原因的解释,研究者必须经常检验收集到的不同种类的数据,通过使用他对人类经验的洞察力和以前的研究者对同一个现象已经发现的事实,来解释观察到的现象。许多心理学研究试图确定几种解释中的哪一种能最精确地解释特定的行为模式。具体用于解释的理论和工具很多,都能够帮助人们更好地分析和理解行为背后的原因。但是,没有任何的解释是可以确保百分之一百正确的,毕竟无论解释的过程多谨慎,其也已经超越了客观世界,进入主观的领域。

三、预测将要发生的事情

心理学中的预测用来表述一个特定行为将要发生的可能性和一种特定关系将被发现的可能性。对造成特定行为方式潜在原因的精确解释,常常能让研究者对未来的行为做出精确的预测。因此,如果我们基于一个海员过去的行为表现认为他是害羞的人,那么我们可以有信心地预测,他在被要求和一个陌生人打交道的时候会感到不舒服。当不同的解释被用来说明某种行为或关系时,通常依据它们能做出更多精确而全面的预测来形成判断。

正如观察必须非常客观一样,科学预测的措辞也必须足够精确,以使它们能够被检验,在证据不支持的时候被拒绝。例如,假设研究者预测,一个陌生者的出现必定导致特定年龄以上的婴儿表现出焦虑。我们需要充分检验"陌生者"这一因素以使得预测更加精确。如果这个陌生者也是一个婴儿而不是成年人,或者这个陌生者是一个动物而非人类,那么婴儿表现出来的焦虑会不会更少?为了改进未来的预测,研究者要对环境条件设定系统性的变化,并且观察它们对婴儿反应的影响。

四、控制发生的事情

对许多心理学家来说,控制是核心的、强有力的目标。控制意味着支配行为的发生或不发生——启动行为、维持行为、停止行为,并且影响行为的形式、强度或发生频率。控制与解释之间存在紧密的关系。如果一个对行为原因的解释能有助于设定有关条件以使行为受到控制,那么这个解释就是有说服力的。

控制行为的能力很重要,因为它为心理学提供了帮助人们提升生活质量的途径。

比如,帮助人们消除不健康的行为(如吸烟),建立健康的行为(如有规律的运动);学会什么样的教育能够使父母和孩子保持紧密联系;怎样可以使值班海员避免侥幸心理;了解什么力量使得海员在危急关头能够迎难而上、临危救险,等等。很多心理学家相信,任何不良的行为模式几乎都能通过适当的干预而得到矫正。

第四节　心理学简史

鉴于国内各高等航海院校及诸多海员培训机构的航海心理学或者船员心理学课程基本上都没有设置基础心理学中的诸多先行学科的现实,因此,有必要先纵向回顾一下心理学学科发展的历史,让学习者对心理学有个全面了解,这样才有利于进一步弄通航海心理学问题所涉及的边缘框架及核心问题。另外,现代心理学的理论体系由西方发展起来,所以我们将以此为主线来简要了解心理学的发展过程。

"心理学有一个漫长的过去,却只有一段短暂的历史。"德国心理学家艾宾浩斯(Hermann Ebbinhaus,1850—1909)精辟地概括了心理学的发展历史。心理学作为一门独立的学科,其存在的时间并不长,但是人类探寻心理奥秘的历史却可追溯到数千年前。

可以设想,远古的人类就困惑于自身的心理现象,比如,梦境、情绪、记忆等。人们疑虑自己的梦境,对死后的情境也会猜测,但是囿于浅见,无法解释这些现象,便认为有某种无形的东西主宰着人类的行为,以巫术、占卜等形式神化对这些现象的解释。俟至人类文明进一步发展,神的解释被还原成"灵魂"的解释,后来演变成现代的"心理学"这一术语。

【微视频】
心理学简史——科学心理学前史

人类经历了漫长的以神为本的迷茫阶段之后,直到古希腊文明兴起,才把对人自身奥秘的探讨建立在人自己的基础之上,所以在古希腊的阿波罗神庙中,才把"人是万物的尺度"和"认识自己"当作两条神谕刻在石墙之上。但是由于奴隶社会生产力低下,科学知识贫乏,人们只是争论什么是世界万物的本原,灵魂与肉体的关系怎样等问题。

古代欧洲的哲学心理学思想最早从古希腊早期(公元前8世纪—公元前6世纪)的奴隶主民主派与贵族争辩万物(包括灵魂)本原是什么的言论片段中整理出来。从米利都学派的泰勒斯(Tholes,公元前约624—公元前546)、爱菲斯学派的赫拉克利特(Heraclitus,公元前约535—公元前475)、毕达哥拉斯学派的毕达哥拉斯(Pythagoras)和巴门尼德(Parmenides,公元前540年前后)到后来的柏拉图(Plato,公元前427—公元前347)、亚里士多德(Aristotle,公元前384—公元前332),对心理现象描述和对心理本质的探讨均以个人臆测为准则。抛开历史的局限性不谈,代表奴隶主民主派的泰勒斯、赫拉克利特、德谟克利特等人的哲学心理学思想闪耀着朴素唯物论的光芒;而代表奴隶主贵族的毕达哥拉斯、巴门尼德和柏拉图等思想家则高举着唯心论的大旗。亚里士多德则融合了唯物与唯心的思想,并对灵魂、感觉、记忆、想象、情感、欲望、需要、动机和意志等心理现象做出了全面系统的描述,强调了心理活动的整体性,纠正了柏拉图把知、情、意割裂分开的形而上学的缺点,具有辩证的思想因素。但是,亚里士多德关于形式高于质料,即灵魂高于肉体和目的论的思想观点,后来被中世纪神学所利用,并且长时期地统治着中世纪人们的思想。亚里士多德与柏拉图两大巨匠在人性的看法上持有不同的意见,也可以说是心理学历史上最重要的命题"天性与教养"之争的起源,之后一直延续到当代,对后世的影响深远。

到了封建社会,史称中世纪黑暗时期,欧洲的生产实践和科学有了发展,但封建统治阶级利用宗教迷信来欺骗人民,使神学占据绝对统治地位,科学和哲学成为神学的侍者,在宗教神学中灵魂也被神学化。各种心理活动被说成是灵魂官能的作用,出现了官能心理学思想。在漫长的 1 100 多年的时间里,心理学的发展经历了曲折而缓慢的路程。

文艺复兴迎来了资本主义的幼芽,新兴的资产阶级提出自由、平等和博爱等口号,同维护封建制的宗教教条做斗争。他们尊重个人权利和个人经验,反对神学迷信,提倡研究自然,把人的心理看作感觉经验和意识智能,从而出现了感觉经验的联想心理学和意识的知觉统觉学说。在这个时期,达·芬奇(Leonardo da Vinci,1452—1519)强调了感觉的作用,认为一切认识从感觉开始;特勒肖(Telesio,1508—1588)把灵魂分为物质与非物质两种,非物质的灵魂不死,是上帝赋予的,但是一切的心理作用属于物质的灵魂,这些对后来的笛卡儿(Ren'e Descartes,1596—1650)的思想都产生了重要影响。

从近代法国的笛卡儿到近代哲学思想集大成者德国人康德(Immanuel Kant,1724—1804),更进一步从先行的理念出发去规范心理学的本质,以便作为他们理念的注解。自达尔文(Darwin,1809—1882)在生物学领域和约翰内斯·缪勒(Johannes Müler,1801—1858)及其弟子赫尔姆霍兹(Helmholtz,1821—1894)在心理学领域把理论建立在观察实验的基础上,人类的思想才从幼稚的主观性向成熟的客观性转移。科学心理学的胚胎便在这层温厚的土壤上成长起来,人们开始用客观的方法检验和论证古希腊以来先哲们的所有天才猜测,并拓展出全新的科学心理学各流派。

继文艺复兴之后,欧洲社会进入资本主义历史阶段。在 200 多年内,由于社会变革带来工业和自然科学发展,欧洲哲学心理学也进入历史新阶段。这一阶段的特点是:

(1)哲学心理学从古代讨论万物本原是什么的本体论问题,转变到讨论知识经验是怎样产生的认识论问题。这方面的问题经过长期讨论和研究,促使近代欧洲心理学从哲学中分离出意识经验的联想心理学、知觉与统觉学说,以及关于感知觉的生理心理学思想。正是这些思想为心理学脱离哲学母体成为独立的科学做了知识积累和理论概括上的准备。

(2)这些思想理论是在经验论和唯理论的论战中发展起来的。经过 17 世纪和 18 世纪,欧洲哲学界形成了三种传统思想,即笛卡儿、拉梅特利、卡巴尼斯等法国传统的生理心理学,洛克、哈德莱、穆勒父子等英国传统的联想主义心理学,莱布尼茨、康德、赫尔巴特等德国传统的知觉统觉学说。这三种传统思想是在长期的思想交流和互相渗透中发展起来的,同时也保持着各自独立的思想观念,它们交织成近代欧洲哲学心理学思想错综复杂的进程和图景。

(3)达尔文把生物进化和种系心理的发生发展联系起来,使心理进化的学说建立在牢固的科学基础上,对心理学的发展产生了划时代的意义。

自然科学的快速进步,推动了心理学脱离哲学,促成了科学心理学在形式上的日趋成熟。

1879 年,冯特在德国莱比锡大学建立了第一个正式的心理学实验室,这在心理学史上被公认为是科学心理学成为一门独立的学科的标志和起点。尽管后来的心理学同行

【微视频】
科学心理
学诞生

们对于冯特的学术著作不屑一顾,但是没有人质疑他对科学心理学的建立做出的贡献以及由此获得的历史地位。从此之后,科学心理学进入了繁荣发展阶段。

冯特不仅创立了科学心理学,而且培养了一批第一代心理学家。到 1900 年,美国有 43 个心理学实验室,其中 12 个由冯特的博士或者非博士学生创立。卡特尔于 1903 年列举的第一批 5 个杰出心理学家中的 4 个——詹姆士、卡特尔、闵斯特伯格、霍尔,他们都在莱比锡跟随冯特学习过。曾跟随冯特学习的其他著名心理学家还包括铁钦纳、安吉尔、屈尔佩、克勒佩林等 34 位在心理学上彪炳史册的人物。冯特对第一代心理学家影响如此之深,以至于大部分心理学专业的学生会把心理学的历史渊源追溯到他那里。冯特的学生中虽然很少有人像铁钦纳那样坚定地忠于他的教诲,遵循他的研究心理学的方法,但是他们在冯特那里学习研究获得了博士学位,并以不同的方式阐述了新兴的心理学。

20 世纪初,一方面,西方资本主义社会的政治经济危机愈演愈烈,资本主义变成帝国主义,阶级斗争尖锐复杂,社会秩序动荡,人们思想混乱。但另一方面,自然科学仍在继续前进。这些情况也反映在刚刚独立的心理学上,心理学内部出现了学派纷争和"危机"。学派纷争持续到 20 世纪的第一个十年前后,出现了以研究动物心理为基础的桑代克联结主义心理学、麦独孤的目的心理学,以及随后兴起的三大学派:华生的行为主义、格式塔心理学和弗洛伊德的精神分析。这些学派的表现形式虽然很不相同,但是它们有着共同的思想倾向,即把心理看作生物机能,其中多数学派走了心理学的生物学化道路,机能主义成为这个时期心理学中的思想主流。

到了 20 世纪 40 年代以后,一方面,受第二次世界大战的影响,人心惶惶,思想混乱,欧洲的许多心理学家也因战祸而云集美国,开始了各学派之间思想的互相渗透;另一方面,在战争年代发展起来的通信技术促进了战后电子计算机、控制论和信息论的兴起。心理学在这两大力量的推动下涌现出以研究人格(自我)为主的人本主义心理学和研究大脑信息加工过程的认知心理学。它们共同反对行为主义以"S—R"公式为代表的外周论和生物学化的道路,强调中枢论和社会文化对人的心理影响。

这就是西方当前流行的结构主义思潮心理学发展的历史阶段划分。从上述的简略回顾中可以看出,在一定历史时期内,心理学有一定的主要问题和主流思想。这些问题和思想主要反映了某一历史阶段的生产实践水平(包括自然科学成就),也反映了最终由生产水平及其生产关系决定的当时社会的思想状况,它们共同制约着人们对心理现象的认识,因而表现出心理学发展的历史阶段性。

李汉松教授认为,从发展的历史进程看,西方心理学大致可以分为前后有连续性的两大时期五个阶段。每个阶段都有代表性的心理学思想主流为其标志,作为西方心理学史分期的根据。

1.哲学心理学时期(公元前 6 世纪至 19 世纪中叶)

(1)官能心理学阶段:包括奴隶社会和封建社会,大体以讨论灵魂的功能为中心问题,应用的是猜测和推理思辨的方法。

(2)意识经验心理学阶段:包括从近代资本主义社会开始至 19 世纪中叶,以讨论意识经验的起源为中心,利用日常观察所得到的有关资料进行心理学的分析归纳。

2.科学心理学创建时期(自 19 世纪中叶至今)

(1)实验心理学诞生阶段:19 世纪后半期,以研究意识的直接经验为中心,以实验为主要方法,争取让心理学成为独立的科学。

(2)机能主义心理学阶段:19世纪末至20世纪30年代,围绕智慧的起源问题,伴随各种心理学派的长期纷争,出现了心理学的生物学化道路。

(3)结构主义倾向:第二次世界大战以来,出现了旧学派之间的互相渗透和以研究心理动力结构为中心的人格心理学、认知心理学等理论。

历史的阶段性和思想的连续性是相辅相成、辩证统一的,是质量互变、新旧交替的代谢过程。每个新旧阶段都有明显不同的思想主流和它们之间的过渡,这是不以人的意志为转移的客观规律。

我国古代也有很多闪光的心理学思想,因为散见诸家,不成体系,有待于整理和发掘。

心理学研究要走本土化的道路,绝不仅仅出自民族自尊心的支配。一方水土养一方人,从本质上来说,心理学也离不开本土化的道路。可喜的是,心理学在当今中国已经呈现蓬勃发展的新局面,越来越多的心理学研究者对心理学本土化的前景持乐观态度。

通过以上心理学发展的简史可以看到,心理学一路走来经历了不计其数的曲折和纷争。尽管当下心理学走向整合的趋势比较明显,但仍然受到科技水平的限制,使得心理学的种种根本问题无法一窥究竟,因而整合之难非同寻常。因为人是多系统、多水平、多维度、多形态的复杂组成物,或许,我们根本不可能真正整合成大一统的心理学派,但这何尝不是生命伟大的佐证呢?

如今,心理学自脱胎于哲学作为一门独立的学科,已经过一百多年的成长,当代心理学已经成为连接哲学、生物学、社会学、信息科学等学科的桥梁,也是各学科的交会点。

第五节　心理学的流派

从冯特开始的一百余年之间,心理学家建立起众多学派,其中较大的学派有构造主义心理学派、机能主义心理学派、格式塔心理学派、精神分析心理学派、行为主义心理学派、人本主义心理学派和认知心理学派等。其中影响最大的行为主义心理学、精神分析心理学、人本主义心理学并称为心理学三大势力。后来发展起来的认知心理学也逐渐形成了巨大的影响力,与前三者一起成为现代心理学的中流砥柱。

一、构造主义心理学派

构造主义心理学派代表人物是冯特与他的学生爱德华·铁钦纳(Edward B. Titchener,1867—1927)。对此,学术界也有不同的看法,认为冯特是内容心理学派。甚至冯特本人也称自己是唯意志论者,与爱德华·铁钦纳的构造主义不同。但是爱德华·铁钦纳和威廉·詹姆士等人断定冯特属于构造主义。

冯特主张用内省法研究心理学,他的心理学体系兼包并蓄,既有旧的传统思想,也有新的思想(如进化论),但是因为体系因循保守,内部矛盾重重,受到许多批评甚至嘲笑。威廉·詹姆士说冯特的学问就像切断一条蚯蚓,而断开的每一段都在爬。格式塔心理学派称结构主义心理学为砖瓦和泥浆的心理学,也就是说看似一体,但实际上支离

【微视频】
构造主义
心理学派

破碎。冯特的作品产量非常高,美国心理史学家波林曾计算出冯特共计发表了53 735页文章。但是,因为晦涩难懂,他的著作读者甚少,仅有少部分被从德语翻译成英语。

爱德华·铁钦纳在大学毕业之后跟随冯特学习两年,从此被深深地打上了冯特的烙印,即使此后30多年他是在美国度过的,也自称是冯特在康奈尔大学的代表。他认为"整个宇宙中有且只有一种事物,我们对它的了解比从外部观察所获得的要多得多,这种事物就是我们自己"。他认为心理学必须成为一门实验科学,而心理学实验就是"一系列的内省"。他采用比冯特更加严格的内省法来研究心理学,并把所有无法用严格控制的内省法加以研究的内容全部摒弃在心理学领域之外,因此爱德华·铁钦纳的心理学更为局限和僵化。

冯特和爱德华·铁钦纳认为人类的所有心理经验都可以作为基本成分的组合来理解,通过分析个体心理生活的感觉及其他经验的构成元素,进而来解释人类心理的基础结构。

冯特与爱德华·铁钦纳使用的内省法,即由个体系统检查自己有关特定感官经验的思维和感受。比如,训练被试在观察一朵花、听一段拍子、闻某种气味或者品尝某种食物时报告经验中的基本成分,以此来研究视觉(颜色、后像、错觉等)、反应、注意、情感维度(愉快不愉快、紧张与松弛、兴奋与平静)、联想。他们向被试提出诸如"他们即刻的感觉是什么?他们头脑中有什么意象?有什么样的感受?所有的这些是如何联系在一起的?"之类的问题。

内省法要求研究者聪明且语言表达能力强,因此实验对象具有很大局限性。另外,研究结果因人而异,经验也各有差异,所以这种方法就不怎么可靠。而且,人们通常并不完全知道为何有某种感受、某种行为。后来的研究表明,人们的回忆经常会发生错误,他们的自我报告与实验时的实际情况也有差异。

构造主义心理学派受到其他心理学家的攻击集中在以下四点:第一,它是简化论,把所有复杂的人类体验都简化为简单的感觉;第二,它是元素论,寻求把成分或者元素组合起来,而非直接研究复杂的或整体的行为;第三,它是心灵主义的,只研究人类意识觉知的口头报告,忽视对那些无法描述内省经验的个体的研究,包括动物、儿童以及精神障碍者;第四,冯特和爱德华·铁钦纳的内省法过于严苛僵化,放弃了对许多心理现象的研究,严重地脱离了现实生活,使心理学只研究一种自我封闭的意识状态。爱德华·铁钦纳还坚持认为心理学是一门纯科学,反对把心理学视为一门应用科学。爱德华·铁钦纳沿着发展完善体系的、为学术而学术的狭窄逻辑轨道,割断了心理现象与现实之间的联系,在不知不觉中走进了追求纯粹心理学的死胡同。此时,机能主义在与构造主义的论战中赢得了胜利,在美国取代了爱德华·铁钦纳的构造主义,占据了统治地位。从此,构造主义心理学逐渐被当代心理学所遗弃。

冯特最大的功绩在于他坚持了心理科学的独立创新,使心理学成为一门可实验的、形式上科学的学科。学术上,他的心理学体系可以说是对于19世纪中叶以前欧洲心理学成就的历史终结,形成了一个庞大的心理学体系。心理史学家舒尔茨说:"构造主义的最大贡献,或许是它充作批评的靶子,提供了一种非常强有力的正统体系。这些较新的学派之所以存在,在很大程度上应归功于对构造主义为开端的心理学进行进一步的重新规划。"这种"强有力"的体系,正是爱德华·铁钦纳在与其他学者的学术论战中所体现出来的学术功力。

【微视频】
机能主义
心理学派

二、机能主义心理学派

如果把人的心理活动比作一台电视机，那么构造主义学派是强调研究其内部的元件及其如何构成一个整体，而机能主义学派则仅对电视机的功能及具体使用方法感兴趣。机能主义以其浓厚的实用色彩覆盖了构造主义那庞大的理论玄虚的构架。

机能主义心理学的理论奠基人美国哲学家、心理学家威廉·詹姆士（William James，1842—1910）认为，相对于研究意识的组成，考察我们的思想和感觉的进化机能可能更有意义。心理生活的适应性、目的性和有用性是詹姆士心理学的最基本观点。受达尔文进化论思想的影响，詹姆士和机能主义的代表人物美国心理学家约翰·杜威（John Dewey，1859—1952）认为，心理和意识是沟通有机体和环境完整的中介过程，人的心理不过是为适应生活而演化出的一种机能习惯或手段。为了反对构造主义把整体的意识分割为"元素"，他们强调心理机能的整体不可分割性。詹姆士创造了"意识流"的概念，认为意识是接受来自感觉的刺激产生的一种力或者过程，它像河流一样不断流动变化，所以叫作"意识流"。

詹姆士认为意识流有四个特点：

（1）每一种意识状态总是属于个人意识的部分，它是主观的。例如，在一艘船上，只有具体的每个船员的思想，而没有不属于任何人的思想存在，同时也没有属于某几个人共同的思想存在。

（2）意识是变化的、不断累积的观念。它从不重复，一去不复返，不再和以前相同。正像赫拉克利特所说："人不能两次踏入同一条河流"，一股神经流不会给我们两次恰好相同的内部感觉。

（3）意识是连续不断的主观生命流。意识有快有慢，有过渡状态和实体状态。在意识中心之外还有意识的边缘，它占意识流的三分之一以上，不是实体部分。从一个意识实体部分过渡到另一实体部分，依靠内省是不能察觉的。因为意识一旦被抓住，它即变成实体状态。詹姆士形容用内省去觉察意识的过渡状态，就好像"点灯找黑暗"。

（4）意识的选择性。我们出生的世界中，"各种声音、景象、触碰和疼痛可能构成了一片未经分析的繁盛混乱"。如果这种混乱状态得到分析，意识就变得具有选择性。意识是"情随境迁"的流动过程，而每个人意识流中流动的内容是有意识选择的结果。被选择的部分就是实体状态，这种选择作用是由兴趣决定的。詹姆士认为兴趣是本能冲动，经过重复养成了习惯，成为个人生活和社会的重要基础。

詹姆士的意识流学说在西方当前的文艺思想中十分活跃，但在文学艺术中，"意识流"的概念已经偏离了詹姆士的初衷，而倾向于表述那种随着意识的"流动"而天马行空地展开情节的写作方法。

机能主义重视人体的整体机能，也就顺理成章地强调本能和习惯在心理活动中的重要地位。詹姆士提出"本能受习惯抑制"的原则，认为每种本能都可以引起两种相反的冲动，在婴儿早期如果某一刺激引起了一种冲动，产生了偏爱，就再也引不起另一种冲动。人所表现出来的本能不如动物的数量多，就是因为有些本能被习惯抑制了。另一方面，他还根据这个原则，提出本能可以被改变的主张。这就是选择一种刺激，使有益于个人和社会的本能冲动在早期就得到表现，并使它养成习惯。他还认为本能的表现有暂时性特点，它在一定的年龄时期内可以表现，过了这个时期再给刺激和环境就失去了这种冲动。例如，把刚孵出的小鸡隔离 8~10 天后，再见到小鸡，母鸡就漠不关心。

相反,如果小鸡一孵出来就跟人走,也会形成跟人走路的习惯。詹姆士这种本能决定论思想对后世影响很深,目前已发展成为一种生物的生命节律学说和关于早期培训的教育理论。

约翰·杜威对心理过程的实际应用的关注,促进了教育领域的重要改革,推动了美国普遍性的创新性教育,也获得了较高的国际声望。

美国的机能主义心理学主要是在实用主义影响下利用进化论思想衍生出来的一种心理学思潮。这种思潮的兴衰和转化与实用主义哲学的消长密切相关。一方面,它们都是适应美国当时社会生产和政治经济的需要,适应美国垄断资产阶级要求的。但是,另一方面,机能主义心理学也适应了西方心理学发展的总倾向,尤其迎合了生物进化论的思想,把心理学从看作自然科学,到看作生物学类的科学,从而使心理学同生物的生存和人类的生活实际联系起来。这就使心理学有可能摆脱构造心理学传统思想的束缚,从发生心理学和应用心理学两个方面进行研究。

机能主义心理学的另一位代表人物是詹姆士·罗兰德·安吉尔(James Rowland Angell,1869—1949)。作为杜威的学生,他与爱德华·铁钦纳进行了长期的学术论战,促进了机能主义思想在美国心理学界的发展。构造主义与机能主义之间关于强调结构或是机能的争论,各有其哲学理论渊源,前者植根于 17 世纪的理性主义哲学思想,后者继承了英国经验主义的衣钵。在这种各执一偏、各行其是的争执中,另一心理学流派——行为主义学派以其鲜明的观点及果断的行动,登上了美国心理学舞台。但机能主义心理学并没有像构造主义一样消失,其许多理论观点都非常有价值,因而被其他流派消化吸收,仍然发挥着作用。

三、格式塔心理学派

【微视频】
格式塔心
理学派

正像既有灯光,必定要有阴影一样,冯特在用自己的睿智之光照亮了一条心理学研究道路的同时,那些相对黑暗的部分也成为人们注意的领域,于是那些具有不从俗流的、独到见解的心理学家从构造主义心理学派所忽略的部分中挖掘出新的心理学理论宝藏。

格式塔心理学派(Gestalt Psychology)始于 1912 年,与行为主义几乎同时诞生。虽然他们都站在与冯特对立的学术阵营中,与构造主义心理学冰炭不同炉,但格式塔心理学派与行为主义、机能主义之间也是矛盾重重。行为主义的基本主张是一个复杂的行为,是由相对比较简单的心理反应所构成的,应当研究行为而非意识。而格式塔心理学不仅承认意识的价值,还强调心理的整体性,亚里士多德的名言“整体大于局部之和”是格式塔心理学派的信条。格式塔心理学与机能主义所强调的整体性有所不同。格式塔心理学派认为,心理活动具有一种将零散整合为整体的“完形”功能,而机能主义强调把心理活动看成一个连续的过程。

“格式塔”一词源于德语 Gestalt,原译为完形(因此格式塔心理学也称完形心理学),现用其音译。考夫卡为了避免这一核心学术词汇被翻译成英文中的“structure”,导致与构造主义产生混淆,因而特别指定“configuration”为标准译文。这一学派是由德国心理学家魏特默(Max Wertheimer,又译威特海默,1880—1943)、考夫卡(Kurt Koffka,1886—1941)和苛勒(Walfgang Köhler,1887—1967)三人所创立的,后期勒温(Kurt Lewin)对该学派的理论发展又做出了重要贡献。格式塔心理学主要关注人的感知觉现象,尤其在视知觉方面的成果丰富,强调经验和行为的整体性,核心思想为“整体决定部分的性质,部分依从于整体"。概括起来,格式塔心理学派的基本理论观点有三个主要方面,即完形组织原理、同形原理和学习原理。

1.完形组织原理

完形组织原理阐明了在对感觉经验的信息加工过程中,我们的感官和中枢是把刺激物作为一个整体来加以架构的,细分为三个基本原则——接近性原则、相似性原则和完形趋向。

2.同形原理

同形原理指的是刺激物与脑皮层机制之间的对应性活动。比如,对城市地图与实际街道之间的认知,大脑中一定有同形机制。格式塔心理学派认为,物理的实在与心理的实在之间具有场的对应性。

3.学习原理

学习原理是以完形组织原理为基础的学习论,是格式塔心理学的重要组成部分之一。它由顿悟学习、学习迁移和创造性思维构成。

起源于德国的格式塔心理学并未成为美国心理学的一个主流学派。苛勒认为,格式塔心理学的影响之所以受到限制,是因为他们主要对知觉感兴趣,而美国心理学家则主要对学习感兴趣。后来,随着对认知心理学兴趣的提高,苛勒和魏特默的研究再次变得重要起来。由勒温所提出的多种多样、富于创新的格式塔方法,产生了大量的思想观念,在美学、社会心理学、工业心理学、康复心理学和发展心理学的大多数当代研究中得到了重视。

四、精神分析心理学派

【微视频】
精神分析
心理学派

综观科学发展的历史,一个新学派的出现,一方面取决于种种因素组成的适宜背景或基础,另一方面就是靠一颗天才的种子萌发并由此传播久远,终成风气。精神分析心理学派的天才创始人弗洛伊德(Sigmund Freud,1856—1939)由探索神经症入手,渐渐浸润整个心理学甚至包括社会文化、艺术、哲学、美学、文化人类学等学科在内的广泛领域,成为心理学史上的巨匠。在一整套精神分析理论中,他强调本我(id)这一人格结构中所包含的性力(又译力必多,Libido)具有推动整个心理活动的动力性质,故而又称之为"动力心理学派"(Dynamic Psychology)。这一学派强调生物本能尤其是性本能,强调潜意识,标新立异,另辟蹊径,独成体系,影响深远,与当时的行为主义学派和后来的人本主义学派一起成为现代心理学最具影响力的三大势力。

弗洛伊德的经典精神分析学说体系庞大,精神分析学家阿帕波特(R.Apaport)将其总结为五个理论。

1.意识的三层结构说

弗洛伊德认为人的心理活动分为意识、前意识和潜意识三个层次。意识是能够觉察到的心理活动,是心理结构的表层,它面向外部世界,由对外部世界的直接感知和有关的心理活动构成。在我们的意识活动之下也有一些心理活动,在通常情况下,我们觉察不到,但它们非常复杂和丰富,弗洛伊德称之为无意识。无意识包含人的本能冲动以及出生以后被压抑的人的欲望,除此之外还有被遗忘的经验。这种欲望由于社会行为规范不允许满足,某些经历太痛苦不想面对,而被压抑到内心深处,意识不能将其唤醒。它不同于通常意义上"觉察不到"的无意识,为区别起见,后来的研究者将其改称为潜意识。意识虽然不能直接唤醒潜意识,但是潜意识里的内容并不是被动的、僵死的,而是积极活动着、时刻寻求被满足着的,有着强大的生命力。为了解释潜意识和意识之间的转化关系,弗洛伊德后来提出了前意识这一概念。他认为前意识是介于意识和潜意识之间的一种中间心理状态,是那些此时此刻虽然意识不到,但是在集中注意力、认真回忆、不断搜索的情况下,可以回忆起来的经验。前意识的功能是在意识和潜意识之间从事警戒和审核任务,它不允许潜意识的本能冲动到达意识中去。

弗洛伊德对人类的整个心理活动做过一个比喻,他说:"潜意识的系统可比作一个大前房,在这个前房内,各种精神兴奋都像许多个体相互拥挤在一起,和前房相毗连的,有一个较小的房间,像一个接待室,意识就留于此。但是这两个房间之间的门口,有一个人负责把守,对于各种神经兴奋加以考察、检验。对于那些他不赞同的兴奋,就不许它们进入接待室。然而,就算是被允许入门的那些兴奋也不一定成为意识,只是在能够引起意识注意时,才能成为意识。因此,这第二个房间可称为前意识系统。"弗洛伊德把正常人的遗忘、偶尔的失言、笔误和疏忽的过失,解释为前意识的作用减弱导致潜意识的内容显现。他认为一切心理行为,即使是潜意识的,也是有原因的,绝对不是偶然。在弗洛伊德的学说里,意识部分不太重要,重要的是潜意识,它是人类行为思想背后的内驱力。他认为人的一切喜怒哀惧及其生死存亡都取决于潜意识性欲冲动及其种种变相的活动。

弗洛伊德曾使用冰山模型来解释意识的三层结构。他把人的心理活动比作漂在海上的冰山,露在水平面上的一小部分是显意识活动即意识,而水平面下的庞大部分是潜意识,而海平面下若隐若现的部分则为前意识,在一定的条件下,其有可能露出水面(如图 1-2 所示)。

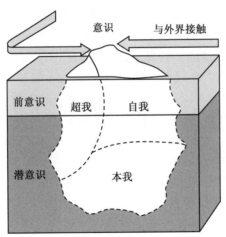

图 1-2　弗洛伊德的意识层级理论和人格结构学说冰山模型

2.人格结构学说

弗洛伊德从性动力观和性本能观出发,认为人格结构分为三部分,即本我(id)、超我(superego)和自我(ego)。

本我是人原始的生物欲望和自私之心的"杂烩",因而具有生物性。弗洛伊德认为本我是心理活动的动力来源,它像"一锅原始的兴奋物",像一匹桀骜不驯的野马,它所遵循的唯一原则是"快乐",要求毫无掩盖与约束地寻找直接的肉体快感,以满足基本的生理需要。如果受阻抑或迟误,就会出现烦扰和焦虑。超我是社会伦理道德、观念习俗及理想状态在人心里的投影或沉积,因而具有社会性,它的活动遵循道德原则,是理想中的完善个体。从个体发育来看,超我在较大程度上依赖于父母的影响。按照现实原则起作用的人格结构部分称为自我,是夹在本我与超我之间的一种协调机制。自我的一部分,通过与外界环境的接触和通过后天的学习获得特殊的发展。为此,自我便成为本我与外界关系的调解者。一方面,自我感知外界刺激、了解周围环境,储存从外界获得的经验,从而具备了调节功能,自我的这一功能是一种适应环境、个体保存的本能,它对本我发挥指导和管理功能。另一方面,超我一旦形成之后,自我就要同时协调本我、超我和现实等三方面的要求。也就是说,在考虑满足本我本能冲动和欲望的时候,不但要考虑外界环境是否允许,还要考虑超我是否认可,因此只能寻觅折中的现实路线。弗洛伊德认为,如果本我、自我和超我三者发展平衡,就是一个健全的人格,表现出能够适应环境,恰当应对现实问题,否则就会导致精神疾病。

弗洛伊德认为自我代表显示,凡意识到的欲望就是显示允许实现的欲望,不会受超我的压抑。但是这种被意识到的欲望毕竟有限,大量的欲望是不能实现的。本我为了实现它,采取了两种"象征"的手法。

一是梦中的化装作用。梦的分析是弗洛伊德对发展心理学研究范围的创造性功绩。他认为梦的内容总带有性的倾向,是潜意识愿望的达成,一切梦都委屈地表达了潜意识潜含的内容,因此需要通过分析来揭示其真相。他认为梦中的显相就是隐意的化装。人往往能通过梦境实现白天的欲望,这是梦中超我放松了检查,隐意容易伪装蒙混过去。这种伪装或化装有几种:第一,凝缩,即给原来要满足的欲望予以集中简化,使其看不出原型,如到园中赏花、采花,这个花可能是他许多心爱事物的集中和简化。第二,移植作用,欲望中重要的东西表现为最不重要的。例如,有一个客人已走出大门却又回转身来,说是忘了带上手杖。据分析,回头拿手杖是件不重要的事,是显相,而希望再看一看女主人是这位客人的隐意。这就是说,人的显相行为常常隐藏着无意识的隐意。第三,戏剧化,将抽象的东西变成具体的事情。例如,一妇女梦见被马踩踏,其实是代表她内心顺从了男性的要求。第四,加工改造或精心制作,使无条理的东西改造成为有条理的梦来欺骗潜意识的检查。这种将潜意识活动通过分析带到显意识中来的方法具有临床的效用和理论价值。弗洛伊德所著的《梦的解析》(又译《释梦》)对此做了充分的分析和讨论。即使在今天神经科学得到了巨大的发展,我们仍然需要借鉴弗洛伊德的推理逻辑去理解具体梦境的缘由和含义。这本巨著从无人问津到家喻户晓,无论在学术界还是民间,都为弗洛伊德积累了声望。

二是升华作用。就是把低级的欲望引导到高级的活动中去,不使欲望以低级的方式得到满足,如文学艺术、科学研究、社会事业和宗教活动等。弗洛伊德把小说、诗歌、戏剧、绘画等看作发泄性欲的象征。雕刻裸体女人是人有赤身裸体的要求,但现实生活不允许,因而用艺术表现出来。歌德因失恋而写了《少年维特之烦恼》。总之,人类的一切思想行为无不是性欲及其变形的象征。这一大胆过火而又无法验证的观点,无论在当时还是现在,都让人瞠目结舌。

3.动力学观点

动力学观点是弗洛伊德理论学说的核心,也是受到批评和攻击较多的内容。弗洛伊德被人熟知的是他提出性本能是人的心理发展动力,而且同时期的很多学者误认为弗洛伊德将性本能看成唯一的心理发展动力。其实,弗洛伊德认为心理发展动力包括两个方面,一个是性本能,另一个是自我保存本能,种族延续和个体保存两种本能同时促进心理发展。之所以他给人的印象是特别强调性本能,从他所处的时代来看,是因为那时所有研究神经症的学者均忽略了性本能的作用,为了突破时代的局限性,弗洛伊德采用了矫枉过正的方式来表达他的学术观点。他曾经在著作中提到"精神分析就是要研究别人所忽略的事件"。

后期,弗洛伊德经历了第一次世界大战,目睹和感受到战争中出现的挑衅、分裂、屠杀、破坏、毁灭等现象。他意识到原先的本能理论已难以说明这些现象,于是在1920年以后提出了关于本能问题的新观点。他认为,本能有两种:一种是生的本能,另一种是死的本能。他给本能下了这样的定义:本能是有机体生命中恢复事物早先状态的冲动。而这些状态是生物体在外界干扰力的逼迫下早已不得不抛弃的东西。也就是说,死的本能的目的是追求生命的终结,即把机体的生命带回到无生命的状态。死的本能有两种不同的表现形式:一种是向内的,即人的自我谴责、自我惩罚、自我毁灭、自杀倾向等;另一种是向外的,即在有可能向外发泄的情况下,它不再寻求自我毁灭,而是企图毁坏他物、破坏、侵略、离间、殴斗、发起战争等是它的一些表现形式。所以弗洛伊德说,死的本能是一个针对外部世界和其他机体的破坏的本能。生的本能是与死的本能对立的一种本能。生的本能这一概念,包括自我保存本能和性的本能。弗洛伊德赋予性的本能也即爱的本能这个概念十分广泛的含义。它不仅表现为一切与生殖有关的现象,还表现为这样一些现象:爱父母、子女、整个人类以及对其他具体对象和抽象观念的爱。弗洛伊德认为,这些本能行为的作用在于把个人结合到一个较大的统一体中去,以抵制死亡。他说:"爱的本能目的在于复杂的生命,当然,同时也在于保护这个复杂的生命。"弗洛伊德甚至认为,人类那种不断趋向完善的本能,即那种推动人类智力成就和道德水平不断向更高的境界发展的本能,也只有用性本能或爱的本能来说明才是合理的。总之,在弗洛伊德看来,凡死的本能以外的一切本能,都可以归结为生的本能或爱的本能。

4.发展观点

弗洛伊德的发展观点是动力观点的延伸,是对心理动力的动态描述。他认为本我中的本能欲望在个体发展的不同阶段,总要通过身体的不同部位获取与得到满足并获取快感。而在不同部位获取快感的过程,就构成了人格发展的不同阶段。他认为,性心理的个体发展,可分为五个阶段:

口欲期(0~1岁),其快乐来源于唇、口、手指头,在长牙以后,快乐来源于咬牙。

肛欲期(1~3岁),其快乐来源于为忍受便意及控制排泄而产生的肌肉紧张感。

生殖器期(3~5岁),其快乐来源于生殖部位的刺激和幻想。

潜伏期(5~12岁),这一时期儿童对性不感兴趣,将兴趣转向外部,去发展各种知识和技能,以便应付环境的需要,也叫求知期。

生殖期(12岁以后),性欲逐渐转向异性。这一阶段起于青春期,贯穿于整个成年期。

弗洛伊德认为越是早期的经验,就越对人格的建立产生更显著的影响,在这个性心理发展过程中的某一阶段受挫,就可能造成性心理的"固着",这将成为精神病或者精神病的根源。

弗洛伊德指出儿童在生殖器发育期会产生朦胧的性恋倾向。男孩会产生"恋母情结",女孩会产生"恋父情结"。这些说法固然可以找到一定根据,但是如果把它们绝对化,就近乎玄谈,给自身理论阵营的崩解创造了条件。后来许多弗洛伊德的同事和弟子与他在学术上分道扬镳,虽然与他的霸道作风有关,但其主要原因也是对这些以性本能为核心的学说过于狭窄和偏激的反对。

5.适应观点

弗洛伊德认为本我、自我和超我与现实环境的协调统一,即表现为对于环境的适应。在适应观点中,焦虑是弗洛伊德确立观点的重要概念。他认为焦虑是冲突引起的结果,具有特殊的功能,能唤醒自我警惕,并去发现已经存在的内部或外部的危险。当自我把焦虑当成一种危险或不愉快的信号时,为了防止由心理挫折带来的焦虑,就会做出反应,故采取种种措施加以调适,形成自我防御机制。所有人都会使用自我防御机制,包括压抑、投射、置换、反向、认同、退行、幽默、转移、合理化和升华等。自我防御机制使用得当,可免除内心痛苦以适应现实。在特殊情况下,如果使用得不得当,这时,虽然对于冲突、压抑和挫折的内心焦虑感不强,但是这些冲突和压抑却能以症状的形式表达出来,比如躯体化等,从而形成各种心理障碍。

潜意识动机的作用以及儿童期经验对人的心理及人格的影响,由于弗洛伊德的强调和重视,才为心理学界所认识,对心理学理论和临床实践的发展,乃至整个文化艺术的发展产生了深远的影响。弗洛伊德的一些学术观点,随着科技的发展和研究的深入而逐渐被发现破绽。尽管弗洛伊德的一些惊世骇俗的观点备受非议,但他至今为止仍然享有盛誉,他的学术遗产在当今时代仍然占有一席之地。人类在回顾20世纪100项伟大成就时,把弗洛伊德的潜意识学说列为之一,足见他在人类文明进程中的崇高地位。当然,正如其他伟人一样,有他的非凡成就,也会有他自身的缺点或弱点。

由于弗洛伊德固守自己开拓的精神分析理论学术流派的学术园地,不接纳任何非议,哪怕是中肯的批评,所以致使他的同事和弟子与他先后分道扬镳,发展各自的理论主张。荣格提出了集体潜意识学说并发展了分析心理学,阿德勒提出了个体心理学,霍妮提出了基本焦虑学说等,都成为名留史册的心理学巨擘,他们的理论学说对今天的心理学发展产生了重要的影响。到了20世纪40年代,在阿德勒的影响下,霍妮、弗洛姆、沙利文等人脱离了经典精神分析理论的束缚,形成了"新精神分析学派"的阵营。他们都有一个共同的特点,就是从弗洛伊德只注重本能的狭隘境地发展到注重社会文化对心理发展的影响方面来。故有人又把这一新的精神分析学派称为"社会文化学派"。

五、行为主义心理学派

【微视频】
行为主义
心理学派

行为主义心理学的创始人是心理学家约翰·华生。1913年,他通过美国机能心理学摆脱哲学思辨,通过实验提出了行为主义心理学体系,引起了心理学界的震动,之后,美国心理学界普遍接纳了行为主义观念。

华生认为心理学要想成为一门科学,必须摒弃一切主观内省,同时确立心理学的客观研究对象。行为主义心理学派主张只研究行为而摒弃研究意识,因而有人把行为主义心理学派称为不研究"心理"的心理学。

受到巴甫洛夫条件反射实验的启发,华生在理论上建立了"刺激-反应模式",即 $R = f(S)$ 模式。该理论不考虑刺激与反应的中间过程,认为即使中间有思维作为中介,也不过是由内部语言所引起的喉头肌肉运动,至于情绪,不过是内脏和腺体的变化,它们都是可以客观记录的行为。这一公式强调了环境的决定作用,明显忽略了人的自主意识。

　　华生认为行为是可以通过学习和训练加以控制的，他不认为遗传因素起重要作用，后期甚至完全否定遗传的作用。他曾断言："给我十几个健康而没有缺陷的婴儿，让我在我的特殊世界里教养，那么我可以担保，在这十几个婴儿中，我随便拿出一个，无论他的能力、嗜好、取向、才能、职业及种族如何，我都能把他训练成为医生、律师、艺术家、商界领袖，甚至成为一个乞丐或小偷。"这体现了他的社会环境决定论或者说教育万能论的片面思想。抛开伦理的因素，此次实验的意义不仅仅在于研究结果本身，还在于它开拓了心理学的新领域。华生同时代的心理学几乎被弗洛伊德统治，关于人的行为的基本观点是行为来源于无意识的本能和童年期压抑的内心冲突。简单地说就是，行为和特殊的情绪是由内在的生理和本能过程产生的。而行为主义与精神分析恰好相反，他们认为行为是通过外在的不同环境和情境刺激而产生的。因此，华生提出，情绪反应是我们对环境中某种特定刺激的条件反射。他设计了心理学史上声名狼藉的恐惧情绪实验。他先让一个 8 个月大的婴儿阿尔伯特习惯于跟小白鼠和一些带毛的东西在一起相处，证明孩子对这类事物没有排斥。之后，在孩子一接触小白鼠的同时，突然用重击金属的高声做条件反射去惊吓孩子，几次反复刺激之后，即使没有声音刺激的条件，阿尔伯特也表现出不仅害怕小白鼠，对于其他带毛的东西也产生了恐惧。这表明阿尔伯特害怕有毛的东西是学会的。华生以此为证，认为人对特定事物的情绪是习得的。他相信所有人类行为都是学习和条件反射的产物。这其中体现了他在理论体系建立上的致命矛盾：一方面，自称行为主义心理学是自然科学，决定行为最根本的是身体内物理化学现象的变化，把高级运动形式归结为低级运动形式，即把心理归结为行为，而行为又只是刺激——反应(S—R)的肌肉活动和腺体分泌；另一方面，他又认为环境决定了人的行为，表现出对社会环境决定论的坚持。以他的社会环境决定论为依据的育儿理论和方法曾经风靡一时，但多年后被证明存在着严重的缺陷，造成了很多儿童和青少年心理问题。小阿尔伯特未成年就夭折的现实让恐惧情绪实验的伦理问题成为华生的巨大学术污点。

　　20 世纪 30 年代后，一些心理学家对早期行为主义无视有机体内部因素、把复杂问题简单化的极端观点感到不满。他们开始尝试对早期行为主义进行改造，这就是所谓的新行为主义。新行为主义心理学代表人物斯金纳(Burrhus Frederic Skinner, 1904—1990)建立了"操作性条件反射"，并给了公式 $R = f(S, A)$。R 为反应，S 为刺激，A 是实验者在研究中所控制的实验变量。这一模式不仅考虑到某一刺激和某一反应之间的关系，而且更考虑到改变刺激与反应之间的关系或设置其他条件的作用。当然，他对于刺激与反应之间的有机体内部过程如何，也不予关注。斯金纳认为心理学应当研究刺激与反应之间的、一种可观察到的相互关系，对反射"进行操作分析"。他制造了一种可以观察大鼠获得食物过程的木箱，被人们称之为"斯金纳箱"(如图 1-3 所示)。大鼠在此箱中东寻西觅，偶然会抓到箱内的杠杆，遂牵动漏斗的闸门开启，掉下食物小丸。大鼠悦纳之，此后，大鼠在箱中的试误行为越来越少，抓到杠杆的概率上升，以至于最后学会了为获取食丸而压杠杆。行为主义心理学家称这一试误过程为操作性行为或工具性行为，在这种行为中所形成的条件反射就称为操作性条件反射或工具性条件反射。通过这种反射，大鼠"学会了"一种获得奖赏或躲避惩罚的行为方式。斯金纳称这种使行为得到保持或者产生消退的刺激过程为"强化"，其中使行为得到保持的刺激过程为"正强化"，使行为消退的刺激过程为"负强化"。给予奖励或去掉惩罚是引起正强化效果的基本手段,而给予惩罚和去掉奖励是引起负强化效果的基本手段。斯金纳认为强化训练是解释机体学习过程的主要机制。斯金纳还认为,人的行为大都取决于先前行为的后果,而先前行为的后果起到激励作用,这就是强化的作用,后果不同,强化的性质也不同。斯金纳用这一理论广泛地解释了学习现象,包括不良行为的形成,均涵盖在操作性条件反射之中。

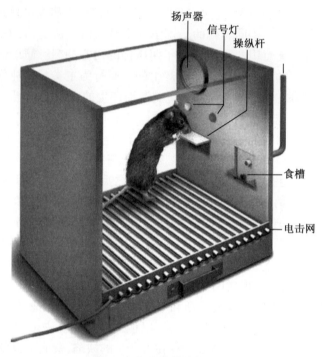

图 1-3　斯金纳箱结构图

新行为主义心理学的另一位重要代表人物是美国的班杜拉(Albert Bandura,1925—2021)。他提出了社会学习理论,也称模仿学习理论。社会学习理论认为,人类行为既不是单纯地取决于内力驱动,也不是单纯地被环境所摆布。人有自己独特的认知过程,它们不但参与行为模式的形成,而且可以参与人格的形成和保持。他认为人的社会行为是通过观察学习获得的,即观察他人的行为和以他人为榜样形成的。在这一社会学习的过程中,起决定性作用的是环境,人们只要控制了环境,就可促使儿童的社会行为朝预期的方向发展。班杜拉的理论既属于行为主义的范畴,又与传统的行为主义有区别,体现出了行为主义与人本主义心理学的渐趋一致。

行为主义在美国乃至世界心理学界处于主导和支配地位长达五十多年,但也暴露出严重的缺陷和不足。行为主义历经几代学者的发展,从开始的极端排斥研究意识,到新行为主义对其进行改造,再到面对认知主义潮流的再次改造和发展。事实证明,行为主义要求把所有科学的理论术语操作主义化是不可能的。许多内部的、抽象的心理学概念难以操作化,而相对论的思想影响也使人们认识到完全客观化的科学简直是神话。行为主义学者喜欢将依靠动物实验获得的动物心理规律应用于人类心理,后来,人们发现有些实验结果与他们提出的理论存在着矛盾。比如,马拉做的百灵鸟实验。把百灵鸟从小与同类大鸟分开,与其他鸣禽一起饲养,百灵鸟长大到一定程度也学不会鸣叫。之后,将其再放入同类大鸟群中一起饲养,它还是学不会鸣叫。实验说明,动物行为是由遗传结构决定的,但一定要适时学,而不是能够任意教会的。另外,华生与斯金纳一直秉持"一种学说如果不能强调到无以复加的程度便不能成为一个主义"的信条,在学术研究上"语不惊人死不休",也正是这种绝对化的强调,使他们走上了理论发展的悬崖。

六、人本主义心理学派

【微视频】新精神分析与人本主义心理学

人本主义心理学兴起于20世纪50年代的美国。人本主义心理学派的主要代表人物有四位:马斯洛(Abraham Maslow,1908—1970)、罗杰斯(Carl Ransom Rogers,1902—1987)、罗洛·梅(Rollo May,1909—1994)和布根塔尔(James Bugental,1915—2008)。人本主义心理学派在批判和继承行为主义心理学、精神分析心理学等学派的基础上形成了自身的理论体系。与其他心理学派不同,它主要研究人的本性、潜能、经验、价值、创造力和自我实现。人本主义心理学派既反对把人的行为归结为本能和原始冲动的弗洛伊德主义,也反对不管意识、只研究刺激和反应之间联系的行为主义。人本主义心理学的形成,为人类了解自己树立了新的里程碑,为心理学的发展开辟了新的方向。

人本主义心理学派和其他学派最大的不同是特别强调人的正面本质和价值,而并非研究人的问题行为,并强调人的成长和发展,称其为自我实现。人本主义认为,人有自我的纯主观意识,有自我实现的需要。只要有适当的环境,人就会努力实现自我、完善自我。所以,人本主义重视人自身的价值,提倡充分发挥人的潜能。

人本主义心理学派创始人马斯洛,对健康人格进行了研究。他认为人的本性是好的,至少是中性的,恶是派生的,是人的基本需要受挫引起的。所有人都拥有一种对于成为自我实现的人的先天性追求或倾向。马斯洛构建了以自我实现为目的的需要五层次理论,从低到高依次为生理需要、安全需要、爱与归属的需要、尊重的需要、自我实现的需要。在这五层需要之中,高层需要更代表了人的本质需要,但比低层需要微弱,只是一种类似本能的微弱冲动,不像动物本能那样牢固,人有赖于后天的学习和培养才能实现自己的潜能。只有低层需要得到一定程度的满足,高层需要才能被激发出来。但人的低层需要若占优势,将妨碍高层需要的建立。他认为,自我实现号召个人达到以自己的发展为同伴带来价值的存在状态,并称之为自我超越。这就赋予人格伟大的力量,充分让每一个人趋向人性的成熟与丰满。

罗杰斯认为健康人格不是人的状态,而是过程,是趋势,而不是终点。自我实现是不断进行的;它永远不是完成的或固定状态;个人会不断向前、进一步分化和发展自我的各个方面。罗杰斯还提出,在健康人格的形成中,最基本的必需品是在婴幼儿时期得到无条件的积极关心。罗杰斯对婴幼儿自我概念形成及如何培养健康的人做了很多探讨,在人格和婴幼儿教育方面有着重要的影响。

罗杰斯还认为人人都有一种发展一切能力的内在倾向,包括生物潜能和心理潜能,这些潜能都有自我实现的共同趋势。他认为价值的追求使人的潜能发展进一步实现,并满足个人内在的需要。他创立并发展了"求助者中心疗法"体系,帮助求助者去发展内在的自我,发挥最大的潜能。这种疗法也是当前心理咨询领域一种重要的心理咨询理念与方法。

七、认知心理学派

【微视频】认知心理学与当代心理学的新趋势

认知心理学于二十世纪五六十年代发展起来,是关于大脑信息加工的学问。它包括了心理过程的所有内容——感觉/知觉、模式识别、注意、意识、记忆、人类智力与人工智能、表象、语言、认知发展、思维与概念形成以及所有这些方面在人的一生中如何发展变化，并且贯穿于行为的各个领域（如图1-4所示）。

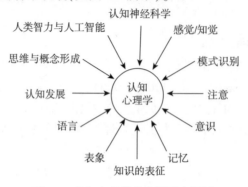

图1-4　认知心理学的主要研究领域

现代认知心理学把人看作一个类似于计算机的信息加工系统，以信息加工的观点为核心，从信息加工的角度来探索人类内部心理机制，即从信息的输入、编码、转换、存储和提取等加工过程来研究人的高级心理过程，主要是注意、感知觉、表象、记忆、思维和语言等认知活动。它探寻知识的获得、贮存、转换以及使用的完整规律。模式识别、信息加工、语言理解、概念形成、推理判断以及解决策略，都是现代认知心理学所关注的问题，并且这个范围还在不断扩大。认知心理学是认知科学的重要组成部分。加德纳（Gardner）在认知科学六角形模型中指出，心理学与认知科学的每一个组成部分之间都存在着强联系（如图1-5所示）。

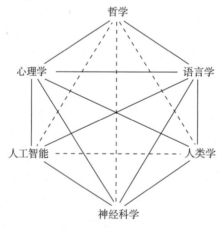

图1-5　认知科学关系图——加德纳六角形模型
（注：实线表示较强的跨学科联系；虚线表示较弱的跨学科联系）

现代认知心理学的出现是心理学史上的一次革命，它代替了旧的行为主义观点，用大量的具体研究成果否定了行为主义的一贯主张。行为主义者研究重点是人的外显行为，认为外部刺激进入大脑以后的内部加工过程是不重要的，是不可探索的"黑箱"。而认知心理学则认为，恰恰黑箱中的信息加工过程才是最重要的，特意研究这被行为主义者忽视的内在过程。行为主义者在研究方法上排斥一切来自被试的主观报告，而现代认知心理学则把实验的研究和被试的主观报告结合起来。行为主义者认为，人的行为是对外部刺激的消极反应,因此实验注重外部条件改变所引起的外部行为变化。现代认知心理学则认为个体积极地、创造性地对环境做出反应,仅把外部条件的改变看成了解人内心改变的方法之一。

现代认知心理学与人本主义心理学都是在20世纪中叶诞生的,因此,在强调认知的重要性方面两者有相同的主张。但是,人本主义心理学只是在"战略"上加以强调,而现代认知心理学则注重对认知的具体机制,即"战术"的研究。

需要澄清的是,在对社会心理问题和临床心理问题的解决中,强调认知方式、认知结构、认知偏差等认知因素的重要性并详细分析其具体机制的倾向往往也被称为认知心理学,并非上面所指的现代认知心理学派(Cognitive Psychology),而是指从人本主义发源而来的强调认知功用的派别,其本质上属于人本主义派别。

八、当代心理学派

当今心理学界可分为基本理论学派和实验学派。前者注重思辨和经验的描述,后者注重客观的、定量的研究,各自强调自己一方的重要性。综合起来看,任何一门科学的进步都是客观测量和主观思辨的结合,分析与综合是一个过程的两个方面。所谓独木难支,心理学的未来也离不开"两条腿"走路的深度融合与齐头并进。

当然,并不是所有的心理学家都认为他们必须归属于以上某一派系,越来越多的人都选择博采众长。任何一个学派都既有其理论建树,又有其本身的局限性,它们的建立与衰落既有其本身的逻辑规律,也有时代精神、经济基础和文化背景的密切影响。许多心理学家已经明白任何一种心理学的视角都不能单独地揭示事物的全貌,每种视角都有助于我们理解心理现象,因此他们已经不再局限于某一学术流派,而是走向了观点融合。大势上,心理学各学派走向融合是不可避免的,但是想要出现大一统的学说注定难之又难。我们要用动态发展的眼光看待心理学的历史,也要用这样的眼光来看待心理学流派的分离与整合。

另外,尽管心理学的学说分歧仍然存在,研究方法多种多样,但大部分心理学家对于研究方法可行性的基本原则是一致的。几乎所有心理学家都否定了利用超自然能力来解释事件,如厄运、超能力、奇迹等。大部分人都相信收集实验证据的重要性,而不是依赖于预感或者个人信仰。也正是这一严格的取证标准使心理学同那些非科学的解释观点区分开来。

康德曾经断言:"心理学不可能成为一门科学,因为无法进行实验,无法用数学公式描述逻辑关系。"而心理学今天的发展则证明了再伟大的学者都有其时代的局限性。

本章复习题

一、名词与术语
心理学、心理过程、心理状态、心理特征、构造主义、机能主义、格式塔、操作性条件反射、意识、前意识、潜意识、本我、自我、超我、无条件积极关注、认知心理学。

二、思考题
1.列维托夫将心理现象划分为哪几个层次?它们之间有什么关系?
2.心理学的研究目标有哪些?
3.心理学发展历史上研究的最重要问题是什么?现在对此问题的基本态度是什么?

4.科学心理学诞生以后,现代心理学的三大势力先后登场,它们各自有哪些代表性观点?

5.请举例说明约翰·华生的社会环境决定论对于儿童教育会有什么样的危害。

6.请用斯金纳的操作性条件反射理论解释某个不良习惯的形成。

7.弗洛伊德的传统精神分析学说观点主要包括哪几个?

8.经典精神分析学说是怎样解释人格的三个成分的?

9.经典精神分析学说是怎样解释意识的三个层次的?

10.请列举一些马斯洛的重要观点。

11.你是如何理解马斯洛需要五层次理论的?

12.人本主义心理学的观点给你带来了哪些感悟?

本章参考文献

[1]王有权.航海心理学[M].2版.大连:大连海事大学出版社,2007.

[2]郭念锋.心理咨询师(基础知识)[M].北京:中国劳动社会保障出版社,2017.

[3]戴维·迈尔斯.心理学[M].9版.黄希庭,等,译.北京:人民邮电出版社,2013.

[4]黄希庭,郑涌.心理学导论[M].2版.北京:人民教育出版社,2015.

[5]李汉松.心理学的故事[M].北京:中国法制出版社,2016.

[6]戴维·霍瑟萨尔.心理学家的故事[M].郭本禹,魏宏波,朱兴国,王申连,等,译.北京:商务印书馆,2014.

[7]理查德·格里格,菲利普·津巴多.心理学与生活[M].19版.王垒,等,译.北京:人民邮电出版社,2016.

[8]罗伯特·费尔德曼.发展心理学[M].6版.苏彦捷译.北京:世界图书出版公司,2013.

[9]布里奇特·罗宾逊-瑞格勒,格雷戈里·罗宾逊-瑞格勒.认知心理学[M].凌春秀译.北京:人民邮电出版社,2020.

[10]月半弯.极简心理学[M].北京:民主与建设出版社,2019.

第二章　航海心理学概述

航海心理学（Nautical Psychology）是研究航海中人的心理活动规律及行为特征的学科。作为一门应用心理学，它的根本目标在于促进个人身心健康，保障安全、高效的航海实践活动。

从研究对象上看，航海从业者并非只有海员，长期在海上工作的还有从事海洋勘探、海上工程建设、海洋科学研究等人员。他们长期处于广阔的海洋以及封闭的船舶（或海上平台）的特殊环境中，以《STCW 公约》等一系列严格职业规范和行业准则为工作要求，这些外部条件对航海从业者产生了深刻的影响。本书以海员为研究对象，其他航海从业者也可以作为参考。

从研究内容上看，航海心理学具有较强的行业特色。航海心理学领域的学术研究不仅包括海员心理健康，还涉及对航海安全中人的因素、海员生物节律、海员心理特征、海员感知觉、海员心理疲劳、海员心理训练、海员管理等方面的研究与探索。如海员生物节律与水上交通事故发生的相关性研究，注意品质、反应时间与航行安全的相关性研究，航海工作特征、海员情绪与心理疲劳的相关性研究，各类海上工作人员的人格测验研究以及对海员社会支持、婚姻质量和生物指标相结合的心理评估等。

第一节　我国航海心理学的萌发与成长回顾

航海心理学是在我国航海事业取得了长足发展之后，在实际需求的推动下自然萌生的。从更宏观的格局来看，它也呼应了社会关注焦点从以工作为中心，向以人为中心的历史性转变。"人是万物的尺度"这一古老的隽论，不仅在航海心理学的诞生中得到了体现，而且就连心理学的萌发都是这一隽论的回应。

我国航海虽肇自远古，但是在那个"刳木为舟"的年代，人们航海主要是迫于生计，就算到了百年之前，我们也是为了民族生存而"外争海权"。根深蒂固的传统农耕思想严重限制了航运的发展。航运羸弱的状况一直延续到新中国成立以后若干年。与此相对应的是，心理学在中国曾一度被视为伪科学而陷入停滞，直至改革开放，在新的历史时期才获得认可。在此背景之下，航海心理学得以萌发。

在 20 世纪 80 年代，戴运昌编写了航海心理学简易教材。以此为开端，星星之火形成燎原之势，陆续产生了一批与海员心理相关的著作，如周燮生等著《航海心理学》（1989）、顾永健著《航海心理学》（1990）、孙哲等著《内河航运与海运心理卫生》（1995）、戴运昌著《航海行为科学》（1996）、望作信著《船员安全心理学》（1998）、王有权著《航海心理学》（2000）等。在研究内容上，王有权对航海心理学的有关研究方法以及航海心理学科研设计与选题做了深入分析，引入卡特尔人格量表在船员中做了调查研究，还研究了海员心理健康与海上事故的关系;周燮生对海员的心理素质和心理选拔等若干问题进行了研究;朱国峰对海船驾驶员职业适应性做了研究;罗洪群、张锦朋、张晓等开展了多个专项课题研究。各航运公司及全国当时七十多所船员专科学校也逐渐有人开始关注船员心理问题。近些年来,戴家隽率领团队开展了一系列基础性和应用型研究,主编了《职业潜水员心理健康与维护》一书,还对编制海员心理健康量表等实用工具表格进行了有意义的探索。此外,还有相关海军院校开展了一系列应用心理学(航海心理学和心理卫生)相关的研究,出版了国内第一本《航海医学心理学》教材。

在航海心理学发展欣欣向荣之际,朱国峰多方呼吁、联络沟通,倡议建立"航海心理学学术组织"。后经交通部(现为交通运输部)批准,于 2006 年在中国航海学会下成立了"航海心理学专业委员会"。此为航海心理学在中国发展的里程碑事件,标志着航海心理学在中国扎根安营,有了协同发展交流的平台,成为正式的学术力量。

第二节 航海心理学发展现状

正如上述所言,航海心理学在我国发展历史较短,还存在专业人才少、资源投入不多、研究难度大等诸多问题,与一些相对成熟的应用心理学学科相比,尚难脱稚气。

一、航海心理学研究现状

我国航海心理学的研究尚处于起步阶段。从航海心理学学术会议论文以及专业的航海类期刊、杂志有关航海心理学方面的研究来看,在以往的研究中,海员心理健康相关研究主要采用理论探索与实证研究的方式居多,其中理论探索主要包括海员心理健康的标准、影响海员心理健康的因素分析、维护海员心理健康的对策研究、海员心理素质的塑造等方面。实证研究主要采用问卷调查和心理测量,包括采用自编问卷、症状自评量表(SCL-90)、幸福感指数量表、抑郁自评量表、社会支持评定量表、特质应对方式问卷(TCSQ)、艾森克人格问卷(EPQ)、明尼苏达多项人格测验(MMPI)等心理量表进行统计分析。

根据对相关学术期刊库数据的统计,近十年来,国内外关于航海心理学的研究主要包括个体因素、工作与组织因素、生活因素三个方面。其中,个体因素主要集中在心理健康、适任能力、幸福感、心理韧性等方面;工作与组织因素主要体现在工作压力、工作态度、工作安全感、工作倦怠与领导能力等方面;生活因素主要集中在与家人分离、与家人联系以及社会支持方面。近五年来,主要的研究成果出自中国、美国、英国、爱尔兰、挪威、土耳其、韩国、南非等国家的学者和研究机构,航海心理学的前沿热点仍主要集中在海员的心理健康、航运安全与人的因素方面。

尽管现在与航海心理学有关的教学、培训课程在国内航海院校和航运企业遍地开花,但是无法掩盖其基础研究薄弱、相关研究不够深入的现状。之所以造成此局面,研究难度大、人力物力投入少也是无法回避的客观因素。所以,航海心理学研究者秉持"他山之石,可以攻玉"的理念,积极借鉴其他心理学研究领域的有益成果,为航海心理学研究所用,不断丰富和发展航海心理学理论。同时,研究者应当看到当前在中国开展航海心理学研究有许多有利因素,如中国海员数量多、航运企业对海员身心健康的关心日益增加、海员权益保障相关政策和制度不断完善、个人的健康意识不断增强等。

二、航海心理学应用现状

航海心理学的应用与实践,首先体现在心理培训和危机干预活动中。近些年来,针对航运企业开展的心理培训和危机干预项目,有效地改善了海员的心理状态、工作态度等,促进个人成长和企业发展的有机融合。在开展心理培训和危机干预过程中,研究者将现代企业培训的理念与航运企业的实践相结合,提升海员队伍心理素质和心理健康管理能力。一些航运企业设立了"海员心理健康服务工作室"之类的机构,购买社会上心理专业资源,为海员心理发展提供支持与服务,也有航运企业将心理测评纳入海员招聘和岗位适配当中等。此外,近年来,加入 Rightship 评估标准的船舶越来越多。按照其规则要求,船上的管理级船员(船长、轮机长、大副、大管轮)应当在上船前接受必要的心理培训。因而,高级海员的心理健康培训得到了一定的普及,并取得了不错的效果。

航海心理学还在促进航海安全方面发挥着重要作用。如何杜绝船舶安全事故是世界航运界一个重要的课题。船舶安全事故,轻则耽误船期、损坏船舶,造成经济损失;重则船毁人亡,不仅给许多家庭带来失去亲人的痛苦,还有可能造成严重的海洋污染。尽管各种管理体系和安全制度已经较为健全,各种安全检查愈加严格,各种自动化程度较高的先进航海设备也相继投入使用,但触目惊心的事故仍时有发生,其中人为因素造成的安全事故占比较大。对海员心理的研究,除了有利于帮助、维护海员个体的心理健康之外,更有利于维护航运安全。

此外,航海心理学的应用还体现在提升海员职业认同感及稳定海员队伍方面。近年来,国内航运企业逐渐陷入了人员流失的窘境。我国船员队伍一度出现高级船员不足、普通船员流失严重的状况。究其原因,航海院校毕业生因职业适应不良等因素另谋出路的情况占据了很大比重。在海员职业发展的过程中,由于缺乏及时和必要的心理支持,部分海员在职业适应阶段出现了对职业的厌弃、对个人发展的困惑、对未来的迷茫等现象,最终导致其选择离开行业。航海心理学不仅可以维护海员心理健康,保障航海安全,而且可以提升海员的职业认同感,这对于培养合格的航海人才起到重要的保障作用。

航运关系到国家经济发展的大局,海员心理健康关系到航运业的发展。航海心理学将越来越多地在航运事业中发挥作用,承担起为航运发展保驾护航的责任和使命。

第三节　航海心理学的研究方法

航海心理学是采用系统分析的方法,综合运用心理学、航海医学、社会学、管理学等学科知识,把船员作为航海活动的决策者、管理者和实施者来进行研究的。它通过对航海中人的因素的深度剖析,达到揭示航海活动中船员心理和行为活动规律的目的。

航海心理学是心理学的一个应用分支,它的研究方法也遵循心理学的基本理论原则。第一,航海心理学的研究必须遵循客观性原则,通过研究心理现象产生的客观条件和客观表现,以揭示心理现象的本质联系及其规律。第二,航海心理学还要贯彻理论联系实际的原则。航海心理学的课题来自航海实践,它的研究结果要付诸航海实践。所以,航海心理学的研究工作必须和航海实践密切结合,以保证其实际效用。

航海心理学的研究方法具有多种多样的形式。一般地说,普通心理学的方法都适用于航海心理学。但由于航海心理学的对象和任务的特殊性,其方法也具有一定的特点,需要注意使研究情境与航海实际情况相符合,并根据航海实践综合考虑其中各方面的心理现象。

航海心理学采用的研究方法主要有如下几种:

1.文献法

文献法是安全心理学研究中采用得最多的一种搜集资料的方法。尽管任何科学研究,从确定研究课题到书写研究报告的全过程,总是要不同程度地查阅文献资料,但是,对某些评论性、比较性的研究而言,研究的重心或主要的方法则是搜集、分析、处理有关的文献资料,并通过分析文献来做出一定的评论、推断和预测。

有关航海安全心理学采用文献法进行研究,实质上是对文献中的内容进行分析。通过分析,推演出某些结论,揭示事物产生和发展的因果关系,提出解决问题的某些设想和建议。有的研究是通过对资料内容的分析,提出某种在不同的时空条件下反复出现的共同模式或阐述各系统的理论构思。比如,如果研究海员在危机下的应激反应,我们可以查找航海事故中的海员表现记录资料,总结分析海员的应激反应特征。

文献法的优点是适合于宏观问题、理论问题的研究。其不足之处是这种研究所提出的观点、原理、模式尚需要在现实的研究中加以验证。采用文献资料法的关键在于尽可能地保证资料的质量,因此,研究人员要尽可能地从不同的来源搜集反映不同观点的资料,用多重验证的方法来保证研究资料的可信度与真实性。

2.观察法

观察法是在航海活动中,通过感官、记录表格、录音和摄像等手段,有目的、有计划地观察和记录航海过程中有关船员的外显行为——动作、表情、言论等,以及被观察者在集体活动中的相互影响结果,其目的在于描述船员在特定情况下所表现出来的行为及产生这种行为的原因。例如,在不同航行阶段(如靠泊、避碰、装卸货、恶劣海况、值班等)观察船员在工作岗位的活动情况,或者考查船员解决问题的能力时,观察其在集体中的组织、计划、指挥、落实以及人际交往的行为即可。

观察法应用于航海心理学中存在着明显的优点和缺点。第一,它能够真实客观地收集资料,很好地描述行为和识别问题。第二,这种方法只能收集外显的行为表现,而无法深刻地揭示行为产生的根本原因,并且它可能会对所要观察的活动造成不同程度的干扰和破坏,从而降低观察数据的可靠性。第三,研究者必须熟悉航海过程以及其中的心理现象,善于在繁杂而特殊的现象中抓住所需要观察的事实和材料,并发现各种现象间的联系。第四,观察法为航海心理学的研究者带来了很大的挑战。由于航海职业的特殊性,很少有心理学专业研究者同时具有航海的实践经验,而且普通研究者很难随船长时间地进行观察研究,也很难做到以不受戒备的身份去无干扰地观察船员的生活与工作状态。

因此,观察法通常适用于广泛的研究范围,但是对于航海过程来说,恰恰受制于其特殊性,实际中使用得较少。即便如此,如果条件满足,仍然可以适当地采用观察法作为研究手段。

3.实验法

实验法是指按照研究目的,有计划地严格控制或创设条件以主动引起或改变被试的心理活动,从而进行分析研究的客观方法。在实验中,借助实验室实验可以研究感知、注意、记忆、思维等心理活动。现在还可以在实验室里模拟某种自然环境条件或教学环境条件来研究某些心理现象。但一般地说,实验室实验多用于对一些简单的心理现象的研究,而对于研究人的个性方面的复杂现象,则有很大的局限性。

实验法可分为实验室实验和模拟实验。

(1)实验室实验

实验室实验是指在现代设备完善的心理实验室中,利用精密的仪器和自动控制的手段,或者借助先进的医疗设备和生物技术,呈现刺激和记录被试的反应。例如,对不同情境下大脑的生理变化以及机制研究,对在应激条件下个体性格和工作能力关系的研究,都可以在实验室中通过测定操作速度和准确性,或测定生理学、生化学指标来进行评定。这种研究方法的优点是有机会确定所研究问题的具体变异因素及其作用。其缺点是实验状态是严格控制的,无法替代真实的航海情景,同时实验设计往往比较复杂,难度较大。

(2)模拟实验

航海心理学中有些问题必须呈现逼真的情景,或要有作用于机体的逼真刺激以进行研究。模拟实验可以用真人真设备在真实情景中进行,也可以在计算机上或仿真虚拟条件下进行。例如,研究错觉的机制和训练方法,使用船舶驾驶模拟器进行;船员在晕船下的心理活动变化,可以在 4D 的模拟环境中进行。这种研究方法的优点是能够控制和处理很多相关因素,较为逼真地模拟真实作业环境,使得研究结果更好地为航海实践服务。其缺点是研究成本较高,所需设备仿真程度要求高。

虚拟现实(VR)技术是一种创建和体验虚拟世界的计算机系统,被公认为 21 世纪可能促使社会发生重大变革的高新技术之一。其最根本的特点是具有浸入性。在虚拟现实系统中,用户可以浸入虚拟环境中,身临其境地观察、探索和参与环境中事物的变化和相互作用。未来,如果在实验中能够运用高水平的 VR 技术产品,对于研究结果的准确性将会大有帮助。

4.调查法

调查法通常包括访谈法和问卷法。

(1)访谈法

访谈法包括与有关人员进行交谈(可以是个别交谈或集体交谈),听取他们的意见,观察其态度、表情等行为,以求获得有关某一问题较详细准确的信息。其优点是深入、详细、针对性强、灵活,可随时考察回答内容的真实性和可靠性,所得资料十分翔实、宝贵。其缺点是工作量较大,不容易整理,访谈结果不易数量化,统计分析也比较麻烦。

(2)问卷法

问卷法即书面的调查表,是用明确的词句提出问题,要求被调查者做出确切的回答或给予评议。

调查法在目前的研究中使用最为广泛,一般的做法是通过问卷、访谈等方式揭示船员中存在的心理问题,如工作应激的强度和频率、当下的心理状况等。显然,调查法对于确定个体存在的问题而言是一个有效的途径,并且还可以进一步描述与问题有关的各种变量。

5.心理测验法

心理测验法是采用标准化的心理测验或精密的测量仪器,测量被试的个性心理和心理过程的差异,如人格测验、能力倾向测验、智力测验、反应测验、感知运动协调能力测验等。常用的心理学量表有明尼苏达多相人格测验(MMPI)、卡特尔16种人格因素测验(16PF)、艾森克人格问卷(EPQ)、90项症状清单(SCL-90)、汉密尔顿抑郁评定量表(HAMD)、汉密尔顿焦虑量表(HAMA)、Zung氏抑郁自评量表(SDS)、Zung氏焦虑自评量表(SAS)、社会支持评定量表(SSRS)等。多年来,许多研究者也不断尝试在此基础上编制适合海员的心理测验量表,期待未来能有成熟的工具表格出现,提高海员心理测验的信度和效度。

由于海员职业环境的特殊性,有些在其他行业和人群普遍适用、易操作、效果好的研究方法,用于海员的心理现象的研究时,则显得困难重重。尤其对于海员在航期间的心理问题的研究,始终是航海心理研究的难点。海员的心理问题通常在工作一段时间之后逐渐显现,而在航期间,研究者对海员连续跟踪调查研究受到许多条件的制约。一个工作周期结束后,海员回到陆上,原有的心理问题刺激因素已经改变,此时检测的心理状态已不能代表在航期间的心理状态。在实际研究中,研究者应当充分考虑到诸如此类的情况,努力寻找适合的研究方法,确保研究结果的科学性。

本章复习题

一、名词与术语

航海心理学、文献法、观察法、实验法、调查法、心理测验法、量表。

二、思考题

1.航海心理学的研究对象是什么?

2.航海心理学的研究内容有哪些?

3.航海心理学的研究困境有哪些?

4.在中国开展航海心理学研究的有利因素有哪些?

本章参考文献

[1]王有权.航海心理学[M].2版.大连:大连海事大学出版社,2007.

[2]郭念锋.心理咨询师(基础知识)[M].北京:中国劳动社会保障出版社,2017.

[3]戴维·迈尔斯.心理学[M].9版.黄希庭,等,译.北京:人民邮电出版社,2013.

第三章 海员的生态系统与影响

2000多年以来,围绕着人的心理现象,关于遗传和环境的争论从未停止,至今也没有科学上的严谨论断。当代的心理学家们均同意两者相互作用:先天遗传打下基础,后天环境在其上发挥作用。讨论各自的影响到底占多大比重显然并没有现实的意义。人自出生,先天基础已经确定,从此,环境就成为人的心理发展的主要变量。

海员特指在海洋航线船舶上工作的船员。海员生活在大海这个特殊的自然环境和船舶这个特殊的人造环境之中。无论是基于维护航海安全还是保障海员身心健康的目的,航海心理学的研究都离不开研究海员的工作生活环境。

第一节 生态系统理论

在发展心理学中,布朗芬布伦纳(Urie Bronfenbrenner,1917—2005)提出了人与其生活环境相互作用的生态系统理论模型,强调个体嵌套于相互影响的一系列环境系统之中,在这些系统中,系统与个体相互作用并影响着个体发展。该模型是针对儿童起始的人生发展所提出的,秉承着毕生发展的理念,因而也适用于对成年人以后阶段发展的理解。

【微视频】
环境的影响与生态系统理论

布朗芬布伦纳承认生物因素和环境因素交互影响着人的发展,但是模型本身更关注环境对于人的影响,认为环境对人的发展影响十分重要。

他认为,环境是"一组嵌套结构,每一个嵌套在下一个中,就像俄罗斯套娃一样",如图3-1所示。换句话说,发展的个体处在从直接环境(如家庭、学校)到间接环境(如宽泛的文化、法律、制度)的几个环境系统的中间或嵌套于其中。每一系统都与其他系统以及个体交互作用,影响着个体方方面面的发展。

布朗芬布伦纳在其理论模型中将人的环境系统分为四个层次,由小到大分别是:微观系统、中间系统、外层系统和宏观系统。

第一个环境层次,即环境层次的最里层是微观系统。微观系统是指个体活动和交往的直接环境,这个环境是不断变化和发展的。对大多数婴儿来说,微观系统仅限于家庭。家庭里有父母、兄弟姐妹等亲人,还有生活用品、玩具等,这些都是微观系统的组成部分。它们当中有的对婴儿的成长影响非常大,比如父母;有的影响小,比如某个家居用品。随着婴儿的不断成长,活动范围不断扩展,微观系统就变得越来越多,幼儿园、学校、培训班、医院、游乐场以及更多玩伴等不断纳入其中。到成年后,工作单位以及更多的人和事物进入微观系统中。这些微观系统也存在着影响力强弱的差别。通常情况下,家庭和学校是对儿童发展影响最大的微观系统,家庭和工作单位是对成年人影响最大的微观系统。如果父母具有温暖、关爱、耐心、开明、善良、尽责的品质,孩子就有更大的可能成为一个阳光、自信、有爱心、易相处的人,家庭关系愈发和睦、融洽、紧密;总是

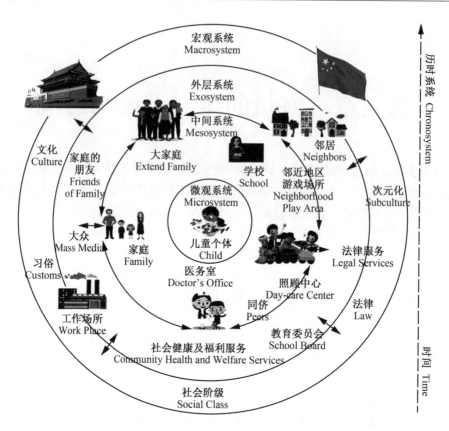

图 3-1　布朗芬布伦纳生态系统理论模型

遇到正直的老师,孩子也容易拥有正直的品质,彼此也更容易相互欣赏和认同。在有礼貌的家庭中长大的孩子通常也有礼貌,父母喜欢骂人,孩子多半也喜欢骂人。

　　第二个环境层次是中间系统。中间系统是指各微观系统之间的联系或相互关系。布朗芬布伦纳认为,如果微观系统之间有较强的积极的联系,发展可能实现最优化;相反,微观系统间的非积极的联系会产生消极的后果。围绕在儿童身边的微观系统不是独立存在的,彼此之间存在着或强或弱的联系。对于儿童来说,家庭教育与学校教育以及电视节目观念一致、彼此信任、相辅相成,儿童就容易对事物形成统一的认识,三观的形成不会产生扭曲和困扰;如果这几个影响较大的微观系统观念相悖、各执一词,家校之间缺乏信任、互相埋怨,儿童的心理就容易产生冲突和扭曲。

　　第三个环境层次是外层系统。外层系统是指那些并未直接参与但却对他们的发展产生影响的系统。外层系统是非常庞大的,因为它的外延非常广阔。尽管并不直接影响个体,但是并非可以忽略,尤其是那些稳定的外层系统(如保险公司、社区、公安局等政府部门等)对个人的影响潜移默化。由于外层系统并不直接接触个体,所以个体想要影响和改变它也不是一朝一夕可以实现的。

　　第四个环境层次是宏观系统。宏观系统指的是渗透于以上三个系统中的文化、亚文化、政治、经济等综合一体的社会大环境。宏观系统实际上是一个广阔的意识形态,并非实体。一方水土养一方人,人的观念、处事的方式受到传统文化、风俗习惯、意识形态、经济水平等的影响。所以,我们能看到不同的国家和民族,都有自己的人格特征,例如法国人普遍有浪漫主义情结、日本人在交往中普遍很客气、德国人普遍严谨。宏观系统中的元素全面渗透到内部的各个系统中,看不见,却长久地、持续地对社会环境的塑造和人的成长发展施加影响。在相反的方向上,人的变化和社会环境的变化,又会促进文化、意识形态、制度等新内容的产生。

布朗芬布伦纳的模型还包括了时间维度,或称历时系统,把时间作为研究个体成长中心理变化的参照体系。他强调了儿童的变化或者发展是将时间和环境相结合来考察儿童发展的动态过程。婴儿一出生就置身于一定的环境之中,并通过自己本能的生理反应来影响环境。婴儿通过行为,比如哭泣来获得生存所必需的物质,也会根据外界环境来调节自己的行为,比如冷暖适宜时会发出微笑,这些也促使父母的行为做出改变,以此交互影响。随着时间的推移,儿童生存的微观系统环境不断发生变化。引起环境变化的可能是外部因素,也可能是人们自己的因素。因为人有主观能动性,可以自由地选择环境。而对环境的选择是随着时间不断推移、个体知识经验不断积累的结果。布朗芬布伦纳将这种环境的变化称为"生态转变",每次转变都是个体人生发展的一个阶段,比如升学、结婚、退休等。而布朗芬布伦纳提出的历时系统关注的正是人生的每一个过渡点,他将转变分为两类:正常的(如入学、青春期、参加工作、结婚、退休等)和非正常的(如家庭中有人去世或病重、离异、迁居、彩票中奖等),这些转变发生于毕生之中,常常成为发展的动力,同时这些转变也会通过影响家庭进程对发展产生间接影响。

第二节　海员的生态系统

按照布朗芬布伦纳的环境系统层次的划分方法,我们将海员的生态系统中的重要因素纳入其中进行观察。

海员的微观系统中包括家庭、船舶等核心微观系统,还可以包括海员教育培训机构、朋友、同学等。微观系统内的影响是双向的。例如,家庭中亲人健康、伴侣善解人意、孩子聪明开朗、家庭成员关系和睦等对于海员自身情绪调节、保持良好状态大有裨益;船上的设施先进、自动化程度高,生活环境舒适、宜人性好,船上的领导管理得当、公私分明,工作井然有序,同事团结友爱,会带动海员自愿参与其中,形成良好的工作与生活氛围。反之,则成为压力源,产生负面影响,容易反馈到家庭和船舶系统中,形成微观系统内的恶性循环。

在海员的中间系统,如果海员所在的企业与家庭之间建立紧密的联系,形成良性互动,企业关心海员家属、解决家庭困难、照顾子女入学等,海员家属积极响应企业号召和倡议,鼓励海员爱岗敬业,那么对于海员个人发展也将产生积极的影响,海员将与企业、家庭形成更紧密的积极关系。如果企业不关注海员家庭,没有与海员家庭互动,那么将可能削弱海员与企业之间的关系,也会影响到海员个人的职业表现和发展决策。在一艘管理松散的船上工作,只要不出事故,一切行为都可接受,使得海员养成了自由散漫、不拘小节、重结果不重过程的态度和习惯。当换到另外一艘管理严苛的船上工作时,海员便会感觉不适应,因而对船上的管理者产生负面评价,不易于与同事建立和谐、亲密的关系,就会影响到船舶的管理,乃至企业的发展。

海员的外层系统,包括海事管理机构、海事服务机构、航运企业的管理部门、家人的同事或朋友、社区等。例如,妻子的朋友和工作单位,航运企业的其他管理部门,孩子的同学、老师及学校,亲人生病所住的医院,网络社区等。海员的职业幸福感可能受到企业的管理制度、福利待遇等因素影响;海员家庭的情感关系可能受到妻子是否喜欢其工作的影响;海员的工作效率可能受到孩子与同学关系的影响;航海中的极端天气状况影响到船舶航行,使得海员产生心理应激,影响个人心理健康与工作效率。

海员的宏观系统层面,包括海员所处环境的文化观念、道德风尚、国际政治关系、国际贸易发展水平等因素。海员身处其中,会直接或间接地受到影响。比如,儒家文化影响海员修身养性、为人处世之道;家乡风俗习惯影响海员日常生活习惯乃至人际关系;政治冲突影响航运业务以及海员安全意识、价值观念、人际关系等;国际贸易发展水平影响航运业景气水平,乃至海员的职业收入、自我价值、消费观念等。

对于海员来说,在时间维度上也有重要的过渡点,比如,升职、离职、结婚、遭遇海难、亲人变故等。有的新船员,第一次远航就遇到了台风,受到了惊吓,返回港口后就辞去了工作,再也不做海员了,其人生的轨迹从此发生了重大变化。

环境中的具体事物属于哪个层次并非一成不变。一些事物有时出现在微观系统中,有时出现在外层系统中。比如,海上的自然环境既可以作为微观系统出现,也可以作为外层系统来理解。因为天气、海浪、洋流、航道一方面直接作为海员的生活与工作环境出现,另一方面它们往往是通过作用于船舶再影响到海员。有时事物属于哪个层面的系统,取决于我们从哪个角度去观察。相对于社会,甚至相对于企业来说,船舶是个小系统,而相对于船员所处的部门(甲板部、轮机部),船舶就是个大系统。因此,我们既可以把船舶作为与家庭同等的微观系统来对待,也可以把船舶当作中间系统的平台来看待。在本书中,我们不必纠结于这些具体的划分细节。生态系统理论注重强调环境系统中的事物之间的相互影响,而非谁处于哪个层次,因此要避免教条的理解。

下面我们对海员生态系统中的重要因素做一些介绍,以便于读者在了解的基础上理解其特征。

一、自然环境

与普通的职业不同,自然环境对于海员来说有着特殊的意义,因为他们在工作中与自然环境的关系远比绝大多数职业要紧密。我们说海员是弄潮儿,是与风浪搏斗的勇士,一是因为海上的风浪远超陆地海岸的风浪级别,二是海员不可避免地要在台风、巨浪、强流中航行。

在台风中,一艘两三百米长、四五十米高的数万吨巨轮,与巨浪相比也不过是一叶扁舟。台风中的海浪可以轻易拍打到平时看起来高高在上的驾驶台,或者一个海浪就能将整个前甲板覆盖,这些是常见的事情。海浪的力量是巨大的,看似坚实的钢质桅杆也可能被巨浪轻易打断,船的钢质舷墙也可能直接被巨浪打变形。船舶空载时,在巨浪中摇晃幅度尤其大。巨浪有时还会把船舶拖到波峰高处又将其重重地摔到波谷,船舶结构的坚固性也会经受极端考验。

风浪对于海员来说,不仅意味着安全威胁,还意味着晕船的糟糕体验。不晕车的人很多,但是不晕船的人很少,而且晕船带来的难受感要比前者强烈得多。随着科技的发展,天气预报的准确率越来越高,及时性越来越好,船东公司对于安全运输和人命安全的重视程度越来越高,对于台风的防范也做得越来越科学,相信以后的状况会有更大的改善。

海上气象有时是瞬息万变的,尤其是在赤道附近的海域,经常由于强对流、雷暴等天气出其不意地出现,考验海员的应对能力。雷暴、大雾等天气会造成驾驶员观察视线受阻,直接影响瞭望效果,从而更多地依赖于雷达等电子设备的观测信息。

较强的海流有时也会给航海带来麻烦。当海流形成时,路过的船舶会不知不觉地被带离原本的航线,如果不能及时察觉,就容易引发触礁、搁浅等危险。

一些远洋航线会途经南北极等高纬度地区,还有更多的航线会穿越赤道热带地区。极端的气温体验对人的适应能力提出了一定的要求和考验。这种考验不仅仅在身体的舒适度方面,而且还包含一些危险的因素,比如,北极地区气温非常低,即使在夏季,也是长年结冰,需要破冰船引航。在北极航线行驶时,外部气温极低,室外遇水就结冰,甚至在空气中的湿气遇到船体上的金属设置,也会凝结成厚厚的冰霜层,增大了安全事故发生的概率。由于极地磁场的影响,船上的传统磁罗经也无法正常工作,对于方位的确定有一定的影响。极地的自然条件给航行带来了意想不到的风险。而赤道附近的气温非常高,通常在 40 ℃左右,而且海面上空气通透度好,阳光照射强度大,对于船舱外工作是极大的考验。由于中国的绝大部分地区都处于亚热带和温带,所以热带的高温作业环境对于中国海员来说绝对称得上是挑战。

现代远洋航行通常都依赖于电子海图,严格按照已经探明的海上路线来设计航行方案,相关的技术日趋成熟,相关的数据日渐翔实,能够给船舶的安全航行以基本的保障。但是,正因为航线固化,在同一区域内的船舶都要行经同一条线路,所以不同的航路的繁忙程度也不尽相同。在全球范围内的著名国际航道中,马六甲海峡、巴拿马运河、苏伊士运河、土耳其海峡、英吉利海峡等都是非常繁忙和拥挤的海上通道。越是繁忙的航道,对于航行的安全性要求就越高、考验就越大。除了这些著名的繁忙航道,对于商船来说,有些风险还来自传统的捕鱼区及其附近水域。渔船数量多、吨位小、机动性强,管理不如商船严格,经常会有一些无规律的驾驶行为,比如,随意调头、抢行等,这些都是安全隐患。

据统计,船舶碰撞事故大多发生在港口、狭水道、航道交汇点、渔区、能见度不良区域。这些区域具有船舶密集、会遇频繁、交通情况复杂、航道和自然环境不尽如人意、回旋余地小等特点。船舶雾航时间虽然比例很小,但雾中碰撞事故占全部碰撞事故数量的 30%~40%。此外,大潮汛日前后 3~4 天内碰撞事故频发。

大自然对于海员来说也不仅是危险和挑战,它独特的风光也是对于海员的极大馈赠。大海在不同的天气下,会呈现不同的样子和颜色。不同的海域也会有不同的面貌。海上看朝霞和晚霞是很寻常的,晴天的夜晚,星空清晰地升起在头顶,这些城市生活中的珍稀景色,不过是海员的日常所见。海上航行还能经常看到海豚、飞鱼甚至鲸鱼等。作为一名海员,如果有幸穿越南北极航线,则有机会看到常人梦寐以求的极光现象、冰海航行的壮观场面。

二、船舶

船舶既是海员工作的场所又是生活的场所,而且具有无可替代、无可回避的特性。这样的情况在其他职业中非常少见。

1.船型

船型种类很多,常见的运输船有干散货船、液货船(如油船、液体化学品船、液化气船等)、集装箱、杂货船、邮轮、冷藏船、滚装船等,常见的工程船有破冰船、挖泥船,海洋开发船有科考船、钻井平台、石油 OSV 等。

各种船型存在载重吨位上的差别。吨位上的差别除了意味着船舶的长度、宽度以及高度等这些外形的差异,也意味着海员工作和生活的空间有差异,船舶的动力也有差异。各种船型也存在着船体结构设计上的巨大差别,以适应特定功能的需要。这些都关系到海员的工作和生活体验。

绝大多数现代远洋船舶都是用钢材制成的。除了生活区少数的软装饰之外,几乎所有船上设施,无论是船体、甲板还是工作区域,油漆之下均为钢材。在这样的环境下作业、生活的危险性也相应较大,稍微不注意,发生碰撞、跌倒等情况,都容易造成较大的伤害。

船舶的机舱是一个特殊的场所。机舱是船舶的动力装置——主机所在的位置,因而有温度高、噪声大两个特点。通常情况下,机舱温度在 30 ℃ 以上,锅炉附近可以达到 40 ℃,甚至 50 ℃。管道和锅炉需要定期清洗,通常由轮机部人员负责。这种高温下的作业极具挑战性。机舱内充斥着马达轰鸣声、各种设备和船体的共振声。随着经济发展、科技进步,机舱的工作条件也在逐渐改善。许多新建船舶已经实现了无人机舱的管理模式,轮机员只需要定时到舱中巡视,其余时间则在机舱外的隔离区通过视频监视就可以了。噪声和高温的伤害越来越小。

新船与老龄船之间的差别也不仅仅是工作设施的自动化程度、生活设施的舒适性的不同,还体现在设备的老化所带来的安全隐患方面。一些经常使用的设备,外表看似完好,内部可能已经出现了金属疲劳现象,容易在极端情况下发生故障,酿成事故。例如,由于老旧锚链机、缆绳桩、钢丝绳、舷梯等出现金属疲劳、老化未被发觉,作业时在受到较大外力的作用下突然发生断裂而导致的安全事故屡见不鲜。

远洋船舶上除了工作设施之外,都配有一定的生活设施,比如,休息室、娱乐室、健身房等。不同的船东、不同的造船年代、不同的船型,会影响到船上设施的舒适程度也不尽相同。通常大的航运企业基于多种原因考虑比较重视船员的福利,新造船舶时会充分考虑到船员工作及生活的舒适性,设计的相关设施比较完备,娱乐、健身、休闲、饮食等设施一应俱全,除了上述基本必备的设施之外,还可能会配备桑拿房、游泳池等特殊设施,以提升海员的海上生活舒适度。一些老旧船舶建造的年代久远,生活设施硬件不足,工作空间以及生活空间的设施状况并不尽如人意,与新造船舶相差较多。

2. 货物

货物是海员工作环境中的一个重要组成因素。

货物按照形态和装运方式来分,可以分为件杂货、固体散货、液体散货、集装化货物、特殊货物;按照装载位置来分,可以分为舱内货和甲板货;按照货物的理化特性和运输保管要求来分,可以分为危险货物、重大件货物、散装货物、液体货物、气味货物、食品货物、扬尘污染货物、清洁货物、冷藏货物、易碎货物、贵重货物、活牲畜货物、普通货物;按照物理性质可以分为湿性和散湿性货物、挥发性货物、热变性、冻结性和溶化性货物、胀缩性和物理爆炸性货物、放射性货物;按照化学性质可以分为氧化性货物、自热自燃性货物、腐蚀性货物、化学爆炸性货物;按照生物性质可以分为呼吸作用、化学作用、微生物作用和虫害作用。

不同的货物对应不同的安全管理操作规则,与船员的安全息息相关。比如,钢材、木材以及一些超规格货物的捆扎固定,如果出现一点儿松懈,遭遇风浪时将有导致配载失衡而船翻人亡的危险;液态货物如果限制流动失败,或者溶化类、溶解类货物如果因风浪中船舱进水而流态化,容易导致船体倾斜而无法及时恢复平衡,从而发生倾覆事件;危险货物中有毒性、易燃易爆的货物对于海员来说尤其危险,意外事件屡见不鲜。据联运保赔协会(TT Club)2019年发布的一份报告显示,看似安全性高的集装箱船,大约每60天就会发生一次起火事件,其中主要涉及危险品的误申报和积载不当等原因。

　　不同的货物还意味着装卸方式不同,在港口停留的时间也相应有所差别,影响到海员的休息调整。比如,集装箱船靠离泊时间长,而装卸货效率高、节奏快,因此在港时间通常比较短。根据《人民日报》(海外版)2019年11月26日第2版新闻显示,11月24日,在"马士基埃斯米兰达"轮作业中,青岛港达到了514.7自然箱/小时的船时效率。按照这个效率,一万标箱的集装箱船只需要一天的时间,就可以满装载完毕。就算加上卸载,也不过两天时间。海员几乎没有到陆上休息调整的机会,相反值班船员的工作强度比航行期间还要大。靠港以后,船长要应对各项检查,大副要配货解决装卸货的问题,所以,船长和大副靠港后下船休整的机会相对较少。

　　货物对于海员的影响还远不止于此。海运中常常出现货差和货损的情况,比如,粮食被海水浸泡、冷藏或冷冻食品变质、货物破损或丢失等。海事调查统计分析表明,人为因素是造成海上运输过程中发生货损的主要因素,80%的货损事故是由人为因素造成的(如表3-1所示)。很大程度上人为因素引起的货损会与船员的行为有关联,为此船员要承担相应的责任。

表3-1　海上货损事故种类及主要原因

事故种类			主要原因
货差			标志不清,误装、误卸,理货错误等
货损	全部灭失		本船沉没、触礁、火灾、抛货、政府法令禁运和没收、盗窃、海盗行为、船舶被拘捕、扣留、货物被扣留、战争等
	部分损失	灭失	盗窃、抛海、遗失、落海等
		内容物短缺	包装不良或破损、盗窃、泄漏、蒸发等
		水湿	积载不当(超高或积载地点不当等)导致航行中发生货动、倒垛,包装脆弱,装卸操作不当造成货物碰撞及坠毁,使用手钩等
		海水湿	雨、雪中装卸,驳运过程中河水浸湿,消防救火过程中的水湿,舱内管系故障导致淡水浸湿等
		汗湿	通风不良,衬垫、隔离不当,积载不当等
		污染	不适当的混载,衬垫、隔离不充分等
		虫蛀、鼠咬	驱虫、灭鼠不充分,舱内清扫、消毒不充分,对货物检查不严致使虫、鼠被带入舱内等
		锈蚀	潮湿,海水溅湿,不适当的混载等
		腐烂、变质	易腐货物未按要求积载的位置装载,未按要求控制舱内温度,湿度过高,换气通风不充分,冷藏装置故障等
		混票	标志不清,隔票不充分,倒垛,积载不当
		焦损	自燃,火灾,漏电等
		烧损	温度过高,换气通风过度,货物本身的性质等

3.饮食

船上有专职厨师,通常伙食比较好,也会注重营养。诚然,厨师水平有高低之分,个人的口味有诸多差别,但是在大多数情况下,船舶的饮食通常不会成为海员的困扰。尤其是短线航行的船舶,可以经常靠港补给各种新鲜食物。如果是横跨太平洋这样的超远距离航线,中间又没有适合的补给点,那么新鲜蔬菜的供应可能会成为一个难题。一些企业在船上设置了蔬菜种植区,利用无土栽培技术,为海员源源不断地提供蔬菜保障,同时,蔬菜种植也成为一些船员休闲减压的有效方式。

4.通信

船舶航行之后基本上就成为一个与外隔绝的世界。当然这并非意味着绝对意义上的封闭,尤其是现代通信技术的不断发展,现在大多数船舶都能给海员提供日常卫星通信流量,以方便与外界进行联系。因为目前卫星通信成本较高,不同航运企业在海员日常通信方面提供的资源有很大差别。一些企业提供了充足的流量以保障海员能够无障碍地与外界互动,而还有一些企业只能提供基本的流量。相信在未来,海上通信将同陆上一样,不再成为一个问题。

三、人

人是航海的核心要素。

按照现行的各项海事公约、规则的规定,国际航线商业船舶上的组织结构基本固定。船长统领甲板部和轮机部两大部门,具体岗位也清晰明确。

甲板部海员包括:大副、二副、三副、船医、管事、水手长、木匠、大厨、一水、二水、二厨、服务生。

轮机部海员包括:轮机长、大管轮、二管轮、三管轮、电机员、机工长、铜匠、机工。

除此之外,在我国国有航运企业的所属船舶上,通常还安排有政委的岗位。很多船舶都安排有甲板实习生和机舱实习生跟船实习,以帮助他们获得正式上岗前的技能、经验和必要资质。

在特殊情况下,船舶也有增加或减少配员的现象。

船舶上的管理比大多数的陆上企业都要严谨,等级的意识也比较强。无论是国际规则,还是政府部门的法律规章、企业自身的制度规定,都强化了标准规范、纪律以及服从意识。目前,世界上许多海员教育机构实行了军事化或者准军事化的管理手段,可以说与海员职业对于从业人员本身特定素质的需要直接相关。比如,美国的海事院校实行军事化管理,韩国的海事院校实行准军事化管理。

让我们来了解一下船上各岗位的职责以及任职条件,以更好地理解海员相互间的工作关系。

船长:船舶领导人,负责船舶安全运输生产和行政管理工作,对航运公司负责。最大限度地保障船舶和生命财产的安全,使船舶能够正常地航行和运货;严守国际公约和地区性规定和承担应尽的国际义务;遇到应急情况时果断而稳妥地处理各项事务。

政委:中国航运企业特设的船上岗位,与《STCW 公约》要求无关。负责所在船舶的思想政治工作、党建工作和部分行政管理工作,围绕船公司中心工作和船舶安全生产,协助船长抓好行政管理、安全生产和船员思想稳定工作。

1.甲板部高级船员

（1）大副

大副主持甲板日常工作，协助船长做好安全生产和船舶航行工作，担任航行值班；主管货物装卸、运输和甲板部的保养工作；负责制订并组织实施甲板部各项工作计划；负责编制货物积载计划，维护保养计划；航行期间值4—8时的班。

（2）二副

二副履行航行和停泊所规定的值班职责；主管驾驶设备包括航海仪器和操舵仪等的正确使用和日常维护；负责航海图书资料，制作通告及日常管理和更正工作，以及各种记录的登录；航行期间值0—4时的班，在港期间值0—6时的班。

（3）三副

三副履行航行和停泊所规定的值班职责；主管救生、消防设备的日常管理和维护工作；航行期间值8—12时的班，在港期间值6—12时的班。

2.甲板部普通船员

（1）水手长

水手长在大副领导下，具体负责木匠和水手工作；做好锚、缆、装卸设备的养护维修工作；带领水手做好油漆、帆缆、高空、舷外、起重、操舵及其他船艺工作。

（2）木匠

木匠执行木工及有关航次维修和保养工作；负责起锚机的操作和保养工作；负责淡水舱、压载舱及植物油舱的测量及维护工作。

（3）一等水手

一等水手执行操舵、航行值班职责和日常甲板部维护保养工作。

（4）二等水手

二等水手执行带缆、收放舷梯和甲板部各种工艺工作。

3.事务部（属大副管辖，通常也列入甲板部）船员

（1）厨师

厨师负责船上人员的伙食和餐饮，管理船上的后勤工作。

（2）服务员

服务员负责生活场所卫生、生活用品保养以及接待工作，安排高级船员起居和卫生工作。

4.轮机部高级船员

（1）轮机长

轮机长是全船机械、电力、电气设备的技术总负责人，全面负责轮机部的生产和行政管理工作；检查轮机部各项规章制度的执行以使各种设备保持良好的技术状态。

（2）大管轮

大管轮在轮机长的领导下，参加机舱值班，维护机舱正常的工作秩序；主管推进装置及附加设备，锅炉以及润滑冷却、燃油、起动空气、超重动力和应急装置的使用和维护。

（3）二管轮

二管轮履行值班职责，主管辅机及其附属系统、应急发电系统与燃油柜、驳运泵、分油机、空压机、油水分离设备和污油柜的使用和维护工作。

（4）三管轮

三管轮履行值班职责，主管副锅炉及其附属系统、各种水泵、甲板机械、应急设备和各种管系。

（5）电子电气员

电子电气员负责船舶的供电，做好电气电子设备的维护和保养工作。

5.轮机部普通船员

（1）机工长

机工长（高级机工）在轮机员的领导下，执行船舶动力和机械设备的检修、保养工作，安排手下机工日常工作。

（2）铜匠

铜匠在轮机员的领导下，负责机械设备和管路的焊接维修工作。

（3）机工

机工在轮机员和机工长的领导下，执行机炉舱和机械设备的检修、保养工作。

海员职业不像大多数职业实行稳定的一周五天工作日加年假的安排，由于其登船后全程处于无休假状态，所以要定期轮休。

国内航运公司在海员轮休安排上的常规做法是：

船长、轮机长、大副、大管轮航行6个月后下船轮休；二副、三副、二管轮、三管轮航行7~8个月之后轮休；水手、机工航行10个月后轮休。

外派到国外航运企业的海员轮休安排通常为：

船长、轮机长、大副、大管轮航行4个月轮休；二副、三副、二管轮、三管轮航行5~6个月轮休。

由于不同职务的海员轮休安排存在差别，海员的休假会轮转安排，这样也可以保证不会同时有多名重要岗位的船员换班，影响船舶的安全管理。这种走马灯式的轮休使得同一艘船上共事的海员更换频率很高。大型航运企业海员数量大，高级海员随着技术职务晋升，陆陆续续最终都将成为船长、轮机长，继续同船共事的可能性越来越小。

除去刻板的规章制度，船上的工作和生活氛围与船长的个人风格以及企业文化有很大关系。有些公司管理规范、重视福利保障、实行人性化管理，有的公司则管理混乱、风气不正、人际关系复杂；有的船长对人和善、热情外向、宽宏大量，管理上抓大放小、灵活从容；有的船长待人严苛、拒人千里、铁面无私，管理上事必躬亲、言出必行。

船上的工作氛围，一方面受到企业经营理念的影响，另一方面体现在海员之间的交流与互动上。国内的海员可能来自祖国的天南地北，有着不同的风俗习惯、价值观念，会发生融合或者冲突的现象。而外派海员在船上可能会遇到不同国家的同事，由于生活习惯、宗教信仰、文化背景、意识形态差异较大，再加上语言沟通不畅，文化层面的交流、碰撞与冲突往往会表现得更为激烈和明显。

四、社会大环境

现代社会经济全球化不断加深，世界经济发展已经完全离不开航运，并在相当程度上依赖于航运。当前海运承担了全球国际贸易中80%以上的货物运输任务，其重要性不言而喻。

时代的变迁、社会的发展、科技的进步、国际政治的演变对于海员这一古老的职业会持续不断地产生影响。

自古以来,普通海员的社会地位不高,但是高级船员,譬如船长则一直受人尊重和羡慕。如今的中国,海员在社会中的地位与其对社会的重要贡献仍然不相称。究其原因,既有根深蒂固的传统偏见,也有现实的因素。比如,随着经济的发展,船员的收入与陆上职业的收入差距在逐渐缩小。

经济发展水平对海员这个职业有直接影响。全球化程度高、经济景气,国际贸易量增加,航运业就繁荣,对海员的需求就增加,海员收入也会有所提高;经济不景气,国际贸易量下降,海运需求减少,海员市场劳动力就过剩,海员收入也会下降。一个可喜的变化是,近年来,随着中国经济的发展,中国高级船员与发达国家同级海员的收入水平差距正在逐步缩小。

随着改革开放,尤其是近二十年以来,中国社会整体经济水平显著提高,人们可以自由选择的职业越来越多,使得越来越多的人对于海员这样相对艰苦的职业不再青睐,海员队伍的稳定性也在下降,离职率也越来越高。

科技的发展对于海员来说是把"双刃剑"。历史上航海科技的发展和进步,不断地改善了海员的工作安全性与高效性、操作的便利性和生活的舒适性。未来的科技能够对海员这一职业造成什么样的影响,现在还不能准确预测。或许有一天,新科学技术尤其是信息技术能够抹平海员与陆上职业在个人发展和技能提升中的一些弱势,抑或是人工智能的发展促使自动驾驶船舶普及,对整个海员职业的未来存续形成挑战。

另外,国际政治局势对于海员的职业影响也是不可忽略的。国家间的政治关系,最终会反映在贸易关系和文化关系上。当国家间存在争议和冲突,他们输出的国际海员在同一条船上工作时,更有可能产生个人矛盾和隔阂。

第三节　海员生态系统特征及其影响

梳理上面提到的海员的职业生态系统,我们可以发现海员职业的一些特征。
海员的职业特征可以总结概括为四个:两极性、模式化、风险性和封闭性。

【微视频】
海员生态
系统特征
及其影响

一、两极性

一方面体现为陆地与海洋的两极性:人是陆地生物,陆地上有人们熟悉的生活环境和生活秩序,无论是饮食起居还是人情往来,都是相对稳定的。而海洋则具有极大的风险性和变幻性。对于海员而言,打破一种常规的、熟悉的生活模式,再去建立一种不寻常的生活模式是需要一个适应期的。而在这一过程中,晃动、噪声、温湿度、饮食、作息等因素与陆上环境都有巨大的差异。

另一方面体现为海上工作情境的两极变化:平时风平浪静,船舶正常航行时,由于船舶现代化水平高,船员值班并无太多紧急事情处理,加之船上环境单调,更使船员不为杂事干扰,很多时候比较安闲。例行公事的仪表观察、事务处理已经驾轻就熟,这就使船员应激水平处于较低的状态。但是,一旦气象海况骤变,或者船舶本身出现机械故障,或遭遇其他险情,海员的心理应激水平就会随之冲向高点。受制于责任和自身的安危意识,船员此时必须全力以赴,同舟共济,团结奋斗,排解风险。这就好像一根琴弦,经常在松紧两极间变化。若经常在高低两极间剧烈变化,适应期内也会导致海员心理弹性的减弱或丧失,使得个体应对情境变化的能力下降。

但是如果海员能采取一些积极的应对措施,并不必然出现适应性下降和心理创伤等不良后果。比如,海员可以通过积极的身体锻炼、知识技能学习、培养良好的兴趣点、心理素质提升等来增强适应能力,也可以进行积极的自我暗示,对工作和生活多一些美好的预期,这些都能够帮助海员对抗两极性所带来的负面影响。

二、模式化

船舶是个特殊的工作环境,随着社会的发展,逐渐形成了模式化管理的特征。国内的主要航海教育类院校均采用了较为规范的严格教育、管理和训练的方式,强调组织性和纪律性的养成,也是为了让学生在就业以后能够尽快适应船上的管理情境。

第一,船上职务等级严明。一艘大船,本身造价就几千万,乃至上亿。船上运载的货物的价值往往远超船本身的价值。如果出现货损、碰撞、污染物泄漏等事件,对中小企业可能是致命的。大海茫茫,出现危急情况时,海员必须听从指挥,有序运作,才能保全生命与财产的安全。因此,船长被赋予绝对的权力,而船员树立严格的纪律和服从意识也彰显了其重要性。船长不仅全面负责管理船上工作,而且决定下属船员的考核评价、奖金分配,甚至影响下属船员的职务晋级等。根据国际海事组织相关公约规定,船上所有职务船员都有明确的权责,确保船上各项工作责任到位、秩序井然。

第二,工作时间相对固定。海员在海上遵循着严格的值班制度,由当值驾驶员、轮机员、水手、机工分别按时轮流工作,海员的角色职能限定了其当值的时间段。尤其是夜间值班的海员,在打破了自然生物节律的情况下,这一固定的值班模式难免会造成一定的身心受损。船上的工作时间是程序化的,大副、二副、三副和大管轮、二管轮、三管轮的轮流值班制,雷打不动,没有节假日,没有休息日,除非靠港停泊。

第三,操作流程化。船上有严格的管理制度、安全操作条例等,要求每一个海员都各司其职,各负其责。在常规工作中,有些海员会因为技能的熟练化和重复性而放松警惕,滋生疏忽懈怠的心理。而且这种僵化工作模式也会在无形中使海员形成死板、缺乏热情、情感冷漠等心理特征。日复一日的标准化、程序化工作,极易使船员产生倦怠感。不论工作是否辛苦,在船上要航行,就要值班,驾驶室、机舱同样,一天 8 个小时的班,连续值班会比较累,特别是值晚班。

第四,生活情境的单调性。由于船上条件所限,海员的海上生活显然缺乏丰富性和多样化。与丰富多彩的陆地生活相比,海上生活的单调感是不言而喻的。日复一日,从工作岗位下来,就是餐厅、寝室、健身房等几个有限的选择,船员难免感到枯燥。长期接触的人,基本上限定在船上的二十几个海员。他们既是工作上的同事,也是生活中的伙伴,人际关系的外延比较小。

工作模式化会约束海员行为自由,会让一部分天性自由散漫的人感到压抑,产生心理冲突。不过,需要指出的是,一定的模式化水平(如值班制度、操作规程等)是安全航海的前提,是非常必要的航海要求。基于这种情况,海员可以通过一些有效的举措来适当打破生活的模式化,比如通过培养积极的生活情趣、发展一些兴趣爱好或开展群体性的文娱活动等来丰富船上的生活体验,有助于缓解由过度模式化所造成的心理僵化和生活满意度下降。

三、风险性

海上风险具有较高的偶然性和不可预见性。比如,很难提前多天准确预报台风的路线,因此大洋航线经常遭遇突如其来的台风;船舶起火、海盗等都是难以预见的。

　　航海致险因素多,风险性高。搁浅、碰撞、翻船、起火、爆炸、毒气泄漏、设备故障、个人冲突、海盗袭击、偷渡等航海事故发生后,产生严重后果的可能性较大,对于船员的安全威胁远超大多数职业。

　　碰撞、翻船、爆炸、有毒有害气体泄漏等事故发生概率高,所以其危险性是被普遍认同的。对于海员来说,还有一些风险发生的概率比较低,但后果同样很严重,比如海盗、船东债务等。

　　根据国际海事组织官方统计的数据,1984—2017 年,海盗记录累计达 7 770 次。2010—2017 年的统计数据显示,海盗报警记录共发生 2 690 起,被海盗绑架的海员数量总计 2 519 人,被劫持的船只数量总计 182 艘。索马里海域、亚丁湾和几内亚湾是过去数年海盗记录较多的区域。

　　从 2010—2017 年全球海盗活动统计折线图(如图 3-2 所示)能看出,无论是海盗报警事件数量、被劫持海员数量,还是被劫持船只数量,整体都呈下降趋势。但是 2018—2020 年的统计数据显示,海盗活动并没有继续下降,报警数量、被劫持的海员数量与船只数量均维持在与 2017 年相当的水平。海盗劫持虽然是低概率事件,但是一旦发生,对于海员生命安全的威胁是非常巨大的。

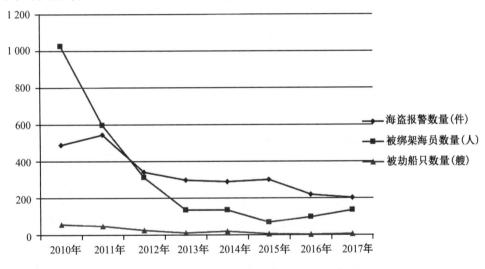

图 3-2　2010—2017 年全球海盗活动统计折线图

　　有些国家的港口边防管理不严格,会发生偷渡人员混入船上的情况。偷渡人员通常随身没有携带任何证件,即使被发现也极力避免透露自己的国籍等身份信息。如果在船舶起航前的检查中没有发现偷渡人员,但在公海航行之中发现了,那么船舶将陷入非常难堪的境况。既不能返回始发港要求将偷渡人员放下,也无法在其他国家将其放下,只能在回国的时候报送本国边防处理,还要接受相关处罚。在航行过程中,偷渡人员出现的任何意外,船舶管理人员还将承担相应责任。

　　由于船东债务纠纷、破产重组等导致的海员滞留境外无法返航的事件屡见不鲜。2016 年,青岛某船舶代理公司的上级集团公司破产重组导致其正在南美作业的"大满载"号捕捞船上二十多名船员在海外漂泊两年多,无法回国。同年,南京某船务公司在运营过程中欠外方 10 万美元加油费,不久公司破产。该公司所属的"联合女神"号货船在靠泊印度港口时,外方按照国际通行做法,在印度孟买高等法院对其进行起诉,法院对该船发出扣押令。船上23名船员被困在印度港口内数月,既无法驶离,也无法下船回国。真可谓"人在船上坐,祸从天上来",防不胜防。幸运的是,最后我国驻外使馆出面斡旋,发挥了领事保护的作用,最终使得该船海员们被放行回国。

风险性还体现为海上救援困难。陆地上的安全事故通常能够得到及时的救助或支持,而且来源比较广泛。海上安全事故发生地,通常距离陆地较远,可用救援资源、救援手段有限,有限的救援力量也无法及时到达,没有陆地救援的便捷性和时效性。另外,海上状况瞬息万变,船舶空间小,船体结构复杂,海员避险的选择余地较少,这些都会加大自救以及救援的难度。

在客观环境无法改变的情况下,要降低航海风险,更多的是要从海员自身做起。首先,海员要建立合理的观念,牢记人是航海安全的核心要素,只有自身关注安全,才有可能减少安全事故的发生;要积极调整心态,消除逆反、倦怠等不良态度和情绪,认识到工作模式化对于减少事故、降低风险有着重要的意义。其次,要增强风险意识,不断增强专业技能,锻炼身体,提升心理素质,以更好地应对突发的未知风险。最后,如果事故已经发生,且不可逆转,要采取合理的避险措施,不能逞英雄、蛮打蛮干,生命高于一切,只有在保全生命的情况下,才能考虑减少财产损失的方法。

四、封闭性

第一,体现为生活和工作空间的封闭。空间的封闭导致海员的活动范围受限,在工作场所生活,在生活场所工作,也间接使得海员的职业角色与生活角色界限感不够清晰。有的海员自我调侃是"装在笼子里周游世界"。工作场所的封闭并非是海员独有的,但是生活场所的封闭在陆上是很少见的。生活场所的封闭会导致业余生活的选择性较少,因此海员的生活相对于陆上的人来说是比较单调的。很多海员在工作之余的娱乐消遣多为船上内部联网打游戏、看电视剧、打乒乓球、健身、看书等,时间一长难免乏味。另外,心理学的研究表明,封闭空间内的电缆、电线及电器的磁场会对人类的大脑和神经系统产生干扰,可能产生神经功能失调、情绪低落、记忆减退等不良后果。

第二,体现为信息的封闭与滞后性。这种信息封闭的情况在2000年以前尤为突出,因为卫星宽带通信在那个时期刚刚发展,通信效果尚不尽如人意,而且使用成本也比较高,因此还没有普及。在这种状况下,海员在航期间几乎无法与陆上的亲人朋友及时交流沟通信息,也无法了解外界正在发生的事情。只有在靠港之后,海员才能跟家人和朋友联系,才能通过媒体渠道了解一些时事报道,信息的滞后性非常明显。近年来,卫星宽带通信技术发展迅速,从效率到成本都得到了明显的改善,但由于海上条件所限,海员与亲友的通信联络仍会有所限制。大多数航运企业已经能够做到为船员提供限额上网流量,但是对现代人的实际需求来说,可能只是杯水车薪。所以,虽然信息的封闭性已经大有改观,但是仍然没有达到让海员随心所欲的程度。个别航运企业考虑到运营成本等因素,还没有为海员提供类似的上网服务,导致一些海员感觉自己与时代脱节、与社会隔离,久而久之开始自我封闭,人际敏感性和灵活变通的能力降低,妨碍其人际关系的正常发展。

第三,人际交往圈封闭。空间上的封闭和通信上的制约,间接导致海员人际交往圈的封闭。现代商船上的海员配额有限,大多数在二十人左右,除了分成甲板部和轮机部两大组,还要分成三个时间段(0—4时、4—8时、8—12时)来进行值班。在这种工作规则下,海员之间能够有机会交往的人就更少了。内部的同事缺乏交往,外部的人员也难以通畅交流,因此海员的人际交往圈相对于陆上人员来说是显著封闭的。

第四,异性之间交往受限。海员都是成年人,对于与异性交往有着心理和生理上的需求。但是,远洋商船上绝大多数的海员均为男性,少有女性从事远洋海员职业。这就导致海员与异性交往的内在需求与现实条件之间产生矛盾。已经成家的海员或许通过经常与家人联系,能够缓解情绪上的紧张,但对于刚刚参加工作还没有伴侣的海员来说,这一点就成为一个潜在心理压力源。

虽然空间的封闭难以打破,但是心境的封闭却可以解锁。海员可以通过适当增加开阔区域(如甲板)的活动来寻求心境上的释放,也可以培养一些室内兴趣爱好来打破闭锁的心理,例如,写写书法、练练太极拳等。还有一个很好的方法,在每次上船之前,海员可以多买一些书籍带到船上。闲暇时看书学习,也是一种紧跟时代的方法。信息更新得很快,但是知识的更新并没有那么快。对于一个人来说,知识的更新和拓展,远比信息的更新更重要。所以,海员不要为自己的信息封闭担忧,而是应该考虑利用充足的业余时间来进行学习以提高和充实自己。当然,如果船上已经具备与陆上自由联系的条件,那么境况就会改善许多。曾经有海员说:"能隔着好几个时区相爱,被遥远地牵挂,真的是一件挺幸福的事儿。"距离也许会产生隔阂,但也会产生美,会让人思考那些寻常生活中没有关注到的珍贵之处,因此生活也多了份美好、多了份意义。积极地去看待海员的封闭性,也能发现其积极的一面。

总之,即使外部环境不良,海员也可以通过自我能动性的发挥来改善心境,从而避免对心理健康的损害。

第四节 职业环境对海员心理品质的要求

海员是一份特殊的职业,也是一份伟大的职业。从事这份职业,就意味着要扎根在特殊的职业环境中,要经受住它的考验。特殊的生态系统塑造了海员的个性,一名优秀的海员通常具备以下良好的心理品质。

【微视频】
职业环境
对海员心
理品质的
要求

1.对异常情况的敏锐觉察能力

对危险源的忽视往往是安全事故发生的开始。优秀的船员应当对工作环境中的危险信息具有敏锐的觉察能力,第一时间感知危险源,把危险化解在萌芽之中。随着航海科技的进步,电子设备逐步智能化,能够提供越来越多的参考信息,帮助海员做出及时准确的判断,以避免事故或灾难的发生。对于异常情况的觉察,需要丰富的职业经验、生活经验以及良好的专业素养。人工智能在可见的未来,还不能全方位替代海员对此进行主动思考和判断,而只是作为人的助手存在。因此,对于异常情况的敏锐觉察能力是海员必不可少的心理品质。

2.高风险情况下的果断决策能力

航海总是要面对一些不可预测的风险,海上的危险事件往往与生命安全紧密相关。当危险真的来临时,在电光石火之间,海员需要及时做出恰当应对,这对海员的果敢性提出了较高的要求。尤其对于高级海员而言,作为决策的制定者,其更是肩负着整艘船和整支海员队伍的安危重责,能否结合自己的专业技能和经验当机立断,是否拥有果断决策的能力决定着面对困境的人们是转危为安还是深陷绝望。

3.紧急情况下的心理稳定性

海员在航行中遭遇异常的气象、突发的故障、意外事故等紧急情况是难免的事情。面对突如其来的紧急状况,优秀的船员能够头脑清醒,不被恐慌情绪支配,保持专注、沉着应对,正常发挥其专业技能水平,化险为夷;若是心慌意乱,便会忙中出乱、乱中出错。

4.单调状态下的心理耐受能力

船上的日常工作和生活相对于陆上而言比较单调。海员的工作存在着模式化的特点,日复一日地做着标准程序的工作,循规蹈矩,缺少变化,容易造成心理疲劳。船上业余生活也缺乏选择,只有屈指可数的娱乐消遣项目。虽然当代海员的物质生活已不再艰辛,但人际关系的淡漠、社会角色的缺失、精神生活的寂寞却成为吞噬海员健康心理的"怪兽"。对于当代海员来说,能耐得住海上生活的单调才能真正适应这一职业。当然,单调是相对的、因人而异的,如果海员有足够的生活情趣,依然可以收获多姿多彩的海上时光。优秀的海员可以调整好自己的心理状态和行为,让自己不懈怠,不马虎大意,不被消极情绪所左右,保持良好的工作状态。

5.求生状态下的坚强意志

一旦发生严重的海上事故,海员可能要面临弃船逃生的抉择。海上求生条件极度恶劣:风大浪高,水温低;白天日照强烈,容易灼伤皮肤;晚上阴冷,浸泡在海水里容易失温;缺乏淡水和食物等。对于弃船求生的人来说,这些都是需要面对的极端考验。在海上救援相对困难的情况下,永不放弃的、顽强的意志就会成为支撑海员渡过难关、赢得更多外界救援时间的重要因素。优秀的海员在遭遇诸如弃船等极端的危险情况时,应当以坚强的意志保持求生欲望,积极求助和自救,不放弃任何生存的希望。

6.海难后的心理康复能力

经历海难事故,海员可能会产生应激性障碍,出现极度的害怕、无助或恐惧感,表现出回避现实、易激怒、睡眠困难、对未来失去希望和信心等情形。创伤后应激障碍常常延迟发生,在遭受创伤后数周甚至数月才出现,病程有时可长达数年,因此对于海员来说危害性很大。除了需要接受专业化的心理援助之外,海员自身的心理康复能力也非常重要。优秀的海员能够依赖于自身良好的生活习惯、积极的人生态度以及坚忍不拔的意志品质,积极应对,从创伤中尽快康复,回归常态。

7.良好的跨文化社交能力

同一条船上的海员不仅会来自不同的省市区,甚至会来自不同的民族、国家,在生活习俗、宗教信仰、价值认同、政治观点等方面存在着差异。如何在具有巨大文化差异的前提下,建立和谐的人际关系,实现工作上的团结合作,以及生活中的尊重友好,也是对优秀海员的一项基本要求。

本章复习题

一、名词与术语

海员、布朗芬布伦纳生态系统理论、微观系统、中间系统、外层系统、宏观系统、甲板部、轮机部。

二、思考题

1.布朗芬布伦纳的生态系统理论模型包括哪几个层次和维度? 相互之间有怎样的

关系?

2.列举几个你的微观系统,并思考它们之间的关联水平以及对你的影响。

3.你认为宏观系统对你有哪些影响?

4.海员职业生态系统有哪些特征? 应如何应对?

5.海员职业有哪些风险?

6.海员职业环境要求优秀海员具备哪些心理品质?

本章参考文献

[1]王有权.航海心理学[M].2 版.大连:大连海事大学出版社,2007.

[2]张欣然.恒向线[M].南京:江苏人民出版社,2011.

[3]刘杰.关于布朗芬布伦纳发展心理学生态系统理论[J].中国健康心理学杂志, 2009,17(2):250-252.

第四章　海员的感知觉

　　来自外部世界的刺激每时每刻都在冲击着我们的身体。在驾驶台瞭望的驾驶员看到了白云飘在蓝天上,轮船行驶在大海上,浪花在船的两侧翻滚,听到了汽笛的声音,感到了空调的丝丝凉意,闻到了同事冲泡咖啡的香味;在机舱里值班的轮机员看到了纵横交错的管道,听到了马达的轰鸣,感到了闷热,闻到了空气中的柴油味,等等。这些对外部世界的表征是如何在人类的大脑中构建的呢?

　　人对外界的认识始于感知。感知过程在理论上又可以分为感觉(Sensation)和知觉(Perception),但是在日常体验中,这两个过程是混合在一起的,我们很难将它们分离。

【微视频】
感知觉

　　要在大脑中表征这个世界,我们必须识别环境中的物理能量,并将其编码为神经信号,这个过程通常被称为感觉。感觉是对当前直接刺激的客观事物的个别属性的反映,是感受器(我们的眼睛、耳朵、鼻子等感觉器官中的结构)受到刺激后产生神经冲动以反映身体内外经验的过程,可以理解为觉察到的当前刺激的存在。比如,桌子上放着一个苹果,其在感觉层面的信息包括:看在眼里,视觉上的红色、绿色、轮廓线条、光泽、大小等,拿在手里,触觉上的粗糙、软硬等,咬一口,味觉上的酸、甜,闻一闻,嗅觉上的些许清香等,仅此而已,并无进一步的理解和解释。

　　同时,我们必须选择、组织并且解释我们的感觉,这个过程通常被称为知觉。知觉是大脑对各种感觉以及对外部世界已有知识的整合,来自感觉,高于感觉。在知觉的过程中,可以细分为知觉组织阶段和辨认与识别阶段。在航海中,以视觉为例,知觉组织阶段实现了对海面漂浮物体可能的形状、大小、运动、距离、朝向的估计,可以理解为知道刺激像什么;而辨认与识别阶段赋予了知觉的意义,可以理解为明确刺激是什么、有什么功能以及意味着什么等。回到上面的苹果的例子,在知觉层面,我们把所有获得的感觉层面的信息综合起来,结合过往经验,我们知道了这个物体是苹果,是什么品种,有什么用途,对自己有什么意义,等等。

　　让我们回顾一下感知海上漂浮物的这个过程。我们在看到它的同时,也是在不断地感觉、知觉组织和辨认的过程。无论它是容易辨认的物体(比如大型船只),还是其他不易辨认的漂浮物(比如掉落海里的货物),这个心理活动是连续不断进行的,我们根本觉察不到它是分步进行的,即第一步感觉信息,第二步知觉组织,第三步解释辨认,一切都是自然衔接、无法阻断的。对于正常的人类大脑来说,这是天生就具备的神奇而又强大的功能。

　　心理学家认为这样的感知觉加工过程包括自下而上加工和自上而下加工两个过程(如图4-1所示)。从环境刺激的输入到大脑的分析辨认称为自下而上加工(Bottom-up Processing);运用经验和期望去整合感觉称为自上而下加工(Top-down Processing)。在上述例子中,自下而上加工让我们感觉系统探测到漂浮物的线条、颜色、棱角、明暗、大小,进一步使用大脑的形状知觉、深度知觉、运动知觉以及恒常性等知觉规则,把漂浮物看成一个有意义的整体(而不仅仅是离散的信息),并判断它们之间的距离和运动等情况,这些都是海上客观画面在大脑中的内部表征。而自上而下加工,能让我们使用经验、知识、记忆、期望和动机等去进一步辨认这个漂浮物并思考它的类别、价值、性能、用途,以及对于本船的影响等。

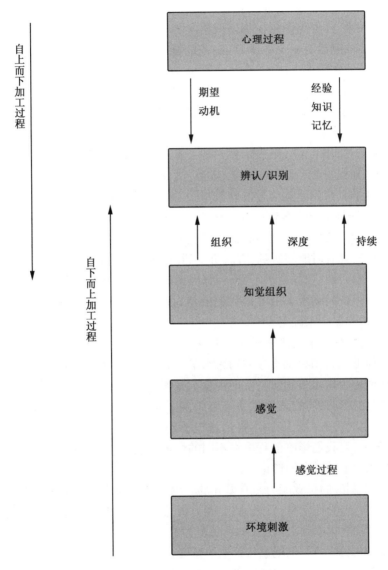

图 4-1　感知觉加工过程示意图

第一节　感　觉

一、感觉阈限、绝对阈限与差别阈限

　　船上的报警器要多响才能让在各个角落的船员听到?夜间海面上的漂浮物要多亮才能被值班的驾驶员肉眼看到?机舱里的对话要多大声音才能让船员听得见?舱室内

【微视频】
绝对阈限
与差别阈
限

的灯光要多亮才能让工作人员看清楚？驾驶台上舵轮的阻尼要多大对于操作者来说是适合的？饭菜里放多少盐才能让你感觉到有咸味？船只以多大的幅度和频率摇摆时，你会感到晕船？这些都是海员会遇到的问题。

我们所处的世界是由各种各样能量组成的，人类能够感受到的能量只是其中的一小部分。德国物理学家古斯塔夫·费希纳提出了心理物理学概念，研究物理能量与心理体验之间的关系，并提出了测量物理刺激强度和感觉体验大小之间关系的方法。

人们可觉察的刺激有一个范围，这个范围被称为感觉阈限，它包括了上限和下限。我们对某些刺激非常敏感。比如，在完全黑暗、晴朗、空气完全清新的夜晚，没有阻挡的情况下，视力正常的人能够看到约48.28千米外的烛光，这体现了视觉在距离上的上限。再比如，密闭室内的一丝香水味、油漆味、腐臭味都能被嗅觉正常的人闻到，这是嗅觉在特定气味上的下限。

我们使用绝对阈限(AT)来表示感觉的下限。绝对阈限是产生感觉体验所需的最小物理刺激量(如光、声音、压力、温度、味道、气味等)。在测量上，心理学家通常使用"有一半概率能够觉察到感觉信号的刺激水平"来确定绝对阈限值。以声音为例，当声音非常低沉时，我们完全听不到，尝试100次，听到的可能性和次数均为0；对于比较响亮的声音，我们听到的可能性是100%，无论听多少次均能觉察到。这两者之间即存在某一个中间状态，我有时能够听到，有时听不到(因为人的身体是个不稳定的感受器，受到环境、动机、经验、期待、注意水平、疲劳等因素影响)，当听到和听不到的次数各占50次的时候，此时声音的刺激水平就是我们的绝对阈限。其他感觉的绝对阈限也可采用同样的测量方法和原则来确定。

那些在绝对阈限下的刺激能够被我们觉察到吗？答案是肯定的，因为绝对阈限是"有一半概率能够觉察到感觉信号的刺激水平"，而在0到50%的概率中间还存在着一些阈下刺激(或称为阈限下刺激)，有时也会被我们觉察到。

那么我们会受到微弱的几乎觉察不到的阈下刺激的影响吗？近年来的实验表明，答案几乎是肯定的。人类能够加工自己意识不到的信息，并做出微弱的情绪反应。但是在这种情况下，对我们影响的程度在不同的情境下表现得并不相同，有待于更多针对性的研究，在此就不做过多的讨论了。

每个人对于刺激的感觉能力是有差异的。感觉器官对于刺激的感觉能力叫作感受性。感觉能力强，感受性就高；反之，感觉能力弱，感受性就低。如果一个人的绝对阈限低，很弱的刺激就能觉察到，也就意味着感受性高；反之，如果绝对阈限高，只有刺激达到一定强度他才能觉察到，也就意味着他的感受性低。所以，同样是用于描述感觉能力的概念，感受性与绝对阈限之间成反向的关系。我们需要意识到，并非绝对阈限越低就越好。对刺激过于敏感的人，在接收到更多信息的同时，也意味着他比常人体验到更多的冲击，感受更强烈，容易带来更多的心理压力。比如，触觉敏感的人往往对疼痛的抵抗力差，微小的伤口也觉得难以忍受；听力敏感的人在噪声环境下会感到更烦躁和难受；嗅觉敏感的人，对不良气味的忍受力会较差。一个人如果各种感觉都比较敏感，则很可能表现出情绪不稳定、易疲劳的特点。

为了有效地感知世界，我们需要正常的绝对阈限。同时，我们也需要觉察到刺激之间的微小差异或变化。比如，我们需要分辨出光线变亮了或是变暗了、音量变大了或是变小了、气味变浓了或是变淡了、颜色变深了或是变浅了、温度变高了或是变低了、重量变重了或是变轻了、体积变大了或是变小了、风浪增强了或是减弱了、距离变近了或是变远了、速度变快了或是变慢了等,对这些变化的觉察,对于我们的生活、工作而言意义重大。

差别阈限(DT),也被称为最小可觉差(JND),是觉察到发生变化的最小刺激变化量。在测量上采用"有一半概率觉察出差异的刺激值"。针对差别阈限的变化规律,恩斯特·韦伯提出了韦伯定律:刺激之间的差别阈限与标准刺激强度的比值是恒定的。标准刺激强度也就是初始刺激强度,它是变化的参照基数。也就是说,韦伯认为两个刺激之间的差别必须达到或超过恒定比例才能被察觉到。因此,标准刺激越大或者越强,达到最小可觉差所需的绝对刺激增量就越大。这个比例与刺激的种类有紧密关系,随着种类的变化而变化。比如,两束光的强度差要达到8%、两个物体的重量差要达到2%才能被人觉察到差异,而两个音调的频率只需要有0.3%的差异就能被人觉察到。

实际上,韦伯定律并非是一个严谨的论断,而只是一个大致的近似值。它适用于中等强度的刺激,而我们生活中的大多数刺激都属于这个范围。当刺激强度特别高的时候,韦伯定律并不适用。

【微视频】
感觉的概念

二、感觉的分类

感觉包括视觉、听觉、味觉、嗅觉、触觉(皮肤觉)、动觉、前庭觉(平衡觉)、机体觉(内脏觉)和痛觉。有时,我们会简单地将感觉分为外部感觉和内部感觉,外部感觉包括视觉、听觉、嗅觉、味觉、触觉(皮肤觉)等,内部感觉包括动觉、前庭觉(平衡觉)和机体觉(内脏觉),而痛觉显然既有外部的痛觉,也有内部的痛觉(如表4-1所示)。

【微视频】
感觉的分类

表4-1　感觉及其特性

感觉种类		刺激源	感受器
外部感觉	视觉	400～700纳米电磁波	眼睛
	听觉	20～20 000赫兹声波	耳朵
	嗅觉	挥发性物质	鼻子
	味觉	溶于水的物质	舌头
	触觉（皮肤觉）	压力、温度	全身皮肤
	痛觉	机体组织损伤或感到威胁	全身内外
内部感觉	动觉		肌肉、肌腱、韧带、关节
	前庭觉（平衡觉）		前庭器官
	机体觉（内脏觉）		内脏器官

1.视觉

正常人通过视觉获得的信息占总信息量的80%以上。视觉的障碍和错误可以造成行为的错误,因此,研究视觉及其误差对航海工作也很重要。在现代科技程度很高的船舶上工作,虽然用不着像过去那样主要靠瞭望观察来驾驶航行,但即便是面对一些自动化的仪器设备,也离不开视觉。更何况,就连仪器仪表设计本身也必须考虑到视觉的规律。如果违背视觉规律去进行设计,轻则造成工作不便,重则酿成事故。按照中华人民共和国海事局要求实施的强制性国家标准《船员健康检查要求》(GB 30035-2021),海员任职岗位应达到规定的视力最低标准,见表4-2。

表4-2 海员任职岗位与视力条件

项目		任职岗位与视力条件		
		船长和甲板部值班船员	轮机部值班船员及无线电操作人员	服务及其他船员
视力	远视力	采用 GB/T 11533 规定的视力表小数记录法。双眼裸视力均能达到 0.5 及以上;或双眼裸视力均能达到 0.1 及以上,且矫正视力均能达到 0.8 及以上	采用 GB/T 11533 规定的视力表小数记录法。双眼裸视力均能达到 0.4 及以上;或双眼裸视力均能达到 0.1 及以上,且矫正视力均能达到 0.4 及以上	采用 GB/T 11533 规定的视力表小数记录法。双眼裸视力均能达到 0.4 及以上;或双眼裸视力均能达到 0.1 及以上,且矫正视力均能达到 0.4 及以上
	近视力	采用 GB/T 11533 规定的视力表小数记录法。双眼裸视力均能达到 0.8 及以上;或双眼裸视力均能达到 0.1 及以上,且矫正视力均能达到 1.0 及以上	采用 GB/T 11533 规定的视力表小数记录法。双眼裸视力均能达到 0.8 及以上;或双眼裸视力均能达到 0.1 及以上,且矫正视力均能达到 1.0 及以上	采用 GB/T 11533 规定的视力表小数记录法。双眼裸视力均能达到 0.8 及以上;或双眼裸视力均能达到 0.1 及以上,且矫正视力均能达到 1.0 及以上
视野		采用白色视标测定,视野正常	采用白色视标测定,视野正常	采用白色视标测定,视野正常
复视		无复视	无复视	无复视
暗适应		正常	正常	正常
色觉		采用俞自萍假同色表测定,辨色力正常	采用俞自萍假同色表测定,无红绿色盲	采用俞自萍假同色表测定,无红绿色盲

健康的眼睛具有调节能力,能够观察鼻前7.6 cm到人能看到的最远地方。如果眼睛患有调节障碍,比如,患有近视眼的人调节范围变近,不能很好地聚焦远处物体;而患有远视眼的人调节范围变远,不能很好地聚焦近处的物体。眼球的老化也会导致调节能力出现问题。随着年龄的增长,眼球中的晶状体逐渐浑浊、不透明、扁平化,导致不能很好地观察近处物体。一般情况下,当个体年龄超过 45 岁以后,眼睛能够清晰聚焦的最近点将逐渐变远。船舶驾驶员职业要求从业人员有正常的视力,既能清楚地瞭望远

处,也能清楚地近距离观察,以满足对于航行安全的需要。所以,良好的视力是海员必须具备的基本身体条件之一。

视觉的适宜刺激是波长在 400~700 纳米的电磁波,俗称光波。超出这个范围的电磁波——更短的紫外线和更长的红外线都是人类肉眼所不能看到的(如图 4-2 所示)。光波在整个电磁波中只占很小的一部分。

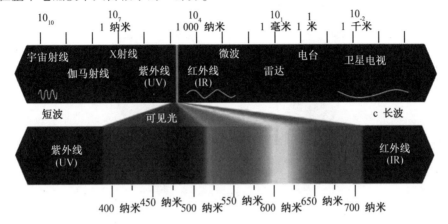

图 4-2　光波在电磁波中的位置

所有的颜色体验都可以从三个维度来描述:色相、明度和饱和度。色相表示对光颜色的定性体验。通俗地说,色相表示的就是什么色。明度是对光的强度(即明暗程度)的描述,白色的明度最大,黑色的明度最小。饱和度描述的是颜色感觉的纯度和鲜艳度。纯色有最大的饱和度;柔和、混合以及浅淡的颜色饱和度居中;灰色的饱和度为零。当使用这三个维度对颜色进行分析时,研究者发现人的视觉能够区分出 700 万种不同的颜色。但是,大多数人只能辨认出一小部分颜色。

将色环直径两端的颜色混在一起就形成白色,也称互补色(如图 4-3 所示)。互补色也会造成视觉上的一些错觉。

有些人天生存在色觉的缺陷,对色彩的分辨能力较差,也就是我们通常所说的色弱、色盲等症状。大部分的色盲者不能区分红色和绿色,特别是在低饱和度的情况下。只有很少的色盲者是将黄色和蓝色混淆。根本看不出任何颜色的色盲者最少,他们只能区别明度的变化。对白种人色盲的调查结果显示,男性的患病率约为 8%,而女性的患病率不足 0.5%(Coren et al.,1999)。

色盲者在生产中很易出现视觉的误差,因此,涉及与辨别颜色有关的工作,不宜由色盲的人来从事。色觉的缺陷对于从事航海职业来说,有一定的风险和障碍。所以,航海从业人员既需要做视力检查,又需要做色盲的排查。

现代船舶主要通过无线电通信等方式与他船进行沟通。但是信号旗作为一种古老的海上视觉信息交流工具仍然是船上必备的装备。信号旗一共有 40 面,包括方形、燕尾形、梯形、三角形四种形状。升起不同的信号旗,代表不同的意思。《国际信号规则》要求船舶在不同的情境下升起相应的信号旗。比如,在大桅上升起 A 字旗,就代表本船底下有潜水员在工作;升起 AC 字两旗,就表示我正在弃船。升起 B 字旗,代表船舶装载了危险品;引航员在船引航时要升 H 字旗(如图 4-4 所示)。许多事故案例证明,在海上,信号旗仍然在传递信息方面发挥着重要作用,是现代通信方式的必要辅助手段。

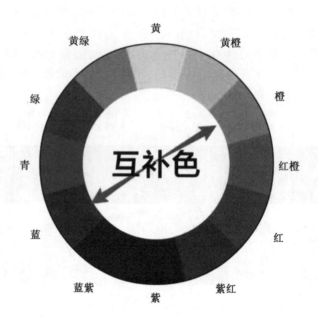

图 4-3　色环与互补色

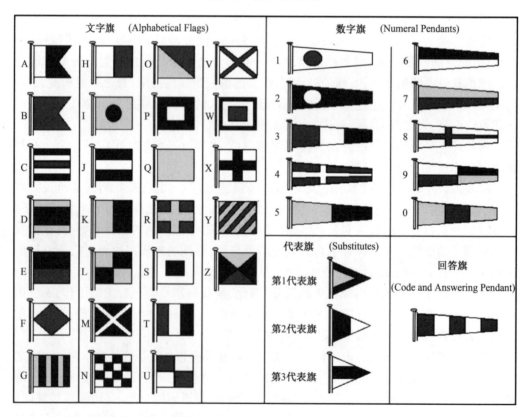

图 4-4　信号旗

2.听觉

听觉是人的第二重要信息来源,大概能占到总信息量的 10% 以上。在日常生活中,听觉和视觉起着相互补充的作用。听觉是船员维持有效工作的重要感知功能。这是因为,一方面,船员主要依靠听觉而非视觉获得指令,以完成工作任务;另一方面,虽然有些仪表装备可以监控并反馈船舶设备运转情况,但海员根据经验来判断异常声响也是非常重要的补充手段。尤其在照明程度不好的工作条件下,听觉信息的获取就显得格外重要了。在《船员健康检查要求》(GB 30035-2021)中规定海员的听力标准为"以电测听力计测定,海员一耳裸听力在500、1 000、2 000 和 3 000 赫兹频段上,平均小于或等于 30 dB;另一耳裸听力在 500、1 000、2 000 和 3 000 赫兹频段上,平均小于或等于 40 dB"。这个数值分别大致等于 3 米和 2 米的正常言语听力距离。

行走的脚步声、马达的轰鸣声、汽笛的鸣响声、同事的讲话声,我们生活的世界中充斥着各种声音。声波以叠加正弦波的形式扩散。

正弦波有两个基本的物理特性,即频率和振幅,它们决定了声音的作用形式。频率决定了音高,振幅决定了响度。

高频产生高音,低频产生低音。人类能够感受到的纯音的频率范围是 20~20 000 赫兹,也叫作声波。之下的次声和之上的超声,人们都听不到。1 000~4 000 赫兹的声音对于人类的耳朵来说最敏感,耐受性也最高。

振幅大的声波会给人响亮的感觉,振幅小的声波会给人轻柔的感觉。由于人类的听觉范围非常宽广,声音的物理强度通常通过比例而不是绝对大小来表示。声压是产生响度体验的振幅大小的指标,它通过称为分贝(dB)的单位来测量。两个相差 20 分贝的声音的声压比为 10∶1,也就是说声音每增加 20 分贝,声压就会增加 10 倍。从 6 米外能够听到手表的滴答声,这是人类的听觉系统的绝对阈限,也就是 0 分贝,到地铁车厢内的 100 分贝,声压增加 10 万倍。人类的听觉的感受性与年龄有关,20 岁以前随着年龄的增长感受性逐渐提高;60 岁以后随着年龄的增长感受性逐渐降低。老年人听力的下降,首先表现出来的是对高频声音的听觉丧失。

听觉可以帮助我们辨别方向。对声音方向的辨别主要靠声音到两耳的微小时间差异和声压的强弱差别,所以人在判定不清声音的方向时,靠左右转头的调节来寻找这些差别的线索。如果一侧耳朵的听力下降,那么对声音方向的判别能力势必产生影响,因此,船员听力障碍也是影响工作的因素之一。

噪声是生活不可避免的。它有两种含义,一种为非周期性的声音振动,另一种是我们不需要的声音。

噪声直接影响船员的身心健康。在机舱内工作的轮机工作人员,长期受机械噪声的刺激,存在听觉能力下降的现象。《我国海运业船舶技术人员状况调查报告》(2015)中显示,22.6% 的海员认为自己的听力下降。有的研究表明,即使是长期生活在 50~60 分贝这样安全的声压环境中,也会出现内分泌紊乱、消化不良等健康问题。75 分贝是人体耳朵舒适度的上限,超过 90 分贝的声音会损害听力,损害的程度取决于人们暴露在此声音中的时间(如表 4-3 所示)。人的听觉的痛觉阈限在 130~140 分贝。

表 4-3　当正常耳朵暴露在不同声级时听力安全的极限时间

音量(dB)	暴露极限时间
85	8 小时
90	4 小时
95	2 小时
100	1 小时
105	30 分钟
110	15 分钟
115	7.5 分钟

噪声影响工作绩效。总体而言,噪声更多的是对工作产生干扰性影响。据观察,当噪声与完成的任务不相关时,高频声音将比低频声音对工作更易产生不利的影响。另外,噪声对于高投入工作的影响也不可忽视。高投入工作指的是那些信号经常出现、需要加以观察和辨别的任务。威尔金森的研究表明,噪声对于高投入任务的降低绩效作用发生于工作开始之后的 20 分钟。因为高频噪声分散了注意力,增加了驾驶人员的信息负荷,因此易于使其行为出现失误。噪声对工作影响的另一方面体现在影响工作人员之间的沟通上。比如,机舱内听不到讲话的声音,海员可能会借助手势传达信息,而借助手势传达信息会增加误解,从而导致错误操作。噪声还可以通过影响人的情绪状态进而影响工作绩效。噪声会让人感到烦躁、心绪难平,破坏人的心境。因为情绪既具有唤起人的心理活动和行为动机的作用,也充当着心理活动的组织者。心情烦躁压抑时,海员在工作中容易表现出消极被动、思维迟缓、效率降低等现象。

除了对工作产生干扰性影响之外,噪声有时候反而可能会增进工作绩效。比如,低频噪声(特别是间断噪声)可以提高船员的觉醒程度,从而对工作起到促进作用。威尔金森研究了睡眠剥夺和噪声共同作用对工作的影响。他发现,当个体在夜间缺乏睡眠时,在噪声的条件下却比在安静的条件下工作绩效更好。两个紧张源共同作用时倾向于相互抵消对工作绩效的消极影响。

噪声是船上难以避开的干扰源和压力源。20 世纪,船舱内的噪声强度普遍在 90~100 分贝,甚至达到 120~130 分贝。机舱内人员长期处于噪声环境之中,使他们听力受损甚至影响到血压及破坏心身协调。2012 年国际海事组织(IMO)海上安全委员会(MSC)(以下简称"海安会")第 90 次会议批准了《船上噪声等级规则》修订草案,对该规则适用的船型、船舶不同区域的噪声限值、舱壁和甲板隔声指数、噪声的测量仪器和测量方法等进行了修订。第 91 届海安会通过了关于《国际海上人命安全公约》(SOLAS公约)修正案的决议,要求自 2014 年 7 月 1 日起,船舶构造应符合新通过的《船上噪声等级规则》,以保护人员免受噪声伤害。修改的噪声等级中特别明确规定,1 万吨以上船舶的居住舱和医疗区域的噪声限值从 60 分贝下调到 55 分贝,餐厅、娱乐等区域的噪声限值从 65 分贝下调到 60 分贝,其他工作区的噪声限值从 90 分贝下调到 85 分贝。

对于海员来说,尤其是轮机部的海员,常年工作、生活在较大噪声的环境中,容易造成听觉疲劳。如果听觉疲劳不断积累,长期得不到恢复,将会导致永久性的听力丧失,职业性耳聋就是这样造成的。

3.嗅觉

我们每天会做 20 000 次左右的呼吸,因此鼻腔上部的 500 万个感受器细胞群沐浴在装满气味分子的气流中。这些嗅觉感受器细胞对于空气中的各种气味会选择性地做出反应,帮助我们大脑建立气味的信息。人类的嗅觉不如视觉和听觉能力那样强大,但也能够辨识 10 000 种气味。个体辨别气味的能力在成年早期达到顶峰,并在之后逐渐减退。人类也不擅长描述气味。语言更容易描绘场景、声音,而不是气味。在我们的生活实际体验中,大脑关于场景和声音会有很多细节的内容,而对气味则简单而粗糙。

尽管如此,嗅觉对我们来说仍然非常有意义,不仅与味觉的感觉交互作用帮助我们更好地体验食物的味道,而且具有生存以及唤起记忆和情绪情感的作用。气态的危险隐患,往往视觉与听觉都无法感知,如果没有嗅觉,后果将不堪设想。船舶上的气味由于机舱、驾驶室的密闭,很难散发。油漆味,尤其是清洗油舱、装卸原油时,不仅难闻,而且混杂有毒物质,更易使船员受到影响。在不知情的情况下,如果密闭空间里的有害气体泄漏(如煤气等),人们可以依靠嗅觉在第一时间察觉,从而规避危险。细心的轮机员根据机舱内气味的变化,就能判定是否有故障发生。在运送煤炭、液化气等有毒有害货物时,海员灵敏的嗅觉可以帮助自己及时发现泄漏风险。有研究证实,尽管我们很难回忆出气味的名字,但是在识别出一种尘封已久的气味以及与它相关联的事件时,我们的能力表现让人惊讶(Engen,1987;Schab,1991)。芬芳的气味可以唤起愉快的记忆(Ehrlichman & Halpern,1988)。大海的气味、香水的气味、某个你喜欢的点心的气味可以给我们的心灵带来一段快乐的时光。船员下班后,如果在飘满烘焙香气的餐厅里喝上一杯心爱的饮品,会驱散值班的疲劳,滋生愉悦的情绪。这就是气味对唤起记忆以及与之相联系的情绪的作用。

4.味觉

我们对味道的感觉主要包括四种基本感觉:酸、甜、苦、咸。其他大多数味觉是这四种感觉的混合。近年来,研究者发现了第五种基本味觉——鲜(McCabe & Rolls,2007)。我们的舌头表面布满了味觉感受细胞——味蕾。每个味蕾都包括一个吸收食物化学成分的小孔,由 50~100 个味觉感受器来感受这些化学分子。单个味觉感受器对某个特定的基本味道反应强烈,对其他味道也有微小的反应。味觉感受器的生命周期为一周至两周,不断地更新。因此,如果它们因为酒精、香烟、酸性物质等受到损伤,或者不小心被热汤烫伤了,也不用太担心,几天之后就会逐渐恢复。随着年龄的增长,味蕾的数量逐渐减少,味觉敏感性也同样会逐渐降低(Cowart,1981)。尽管事实上,在所有的感觉系统中,味觉系统最能抵抗损坏,很少有人会完全而永久地丧失味觉。但是,如果长期持续抽烟喝酒,味蕾也会加速减少,味觉敏感性也会加速降低。

味蕾虽然是味觉的关键所在,但仅仅接触舌头不足以产生味觉。如果你闭上眼睛,捏住自己的鼻子,然后吃不同的食物,你会发现很难区分那些质地相似的食物。缺乏了气味的辅助,你分辨不出吃的是苹果还是梨,喝的是咖啡还是红酒。这就是我们患感冒时,因为失去了一部分嗅觉,味觉也变得不敏感的原因。感觉交互作用理论认为不同感受器之间的相互影响和作用,使得感受性发生变化。因而感觉之间存在相互作用,一种感觉可以影响另一种感觉。嗅觉、口感和味觉相互作用形成了你体验到的滋味。

现代生物学研究表明,各种味觉感受器在人舌头上的分布的确是有区域的,但这些区域完全重叠在一起。具体来说,舌头的中间部分基本没有味觉能力,而前半部分和后部分以及两侧则具有完全相同的味觉能力(如图 4-5 所示)。

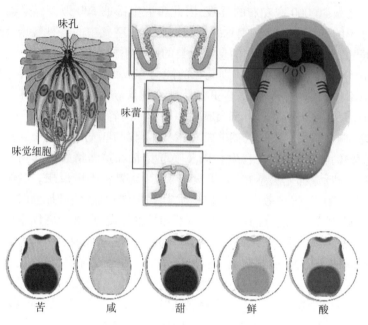

图 4-5 味觉感受器分布图

味觉研究者巴尔托舒克(Bartoshuk,1993)发现了有关味觉的一些有趣的现象:

(1)人对味觉的情绪反应是与生俱来的。把甜或苦的东西放到新生儿的舌头上,新生儿的舌头和脸的反应与成人的反应一样。

(2)没有舌头的人仍然可以通过嘴巴后部和顶部的味觉感受器产生味觉。

(3)如果你舌头的一侧失去了味觉能力,你很可能不会注意到这一点。这是因为舌头另一侧会相应地变得对味觉非常敏感。而且,大脑没有精确的味觉定位:尽管舌头中部的味觉感受器很少,但是我们知觉到的味觉好像来自整个舌头。

(4)我们既尝不出也闻不到大多数营养物质的味道——脂肪、蛋白质、淀粉和食物维生素,但是我们可以很快地表现出对含有其他营养成分或有害成分的食物味道和气味的喜爱或厌恶。

5.触觉(皮肤觉)

触觉可能是我们最早发展起来的感觉之一。从出生开始,触觉就对我们的发展非常重要。如果用手去按摩刺激早产儿,会促进其体重的快速增加,并早日出院。

我们的触觉事实上至少是四种皮肤感觉的混合:压力、温、冷和疼痛。皮肤的不同区域对于这四种基本感觉的敏感性是有差异的。尤其是压力,身体不同部位的差异非常大。指尖对刺激位置感觉的精确度是后背皮肤的 10 倍。面部、舌和双手的敏感性最高。正是这些身体部位的触觉反馈,我们才可以有效地进食、说话和抓握。

一般来说,人体能够承受的最低温度约为-40 ℃,在这个温度下,如果不采取保护措施,人体会迅速失去体温,引发低体温症。低体温症会导致身体组织和器官的损伤,严重的情况下甚至会危及生命。在极地航行时,海员应有足够的保暖装备,确保不得不在甲板工作时得到必要的保护。人体能够承受的最高温度约为 50 ℃,当环境温度超过这个范围时,人体会面临患热射病的风险。热射病是由于高温环境下出现的体温失调引起的,一旦患上热射病,会出现头痛、头晕、恶心、呕吐等症状,严重的情况下甚至会危及生命。在热带高温环境下工作时,海员需要采取一系列的防护措施,如避免暴露在阳光下,增加水分摄入,穿着透气、宽松的衣物等,以减少热应激对人体的影响。

通过实验测定,最宜人的室内温湿度是:冬天温度为18~25 ℃,湿度为30%~80%;夏天温度为23~28 ℃,湿度为30%~60%。在此范围内感到舒适的人占95%以上。在装有空调的室内,室温为19~24 ℃,湿度为40%~50%时,人会感到最舒适。如果考虑到温、湿度对人思维活动的影响,最适宜的温度应是18 ℃,湿度应是40%~60%。此时,人的精神状态好,思维最敏捷,工作效率高。也有其他研究认为,气温在15.6~21 ℃这个区间内,人的体力消耗小而工作效率高,都适于工作和生活。因此,维护船上的空调系统的功能正常就显得非常重要了。

触觉在人际交流中也扮演了重要角色。无论是普通朋友、闺蜜、同事、队友、家人还是伴侣,适当的身体接触对于情感的交流是有效且必要的,它能够很好地传递安慰、支持、欣赏、亲密、关爱等情绪。

6.痛觉

痛觉是身体对有害刺激的反应,所谓有害刺激就是那些强度足够导致组织损伤或者具有这种威胁性的刺激。我们在饮食过程中体验到的"辣"就是一种痛觉,而不是通常所认为的味觉。

由于痛觉体验的刺激性,它成为日常生活中经常困扰我们的感觉。很多人可能想过,"如果没有痛觉那该多好啊!"那些长期忍受慢性疼痛折磨的人,可以从背痛、关节痛、头痛、胃痛、肿瘤的疼痛中解脱。听起来很不错,但是痛觉对于人类的生存来说至关重要。如果感觉不到疼痛,大脑就无法发出警告信号,人类就无法回避接续的伤害,也无法知道正在经历的伤害,更得不到及时的治疗和护理。

痛觉并没有特定的感受器,一些感受器对化学物质起反应,一些对温度起反应,一些对机械刺激起反应,还有一些对痛觉刺激的组合起反应。当刺激强度较低时,产生疼痛的刺激也会引起其他感觉,包括温暖或者冰冷、光滑或者粗糙等。

疼痛无法避免,但是有一些缓解的办法。根据心理学家梅尔扎克和生物学家沃尔所提出的闸门控制理论,脊髓内包含一个神经学上的"闸门",它阻碍或者允许疼痛信号传递到大脑。脊髓内包含传导疼痛信号的小神经纤维和传导其他信号的大神经纤维。当组织受伤时,小神经纤维被激活,"闸门"打开,我们体验到疼痛。而大神经纤维激活则会关闭"闸门",从而关掉痛觉。比如,如果你在墙角处碰到了膝盖,那么在挫伤处放上冰块,不仅可以控制肿胀,还可以因触发寒冷信息的传导而关闭了"闸门",使得疼痛感降低。

梅尔扎克认为"闸门"也可以被来自大脑的信息关闭。当我们的注意力从疼痛转移并通过内啡肽的释放而平静下来时,我们对疼痛的感觉就会大大降低。在船舶遇险的紧急状况中,一些伤痛可能不会被船员所注意,一旦转危为安,就会突然意识到伤处的疼痛。

梅尔扎克还认为不管是否有感觉输入,都可以激活引发疼痛体验的大脑活动。他提出人们经常会经历一些没有生理起因的疼痛,在这种情况下,疼痛完全源于大脑,我们称之为心因性疼痛。

痛觉是身体与心理的综合体验,因此,对于疼痛的处理,我们应该从身体和心理两方面同时进行治疗。根据症状的类型,药物、手术、针灸、电刺激、按摩、锻炼、催眠、放松训练和思想转移等方案可以组合实施。当受伤的同事在接受治疗时,有人陪他聊天转移注意力,将会减轻他的痛感程度。

7.动觉

动觉为我们提供运动过程中身体状态的反馈信息,让我们精确地知道自己身体各部分的位置和相互关系,这样我们才能协调自主运动。动觉依赖于两个感受器,一个位于关节中,另外一个位于肌肉和肌腱中。位于关节中的感受器对伴随不同肢体位置和关节运动的压力变化起反应。肌肉和肌腱中的感受器对伴随肌肉收缩和舒张时的张力变化起反应。

大脑通常会将动觉的信息和触觉的信息相整合。例如,你在黑暗的舱室内抓到一个物体,触觉使你知道它的材质,而动觉能告诉你它有多大及什么形状,从而使你猜测这是一个箱子还是一把椅子。

8.前庭觉(平衡觉)

前庭觉与动觉的感受器官不像外部感觉的感受器一样能够被我们很直接地看到,所以多数人对它们并不熟悉。

前庭觉告诉我们的身体,尤其是头部,是如何根据重力作用确定方向的。前庭觉的感受器为前庭系统,是由内耳迷路中椭圆囊、球囊和三个半规管所组成的平衡系统。如果丧失了前庭觉,人们就会感觉失去方向感,容易摔倒和头晕。但是绝大多数人最终会通过更多地依赖视觉信息使之得到补偿。当来自视觉系统和前庭系统的信息互相冲突时,晕动现象就会发生。人们之所以在行驶中的汽车上看书会感到恶心,就是因为视觉提供的是相对静止的信号,而前庭觉提供的是移动信号。司机很少发生晕动,是因为他们既看到移动,也感觉到移动。

9.机体觉(内脏觉)

反映内脏各器官活动状况的感觉叫作机体觉(Organic Sensation)或内脏觉(Visceral Sensation)。机体觉的感受器分布于各脏器(如食道、胃、肠、膀胱、肺、血管等)壁内,可以把内脏的活动及其变化的信息,经传入神经传向中枢,从而使人产生各种内脏感觉,如饥、渴、饱、胀、便意、恶心、疼痛等。内脏感觉的特点是感觉不精确,分辨力差。许多内脏的感受器根本不能引起主观感觉。在病变时,有些脏器的感受器才产生痛觉(放射痛)。内脏觉在调节内脏活动中起着很重要的作用,没有内脏感觉系统,有机体的生存是难以想象的。一些新船员在上船工作后,体重快速增加。究其原因,船上的伙食通常营养水平高固然是基本条件,胃的饱腹感有 20~30 分钟的滞后期也是关键的因素。因此,健康饮食要讲究规律,尽量做到每餐定量,不要让自己吃到有明显的饱腹感才停下来,否则 30 分钟后,胃的膨胀感会非常强烈。长此以往,胃口变大,食量也变大,体重增长就是顺理成章的事情了。

对于人类来说,主要的感觉是视觉和听觉,它们是我们生活与工作的主要依赖。但是,我们从不同的感觉渠道获得的信息不同,每一种感觉的作用都不可或缺。我们能够准确地知觉这个世界是因为各种感觉的相互作用。来自正前方的声音位置,部分原因在于可能我们同时看到了那个人就站在我们前面,而不是其他位置。在觉察事件时,由于从躯体感觉皮层返回到视皮层的神经元的作用,大脑可以综合同时出现的触觉、视觉信号。因此,各种感觉是交互作用的:视觉、听觉、触觉、味觉、嗅觉、前庭觉(平衡觉)、动觉乃至痛觉不是完全分开的通道。一旦某个感觉器官功能出现障碍,通常会产生其他关联感觉器官功能增强的现象,以弥补这个器官受损而导致的功能缺陷。比如,盲人的听觉通常比正常人的听觉要更灵敏,单凭听觉辨别方向的能力也更强。

三、感觉的常见现象

1.感觉适应

【微视频】
常见的感觉现象

进入轮机舱内,你会闻到一股柴油味,周围高温闷热,充斥着噪声与振动。新船员难以想象在这种环境下连续工作几个小时会是什么状况。但是,20分钟之后,你发现已经不觉得气味、温度、噪声和震动那么难以忍受了。无论是在海里还是游泳馆里游泳,刚入水时都会觉得凉,但是10分钟以后,你就会觉得水温很舒服。《孔子家语·六本》中提到"如入芝兰之室,久而不闻其香……如入鲍鱼之肆,久而不闻其臭",这些都是感觉适应现象。

感觉适应是指在外界刺激的持续作用下,感受性发生变化的现象。感觉适应通常指的都是感受性降低的过程,但是有时也会指感受性恢复的过程。各种感觉均存在适应现象。

对于视觉来说,存在着暗适应和光适应。由亮处到暗处,从看不见到慢慢看见,是感受性逐渐提高的过程,叫作暗适应。由暗处到亮处,眼睛从睁不开到适应,是感受性降低的过程,叫光适应。暗适应通常需要30分钟左右才能完成,而光适应则一两分钟就可以完成。现代神经生理学的研究表明,暗适应产生的原因是由于视网膜的视杆细胞的视紫红质被分解,突然进入暗处时尚未恢复,所以不能立即看清物体。进入暗处后需要等待一段时间来恢复,即视紫红质的合成增多,含量逐渐增加,对弱光刺激的感受性逐渐提高,这样就能逐渐看清物体了。反之,光适应是由于感光物质被大量分解,对强光刺激的感受性很高。此时神经细胞受到过强的刺激,因而只感到眼前一片光亮,甚至引起疼痛,睁不开眼,同样看不清物体。几秒钟后,感光物质被分解掉一部分后,对强光的感受性就迅速降低,从而能看清物体。在视觉适应过程中,除视网膜的感光细胞发生变化外,还有中枢机制参与。船上的舱室,很多都是密闭空间,依赖灯光照明。如果出现辅机故障、无法照明的状况,就会出现暗适应的问题,容易出现危险状况。中午时分从船舱里走出室外,通常光差也比较大,也会存在眼睛的光适应问题,对于海员的工作状态不仅会有不同程度上的影响,还存在着安全隐患。

听觉适应在生活中也很常见。轮机员刚进入机舱时,感觉环境噪声很大,过了十几分钟,噪声似乎没有那么响了,这是听觉感受性降低的过程,也是听觉适应的过程。在听觉适应问题上一般存在两种观点。一种观点认为,一般的声音作用之后,听觉感受性有短暂的降低。另一种观点认为,普通强度的声音即使持续作用,也不存在听觉适应现象。无论如何,毫无异议的是,如果用较强的声音刺激,如机舱的噪声,持续作用于人的双耳,则确实会引起听觉感受性降低的适应现象,甚至会造成听觉损坏。此外,研究发现听觉适应具有选择性,即在一定频率的声音的持续作用下,只降低对该频率声音(包括邻近频率的声音)的感受性,而不降低对其他频率声音的感受性。例如,你在饭店包间里吃饭,大厅里表演的声音很吵闹,过了一会儿,你对大厅声音的感受性就降低了,但是对包间内人员的声音的感受性却不会降低。

嗅觉的适应速度因刺激的性质而有所不同。人们对一般的气味一两分钟后即可适应,而强烈的气味则要经过10多分钟才能适应。特别强烈的气味,如引起痛觉的气味,则令人厌恶,难以适应甚至完全不能适应。与听觉适应一样,嗅觉适应也具有选择性,即对某种气味适应后,并不影响对其他气味的感受性。味觉适应有时会比较慢,比如,一个原本喜欢重口味的人,在医生建议下改成清淡口味,最初会觉得食之无味,但是坚持一段时间后,也能感觉到其中的味道,反之亦然。

触觉适应较明显。我们平时几乎觉察不到身上衣服对皮肤的接触和压力,经常看到有些人帽子戴在自己的头上却到处寻找帽子。实验表明,只要经过3秒钟,触压觉的感受性就下降到原始值的25%左右。温度觉的适应也很明显。正如前面举过的例子,用冷水洗澡时,开始觉得水是冷的,经过几分钟后,就不再觉得水冷了。相反,用手触摸热水,开始觉得水很热,慢慢地就不觉得热了。但要注意的是,对于特别冷或特别热的刺激,将造成身体感受器损伤,很难适应甚至完全不能适应。

痛觉的适应是比较困难的。例如,只要用针稍微扎一下皮肤,你马上就会感到痛。正是痛觉适应的这一特点,它才成为伤害性刺激的信号而具有保护作用。但是长期来看,其也是可以在一定程度上适应的,比如,大多数人最初都无法忍受吃辣椒,但是坚持吃下去,经过一段时间就能够忍受辣椒的刺激。

前庭觉(平衡觉)适应也很少有立竿见影的效果,往往需要长期的适应过程,比如,对于晕船、晕车等晕动状况的适应是可以随着经验的增多而逐渐降低感受性的。

感觉适应能力是有机体在长期进化过程中形成的。适应机制有助于我们精确地感知外界的事物,从而调整自己的行为。外界环境的变化幅度巨大,在夜晚的星光下和白天的阳光下,亮度相差达百万倍。如果没有适应能力,人就不能在变动的环境中精细地分析外界事物,从而做出较准确的反应。

2.感觉后效

夜晚盯着电灯看,灯泡灭了,眼前还有灯泡的样子;从机舱里出来后,马达的轰鸣声已经远离,还有余音在耳边萦绕。外界刺激停止以后,还能暂时保留一段时间的感觉现象叫作感觉后效(Sensory After-effect)。感觉后效在视觉中很常见,被称为感觉后像(Sensory After-image)。

感觉后像有两种:正后像(Positive After-image)和负后像(Negative After-image)。感觉后像与刺激物的性质相同的,叫作正后像;与刺激物的性质相反的,叫作负后像。正后像和负后像可以相互转换,后像持续的时间跟刺激的强度成正比。

如果看一个点亮的乳白色灯泡一两分钟,然后把眼睛闭上,或者关灯,这时你会看见眼前有一个与灯泡差不多亮的像,后像是亮的,就是正后像。如果在看灯泡两三分钟以后,把眼睛转向白色的墙壁,就会看到一个与灯泡差不多大的比墙壁暗的像,此时后像与灯泡原来的视觉性质是相反的,就是负后像。而有时,我们会感觉后像忽明忽暗,不断变化。

彩色视觉很少有正后像,一般都是负后像。彩色的负后像在颜色上与刺激色是互补色关系,而在明度上与刺激色相反。例如,注视一个红色圆形几分钟后,将视线迅速转到全白色背景上,此时,在全白色的背景上就会看到一蓝绿(青)色圆形,这就是彩色视觉的负后像。

在视觉中,如果让断续的刺激达到一定的频率,则后像可以使这些断续的刺激引起连续的感觉。刚刚能引起连续感觉的最小频率,叫作临界闪光融合频率(Critical Flicker Fusion Frequency)。这时产生的心理效应就是闪光融合(Flicker Fusion)现象。例如,使用交流电的日光灯,如果每秒钟闪动 100 次,我们看到的就不再是断续的光而是连续的光。因为在中等光强度下,感觉后像能保留大约 0.1 秒。因此,如果一个闪烁的光源每秒钟闪动超过 10 次,就会产生闪光融合现象。闪动的频率越高,人眼看到的光就越稳定。但是,临界闪光融合频率还要受许多因素的影响。例如,光的强度、波长、光落入视网膜的位置以及机体的身心状态等都会影响临界闪光融合频率。

正后像的感知,未必与客观实际一致。街上的霓虹灯间隔两组相继闪亮,造成了灯光流动的效果,而且随着意念的控制,可以顺时针或者逆时针流动。诸如此类的视觉现象告诉我们,看到的现象并不等于客观的和真实的现象。作为海员,我们要熟悉视觉特性,在工作中尽力避免受此影响造成主观报告的错误。

3.感觉对比

同一个感觉器官会接收到不同的刺激来源。对某种刺激的感觉不仅取决于该刺激的性质,还受其他刺激的影响。不同的刺激作用于同一感受器,使感觉发生变化的现象叫作感觉对比(Sensory Contrast)。

按照刺激的时间分,感觉对比可以分两类:同时对比和先后对比。

几个刺激物同时作用于同一感受器产生的对比现象称为同时对比。这在视觉中表现得很明显。视觉对比包括明度对比、色彩对比、大小对比、形状对比等。明度对比的结果是引起明度感觉的变化。例如,同灰度的两个小圆,放在由白至黑渐变的背景上,结果在白色背景端的小圆看起来比黑色背景端的小圆要暗得多(如图 4-6 所示)。1979年,迈克尔·怀特发现了另一种明暗对比引起的错觉现象。如图 4-7 所示,右侧的灰条亮度超过左侧灰条的亮度。而实际上,所有灰条的亮度都是一样的。在怀特发现这种现象前,所有亮度错觉均被认为是由拮抗过程所致,也就是说,灰色物体在被白色物体包围时看上去更为暗淡,被黑色物体包围时则显得更为明亮。但在这幅错觉图中,被白色包围的灰条亮度更高,被黑色包围时则更为暗淡。

图 4-6　同灰度圆形在渐变背景中的视觉对比

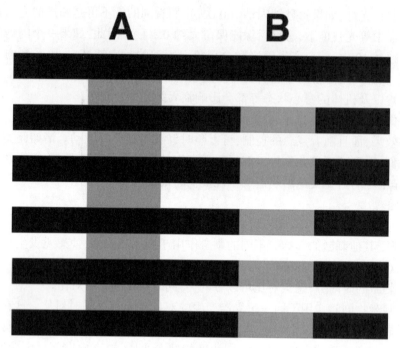

图 4-7   怀特效应

色彩对比的结果是引起颜色感觉的变化,而且是向着背景色的补色方向变化。例如,两个绿色正方形,一个放在蓝色背景上,一个放在黄色背景上,结果在黄色背景上的正方形看上去略带蓝色,在蓝色背景上的正方形看上去略带黄色,同时在两色的交界附近,对比也特别明显。

刺激物先后作用于同一感受器产生的对比现象称为先后对比。例如,直接吃梨会觉得梨很甜,但吃了糖之后接着吃梨,会觉得梨不甜且有些酸;吃了苦瓜之后接着喝白开水,会觉得白开水有点儿甜味;从臭水沟边过来,走进花店,会觉得气味格外香;直接在 10 ℃的水中浸泡会觉得凉,如果先在更凉的水中浸泡 1 分钟,再换到 10 ℃的水中浸泡,就会觉得暖和。

由此,我们知道,感觉对比会引发体验上的差异,有时甚至是困扰。如此,就不难理解我们的感觉并不是"纯客观"的反映,人的心理现象是"人脑对客观现实的主观反映"。如果没有"主观"两个字,这个概念便不正确。

4.联觉

看到红色会感到温暖,看到淡蓝色会觉得清凉,看到白色会觉得洁净。本来是一种刺激能引起一种感觉,现在这种刺激却同时能引起另一种感觉,这种现象就叫作联觉。

节奏欢快、曲调悠扬的音乐与轻松感觉相联系;节奏缓慢、音调低沉的音乐与沉重感觉相联系;电冰箱外观多为白色、银灰色,如果是红色的话,就会使人产生制冷效果不好的感觉。生活中存在许多联觉的情境已经成为我们的思维定式,如果不顺从其规律,反其道行之,则容易弄巧成拙,造成不良后果。

但是每个人的联觉并不完全一致,与个人的经验相关。对多数人来说,红色伴随着温暖、火热的感觉,但也会有人并没有这种联觉。

第二节　知觉

感觉带给我们的只是一团散乱无序的信号,若没有知觉的过程,它们将毫无意义。要把感觉信息转换成有意义的知觉信息,我们必须对其进行加工组织、辨认和识别。了解知觉的工作原理,不仅对于我们认识自我和客观世界有意义,对于人工智能的发展也极具价值。

一、知觉的种类

【微视频】
知觉概念
与知觉种
类

我们所处的环境中存在各种各样的事物。大脑能够对场景中的某些基本特征,如颜色、运动和明暗对比等,进行迅速而又自动化的加工(Treisman,1987)。大脑的工作方式是平行加工,可以同时整合不同的信号来构建知觉。比如,大脑会把一个视觉场景划分为各个子维度,如颜色、深度、运动、形状等,然后对各个子维度同时加工。

从感受器来看,知觉可以被划分为视知觉、听知觉、嗅知觉、味知觉和肤知觉等简单知觉。从知觉的客观对象上来看,则可以被划分为空间知觉、运动知觉和时间知觉等复杂知觉。

1.空间知觉

空间知觉包括形状知觉、大小知觉、方位知觉和深度(距离)知觉。人主要依靠视觉进行空间知觉,但听觉、触觉、运动觉、前庭觉、嗅觉等也可以协同发挥作用。

格式塔心理学家发现了一些关于空间知觉的大脑工作机制。

(1)接近性原则

对于彼此接近的事物、元素,我们倾向于认为它们是相关的,因此我们倾向于把邻近的图形联系在一起。值得注意的是,通过研究和实验验证,在多数情况下,距离上的接近,比起色彩和形状的近似,更容易被人作为一个整体。如图4-8所示,我们通常会做上下各两行的分组。即使是特征完全不同的元素,只要它们足够靠近,人们也更加倾向于认为这些元素的联系更紧密,如图4-9的案例所示。

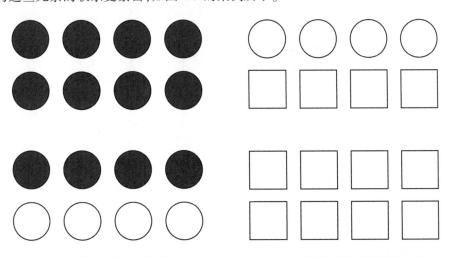

图4-8　距离接近与色彩相似对比　　　　图4-9　距离接近与形状相似对比

（2）相似性原则

具有相似性的物体会被联系在一起。因此,在图 4-10 中,我们可以将其分成圆形和方形,也可以分成深色的和白色的,还可以依据相似性,产生其他分组的想法。

在所有相似性因素中,颜色的影响权重最为明显。在图 4-10 中,深颜色的图形并不一致,但很容易让人注意到。在图 4-11 中,有秩序的深色图形比有秩序的圆形和方形组合更容易影响我们的分组选择。

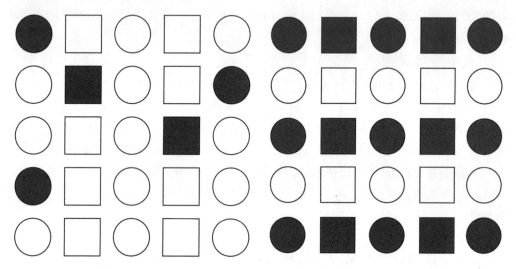

图 4-10　色彩对分组影响明显　　　　图 4-11　色彩相似影响大于形状相似

以大小、形状的相似进行分组也是大脑的基本机制,如图 4-12 所示。不过,相对于距离和颜色,它们具有较弱的分组影响。

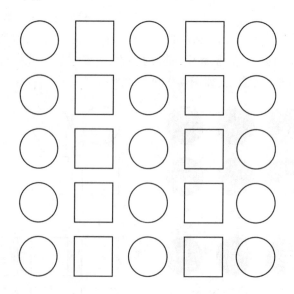

图 4-12　大小与形状相似的对比

（3）连续性原则

知觉的连续性原则使得我们知觉到的图形模式是平滑连续的,而不是离散间断的。

它确保了我们的外部世界在知觉中不是零散的碎片。如图 4-13 所示,我们通常会看成是一条直线穿过曲线,而不是几个直线段与曲线段的组合。许多由于错位关系而产生的视错觉也是这个原因,如图 4-14 所示。

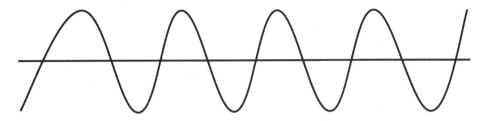

图 4-13 直线与曲线的交叉

图 4-14 卡车拉载邮轮的视觉错位

(4)封闭性原则

人们倾向于填补小的空隙而将物体知觉为一个整体。在图 4-15 中,我们知觉到的是一件黑白条相间的马甲,而不是一些黑色的条状物。如图 4-16 所示,我们通常会认为自己看到了三个完整的圆和两个三角形。格式塔学者认为,我们的知觉中有一种完成"完美图形"的倾向。我们观察知觉对象时,会依据自己的过往经验和记忆,将其以"完美"的形象去解释,因此既会遵循连续性原则,又会对缺少的部分主观"画线"闭合,以使自己的解释合理化。

图 4-15　条状衣服　　　　　　　　　图 4-16　不完整的圆形和三角形

（5）共同命运原则

人们倾向于将看起来有相同运动趋势的元素联系在一起。如图 4-17 所示。

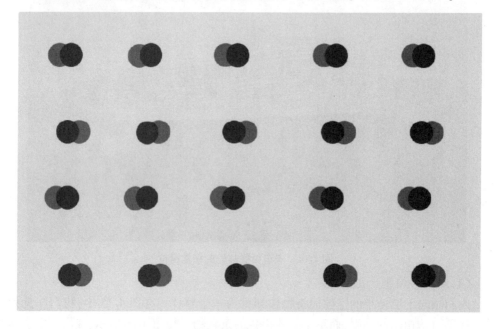

图 4-17　相同运动趋势形成紧密联系

深度知觉也称距离知觉,是人能够把二维的视网膜成像解释为三维的世界,认识事物的真面貌的过程。它是由一定线索引起的,即双眼线索(同时需要两只眼)和单眼线索(每只眼都可以单独起作用)。

我们在观察近距离物体时,由于双眼所处观察位置不同,在视网膜上形成的图像存在微小差别。当大脑比较这两个图像时,它们之间的差别——视网膜像差,就给我们提供了判断不同物体相对距离的重要线索。

当我们判断远距离物体的距离时,双眼的视网膜像差非常小,主要依靠的是单眼线索。单眼线索包括以下规则:

①位置:视野中较高的物体往往被知觉得更远。

②相对大小：如果两个物体实际大小相差不多，那么我们就会把视网膜上影像较小的那一个知觉得更远。

③插入：如果 A 物体挡住了 B 物体的一部分，我们会认为 A 物体距离我们更近一些。

④线条透视：平行线，如火车轨道，似乎会在远处汇聚于某一点。汇聚线越多，知觉到的距离就越远（如图 4-18 所示）。

图 4-18　位置、相对大小、插入、线条透视示意图

⑤相对运动：当我们运动时，原本静止的物体看上去似乎也在运动。我们都有这样的体验：坐在行驶的车上注视远处的一座房子，那么，比房子近的物体似乎在向后方运动，而且物体距离自己越近，运动速度越快。而注视点（房子）远处的物体似乎和你一起运动，物体越远，运动速度越慢。大脑就是这样运用速度和方向线索来计算物体的相对距离的。

⑥光线和阴影：近处物体反射到我们眼睛内的光线更多。因此两个完全相同的物体，看起来较暗的那一个似乎距离我们更远。阴影也可以产生与某一特定的光源相一致的深度知觉。把图 4-19 颠倒一下，左侧原本凹陷的部分就变成了右侧凸起的小丘。这是因为我们的大脑总是遵循着"假设光线来自上方"的简单规则。

深度知觉在航海中具有与实际操作密切相关的意义。虽然，现代化水平较高的船舶驾驶不再像旧式轮船那样单靠人的瞭望来解决距离判定问题，而主要靠精确的仪器来自动化地判定距离和其他种种需要监测的参量。但是，驾驶员的视觉观察与判断仍然具有不可取代的重要意义。尤其是相对行驶的船舶，在缺乏电子辅助的情况下，很容易将对方的尺寸估计错误，原本以为船不大，但临近后才发现是庞然大物的情况经常发生。

图 4-19　光线与阴影

2.运动知觉

人在知觉事物时可以获得物体位移及移动速度的信息。

我们的大脑可以在一定程度上,根据物体在视网膜上成像的逐渐缩小和逐渐变大来判断它是在远离我们还是在逼近我们,还可以根据缩小和变大的速率来感觉物体与自己远离或者接近的速度有多快。但我们的运动知觉无论如何也达不到一种完美的程度。大物体(如轮船、火车)比以同样速度行驶的小物体似乎显得更慢,这种场景对驾驶员是一种考验,需要他们排除错觉干扰,做出准确判断。

3.时间知觉

时间是物质现象延续性和顺序性的表现,时间知觉反映了这一延续性和顺序性。时间知觉是对变化的一种主观衡量。我们对世界的知觉过程是以"恰当的方式"将变化的世界碎片整合在一起的。外界的刺激信息源源不断地进入大脑时是杂乱无章的,大脑的时间知觉模式格局按照同一事物的不同表象变化的前后顺序对它们进行排序、合理化处理,最终产生了对时间性质的相关衡量、对比等的分析。

时间知觉既与活动内容、情绪、动机、态度有关,也与刺激的物理性质和情境有关。由于年龄、生活经验和职业训练的不同,人与人之间在时间知觉方面存在着明显的差异。人们对较长的时间间隔往往估计不足,而对较短的时间间隔则估计偏高。刺激编码越简单,知觉到的持续时间也就越短。在判断时间间隔正确性方面,各感官是不同的,听觉和触觉对时间间隔的估计最准确。

二、知觉的基本特性

知觉是直接作用于感觉器官的客观物体的整体在人脑中的反映,是用知识和经验对外界物体进行解释的过程。在这样一个过程中,知觉表现出四个基本特性:整体性、选择性、理解性与恒常性。

1.整体性

正如前面多次提到的,知觉是对物体整体的反映。知觉具有在过去经验的基础上,

【微视频】知觉的基本特性

把对物体的各种感觉结合在一起,把物体的各个部分、各种属性结合起来,成为一个整体的特性,这也被称为知觉的整体性。格式塔心理学派对此做出了诸多的理论贡献。

当我们看一个苹果的时候,我们没有把它分解为颜色、轮廓线条、大小等基本元素去认识它,而是把这些信息组合起来形成一个整体的形象。当我们看一个人的面孔时,我们没有把眼睛、鼻子、嘴巴等局部信息进行零散的识别,而是把它们组合成一个整体来加以识别。

视知觉的整体性在造型上有显著的体现。造型是眼睛把握物象的主要特征之一。它并不指明物体在何处、朝向如何,它只指物体的外形轮廓。造型并不意味着物体全部被看见。一件物体的外貌并不仅仅由刺激眼睛的信息来决定。比如,我们只看到船体的一半,但我们却能够知觉到船舶的全貌。我们的知觉常常在观察中补充那些不可见但却可以在经验、记忆中有参考原型的部分。

因此,一个物体的造型,对于视知觉来说,可以通过某种暗示来完成。比如,有人问起救生艇是什么样子时,你可以用配合手势来做解释。实际上救生艇并没有被完整地描述出来,但与之相关的视觉概念却可能建立起来。当然,这一过程得以建立,更依赖于过去经验的积累。如果完全没有关于船的任何知识时,无论做何手势,也无法让人明白救生艇的外形特征。

2.选择性

每时每刻外界作用于感觉器官的刺激都是不可计数的,而我们知觉外部物体的范围是有限的,所以我们不能把所有的信息同时纳入自己的意识范围内并注意到它们。我们的知觉总会把其中的一部分物体当作对象,其余的作为背景,这就是知觉的选择性。在不同的情境下,我们受观察事物角度、知觉目的、兴趣与态度的影响,最终的选择内容可能会有显著的差别。

就观察角度而言,"二视图"(又称"两可图")是知觉选择性的经典例子。如图4-20所示,我们把一个人头面部的侧面剪影用轴对称的方式面对面摆在两侧,这样,中间就形成了杯子状的图形。如果你把这个"杯子"当成图形,那么两侧的对面的剪影就变成了背景而退到知觉的内容之外。

图4-20　人脸与杯子

如果我们到火车站出站口接人,先知此人戴着一顶红色帽子,那么,我们的知觉就把戴其他颜色帽子的人退到了背景的地位,突出了对戴红色帽子的人的知觉。这就是知觉目的对于选择性的影响。

在大型聚会的嘈杂环境里,如果我们漫无目的地参与其中,有的人会努力去听别人讲什么,有的人会观察会场有什么人以及大家都在做什么,有的人则会寻找食物和饮料在哪里,这是因为每个人的兴趣不同。

当面对辽阔的海面,你可能会注意到天空飞翔的海鸥,或者海面航行的船舶,但是你视野里的事物远不止这些,还有海里的海豚和掠出海面的飞鱼、正在甲板角落里工作的同事、轻轻摇摆的吊车钢索、松动的舱盖,以及有些污渍的舷窗玻璃等。你应该知道,你的观察视角、目标、态度等因素影响了你知觉的内容。

3.理解性

在知觉外界物体时,人们总要用过去的经验对其加以解释,使表面上孤立的、局部的现象被理解和深化,这就是知觉的理解性。看一朵云,我们觉得像猪、马、羊,或者其他东西,这就是理解性的表现。知觉的理解性与过往的经验密不可分。有研究表明,如果一个天生的盲人,只被教会用手去辨别球体和立方体,那么当他某一天视觉恢复后,不能在第一次看见球体和立方体的时候,就将它们分辨出来。因为,他们的视觉没有分辨物体的经验,而触觉的经验不能替代视觉的经验。

在航海过程中,我们对周围事物的感知会随着经验的不同而有所不同。比如,主机的一种异常声音可能没引起无经验者的特殊注意,但是对于特别有经验的轮机长而言,可能会根据这种声音意识到主机什么部位出了何种故障。

在对知觉对象理解的过程中,人们不仅受到自身经验、言语、被知觉对象本身特点的影响,还受到情绪、动机、态度以及实践活动的任务等因素的影响。

4.恒常性

在不同的距离看同一个人时,我们看到的人的大小有差别,但是我们都知道这个人的身高没有变。这就是知觉的恒常性。

知觉的恒常性,是指在知觉中尽管被知觉对象的大小、形状、色彩和亮度发生了在感觉水平上的变化,但在知觉水平上我们不受刺激变化的影响,仍然会按其没有变化的特征来感知它。因此,我们在识别物体时,可以不受观察角度、距离和照明的影响。这对于我们的生存意义重大。

知觉的恒常性包括:形状恒常性、大小恒常性、颜色恒常性。

形状恒常性指的是随着我们的观察角度的变化,物体的外形线索发生了变化,但是无论怎样变化,我们都知觉到物体的形状本身没有变化,变化的只是视觉呈现。无论一本书是平放还是立放在桌子上,我们都知道书还是方形的;从侧面看一个碗的碗口形状是椭圆的,我们还是把它知觉为正圆的。

大小恒常性是指即使当物体距离发生变化时,我们仍能知觉到物体的大小不变。一个人由远及近而过,身影由小变大,但是我们知道这个人身高没有发生变化。大小恒常性除了距离线索之外,还包括知觉系统利用关于相似形状物体大小的先验知识进行推断。远远地看到房子、牛、羊,我们能够判断大小,一方面是距离线索,另一方面是因为我们过去有关于房子、牛、羊的信息。如果在超远距离上观察一个陌生物体时,没有过去的经验信息,大小恒常性就失效了。

在知觉系统里,颜色也有恒常性。建筑外墙在阳光下有明有暗,看到的色彩有浅有深,但我们的知觉告诉我们墙体的颜色是一样的(如图4-21所示)。

图4-21　阳光下的建筑

第三节　错觉

人在对客观事物的认知过程中,容易受到主观信息加工方式和客观信息刺激的特殊方式影响而产生错误的知觉。例如,我们把一根筷子的一半插入一杯水中,从玻璃杯侧面或上面看,筷子好像折弯了。其实筷子没有变弯,这只是光的折射作用造成了我们感知的错觉。

错觉与幻觉不同。幻觉是因为异常生理或心理状态而使个体体验到非共有的知觉扭曲,它没有客观事物刺激的基础,是"无中生有",且幻觉的内容因人而异。比如:一个精神病人说看见了魔鬼;一个发高烧的病人看见了眼前本来不存在的东西;一个人总听见某个人在跟他说话,然而并没有人在他身边,等等。错觉是特定条件下产生的对客观事物的歪曲知觉,具有固定的倾向,即有共有性或者相似性。也就是说,在相同的条件下,人们会产生类似的错觉。比如,发高烧的病人在意识不清醒的时候,把窗帘的花纹看成了人脸或某种事物;仓促间把井绳当成蛇;车开动时,车里的人会觉得外面的事物在倒退。当可以引起错觉的条件出现时,错觉通常是无法避免的。

【微视频】错觉

从感觉的方式上分,错觉包括视错觉、声音错觉、触错觉、味错觉、嗅错觉、运动错觉、内感性错觉等。

现实中,我们最常遭遇的是视错觉,它可以表现在形状、大小、长短、色彩、弯曲等多个方面。

　　知觉具有选择性,当信息选择的趋向不同,感知的结果便不相同。在图 4-22 和图 4-23 中就可以出现两种不同的选择方向。对于图 4-22,你既可以把它看成在下面朝上看的立方体,又可以把它看成从右上方朝下看的立方体。对于图 4-23,你可以把它看成三块不同立方体的互换。这种图形在心理学中被称为"二视图"或"两可图"。在特定情况下,类似的这种"两可图"不可避免地会造成错觉。除了由于选择信息角度不同造成的错觉之外,由于信息存在着干扰性因素,产生了对信息的正确感知的干扰,也可以造成错觉。

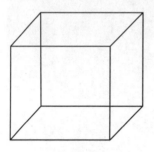 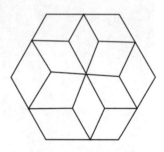

图 4-22　互变立方体　　　　　　　图 4-23　互换立方体

　　由对比产生的视错觉现象也很常见。如图 4-24 所示,两个怪物一前一后,我们会感觉后面的怪物比前面的大,但其实它们一样大。这是由于近大远小的透视原理给我们造成的错觉(根据直线透视原理,汇集的直线其实是平行线逐渐向远方延伸。在这种情况下,我们会认为上面那个怪物距离我们远一些。而远近不同的两个物体在视网膜上呈现出相同大小的像时,距离远的物体在实际上将比距离近的物体大)。如图 4-25 所示,无论你相信与否,方块 A 和方块 B 颜色相同,这是由明度对比造成的错觉。在图 4-26 中,两个居于中心的圆本来是等大的,但是如果外周围以较小的圆,则中心的圆显得大;如果围以较大的圆,则中间的圆显得小。这是由大小对比造成的错觉。

图 4-24　哪个怪物更大　　　　　　　图 4-25　明度对比错觉

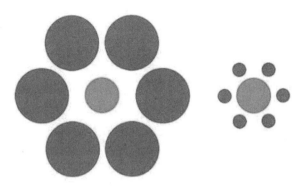

图 4-26　艾宾浩斯错觉

　　其他著名的视错觉现象有:缪勒–莱尔错觉(图 4-27)、波根多夫错觉(图 4-28)、冯特错觉(图 4-29)、菲克错觉(图 4-30)、庞佐错觉(图 4-31)、黑灵错觉(图 4-32)等。关于这些错觉现象,本书不做过多解释,感兴趣的读者可以自行查找资料补充阅读。你会发现错觉的世界远比我们所了解的多。

图 4-27　缪勒–莱尔错觉　　　　　　　　　图 4-28　波根多夫错觉

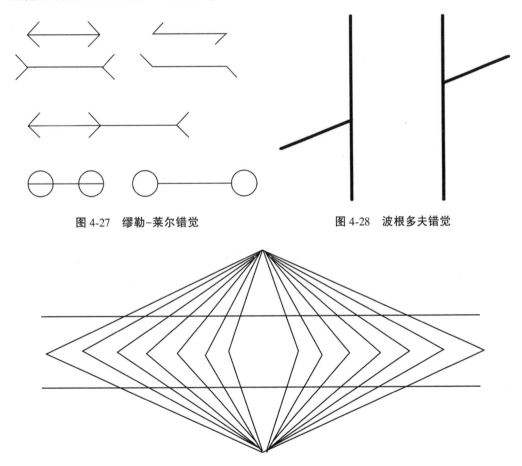

图 4-29　冯特错觉

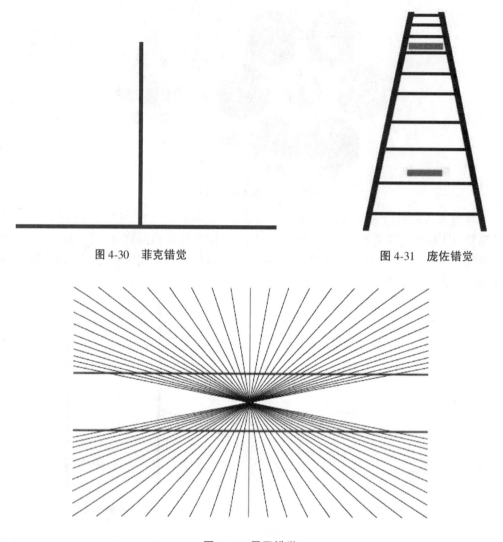

图 4-30　菲克错觉　　　　　　　　图 4-31　庞佐错觉

图 4-32　黑灵错觉

在前面我们提到运动知觉中,相同速度的大船比小船看起来要慢一些,这是由大小对比在运动情况下形成的错觉。在运动错觉中,有一种似动的错觉现象。在一定的时间和空间的条件下,人们会在静止的物体间看到运动,或者在没有连续位移的地方,看到连续的运动,这种错觉现象叫作似动。似动的主要形式包括以下四种:

(1)动景运动:当两个刺激物按一定空间距离和时间间隔相继呈现时,会看到从一个刺激物向另一个刺激物的连续运动,如前面提及的流动的霓虹灯。当视野中不同位置的两个光点以大约每秒 4 到 5 次的频率交替出现时,就会发生 φ 现象(Phi-phenome-non),一个独立光点在两个点之间来回运动。

(2)诱发运动:由于一个物体的运动而使其相邻的一个静止物体产生运动的印象。比如,人们注视飞驰而过的列车,会觉得旁边的树木在向相反的方向移动。

(3)自主运动:在没有月光的夜晚,仰视天空时会发现一个细小而发亮的东西在天空游动,我们会误认为是一架飞机,其实是由星星引起的。

(4)运动后效:在注视一个方向的物体运动之后,如果将注视点转向静止的物体,那么会看到静止的物体似乎朝相反的方向运动。

其他感觉通道的错觉，可自行查阅相关研究资料，如听觉（Russo & Thompson，2005；Sonnadara & Trainor，2005）、味觉（Todrank & Bartoshuk，1991）以及触觉（Heller et al.，2003）等。

（扫描二维码，试听音频，你听到了什么？它是唯一的答案吗？）

【音频】听错觉音频1

错觉是我们日常生活的基本组成部分。以对地球的体验为例，日出、日落好像是太阳在运动，实际上与我们坐在行驶的车里看到窗外的物体在运动是相同的道理；太阳和月亮在地平线时，看起来比在头顶上时要大很多，在"近大远小"的视觉经验下，人们会认为它们在地平线时距离地球更近，可是科学研究告诉我们这仅仅是一种因对比而产生的错觉，甚至在地平线时，因为距离我们更远，它们的绝对尺寸还要略小一些。错觉给我们带来的并非都是负面的影响，实际上许多错觉现象被很好地利用，能帮助我们改善生活环境。比如，在建筑设计和室内装修方面，巧妙地利用色彩的收缩特性，能让狭小的空间显得宽敞。

【音频】听错觉音频2

错觉告诉我们一个事实，知觉并不仅仅是客观世界在大脑中的简单投射，大脑对外界的刺激信息进行了功能化的重组。

本节所述种种错觉现象在航海过程中也同样会产生类似的情形。这种效应对海员观察的准确性都会产生一定的影响。因此，要结合航海实践来研究心理学的应用问题。

【音频】听错觉音频3

第四节　晕船

船舶在海上航行，受到海上的风、水流、波涛等的影响，使船身发生摇晃。船舶越小，摇晃得越厉害。加上机器运转引起的震颤和振动，使海员经常处于颠簸和振荡之中。这些不规则的运动刺激着海员的平衡器官，有的海员就会出现面色苍白、眩晕、出冷汗、恶心、呕吐等一系列症状，也就是我们所说的晕船。

晕船不仅让海员产生痛苦的感受，也使海员工作效率明显下降、思维迟钝、体能消耗大、易疲劳，甚至严重的晕船可导致船员自制力丧失。晕船对于海员的值班、作业、进食等都会造成不同程度的影响。在晕船的情况下，海员也不得不坚持到岗去履行职责，难度可想而知。有些航线如好望角几乎全年多数时间都有较大的风浪，对于海员来说，尽早适应晕船就更重要了。

船舶的摇摆主要是横摇和纵摇，通常后者对于晕船的影响更大。对于大型船来说，垂荡是引起晕船的重要原因。除去生理结构对于晕船的影响，不良的劳动环境、睡眠不足、过度疲劳、饮食不当、暴饮暴食或者过度饥饿均可使晕船的发生率增高。大脑皮层的刺激也可能影响到晕船反应，比如，船员在晕船时发生了危险事件，及海盗、海上碰撞事故等危及生命的事件，晕船的症状会立即减轻甚至停止，精神焕发。

晕船是海员在感知觉方面需要克服和适应的最大挑战。晕船与晕车一样，属于晕动病的性质。晕动病在不同年龄、性别上有一些差别。女性比男性更容易晕船、晕车；儿童对晕动病的忍受性最强，2岁以下儿童几乎不患，2～12岁时患病可能性逐渐达到最大值，而对晕动病的忍受性随着年龄的增长而逐渐增强。但是也有一些研究显示，老人的忍受性最差，在英吉利海峡上的晕动病患者中22%超过了59岁。大约有5%的人永远也无法适应晕动病。在美国早期的研究中发现,10%～30%的海军人员在正常航行中都会有晕船情况,在最糟糕时,晕船率为50%～90%。大多数人经过一定的适应期后,晕船症状会慢慢减轻,这就是适应。适应之后还要不断训练,巩固效果,否则3～4个月不航行,就会重新发生晕船现象。

晕动病是敏感机体对超限刺激的应激反应,目前主要依靠吃药来临时解决,其他的调节方法只能有限地降低晕船感受,绝大多数人最终通过多次的晕船经历逐渐适应。海员要对这个过程有心理准备。当然,在现实中,的确发现有海上工作多年后仍然无法摆脱晕船影响的海员。

如果预知风浪来临,还可以做到以下几点,以减轻晕船感受:

(1)不要空腹,不要吃得太饱,不要吃油腻食物;

(2)保持环境中空气清新;

(3)保持视觉的水平线稳定,目视远方或者闭上眼睛,不要看窗外那些晃动或一闪而过的东西;

(4)不要在船舶摇晃的时候看书、手机、电脑屏幕等;

(5)平躺,或做与船舶摇晃相反方向的运动;

(6)保持愉快心情、心平气和,自我暗示不会晕船,转移注意力,做一些感兴趣的事情;

(7)保证有充足的睡眠。

本章复习题

一、名词与术语

感觉、知觉、感觉阈限、绝对阈限、差别阈限、感受性、感觉适应、光适应、暗适应、噪声、感觉对比、联觉、空间知觉、时间知觉、运动知觉、错觉、晕船。

二、思考题

1.感知觉的加工过程是怎样的?

2.韦伯定律的内容是什么?有哪些注意事项?

3.《STCW公约》对在职海员的视力要求标准是什么?

4.噪声对海员的影响有哪些?

5.《船员健康检查指南》对海员的听力要求是什么?

6.适宜工作和生活的环境温度是多少?

7.格式塔心理学家发现了哪些空间知觉规则?

8.在深度知觉中,单眼线索的规则有哪些?

9.知觉有哪几项特性?

10.似动现象包括哪几种形式?

11.你能举出哪些生活中常见的错觉现象?

12.错觉与幻觉的区别是什么?

13.晕船的原因有哪些?

14.如何减轻晕船的感受?

本章参考文献

[1]王有权.航海心理学[M].2 版.大连:大连海事大学出版社,2007.

[2]黄希庭,郑涌.心理学导论[M].2 版.北京:人民教育出版社,2015.

[3]戴维·迈尔斯.心理学[M].9 版.黄希庭,等,译.北京:人民邮电出版社,2013.

[4]郭念锋.心理咨询师(基础知识)[M].北京:中国劳动社会保障出版社,2017.

[5]理查德·格里格,菲利普·津巴多.心理学与生活[M].19 版.王垒,等,译.北京:
人民邮电出版社,2016.

[6]林崇德.心理学大辞典[M].上海:上海教育出版社,1999.

第五章 航海安全与人的因素

安全是人类在生产过程中,将系统的运行状态对生命、财产、环境可能产生的损害,控制在人类能够接受的水平以下的状态。航海安全包括航行安全、装卸安全、货物安全、财产安全、船员生命安全和保护海洋环境安全等。不注意安全就会酿成事故。提升航海安全、减少航海事故是现代航运企业的核心任务。航海事故的成因复杂,探究人的心理因素与航海安全的关系,是船员心理学必然的使命,因而,本章是船员心理学的重要内容。

第一节 航海安全事故中人的因素

【微视频】
航海安全
事故中的
心理因素

航海事故是航海中常见的现象。航海安全不仅牵动着海员及其家庭的神经,还与企业的命运紧密相连。每一次重大的航海安全事故所造成的损失远不止我们表面看到的那些统计数字,由此产生的辐射效应难以估计。国际海事组织(IMO)成立以来,始终将保证海上航行安全作为最重要的工作内容。IMO 先后制定的与海事安全相关的公约有 3 大类在内的 10 多个公约及议定书,包括船舶技术和规范、避碰规则、海员培训发证值班标准等,并随着航运发展新情况的出现和新趋势的演变而不断修订与补充完善。

《2023 年安全与海运报告》[安联保险(Allianz)]对之前十年间(2013—2022 年)他们搜集到的航运安全事故的船舶类型、事故原因及事故发生地区等数据做了统计。在全球范围内,这十年间共发生近 807 起船舶全损事故,其中,2013 年为 109 艘,2020 年为 65 艘,2021 年为 59 艘,2022 年为 38 艘(全球约 130 000 艘)。而 20 世纪 90 年代初的船舶损失为 200 多艘(全球 8 000 艘)。这十年中,全球共报告航运伤亡或事故 27 477 起,其中 2021 年 3 000 起,2022 年 3 032 起。事故直接成因前三位是机械损坏、碰撞和沉船/搁浅。发生海上火灾、搁浅和集装箱损失的大型船舶数量呈现增加趋势。2022 年年度报告的事故成因中,火灾成为第三大事故原因。

从历年的数据可以看出,航运业的船舶损失数量虽然逐渐减少,但事故发生数量没有下降,航海安全问题无论何时都不能掉以轻心。

英国海上事故报告机构 CHIRP MARITIME 对其收到的所有事故报告进行了分析,总结出 9 大事故类型,按照占比排名依次为设备受损、人身伤害、船舶破损、火灾/爆炸、船舶失踪、污染、燃料泄漏、沉没和死亡。该研究列出了导致事故发生的 88 个因素。其中,造成安全事故发生的主要因素有:"领导或监管不足"占 35%;"没有/错误/延迟目视检测"占 35%;"风险评估不足"占 32%;"安全文化"占 23%;"错误的决策或计划"占 22%;"没有交叉检查和沟通"占 20%;"没有决策或计划"占 15%,等等,见图 5-1。

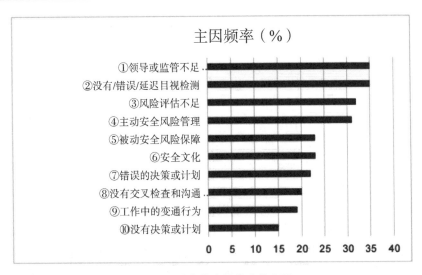

图 5-1　排名前十位的事故主因

一些学者将航海事故的成因做了简单分类:

(1)自然因素:指气象、海象等自然现象,如风、浪、流、雾、雨、雪、台风、沙暴、冰山等。依靠人的力量不能改变也难以回避的自然现象,需要正确的预报来减少损失。

(2)航道因素:指航道的水文、地理、环境等,包括航道的宽度、弯曲度、礁岩、浅滩等碍航物,风、流、潮汐的变化及航标的位置等影响船舶航行的因素,这方面主要依赖于电子海图、雷达提供精准的信息。

(3)船舶因素:指船体的结构强度、大小,船舶机件、设备的状况等船舶本身的因素,如主机、辅机、船体材料、船体强度及消防、救生设备等影响船舶安全的因素都可以通过船舶的检修、保养来保证。

(4)交通因素:指船舶交通的密集程度,主要由于不同水域交通密度不同,不同季节也不同,给船舶航行安全带来了影响。

(5)船员因素:指船员的健康状况、知识、技能、经验、气质、性格、品德、动机等生理、心理条件构成。专业知识是基础,船员的健康状况是保障,心理状态是现实性的影响因素。

(6)管理因素:指船舶管理、船员管理、法规管理、安全目标管理、航行秩序管理、安全教育管理等方面的管理水平。安全管理的重点就是提高船员的安全意识,使其自觉地遵章守纪,以达到安全生产的目的。落实安全措施,是通过企业本身及海事安全、船检等部门的共同管理来实现的。

(7)信息因素:航海作为一种充满风险的行业更需要大量信息,以保证船、货、人的安全。航海需要的信息很多,如:自然环境信息——气象、海况、风、流、浪、能见度等;航道信息——航道的宽度、水深、危险礁岩等;交通信息——船舶交通的密度情况及其变化等;船舶本身的信息——船舶的长、宽、型深、吃水、操纵性、冲程、旋回性能等;助航仪器的信息——雷达、GPS、GMDSS、罗兰、台卡、奥米伽、测深仪、测向仪、陀螺罗经、磁罗经、电报、无线电话、舵角指示器等;其他资料的信息——航海指南、航行通告、航行警告、海图资料等。信息管理,主要指对信息的收集、传递及处理,主要解决如何收集充足的信息,如何迅速地传递,如何进行果断的、准确的判断和处理。

（8）货物因素：包括货物的理化特性、规格、重量、装舱方法、卸货次序等。海运事故中的许多火灾案例是由于货物本身的易燃特性所造成的，船上的中毒类事故也基本是由载运有毒性货物引起的。

（9）文化因素：包括不同的船员文化背景、企业安全文化及其影响下的价值观、态度。比如，重视安全培训的企业文化对海员安全意识形成有积极影响。

海事统计数据显示，单一因素造成的船舶事故是不多见的，而大部分海事成因总是包括船员的因素。船员的因素并非孤立存在而起作用，它与其他诸因素之间形成一种内在的联系和作用机制，共同维持着船舶的正常运行或者引发安全事故。人的因素在海运事故成因中成为各因素汇聚的焦点，这一点已经成为普遍共识。在目前国际海事组织的公约体系中，人的因素愈发得到重视，不断地被补充到各项公约之中。

有的学者将影响因素归纳为个人因素、组织因素、外部环境、内部环境，其中个人因素又包括生理因素和心理因素。以碰撞事故为例，事故的成因可能是内部环境的因素，如船舶主机或舵机的失灵、雷达故障、设备老化等；也可能是外部环境的因素，如气象海况恶劣、航道设计不合理、船舶密度过大或进出港秩序混乱等；还可能是组织因素，如船员配备不足或不合理、值班安排不当、安全检查松懈、管理不到位等；当然还可能是海员个人因素，如交流失误、意识不清、身体不适、违反规则、交接班不当、雷达使用不当、车舵使用不当、疲劳驾驶、突发疾病、航道不熟、操作技术差、过于紧张、避让迟缓、疏忽瞭望等（如图 5-2 所示）。

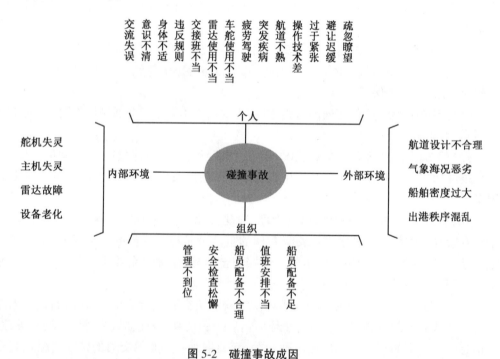

图 5-2　碰撞事故成因

船舶碰撞是各类水上交通事故中最易受到人的因素影响的一类事故。据统计，超过 90% 的船舶碰撞与人的因素有关，其中 60% 与人的因素有直接关系。可见，海上事故的发生，无论是归结为个人因素、组织因素，还是外部环境、内部环境，都可能与海员的表现存在联系。

　　著名心理学家爱德华兹(E・Edwards)教授于 1972 年提出了 SHEL 模型来解释安全工作中人与其他元素的关系,后由霍金斯(F・Hawkins)于 1975 年进一步完善。SHEL 模型认为,差错和失误容易发生在以人(L)为中心的与硬件(H)、软件(S)、环境(E)、他人(L)交互作用的界面上。换句话说,差错和失误容易发生在人与硬件、人与软件、人与环境以及人与人之间交互的过程中。如图 5-3 所示,以人为中心,人与硬件、人与软件、人与环境、人与人相互之间的关系与作用,综合起来就会形成结果,以某种方式表现出来,其中也包括问题或事故。在航海过程中也不例外,人处于航海安全的核心,人的因素必然是航海事故的主要原因。

图 5-3　SHEL 模型图

　　我们必须要承认,科技的发展和技术的进步,如更先进的造船技术、更好的钢材、更先进的仪器、更先进的发动机、更智能化的操作系统,可以不断地提高航海的安全保障。同时,《安全与海运报告》的统计数据也告诉我们,不断投入航海领域的新技术应用虽然减少了船只损失数量,但并没有显著减少航海安全事故的数量。对于航海安全而言,人始终是核心要素。

　　接下来,我们将详细探讨航海安全中人的心理因素。

第二节　认知过程与航海安全

　　认知过程是人以感知、记忆、思维、想象等形式反映客观事物的性质和联系的过程。具体来说,个体的认知过程包括感觉、知觉、思维、想象、记忆、判断、决策等一系列的心理活动。我们的心理活动始于对外界刺激的感觉,然后知觉对刺激信息进行组织,并在思维、记忆、经验、动机、期待的综合作用下,明确了刺激是什么、有什么功能、意味着什么,并进一步思考要如何处理,并决定怎样做,这就是一个完整的认知过程,如图 5-4 所示。

　　人容易生活在错觉之中。人所感知到的东西,常常与客观的物理环境有某种偏差,人所认知的对象并非与客观存在的对象完全一致。人的心理现象是对客观现实的主观反应。这之中的"主观"到什么程度也因人而异,"草木皆兵""杯弓蛇影"等例子就是主观化达到极端的表现。如果主观认识与客观真实偏差过大,就难免发生事故。从这一点上说,事故的发生本来已存在于正常人的认知活动中。在通常情况下,由于没有出现事故,人们的认识偏差便没得到纠正、被正常化,使这种认识由于经常重复而变得习惯

【微视频】
认知过程
与航海安
全

化。这种习惯化了的偏差认识方式也就成了潜在的事故根源。比如,如果某水手常年在甲板作业时不戴头盔,他自己没有发生过安全事故,其看到的安全事故均没有头部损伤,他就会建立起"戴头盔没用"的认知。这种认知偏差,将成为他未来的安全隐患。此外,事故的发生还不仅仅是因为认识的偏差,也可能是其他原因,比如发现不及时、知识和经验不足、决策不够果断等。

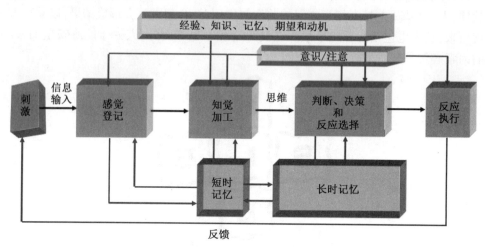

图 5-4　个体认知过程流程图

事故致因理论是从大量典型事故调查与分析中提炼出的事故发生规律,在事故预防实践中发挥了重要的作用,同时也帮助人们提升对安全管理的认识。事故致因理论分为微观、中观和宏观安全系统三个层面。在微观层面的经典事故致因理论有瑟利模型、安德森模型、罗姆瑟事故现象模型、认知可靠性和失误分析方法、认知-行为模型等。其中,瑟利模型和罗姆瑟事故现象模型等着重解析了认识过程对事故的影响。

1.瑟利模型

瑟利模型是在 1969 年由美国人瑟利(J.Surry)提出的理论。

该模型把事故的发生过程分为危险出现和危险释放两个阶段,这两个阶段各自包括一组类似的人的信息处理过程,即感觉、认识和行为响应。在危险出现阶段,如果人的信息处理的每个环节都正确,危险就可能被消除或得到控制;反之,就会使操作者直接面临危险。在危险释放阶段,如果人的信息处理过程的各个环节都是正确的,则虽然面临着已经显现出来的危险,但仍然可能避免危险的充分释放,不会带来伤害或减少损害;反之,危险就会转化成伤害或损害。

从图 5-5 中可以看出,危险出现与危险释放两个阶段具有相似的信息处理过程,即 3 个部分(感觉、认识、行为响应)、6 个问题。

在危险出现阶段,我们要检视 6 个问题:

(1)危险的出现有警告吗? 在这里,警告的意思是指工作环境中对安全状态与危险状态之间的差异的指示。任何危险的出现都伴随着某种变化,只是变化有缓慢出现也有迅速出现,有些易于察觉,有些则不然。比如,两船出现在避碰安全距离之内,船舶设施出现破损,这就形成了警告。

(2)感觉到警告了吗? 这依赖于几个方面:一是人的感觉能力问题,包括海员本身的感觉能力,如视力、听力、嗅觉的感受性高或者低;二是工作环境对人的感觉能力的影

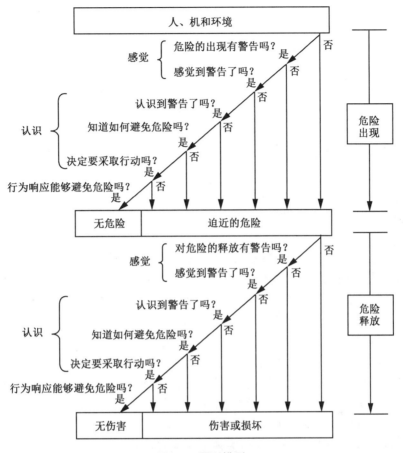

图 5-5 瑟利模型

响问题,如机舱嘈杂的环境、过多的工作任务等;三是危险本身的特征问题,船上电子设备失灵容易被发现,而金属零件的疲劳程度很难从外观上察觉,台风巨浪的危险是可见的,而暗流的危险是难以察觉的。海员具备危险信号的识别能力是基本的职业素养,也体现了海员的经验。在 2023 年,一艘大型散货船停靠在码头时,受到长周期、低振幅的涌浪影响,发生垂荡和摇晃,导致导缆器滚轮的边缘锯穿了一条前向缆绳。一名细心的船员在缆绳被锯断之前发现了这一情况。

(3)认识到警告了吗?船舶操作者在感觉到警告信息之后,是否正确理解了该警告所包含的意义,进而较为准确地判断出危险的可能后果及其发生的可能性。比如,在上述缆绳被锯穿的案例中,船员就认识到了其后果的严重性;驾驶员看到远处的船只,能否评估出碰撞的风险性;驾驶员了解了航道有海流的情况后,怎样去评估它的危险性;水手在看到引航梯的绳索有磨损时,是否认为它有断裂的可能性?在这个问题上,要求海员能够恰当地评估警告信息,不误解、不夸大、不忽视、不轻视,客观评估危险的轻重缓急。

(4)知道如何避免危险吗?海员能否做出正确的避险决策是十分重要的。决策在避险中是核心环节,考验海员的职业素养和综合能力。海员在职业生涯中会面对各种各样的潜在危险,需要根据具体情况做出应对决策。这要求海员掌握扎实的专业知识和技能,熟悉安全管理流程,并且拥有丰富的工作和生活经验,以应对千变万化的未知风险。在缆绳的案例中,船员及时汇报后,船长立刻做出更换缆绳的决定。

(5)决定要采取行动吗? 危险的信息出现,并不一定意味着最终会对人或系统造成伤害或破坏,有时可能是虚惊一场,有时可能后果并不严重。而且在某些情况下,采取行动固然可以消除危险,却要付出相当大的代价,这是得不偿失的。比如,在大风浪中发现有集装箱松动的痕迹,此时如果海员在甲板上作业,危险性非常高,而货物的损失与人身安全显然是不能相提并论的。再比如,大风浪始终都是危险因素,但无法做到凡是预测到航线上有可能出现大风浪都要停航。究竟是否立即采取行动,至少要考虑三个方面的问题:一是该危险立即造成损失的可能性;二是损失后果是否能够承受;三是现有的条件(包括人、机以及环境的情况)控制该危险的可能性。

(6)行为响应能够避免危险吗? 在决定采取行动的情况下,能否避免危险,取决于避险决策的合理性、行动的果断性、操作的准确性、身体的适应性,以及是否有足够的时间等条件。

如果上述各环节均能够恰当做出反应,那么就可能消除危险隐患。就如在缆绳的案例中,危险被及时化解。如果任何一个环节疏忽了,或者没有做出恰当反应,那么危险将会被释放,也就意味着距离事故的发生更近了。

当危险释放时,我们仍然要去检视这6个问题:

(1)对危险的释放有警告吗? 比如,呼叫前方穿行船舶,对方无应答;穿行船舶距离本船很近;本船偏离电子海图标注航线;“泰坦尼克”号瞭望员发现冰山。

(2)感觉到警告了吗? 此时危险开始释放,所以信号往往比危险出现时更明显,也更容易被观察到。需要指出的是,在紧急事件中,海员要防止注意力都集中到某个明显的危险信号上,而忽略了同时可能出现的其他信号。

(3)认识到警告了吗? 海员如何去评估危险释放过程中的信号是避险决策的基础条件。

(4)知道如何避免危险吗? 这是在危险开始释放后,避险的关键环节。事故迫在眉睫,需要海员做出果断的、合理的处理,以阻止事故发生。这也是对海员的莫大考验,不仅是专业知识、技能、经验上的,还需要海员拥有强大的应变能力、坚强的意志和敢于直面危险的勇气。

(5)决定要采取行动吗? 与危险出现阶段相同,对于危险释放的后果,同样需要综合考虑上述几方面因素,如后果能否承受、现有条件能否有效应对危险等。

(6)行为响应能够避免危险吗? 当危险释放时,行为响应能否避免危险,与避险决策有关,与海员的执行情况有关,还受到海员的身心条件影响,环境中是否存在其他变数也将会产生影响。有些时候危险避无可避,行为响应的目的不是完全避险,而是尽可能地降低损失和伤害。

大型事故往往情况复杂,当一个危险释放后,会有衍生的新危险出现。比如,碰撞事故中,可能有船体破损进水、发动机故障、推进器损坏,也可能有甲板上货物或设施的损坏、人员伤亡等事件相继发生。这些又形成了新的危险释放的过程。

上述6个问题中,第1~2个问题与人对外界信息的感觉有关,第3~5个问题与人的认知、思维、判断有关,最后1个问题与人的行为响应有关。这6个问题渗透在人的认知全过程,并且反映了在此过程中有很多发生失误进而导致事故的节点。

瑟利模型不仅分析了危险出现、释放直至导致事故的原因,而且还为事故预防提供了一个良好的思路。首先,应当对危险信息有及时而充分的觉察。不断地推进航海新技术的应用,在未来加大智能报警系统的敏感性、精确性和有效性,同时及时调整好海员的工作状态。其次,应通过培训和教育的手段,丰富海员的航海事故案例,增强对危险信号的敏感性,提高对危险信号的识别能力和正确分析评估能力。再次,通过培训与教育,不断提升海员的业务能力,增强对危险信息的处理能力,提升应急决策能力。最后,行为响应需要海员有良好的执行力,可以通过培训提升海员的心理素质,通过锻炼增强身体素质,通过日常管理塑造工作服从意识。这样,事故就会在相当大的程度上得到预防,取得良好的效果。

英国海上事故报告机构 Chirp Maritime 对 2022—2023 年收到的所有事故报告内容梳理分析发现,"未遂事故"占比 65%,实际发生的事故占比 35%。而一年前"未遂事故"占比仅为 14%,相比之下有了显著进步。按照瑟利模型对事故发生过程的分解,"未遂事故"意味着危险已经释放,但最终没有形成事故。这意味着在危险出现甚至开始释放的阶段,海员及时合理地应对能够有效降低事故的发生率。

瑟利模型实际上研究的是在客观已经存在潜在危险的情况下,人与危险之间的相互关系、信息反馈以及调整控制的问题。然而瑟利模型没有探究为什么会产生潜在危险问题,没有涉及机械及其周围环境的运行过程。后来,安德森(Anderson)等人在此基础上对瑟利模型做了进一步的扩展,增加了危险的来源及其可觉察性、运行系统内波动(机械运行过程及环境状况的不稳定性),以及控制或减少这些波动使之与人的行为的波动相一致等部分内容,在一定程度上提高了瑟利模型的理论性和实用性。改进后的安德森模型如图 5-6 所示。

2.罗姆瑟事故现象模型

劳动心理学家罗姆瑟(Ramsey,1978)提出了罗姆瑟事故现象模型(如图 5-7 所示),用于解释和分析事故与人的心理过程及行为之间的因果关系。

罗姆瑟事故现象模型把事故的原因分为两部分:危险的工作条件和个体因素。

在航海中,危险的工作条件包括:恶劣的天气海况、繁忙的航道、老旧的设备、复杂的船体结构、危险的作业环境、特殊的货物、有限的防护设施以及不合理的工作安排等。这些构成了航海事故发生的背景和客观条件。许多人总是有意无意地忽略所处环境中的安全隐患。对于海员而言,见惯了海上的风浪、层出不穷的小故障、老旧但耐用的设施,认为发生事故是小概率事件,难免会掉以轻心。然而这正是罗姆瑟事故现象模型首先强调的——没有绝对安全的工作环境。

在罗姆瑟事故现象模型中,个体因素主要表现在认知过程和行为响应的各个环节,而每个环节都将影响到最终安全与否。在具有危险隐患的条件下,海员的不安全行为源于海员在感觉、知觉、思维、记忆、判断、决策等认知过程具体环节中的错误反应,安全行为则基于对这些具体环节的恰当反应。

首先,海员能否觉察到所处情境中的危险信息,即那些与安全状态不一致的信息。如果没有感知到危险信息,则不会有相应的行为反应,那么通常这意味着一种不安全的行为出现,发生安全事故的概率增加。对于危险的感知,依赖于海员个体的能力特点、感觉的水平、过去的记忆和经验,也受到其当时意识觉醒状态的影响。以感觉的水平来说,这要求海员对异响、温度、色彩、速度、距离、方向、摇晃、振动、气味等异常情况具有必要的辨识水平。

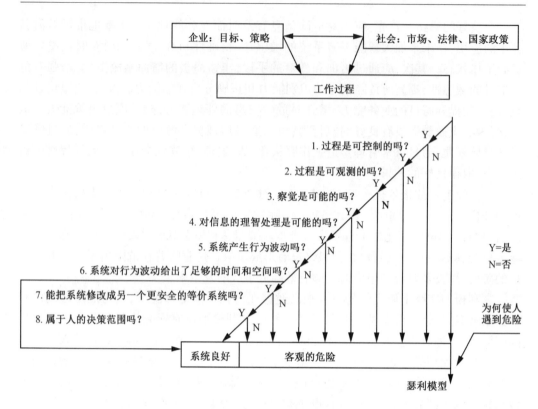

图 5-6 安德森模型

如果海员能够感知到情境中的危险信息,则心理活动可以进入下一个阶段,对危险水平做出评价和解释,也就是对危险的认知。个体要对危险种类、性质、后果、伤害范围、伤害水平、发生概率、可控程度等做出评价和解释。如果评价的危险水平较低,此种情况下,海员可能不会做出特殊处理,仍然维持常态化工作模式,那么就意味着事故隐患没有解除,最终可能导致安全事故发生。比如,一艘船舶在海峡航道追越另一艘船舶时,对于相对距离、速度、气象和海况影响、航道上其他船舶的可能影响、碰撞可能性以及后果,海员需要做出评估,并调整自己的行为。对于危险的认知,其与思维的能力特点、过往的记忆和经验、专业知识水平等因素密切相关,也受到觉醒状态的影响。

如果海员对环境评估的结果是存在风险,可能会促使其做出避险决策。影响决策的心理因素包括气质、性格、价值观念、冒险倾向、经验、专业知识水平等。

决策最终的实施,还要有良好的身体条件、专业技能以及稳定的心理水平作为保障。许多海事事故报告案例都提到,在避碰过程中使用 VHF 与他船联系时对方没有回应。而事后报告中,很多解释指向双方基于对事发水域的通用频道缺乏了解而使用了不同的频道,也存在一些语言表达不准确的情况,使得避碰沟通失效,最终造成险情或事故。在沟通失效的情况下,海员往往需要采取自主避碰的方式避免事故的发生,此时专业能力和经验将起到至关重要的作用。

罗姆瑟没有否认条件对事故造成的影响。在模型中,我们可以看到即使人们具有良好的安全行为,每一环节都能做出恰当的行为反馈,但有些突发情况或者意外非人力所及,因而也存在行为无过失的情况下事故仍然发生的情况。比如,突然遭遇海盗,即使海员所有的行为反应都正确,也可能无法避免损失。即使海员出现了不安全的行为,

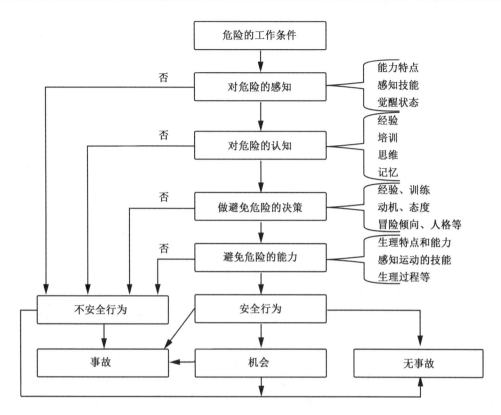

图 5-7　罗姆瑟事故现象模型

也有可能侥幸避免事故发生。比如,某船缆绳断裂,但是既没有人员受伤和设备损坏,也没有发生船舶碰撞之类的恶性后果。但更多的案例是发生水手重伤和设备损坏,个别因船舶走位而发生了碰撞。当海员置身于存在潜在危险的环境之中,要想化险为夷,显然不能我行我素,存在侥幸心理,依靠运气来避免事故的发生。

罗姆瑟事故现象模型指出了事故往往是由于人们的不安全行为造成的。而人们不安全的行为则是由于一系列不恰当的感知、认知、决策所致。要想保障航海安全,就要具备良好的感知觉能力和意识水平、丰富的经验、扎实的专业技能、果断的决策能力、坚强的意志品质。与瑟利的观点相似,罗姆瑟认为这些不安全的心理因素绝大多数是可以通过人生经验、培训、教育等方式消除或改善的。因而,航运企业有计划地安排海员参加专业培训和学习是非常有必要的。

事故的发生有时只在一瞬间,然而我们头脑内部对信息的加工处理却是客观的存在。如果海员能够清楚地认识到自己的认知过程是怎样参与事故的发生和演进过程的,那么就能更加重视心理因素在航海安全中的作用。

瑟利模型和罗姆瑟事故现象模型都是针对人的认知过程中相关环节与安全之间的关系的理论,既让我们理解了安全事故发生的原理,也为心理学介入航海事故预防工作提供了理论依据。

案例:"东方之星"号客轮倾覆事件

2015 年 6 月 1 日 21 时 32 分,重庆东方轮船公司所属"东方之星"号客轮由南京开往重庆,当航行至湖北省荆州市监利县长江大马洲水道时翻沉,造成 442 人死亡,仅 12

人生还。

事后,经国务院调查组调查认定,"东方之星"号客轮翻沉事件是一起由突发罕见的强对流天气——飑线伴有下击暴流,带来的强风暴雨袭击导致的特别重大灾难性事件。

当天,"东方之星"号客轮航行至长江中游大马洲水道时,突遇飑线天气系统,该系统伴有下击暴流、短时强降雨等局地性、突发性强对流天气。受下击暴流袭击,风雨强度陡增,瞬时极大风力达 12~13 级,1 小时降雨量达 94.4 毫米。船长虽采取了稳船抗风措施,但在强风暴雨作用下,船舶持续后退,处于失控状态,船首向右下风偏转,风舷角和风压倾侧力矩逐步增大,船舶最大风压倾侧力矩达到该客轮极限抗风能力的 2 倍以上,船舶倾斜进水并在一分多钟内倾覆。

"东方之星"号客轮抗风压倾覆能力虽符合规范要求,但不足以抵抗所遭遇的极端恶劣天气。船长及当班大副对极端恶劣天气及其风险认知不足,在紧急状态下应对不力。

调查组在延伸调查中,也检查出重庆东方轮船公司以及相关政府主管部门和机构在日常管理和监督检查中存在问题。

以上述"东方之星"号客轮事故为例,我们运用罗姆瑟事故现象模型来具体分析一下认知过程中出现的问题。

在事故当天,"东方之星"号客轮毫无疑问处于潜在的危险环境之中。当天晚些时候气象预报显示长江相关航段周围有发生极端天气的可能性。(6月1日18时9分,湖北武汉市中心气象台发布了暴雨黄色预警信号:"预计未来6小时,天门、潜江、仙桃、公安有50毫米以上降水,伴有雷电,请注意防范。"2小时后,荆州市气象台发布暴雨黄色预警,称未来6小时石首、监利、洪湖有50毫米以上降水并伴有雷电。)

评:这些都是危险的信息,正常情况下客轮会收到这些重要的信息,但驾驶组没有意识到其危险性。

21时左右,轮船前方远处出现闪电,下起小雨。与此同时,"长航江宁"轮也行驶在附近水域。该船船长在雷达屏上发现前方1 500米处显示雨的杂波,于是命令慢车,并在21:07告知"东方之星"号客轮:本船已慢车,准备稳船,如天气不好将在前方抛锚。

评:危险来临前,他船已经意识到情况的严重性,并及时果断地应对调整,并对"东方之星"号客轮进行了提醒。"东方之星"号客轮显然没有同等意识到环境的危险性并做出恰当的应对。

21:19,"东方之星"号客轮船长进入驾驶室亲自指挥航行。此时风力迅速增至10级以上,并出现下击暴流,船舶失控,发生倾斜并倾覆。

评:船长认识到危险并尝试避险时,已错过时机,避险决策错误。

事故调查组最终认定:船长和当班大副对极端恶劣天气及其风险认知不足,未向外发出求救信息,未向全船发出警报,在紧急状态下应对不力。

我们也应当理性意识到,在这次重大水上交通安全事故中,极端恶劣天气也是难以克服的一个重要因素。对于船舶已经处于危险情境下的船长和大副来说,即使当时的紧急决策果断、正确并执行到位,也未必能够确保事故不发生。

第三节　情绪与航海安全

情绪是人对客观外界事物的态度的体验,是人脑对客观外界事物与主体需要之间关系的反映。我们也可以简单地理解为,情绪是人脑对于主体需要是否被外界事物所满足的反映。如果主体需要被满足了,就会产生满意、愉快、喜欢等积极的情绪;如果主体需要被无视甚至破坏了,就会产生失望、伤心、愤怒等消极的情绪。

【微视频】
情绪与安全

情绪具有增力或者减力作用。增力作用表现为提高人的活动能力,如愉快的情绪、爱国爱家等情感,能鼓舞我们认真学习和努力工作;激动、兴奋、愤怒容易让人产生"做点儿什么"的行为冲动。减力作用表现为降低人的活动能力,如失望、消沉、忧虑、抑郁等情绪,往往会使我们失去学习和工作的热情和动力。情绪的增力、减力作用与一定的情境以及人的主观因素有关,并非积极情绪都会产生增力,消极情绪都会产生减力。比如,有的人在幸福中不思进取,有的人在幸福中充满活力;有的人化悲痛为力量,有的人在悲痛中沉沦不能自拔。一个人能否认识到情绪的这种属性,并有意识地调节,是增力和减力相互转化的关键因素。

引起情绪变化的原因包括社会因素、生理因素和环境因素:

(1)社会因素,包括生活中的重大事件,如结婚、生子、离婚、失恋、亲人生病或离世等;家庭和睦与纠纷,如夫妻关系、亲子关系等;事业的成败,如遭遇升迁或降职、加薪或减薪、表扬或批评等;工作的顺利与否,如能力与工作任务不匹配,或工作中遭遇困难、挑战或挫折;人际关系的好坏,如与同事、朋友间的互助、关爱、理解、矛盾、冲突等。

(2)生理因素,包括健康状态,如生病、受伤容易导致情绪不佳;疲劳程度,如超负荷工作过度疲惫易导致情绪低落等。

(3)环境因素,包括自然环境,如阴雨连绵、雾霾等恶劣天气容易使人心情低落,而阳光明媚、春风和煦则会让人心情舒畅,狂风巨浪可能会让人产生心理应激;工作和生活场所的宜人性,如工作、生活设施的智能化、便利性、舒适性、人性化程度高会让人心情愉悦,设施陈旧故障率高、环境脏乱则会让人心生厌恶等。

情绪多种多样,按照产生的速度、强度和持续时间可以将情绪分成三种状态:心境、激情和应激。

一、心境与航海安全

心境是人较长时间的微弱、平静的情绪状态。心境不是对于某一件事的特定体验,而是弥散性的一般情绪状态,蔓延范围较大,往往在一个较长的存续时间内影响到个体的所有活动。

心境可以分为积极和消极两种。积极的心境在动力性质上通常表现出增力的作用,使人思维敏捷、做事认真、言行积极、充满信心,对于生产安全来说主要是有利因素。消极的心境在动力性质上通常表现出减力的作用,容易使人精神萎靡、意志脆弱、思维迟钝、兴趣缺失,缺乏社交、工作的意愿,注意力不集中、容易分心,出现心不在焉、愣神或发呆的状况,是安全生产的威胁和隐患。

在航海中,海员保持良好的心境,保持情绪的稳定性,避免情绪的大起大落,是非常重要的。海员在心境不佳时进行作业,经常反应迟钝、注意力不集中、消极怠慢,除工作效率下降外，还极易出现操作错误和事故。急躁与烦躁是较为常见的消极心境。急躁情绪，表现为工作节奏快，急于求成，不严谨、不仔细，缺乏耐心。烦躁情绪，表现为沉闷、不愉快、焦虑，对工作缺乏兴趣，无法集中注意力，容易迁怒于他人，在协调自身与外界关系上存在障碍。这两种情绪易随环境的变化而产生，如节日前后、探亲前后、制度变动前后、家庭变故之后、情感受挫之后等。

海员要学会积极调整，将消极情绪转化为生活和工作的动力源泉，如将生活的不如意转化为努力的动力，将工作的不顺利视为个人厚积薄发的机遇。

二、激情与航海安全

激情是一种猛烈暴发性的、短暂的情绪状态，如大喜大悲、暴怒、绝望、恐惧等。猛烈性（强度）、暴发性（时间）、短暂性（延续）是激情的三个明显特点。与心境所具有的弥散性和一般性不同，激情通常是对某件事的特定体验，情境性较强。激情来得快，消失或减弱得也快。激情的外部表现较为明显，如怒气冲冲、暴跳如雷、声嘶力竭、手舞足蹈、慷慨激昂、斗志昂扬、心潮澎湃、热血沸腾，严重时甚至会导致昏厥。

激情会产生积极或消极作用。激情能鼓舞人们积极进取，为正义、为维护个人或集体利益和荣誉，提升士气，攻坚克难、不畏艰险、奋不顾身、前仆后继。激情也会导致意识范围缩小，注意力狭窄，冲动性增加，控制力减弱，理性水平下降，严重的话，甚至不计后果、铤而走险、忘乎所以、冒险蛮干，成为安全的大敌、事故的触发器。2021年2月23日，著名高尔夫运动员泰格·伍兹因为驾车时情绪激动，超速驾驶，导致严重车祸。Chirp Maritime 的 Maritime Feedback 第57期描述了一个海员由于情绪化引起碰撞险情的案例。A船与B船以锐角度航向同速行驶，电子标绘显示两船保持航向航速将会近距离交叉通过。最初两船互不相让。A船认为两船是交叉相遇关系，要求B船按照《避碰规则》第15条条款行动；B船认为两船是追越关系，要求A船按照《避碰规则》第13条a条款行动。在两船的沟通当中，B船驾驶员态度十分强硬，表示坚决不采取避碰行动。当两船继续接近时，A船驾驶员恢复理性，减速让行，避免了事故发生。因此，在日常航海中，要尽量避免处于激情状态下的海员负责决策和操作；而在困难时刻，要激发海员斗志，以渡过难关。

三、应激与航海安全

应激是在出现意外事件或者危险情境时的高度紧张的情绪状态。当我们身处险境，引发了内心激烈的冲突，而我们无法控制事情的走向时，就会产生应激状态。例如，船舶发生碰撞时；风浪中，船上设备出现故障和损坏时；航行中有人突发急病时；发现有人落水时。

在应激状态下，人可能有两种反应倾向：一种是目瞪口呆，手足无措，陷入一片混乱之中，判断力、决策力丧失，因而增加安全事故发生的可能性；另一种是急中生智，冷静清醒，动作精确，行动有力，能及时摆脱困境。海员在应激状态下，如果具备过硬的心理素质，有利于发挥增力作用，超水平发挥潜能，应对危机，化险为夷。这也是高素质海员的重要品质。

有研究表明，当情绪激动水平处于过高或过低状态时，会引起肾上腺系统的功能紊乱，导致注意力无法集中，甚至无法控制自己，从而使人体操作行为的准确度降低至50%以下。所以保持或调解情绪处于适当水平，对于海员提升操作行为的准确度有现实意义。只有当情绪激动水平处于适中状态的时候,安全操作水平才能达到较高水平。因此,对于船舶管理者来说,应创造船员稳定的心理环境,积极用理智引领不良情绪,调整海员的过高情绪和过低情绪,减少因情绪水平失调而诱发不安全行为。

四、情绪智力与航海安全

有学者认为,与人有关的事故或多或少都与情绪相关,尤其是人际关系摩擦更是由于不能良好地管理情绪而产生。而且情绪传递符合链条原理,当一个人情绪不良的时候,一定有另外的人或事造成了他的不愉快,再往上推演,一定有一个与你不相干的人或事燃起了这把火。如果人们的接触频率和范围较广,情绪传染会符合混沌效应原理,如同亚马孙森林里的蝴蝶扇动了一下翅膀,却带给千里之外一场暴风雨。在工作中,学会用情商工具管理情绪,能够有效降低事故和摩擦率。

情绪智力(EI),有时也称情商(EQ),这个概念是由美国耶鲁大学的萨罗威(Salovey)和新罕布什尔大学的玛伊尔(Mayer)提出的。它是指个体监控自己及他人的情绪和情感,并识别、利用这些信息指导自己的思想和行为的能力。情绪智力包括一系列相关的心理过程,这些过程可以概括为三个方面:准确地识别、评价和表达自己和他人的情绪;适应性地调节和控制自己和他人的情绪;适应性地利用情绪信息,以便有计划地、创造性地激励行为。

当不良情绪产生时,我们要问问自己:我到底怎么了;理性思考自己为什么会有这种情绪;在具体事件背后,让自己情绪变化的真正原因是什么;确实是别人的错,还是误会;是别人真的不尊重自己,还是自己自视甚高虚荣心没有得到满足;是真的不可原谅,还是自己小题大做;自己是真的想解决问题,还是想发泄情绪;自己有没有被情绪左右。当我们能正确认识自己的情绪以及原因后,就容易回归正常。学会经常反思,就越来越不容易被情绪所主导,能够多一些理智,少一些冲动。

当我们能够准确地认识到自己的情绪及其原因,我们就更容易做到对情绪的调节和控制,也即管理情绪。逐渐地,我们可以发现自己能够掌控自己的情绪,延长积极情绪的时间,缩短消极情绪的时间,让消极情绪更快地向积极情绪转化。

首先,我们可以尝试避免被别人的不良情绪影响,成为情绪链条上的牺牲品。每个人都有不开心的时候,当你在值班时遇到与你较劲的人,你会怎么办?如果互怼,你就成为情绪链条的一部分,还可能会传染给其他人,毫无疑问会影响你解决问题,对航行安全产生影响。在上文讲述的A、B两船交叉相遇案例中,B船驾驶员选择了针锋相对,差点酿成了事故。

其次,因情绪强烈而无法思考时要给自己按下暂停键。愤怒、恼火、屈辱、羞愧、绝望、憎恨、极端嫉妒等强烈情绪产生时,大脑会出现暂时无法正常思考的情况,俗称情绪"上头"。在这种情况下,海员非常容易做出冲动反应,不计后果,从而导致安全事故。此时,最佳处理方法就是按下自己的行为暂停键,只做一件事情,平缓深呼吸的同时心里默默数数,从1开始,一直数到明显感觉自己的大脑恢复理性思考能力,再去想怎么合理应对。受到刺激时,学会制怒,就不会轻易受到伤害;受到伤害时,尝试宽容和谅解,会发现比报复和对抗更容易解决问题,让自己受益。当事后发现自己仍有负面情绪没有消除,可以适当地、安全地宣泄自己的情感,使情绪达到平衡。具体调节情绪方法,可以参考第六章第三节内容。

最后,要掌握控制情绪的主动性。不能改变环境就适应环境,不能改变别人就改变自己,不能改变事情就改变对事情的态度,每个人都可以做自己情绪的主人。

当在工作中或生活中发生争执,对方刺激、攻击你,向你发泄情绪,而你既无法忍受也没有好的办法制止对方时,就停止争辩,主动离开那个情境。要相信自己做了正确的选择,回避冲突并不是软弱,而是修养和睿智。如果工作中总有这样的人,而你又不可能离开这份工作,就要去适应这种情况,主动了解对方情绪化的原因和规律,积极改善彼此关系,增进相互理解和信任,为正常互动交流构建基础。学会用不同的视角看问题,当选择回避冲突时,要看到自己对团队维持良好关系的作用,肯定自己及时消除安全隐患的贡献,克服消极评价的干扰。

准确识别他人情绪就要学会移情,站在对方的角度换位思考。每个人的言行都有他自己的道理,所以可以尝试思考:"如果对方是自己又会怎么样?""如果自己处于对方的角色和情境会怎么样?"不能很好地了解他人情绪是许多员工普遍存在的问题。换位思考别人的处境,就容易理解对方的行为,避免不必要的斗气和较劲,消除冲动引发的安全隐患。

调节和控制他人的情绪很有挑战性,需要我们多掌握一些方法,比如:赏识对方、检讨自己、传递自己积极的情绪来影响对方等。当发现别人情绪紧张时,表扬对方、夸奖对方,能有效降低情绪指数;当发生意见冲突或者矛盾时,先检讨自己的不当行为和想法,也能让对方减少攻击性。这就是所谓的拍球效应。用强硬的方式回击批评与指责,通常会激起对方更强硬的反击;而用温和的方式则对方就不容易借力发力,有利于消解冲突。工作之前,调整一下自己,把不良情绪都抛在脑后,用良好的心态去感染其他人,可以使同事关系融洽,工作过程愉快。

尽管航海事故报告通常并不直接指出情绪因素的影响,但多数的事故都伴有情绪因素。如果海员能够注重提升自己的情绪智力(EI),必将有助于减少事故发生,提升航海安全水平。

第四节　意志过程与安全

意志是有意识地确立目的,调节和支配行动,并通过克服困难和挫折,实现预定目的的心理过程。意志行动是有意识、有目的的行动,而且意志行动的目的要通过克服困难和挫折才能达到。意志的功能表现在个体对自我意识和行为的调节和控制上,以实现预定目的。

一、意志基本特征

1.行动目的的自觉性

所谓行动目的的自觉性,就是对行动目的方向具有充分自觉的认识,既不是勉强的行动,也不是无方向的、盲目的冲动,而是有意识、有目的、有计划的自觉行动。例如,人生来就会吞咽、眨眼、咳嗽等,尴尬时挠头、紧张时搓手、失误动作、冲动性行为等都不是有目的和有计划的,因此也不属于意志行动。意志行动目的的自觉性特征,不仅表现为能够自觉地想到、自觉地选择、自觉地意识行动的目的,而且表现为自觉地同意和采纳这种目的,并且有朝着一定方向行动的决心,而这种决心通常要求具有超强的毅力。

【微视频】
意志过程
与安全

2.与克服困难相联系

意志对行为的调节和支配并不总是轻而易举的,会遇到各种来自外部、内部的困难。因此,意志行动的实现与克服困难、排除行动中的障碍分不开。有些行为是有意识、有目的的行为,却不一定都是意志行动。例如,打开窗子换换空气、听音乐、日常吃饭、喝水、休息等行为,是可以自然而然地完成的,没有困难需要克服,所以不属于意志行动。意志的坚强水平,以克服困难的大小来衡量。困难有内部困难和外部困难。内部困难是指人们在行动时与行动目的相反的需要和动机的冲突与干扰。这一类困难是产生于人内心的主观因素,如信心不足、情绪波动、杂念干扰等。外部困难是指外在条件的干扰,如环境恶劣、工具缺乏、气候异常、别人干扰等。意志坚强的人,既能克服内部困难,又能克服外部困难,坚持到底,直到成功。

3.意志旨在调控行动

意志对行动调节的作用包括发动和抑制。前者表现为推动人们去从事达到预定目的所必需的行动,如为了完成驾驶台值班任务,意志会推动值班员主动瞭望、检查设备信息、记录信息、操作设备等。后者表现为制止不符合预定目的的行为,如值班员用意志强迫自己不睡觉、不偷懒、不省略操作程序、不玩手机等。在实践活动中,意志对行动的发动和抑制作用是互相联系的,共同发挥作用,实现对人的活动的支配和调节。

4.意志调节心身状态

意志不仅可以调节外部动作和行为,还可以调节人的内部心理状态。当值班员排除干扰专心值班时,就存在着意志对注意、思维等认识活动的调节;当人在危急、险恶的情境下,克服内心的恐惧慌乱,强迫自己保持镇定时就表现出意志对情绪状态的调节。意志还可以调节人的生理状态。以往通常认为内脏活动受自主神经系统支配,不受意识控制。但近年来的生物反馈实验证明,通过心理行为训练,人也可能在一定程度上调节自己的内脏活动,如调节心律和血压、调节皮温肌电和内分泌等。这项发现扩展了人们关于意志调节范围的认识。

二、意志品质与安全

意志品质包括四个特性:自觉性、果断性、坚韧性和自制性。

1.自觉性与航海安全

意志的自觉性指对行动的目的有深刻的认识,能自觉地支配自己的行动,使之服从于活动目的的品质。具有自觉性品质的海员,做事基于对工作任务的深刻认识之上,不盲从、不随大流,知道自己该做什么不该做什么,不容易屈服于环境压力,能独立思考,并自觉地执行决定。意志的自觉性体现在行为上是一种主动和积极属性,其反面的品质则表现为被动和消极属性。自觉性低的海员,工作积极性差,缺乏责任感,需要别人的督促和严格管理才能完成工作,遇事不能独立思考判断,容易受别人的影响,将别人的价值观当作自己的价值观,将别人的工作标准当作自己的标准。

意志行为的力量源泉来自人对行动目的和意义的自觉认知。对行动的目的越明确,对行动意义的认识越深刻,越能激发人用坚强的意志去对待它。海员对船舶的安全生产目标、安全管理措施、安全规章制度、安全价值观念、安全责任义务、安全事故危害、同舟共济的精神内涵、企业与个人的共同命运等认识得越清楚,理解得越深刻,工作的积极性就越高,安全行为的自觉性就越高,航行过程中的安全调控性就越有保障。

2.果断性与航海安全

意志的果断性指迅速地、不失时机地采取决定的品质。在重要选择面前、在紧要关头、在仓促之间能当机立断,依靠的是强烈的愿望、细致的观察以及深入的思考。和果断性相反的品质是优柔寡断和鲁莽草率。有的人在面临选择时表现得犹豫不决、摇摆不定、前怕狼后怕虎,做出决定后又患得患失,怎么都觉得不稳妥,顾虑太多。有的人看起来容易下决心做决定,但没有基于深入的了解、认真的思考和分析,而是随意凭直觉碰运气冒险,贸然行动,不计后果,因而表现为鲁莽、草率与武断,这与果断性的意志品质有本质上的区别。

意志的果断性对紧急、重大事件的处理具有重大意义。在生产中,有些事故的发生是有先兆的。能否在危险释放前,及时采取措施应对险情,取决于操作者的意志是否具有果断性。当船舶在海上遭遇飓风或发生起火、爆炸、有害气体泄漏、碰撞、倾覆、搁浅等严重威胁生命与财产安全的事故时,任何迟疑都可能会造成不可逆转的损失和伤害。此时,最需要海员当机立断,及时采取果断措施,紧急救险或避险。由于缺乏足够的时间做面面俱到的思考和分析,此时的危机决策是坚决果断还是鲁莽草率,在一定程度上依赖于其专业技能水平、知识储备、职业经验积累等。可以说,意志的果断性与人自身的知识、经验的积累和能力的提升是密切相关的。

3.坚韧性与航海安全

意志的坚韧性指在执行决定阶段坚持不懈地克服困难、永不退缩的品质,这种品质又叫毅力或顽强性。通常人们所说的坚持不懈、坚忍不拔、有恒心、有毅力、有耐力等,就是指坚韧性好的意志品质。意志的坚韧性在于既能坚持原则、抵制各种内外干扰,又能审时度势、灵活机动地达到预定目的。与此相反,虎头蛇尾、半途而废、见异思迁、浅尝辄止、缺乏耐心等则指的是坚韧性差的意志品质。目标越远大,需要付出的努力越多,需要花费的时间就越长。如果没有坚韧的意志品质,就很难达到远大的目标。有时,解决问题的条件还不太成熟需要等待,需要坚持,如果放弃了努力,就等于前功尽弃。有些人刚开始的时候,决心很大、干劲十足,但遇到困难就退缩了,做事只有三分钟的劲头,这些都是缺乏坚韧性的表现。有些人表面看起来有坚韧性,但情况发生变化时还要墨守成规,不去适应改变了的环境,一味地钻牛角尖、固执己见,这是执拗,而并非真的意志的坚韧性的体现。

从一名航海类毕业生到船长,通常需要十年左右的时间,不断地磨炼、学习、提高、投入,贵在持之以恒;在海员岗位上,多年如一日,精益求精,一丝不苟,克服无聊与枯燥,严于律己,认真负责,是坚韧性的表现;在遭遇伤病、海难等危机时,保持坚定的信念和坚韧不拔的意志让自己敢于面对挑战,不放弃化解危机的希望,不放弃求生的欲望,是坚强的品质。相反,在工作中,虎头蛇尾、缺乏耐心,则容易注意力分散,产生安全隐患;危机中,如果没有"再坚持一下"的努力,早早放弃,往往会让事故危害程度扩大化。

4.自制性与航海安全

意志的自制性指善于管理和控制自己情绪和行动的能力,又叫作自制力。如果说自觉性是知道自己该做什么、不该做什么,那么自制性就是做到"该做的做,不该做的不做"。自制力强的海员通常体现出很好的组织性和纪律性,情绪稳定,注意力集中,为了顺利完成航行任务,可以约束自己严格遵守工作程序、讲究工作方法、服从命令、执行到位、临危不乱,克服偷懒耍滑、麻痹大意、胡思乱想、冲动蛮干、逃避责任等危害安全的行为。自制力强的海员为了实现个人的健康发展,会主动认真学习专业知识,不断提升专业能力,克制懒惰、享受、不思进取的思想,克服无关因素的干扰和诱惑;会与他人良好互动,互帮互助,与人为善,建立融洽的人际关系,约束自己恣意妄为、随心所欲、自私自利的行为。

海员的意志自制力水平毫无疑问将直接影响到航海安全。在许多航海事故中,不安全行为是直接成因。海员应当时刻以劳动纪律和安全规章为指导,严守工作纪律,在工作中管控好自己的行为,严格履行岗位职责,保障航海安全。

第五节　注意与航海安全

在第二节中,我们认识到海员的认知过程对航海安全的影响。那么,同一个海员在意识状态不同时,对相同的外界刺激的反应和加工结果会有不同吗?答案是显而易见的。同一个水手,在身心疲惫、昏昏欲睡时,或者在精力充沛、头脑清醒时,对于甲板作业的危险性的评价和应对策略是有差别的。

一、意识

心理学界对意识的理解分广义和狭义两种。

广义的意识是指大脑对客观世界的反应,是赋予现实的心理现象的总体,是作为直接经验的个人的主观现象,表现为认知过程、情绪情感过程、意志过程三者的统一。

狭义的意识则是指人们对外界和自身的觉察与关注程度。现代心理学中谈到"意识"时,多指狭义的意识概念。

日本功效学家桥本邦卫认为,人体活动的需要和大脑的生理活动带动大脑意识水平不断变化;大脑的生理状态具有潮汐节奏的特点;人脑意识水平和人因失误产生的概率直接相关。他提出"意识的层级理论",将意识分成五个不同的层级,处于不同的意识层级,人们的觉察能力、专注水平和反应能力都会不同。

0级是无意识或失神状态。人在熟睡、昏迷时,对外部环境毫无察觉,注意力和判断力为零。

1级是指由过度疲劳等造成的意识模糊状态、处于半梦半醒的睡眠状态、过度醉酒时的恍惚状态等。此时注意力不活跃,觉察能力有限,反应不够及时。

2级是习惯性地处理日常事务的状态,以及类似休息时的轻松状态,注意力没有方向性,心理松懈,行为上易出现操作失误。

3级是意识非常清醒、适度紧张的状态,注意力稳定且范围广,非常清晰地、积极地发挥着作用,反应灵活,行为失误较少。

4级则是过于紧张、恐慌或兴奋的状态,人们会因过于慌乱而陷入意识狭窄、注意力仅仅集中于一点、思维停滞、判断力基本停止的状态。

后来的研究显示,在日常8小时工作中,人体大脑意识水平的最佳状态最多维持3小时。而且,由于人类习惯的工作时间大多分布在白昼,夜晚是休息时间,因此,在夜航时,意识水平难以处于最佳状态。意识水平越低,失误的概率就越高;随着意识水平提高,失误的概率就变低。但过于紧张、兴奋时的操作失误率也会升高。事实证明,人们在日常的睡眠时间内海事事故发生率最高,高峰为2300—0500时,次高峰为1300—

1500 时。

二、注意

我们的意识就像手电筒的光柱一样,只能集中于我们所体验的客观世界的有限部分。有人曾经估计,人的 5 种感觉(视、听、嗅、味、触)每秒钟可以接受 11 000 000 比特信息,而在无意识状态下人类仅能加工 40 比特(Wilson,2002)。不过,我们的直觉仍然能够对剩余的信息进行利用。在意识加工的信息中,有的对人来说重要,有的不重要,有的毫无意义,有的对我们的目标活动形成了干扰。我们需要对这些信息加以选择、排除干扰,这就是注意的功能。

注意,是我们心理活动对一定对象的指向与集中,是伴随着感知觉、记忆、思维、想象等认知过程的一种心理现象。注意有两个基本特征:一个是指向性,是指心理活动有选择性地反映一些现象而离开或舍弃其余对象;二是集中性,是指心理活动停留在被选择对象上的强度或紧张度。指向性表现为对出现在同一时间的许多刺激的选择;集中性表现为对干扰刺激的抑制。人在关注一个事物的时候,总是在感知着、记忆着、思考着、想象着或体验着。人在同一时间内不能无限制地感知很多对象,只有环境中的少数对象能够被感知。而要获得对事物的清晰、深刻和完整的反映,就需要使心理活动有选择地指向有关的对象。无论是在工作还是在生活当中,将心理活动指向某个对象,并保持一定的强度,是有效完成预定目标的必要条件。

注意的对象是如何成为指向和集中的焦点的呢?一方面是由于人的主观选择,即我们有意识地选择客体做特别的审视。另一方面被称为刺激驱动捕获,即环境中的客体的某些特征自动抓住我们的注意,比如,突然出现在前方的渔船、突然闪亮的报警灯和响起的警报声等。

1.注意的种类

注意可以分为三类:

(1)无意注意

无意注意是没有预定目的,不需要付出意志努力就能维持的注意,又称不随意注意。例如,突然闪起的红灯、突然响起的警报、突然进入房间的人,我们会不由自主地去注意到他们。刺激驱动捕获往往产生无意注意。

【微视频】
注意的种类和特征

(2)有意注意

有意注意是有预定目的,需要付出一定意志努力才能维持的注意,又称随意注意。值班时,驾驶员认真瞭望、轮机员仔细维护设备等都是有意注意。

(3)有意后注意

有意后注意是注意的一种特殊形式,它有自觉的目的却不需要意志努力,又称随意后注意。有意后注意同时具备有意注意和无意注意两者的部分特征。它有自觉的目的,通常与特定的目标、任务相关联,这与有意注意的目的性特征相符;它无需意志的努力,这与无意注意的无需意志努力的特征相符。简单地说,有意后注意既遵循当前活动的目的,又不需要付出意志努力。有意后注意是在有意注意的基础上发展起来的,达到了非常熟练程度的行动,就有可能产生有意后注意。有意后注意是生活中习以为常的现象。比如,婴儿在学走路的时候,是全神贯注控制平衡的,属于有意注意。到了儿童期以后,平常走路的时候已经不需要特别注意怎样保持平衡,因此这个过程就是有意后注意。海员初次上船工作时,对于工作不熟悉,所以工作中都是有意注意,慢慢有了工作经验,对于一些设备操作的程序非常熟练,不需要付出努力,便能完成任务。有意后注意使得人们能够保持长时间的工作,不会消耗太多精力,因而不容易疲劳。

2.注意的品质与航海安全

衡量注意品质的高低,通常有四个指标:稳定性、广度、分配、转移。接下来,我们来了解一下这四个指标及其对航海安全的影响。

(1)注意的稳定性

注意的稳定性,是注意在时间上的特性。注意在同一对象或同一活动上所能持续的时间越长,稳定性就越高。但衡量注意稳定性的好坏,不能只看时间的长短,还要看这段时间内的活动效率。

注意的稳定性包括狭义与广义两部分。狭义的稳定性是指注意指向某一具体事物上所维持的时间。人们在注意同一事物时,很难长时间地对注意对象保持固定不变。例如,在安静的室内,聆听钟表的滴答声并计数,你会感觉到声音时弱时强,在某个时刻会发生恍惚而忘记计数。这种在稳定注意的情况下,人的感受性发生周期性的增强或减弱的变化现象,就是注意的起伏现象。通常情况下,成年人的注意持续时间大多为20~30分钟。美国曾经做过高度集中的注意力试验,研究表明,成人高度集中注意力完成一件简单枯燥的任务,只能维持20分钟不出错,然后就会出现错误。

广义的稳定性是指注意在某项活动上保持的时间。在活动中,注意的具体对象可以不断变化,但注意指向的活动总方向是始终不变的。例如,船员在值班时,一会儿瞭望,一会儿检查设备信息,一会儿与机舱值班人员沟通,一会儿做记录,虽然注意的对象不断变换,但都服从于驾驶台值班这一总任务。

海员在值班过程中要防止注意力分散。注意力分散俗称分心、走神儿,是指由于外部刺激或主体内部因素的干扰作用,引起个体的注意力离开了应指向的对象,被无关的对象吸引过去的现象,是与注意的稳定性相反的表现。海员生活中发生了特殊事件,如亲人生病、情感挫折、遭受批评或欺凌;船舶设备设计得不够友好;值班员长时间做相同的单调工作,如只瞭望不操作;长期持续工作,得不到休息;身体条件欠佳、困乏疲劳等,都容易引起工作分心。人从生理、心理上不可能始终集中注意于一点,不注意的发生是必然的生理和心理现象,不可避免。因此,从船舶管理的角度上,管理人员要充分考虑到这一现象,在人员配备和工作机制上做出合理的安排。

虽然工作环境中的无关刺激会影响注意的稳定性,但是干扰作用表现在两个不同的方面。一方面,强烈的干扰诱使操作者脱离工作对象和工作任务,形成新的关注焦点,是安全的破坏性因素;另一方面,适宜的无关刺激,会调整操作者工作中的沉闷和乏味,帮助维持较高的意识水平,有利于维持注意的稳定性。因此,工作中应当避免的是高强度的无关刺激,可以适当保留一些低强度的无关刺激。比如,在夜间值班时,适当的环境噪声,值班员之间适当的交谈,对于保持清醒具有正向作用,而观看视频节目和玩电子游戏则会对安全航行构成威胁。

如果长时间对注意对象保持高度关注,人必然会疲劳,注意的紧张性和强度必然会发生变化。因此,越是高度紧张、需要意识集中的作业项目,其持续时间越不宜过长,否则容易造成安全事故。在航行期间,高强度工作应注意劳逸结合,非必要情况下,不宜过分强调工作速度。一些高强度且持续性强的工作,不能只安排一个人负责,至少要保证双人以上在岗,互相配合,适当轮休。海员的在岗值班通常以4个小时为单位,在这个过程中海员肯定无法保持注意持续专注，因此，两人以上值班的管理设置，既能完成需要配合的工作任务，也能够使注意互补，避免因疏忽而导致意外发生的情况出现。

2018年某天午夜，引航员引导船进港。起初，舵工注意力很集中，但是后来突然走神儿。在航道的转弯处，当引航员下达"右舵6"指令时，舵工将舵轮转向左舵。引航员和船长立即就注意到了这个情况并且迅速纠正了他的错误。几分钟后，引航员下达指令"右舵5°"，但是舵工依旧保持在"正舵"位置。引航员再次及时介入，用手势加强了自己的指令，舵工才重新集中了注意力，避免了事故的发生。

影响注意稳定性的因素有如下三个：

第一，注意对象的特点。

一般来说，内容丰富的对象比单调的对象更能维持注意的稳定性。相对于一个透明的玻璃茶杯，人们可能会花更多的时间来关注一幅色彩丰富的图画。运动的对象比静止的对象更容易维持注意的稳定性。相对于一幅画，人们又可能花更多时间关注变化的电视画面。对新生儿的研究表明，他们注视人脸和复杂图形的时间远比注视墙壁和灯光的时间长。但并不是说事物越复杂、刺激越丰富，注意力就越稳定。过于复杂、变幻莫测的对象反而容易使人产生疲劳，导致注意力的分散。

第二，个体的身心状态。

如果一个人身体健康、情绪良好、精力充沛，他就会在学习和工作中全力投入、不知疲倦。相反，如果一个人处于失眠、疲劳、疾病状态，或者情绪受挫的情况下，注意则无法保持稳定，其活动效率也会大大降低。

第三，个体的意志力水平。

注意的稳定性实际上就是指人们保持良好的有意注意，因此需要有效地抗拒各种干扰。个体如果具备坚强的意志和良好的自制力，就可以坚定目标，克服困难，做该做的事，抵御内外部的诱惑和干扰，持之以恒地去完成任务。

(2)注意的广度

注意的广度是指同一时间内能清楚地把握对象的数量多少，也称注意的范围。数量越多，广度就越大。通常在简单任务下，正常人的注意广度为7±2个项目，即5~9个。

心理学家很早就开始研究注意广度的问题。1830年，心理学家汉密尔顿(Hamilton)最先做了相关实验，他在地上撒了一把石子儿，发现人们很难在一瞬间同时看到6个以上的石子。如果把石子2个、3个或5个组成一堆，人们能同时看到的堆数和单个的数目一样多。通过速示器进行的研究表明，成人在1/10秒内一般能注意到8~9个黑色的圆点，4~6个无关联的外文字母，5~7个相互间没有联系的数字，3~4个相互间没有联系的几何图形。

扩大注意广度，可以提高工作和学习的效率。对于具有复杂工作情境的职业来说，其从业者需要有较大的注意广度，以免漏掉重要信息。码头装卸货物时，甲板上人员嘈杂，货物起落频繁，在这种忙碌情境中容易发生安全事故。此时，值班的大副需要高度专注，尽可能多地关注工作细节，以确保安全，因而也非常劳累。

有时，个体过于专心于某一事物，对注意对象的紧张度过高，会导致注意力狭窄，注意范围显著缩小，对周围发生的其他事情没有觉察或不做反应。突发事件、具有强烈刺激性的事件都可能引发注意力狭窄。注意力狭窄可能会引发两种行为倾向。在第一种可能的倾向下，注意力的高度集中有利于急中生智，应对紧急状况；而第二种可能的倾向,注意力的高度集中容易导致忽视其他因素,有时会对问题的解决造成极大的阻碍。如果在日常值班中,非紧急的情况下出现注意力狭窄,将给安全生产带来巨大的隐患。2020年,某滚装渡轮的三副在扶梯上使用移动设备时,由于过于专注而未察觉到身后有一辆拖车正在靠近,结果出了车祸,失去了生命。

影响注意广度的因素主要有以下三个方面:

第一,注意对象的特点。

一般来说,注意对象的组合越集中、排列越有规律,相互之间能成为有机联系的整体,注意的广度就越大。例如,观察颜色相同的字母比颜色不同的字母的数量要多些;对排列成一行的字母比分散在各个角落上的字母的注意数目要多些;对大小相同的字母感知的数量比对大小不同的字母要多些;对组成词的字母的数量比对孤立的字母所能注意的数量要多些。对海员而言,海上大小不一、方向不同、有快有慢的船舶更难同时关注。

第二,活动的性质和任务难度。

用速示器呈现一些英文字母,其中有些存在书写错误,要求被试的一组学生在短时间内判断哪些字母书写有误,并报告字母的数量;要求另一组学生报告所有字母的数量。结果前者知觉到的字母数量要比后者少得多。可见,活动任务越复杂,越需要关注细节的注意过程,注意的广度就会大大缩小。

第三,个体的知识经验。

一般来说,个体的知识经验越丰富、整体知觉能力越强,注意的范围就越大。专业素养深厚的人在阅读专业资料时可以做到"一目十行",非专业人士即使逐字逐句阅读也不见得能正确理解。我们知道,围棋高手扫视一下棋盘,就能把握双方的形势和局面变化,这就借助了良好的注意广度;一个初学者由于经验欠缺,就只能一部分一部分地来关注棋势。一个经验丰富的海员对于船上的设施了如指掌,可以眼观六路、耳听八方,同时关注多个仪器设备的状况,而新入职的海员则无法做到这些。

第四,个体的身心状态。

通常,我们在情绪良好、精力充沛的时候,能够注意的范围更广;反之,在情绪压抑、心神不定、身心疲惫的时候,注意的广度会缩小。

(3)注意的分配

注意的分配指在同一时间内把注意指向不同的对象,或同时完成多项任务操作的能力。注意的分配在人的实践活动中有重要的现实意义。例如,教师需要一边讲课,一边注意学生的课堂反应;司机需要一边驾车,一边观察路况。事实证明,注意的分配是可行的,人们在生活中可以做到"一心二用",甚至"一心多用"。注意的分配越合理,操作效率就会越高。

现代开放式的驾驶台有很多电子设备,包括内部和外部的电话以及大量的警报——电子海图显示与信息系统、船舶自动识别系统、全球海上遇险和安全系统、综合警报系统、火灾报警控制面板、压载控制系统、闭路电视监控系统、电子邮件系统等。值班员需要关注的信息太多,对注意的合理分配要求很高。有时这些电子设备本身也会成为潜在的分散注意力的源头,影响船员的值班效率。

注意的合理分配受到以下条件的影响:

第一,同时进行的几种活动是否高度熟练。

当一种活动达到自动化的熟练程度时,个体就可以集中大部分精力去关注比较生疏的活动,保证几种活动同时进行。我们可以做到边听报告边记笔记,显然是由于写字已经非常熟练,不需要过多关注一笔一画是否正确;驾驶经验丰富的司机可以边开车边聊天;人可以边走路边思考;杂技演员可以骑在独轮车上,两手分别做高难度杂耍。对同时进行的活动都不熟悉时,往往是比较困难的。

第二,同时进行的几种活动是否有内在联系。

不同活动之间的内在联系有利于形成固定的反应系统,因此有内在联系的活动便于注意分配。通常,经过训练就能掌握这种反应模式,可以同时兼顾几种活动。例如,歌唱演员自弹自唱同一首歌比较容易,如果弹唱的并非同一首歌,多半要出问题。船舶在靠港时,海员在驾驶台一边瞭望前方港口海面情况,一边倾听引航员的指令和看他的手势,一边操作舵轮。这几件事情都是熟悉的工作行为,而且有较强的相关性,所以能够很好地完成,甚至还可以同时做得更多。

第三,个体的身心状态也会对注意的分配有所影响。

(4)注意的转移

注意的转移是指注意根据新的任务要求,主动从一个对象或一种活动转移到别的对象或活动上的过程。良好的注意转移表现在两种活动之间的转换时间短,活动过程的效率高。在学校课程安排上,如果先上语文课再上数学课,学生就会根据教学需要,把注意主动及时地从一门课转移到另一门课。注意的转移不同于注意的分散,是根据任务需要,有目的地、主动地转换注意对象,其目的是提高活动效率,保证活动的顺利完成,如讲完一堂课内容,要求学生转而互相讨论或做练习。据统计,船舶值班驾驶员接班后1小时内是海事事故发生较多的时段,在一定程度上反映出注意转移不灵活的潜在危害。

影响注意转移的因素有以下五个方面:

第一,对原活动的注意集中程度。

个体对原活动兴趣越浓厚,注意力越集中,注意力的转移就越困难。一个正在观看激烈的篮球比赛的海员,突然到了值班时间,他很难马上把注意力完全转移到值班中。一个对体育不感兴趣的海员,则容易很快地将注意力转移到值班任务中。

第二,新注意对象的吸引力。

如果新的活动对象引起了个体的兴趣,或能够满足他的心理需要,注意的转移就比较容易实现。假如上述的海员正在回味篮球比赛中的精彩镜头,突然发现前方不远处出现了一艘穿行通过的船,会马上将注意力转移到值班任务中。

第三,明确的信号提示。

在需要转移注意的时候,明确的信号提示可以帮助个体的大脑处于兴奋和唤醒状态,灵活迅速地转换注意对象。在值班时,高级海员下达清晰的任务指令,如"现在去查收是否有新的气象信息",将更有效地帮助水手转移注意力到任务目标上。海员也可以做自我提醒,比如默念"现在我该检查设备状态了"。

第四,个体的神经类型和意志力。

神经类型灵活性高的人比不灵活的人更容易实现注意的转移,自制力强的人比自制力弱的人更善于主动及时地转移注意对象。有些工作要求在短时间内对各种新刺激做出迅速准确的反应,对注意转移的要求尤其高。例如,一个优秀的飞行员在起飞和降落时的五六分钟之内,注意的转移就达200次之多。在繁忙航道和港口靠泊与离港时,海员所需的注意转移的能力也同样非常高。

第五,新旧任务的相关性。

前后两项任务在性质上越相近、关联性越强就越容易转移。相反,新旧任务的相关性比较差,对于注意力的转移则相对困难。在航行中,由瞭望转向观察雷达显示比较容易,因为它们都属于以视觉观察为主的值班任务。如果注意力由玩电游转向值班,那么会比前一个转移要难得多。

从上面的内容我们可以看到,注意的特性受到各种各样因素的影响。在此,我们对注意特性的影响因素予以梳理。总的来说,注意特性的影响因素可以分为内外两部分:

外部因素即客观刺激物的影响因素,包括:

第一,刺激物的刺激强度。

风浪越大、警报越响越急促就越容易引起注意,刺激越小越不容易引起注意转移;刺激物挑战性越强、难度越大,就越可能获得更多的注意力分配,也越可能维持注意的持续。任务越难、局面越复杂,注意的广度就越小。但是,刺激过强和任务过难的情况容易造成疲劳,因而可能并不利于提升注意力的稳定性。

第二,刺激物之间的对比关系。

瞭望员会更多地注意海面上体积大、速度快的船舶,而不是同时出现的体积小、速度慢的船舶。如果同一个任务中的刺激物之间有一定的联系和规律性,则易于增加注意的广度;反之,则减少注意的广度。如果是不同的任务的刺激具有相关性,则有利于注意的转移和分配。

第三,刺激物的活动和变化情况。

闪烁的红灯比持续点亮的红灯更能引起注意,快速行进的船舶更容易被注意,也会被分配更多的注意力。适当变化的注意对象有利于保持注意的稳定性。

第四,刺激物的新异性。

新鲜事物容易吸引注意力。海上出现从未见过的漂浮物,或者出现少有的气象现象,或者船上出现少见的设备故障,更容易吸引值班海员的注意。如果对刺激物很熟悉,则有利于注意的分配。

内部因素即个体的生理心理因素,包括:

第一,对事物的兴趣、需要和态度。

凡是能引起兴趣、满足需要的事物,就容易获得持续关注;凡是积极态度应对的事物,也容易获得持续关注。

第二,情绪状态。

在愉悦的心境下,注意力的广度大、持续性好、分配合理、转移灵活;在抑郁的心境下,大脑不兴奋,对周围事物提不起兴趣,对注意的特性形成消极的影响。

第三,意志类型。

自制力强的海员比自制力差的海员更能调控自己,使自己尽快将注意力转移到新任务上。坚韧性强的海员也更能在工作中保持注意的稳定性。

第四,知识经验。

海员拥有丰富的专业知识和航海经验,对提高注意的稳定性、分配性等都有较大的帮助。

第五,身心状态。

在体力充沛、精神饱满时,意识水平高,注意的品质较好,而身心疲惫时,注意的品质将受到一定的影响。

通常,我们认为注意的稳定性越高、广度越广、分配越合理、转移越灵活,那么注意的品质就越好。有些工作要求人们具有较大的注意广度和注意稳定性,有些工作则要求人们具有高度的注意分配能力,还有些工作要求人们能够主动、及时、迅速地转移注意。海员要积极调整自己的身心状态,使自己在工作时处于良好的意识水平,排除干扰,发挥良好的注意品质,以保障工作效率和航海安全。

【微视频】
注意与航
海安全

第六节　疲劳与航海安全

对于海员来说,疲劳已经被公认为一个重要的职业健康和安全问题。已经有充分的研究证明疲劳和海上事故之间有显著的关系。国际海事组织海上安全委员会(MSC)制定的《疲劳导则》(2019年1月生效)中明确指出:"海上操作期间报告的与疲劳相关的受伤和事件的实例已导致巨大的经济、环境和人力成本。"疲劳有可能显著增加在工作场所发生事故和受伤的风险。

一、疲劳及其影响

《疲劳导则》中指出,疲劳是睡眠不足、长期失眠、工作/休息要求与生物周期节律不同步,以及会影响警觉性和安全操作船舶或行驶安全相关职责的体力、脑力或情感活动等因素,引起的体力和/或精神上的损伤状态。因此,疲劳包括身体疲劳和精神疲劳两方面内容。

疲劳对海员的具体影响范围和征兆可分为三个方面:认知、身体和行为。表5-1列出了疲劳影响海员认知、身体和行为的主要症状。

表 5-1　疲劳影响海员认知、身体和行为的主要症状

认知	
表现受损	主要症状
a.无法集中注意力	1.不能组织一系列活动 2.只专注于单个任务 3.专注于一个小问题而忽略更重要的问题 4.回到旧的但无效的习惯 5.不如平时警惕 6.解决复杂问题的能力下降 7.一时疏忽 8.执行多个任务有困难
b.决策能力下降	1.误判距离、速度、时间等 2.未意识到形势的严重性 3.忽略应包括的项目 4.选择冒险项目 5.更多的犹豫不决

续表

认知	
表现受损	主要症状
c.记忆力差	1.未能记住任务或任务元素的顺序 2.记住事件或程序有困难 3.忘记完成一项任务或任务的一部分 4.记忆丧失
d.认知过程放慢	1.对正常、异常或紧急情况反应慢(如果有的话)

身体	
表现受损	主要症状
a.不知不觉需要睡觉	1.眼睑慢慢闭上 2.眼睑下垂 3.眼睛发痒 4.打盹 5.无法保持清醒
b.丧失身体运动的控制	1.受影响地讲话,例如,可能发音含糊、慢吞吞或引起误解或很难找到正确的词 2.感到四肢沉重 3.动作笨拙,例如,频繁掉落如工具或部件之类的物品 4.手眼协调能力差(例如,开关选择) 5.颤抖
c.健康问题	1.头痛 2.眩晕 3.快速呼吸 4.消化问题 5.腿部疼痛或抽筋 6.失眠 7.突然出汗昏厥 8.心悸/不规则心跳 9.食欲缺乏(和有时增加不健康的饮食习惯)

行为	
表现受损	主要症状
a.情绪改变	1.更安静,不像平常那么健谈 2.异常烦躁 3.耐受力降低和反社会行为 4.抑郁

续表

行为	
表现受损	主要症状
b.态度改变	1.未能预见危险 2.未能观察和遵循警告标志 3.似乎未意识到自己表现差 4.更愿意去冒险 5.忽略平常的校核和程序 6.表现出"无所谓"的态度 7.较少的社交欲望 8.越来越疏忽和粗心 9.动力不足

疲劳对航运业影响特别大，与疲劳相关的海上事故难以计数。无论船上任何职务，技能、知识和培训程度如何，每个人都会受到疲劳的影响，疲劳尤其是会对那些有重大安全和保安职责的人员构成危险。海事研究和调查结果显示，疲劳是造成在半夜和早上6点之间事故发生的主要原因。它会削弱海员的注意力，降低体力和智力的反应水平并影响理性的决策力，影响船员安全有效工作的能力，降低工作标准，并可导致错误。

然而，人对自身的疲劳程度、表现和决策的判断力不够好。因为疲劳，人们会省略工作程序步骤，会基于省力的想法而选择具有高风险的策略。疲劳会影响人们识别和响应刺激的能力，进而影响问题的解决，这将成为工作中的挑战。

【微视频】
心理疲劳
与航海安
全

航运企业以及船上管理者应留意可能引起海员疲劳的因素，恰当管理以努力减少疲劳造成的风险。海员自身也应负起责任，关注自己的疲劳问题。任何管理策略都必须通过解决疲劳的成因，以重点降低其产生危害的可能性。解决疲劳问题会提高海员的操作安全水平，并可能通过减少人员受伤和对高价值资产和环境的损害来降低公司成本。

二、疲劳的成因

《疲劳导则》将疲劳原因归为5类：船员特定因素、管理因素（岸上和船上）、船舶特定因素、环境因素和操作因素。

其中，影响海员疲劳的主要直接因素为睡眠（缺乏睡眠、睡眠质量差、睡眠紊乱、长时间不睡觉）、压力以及工作（脑力、体力）负荷过重。造成海员疲劳的潜在原因包括24小时作业、船型多样化、航线特点和长度、港口访问的数量和挂港顺序以及船舶靠港的时限等特定组合。

1.船员特定因素

船员特定因素与日常行为、个人习惯和个人品性相关。个人体质因人而异，因而疲劳不能一概而谈。特定因素包括：

（1）睡眠和休息：睡眠的数量、质量和连续性；睡眠无律/受扰；恢复休息/中断。

（2）生物钟/生理节律。

（3）心理和情绪因素：恐惧、单调和厌烦、孤独。

（4）健康和安乐：饮食/营养/补充水分；锻炼和健身；疾病和发病。

（5）压力：技能、知识以及与职业相关的培训；生活事件和问题；工作中或家中的人际关系。

（6）药物使用：酒精；麻醉品；咖啡因和其他兴奋剂等。

（7）年龄。

（8）轮班工作和工作安排表。

（9）工作负荷（智力／体力）。

（10）时差。

2.管理因素（岸上和船上）

不良的管理和操作船舶能潜在地引起压力并增加工作负荷，最终导致疲劳。船上管理的因素包括：

组织因素：配员政策、水平和保持；乘员和岸上人员的作用；行政工作／报告／检查要求；经济；职责轮换、加班、休息时间；公司程序、文化和管理风格；岸基支持；规范和规则；其他资源；船舶维护保养和修理；船员的演习安排和培训。

航程和排程因素：停靠港的频率和持续时间；两港之间的时间；航线规划；航线上的天气和海况；航线上的交通密度；在港和海上职责／工作负荷特性；可获得岸上休假。

3.船舶特定因素

这些因素包括一些船舶特征：船舶设计；自动化等级和复杂性；冗余水平；设备设计和可靠性；检查和维护保养；船舶状况；工作和起居处所的身体舒适度；居住区的位置。

4.环境因素

船员生活和工作区域内（船内和船外）的环境因素对海员的疲劳影响，很多时候是通过影响睡眠来实现的，这些因素包括：

噪声：（例如，主机、配电板、电视和对话）影响入睡能力，造成睡眠缺失，或能改变一个人的睡眠阶段或睡眠深度。

振动：可影响睡眠和疲劳。例如，振动模式的改变可使人一直保持清醒，阻止其进入更深的睡眠或使其醒来。

光线：（例如，颜色、强度和暴露时间）是一个复杂的环境因素。另外，使用发出蓝光的电子显示器（例如，电脑屏幕、平板电视和智能手机）也会影响生物钟并能推迟睡眠，特别是在上床时间前使用。

船舶运动：可能干扰睡眠，造成过多运动引起的疲劳（运动时，特别是在恶劣海况条件下为保持平衡所消耗的额外能量造成的疲劳）和晕船。

温度和湿度：所有过热和过冷条件会使人缺少警觉且通常更容易感到疲劳。船上温度和湿度可控很重要，因为会影响睡眠和警觉。例如，环境温度介于 18℃ 和 24℃ 最适合睡觉。

通风／换气：空气质量（例如，有毒的气味或污浊的空气）以及通风系统的设计／布置也可能干扰睡眠。

5.操作因素

除了日常的船舶驾驶与维护，海员要应对许多检查、检验、审核、访问、报告、保安措施以及其他附加任务，这些操作行为和工作负荷由船舶、航运公司、主管机关和港口国当局等不同层面的设置而组成。

三、疲劳管理

海上疲劳管理不仅仅是海员个人的事情，船上管理层海员和航运企业都有各自的责任,每个层面都不可或缺。在这一点上,海员、管理层以及企业的责任并不孤立,他们有共同的安全和利益目标,因此需要各尽其责并相互支持与配合。

（一）海员自身管理

海员是疲劳问题的主体,因此应首当其冲负起责任。只有海员意识到自己应负的责任,遵从有关疲劳的工作规定,掌握了应对疲劳的基本方法,才有可能更好地解决疲劳问题。

《疲劳导则》指出,全体海员对疲劳的职责包括但不限于:

(1)尽其最大努力使自己在健康的状态下工作;

(2)监控并有效管理睡眠时长;

(3)报告影响安全性的与疲劳相关的危害;

(4)了解疲劳以及如何降低疲劳的影响;

(5)采取个人缓解疲劳的策略,并恰当地利用休息时间。

研究者认为,处于疲劳中的人员可能无法对其自身疲劳程度和表现做出正确的判断,因为疲劳影响了判断能力或解决复杂问题的能力。海员可以从他人身上识别出其中一些与疲劳相关的征兆和症状,而随着时间的推移,可以吸取教训,从而识别自己身上的一些与疲劳相关的征兆和症状。可以利用这些与疲劳相关的征兆和症状来确定一个人的警戒程度。

海员要管理好疲劳,应注意重点把握好以下各项因素:睡眠,醒着的时间,生物钟、生理节律和时差,工作负荷,压力和个体差异。

1.睡眠

对抗疲劳最有效的策略就是获取高质量、充足和持续的睡眠。好的睡眠必须具有3个有效特征:数量、质量和连续性。

一次性睡足的睡眠是最有价值的。尽管短时间睡眠或打盹可以有力地提升机敏程度,但长时间睡眠才是更重要的。一般建议每人每天24小时平均要有7至8小时的优质睡眠。睡眠质量取决于不间断的睡眠周期,海员要避免睡眠被打断。7个1小时的小睡与1次7个小时的睡眠效果不同。应注意随着年龄增长,深度睡眠中花费的时间占比减少,睡眠也容易变得更片段化。而睡眠越片段化,恢复性就会越差。这会导致人们持续感到疲倦并经常影响警觉性等方面的表现和决策。

人需要深度睡眠,它是睡眠的恢复阶段。如果人刚刚进入深度睡眠就被打断,可能会出现严重后果。很多人都有这样的体验,当突然从沉睡中醒来时,意识无法跟着清醒,大脑还处于迷糊混沌当中,思维和行为都无法控制。这种现象被称为睡眠惯性。睡眠惯性造成感觉摇摇晃晃和无方向性,短期记忆和决策受损,有时可以持续超过30分钟。睡眠惯性也能发生在较浅睡眠之后,但从较深睡眠中突然醒来时,其趋于时间更长且更迷茫。因此,在正常的情况下,要给自己留出充足的睡眠时间,以避免匆忙醒来。

环境、食物、药物使用、心理、睡眠障碍等因素会促使睡眠中断和睡眠质量差。海员要掌握一些基本的睡眠管理方法,比如,给自己营造一个舒适的睡眠环境;不要在饥饿或者过饱的情况下入睡;睡前不要喝咖啡或茶等提神的饮品,即便是水也不要喝太多;睡前要让自己放松,不要思考工作和生活中的事情;睡前不要使用发出蓝光的电子设备(如智能手机、平板电脑、电脑屏幕等);在睡觉前不要过度兴奋或剧烈运动;如果有睡眠障碍,要及时寻求专业医生的帮助。

2.醒着的时间

一般来说,海员不睡觉时间越长,睡觉驱动力越强,疲劳程度越高。如果持续不睡觉接近 16 个小时,极有可能意识到睡眠的压力。

研究表明,几个小时不睡觉后,人的警觉和表现水平开始下降,不间断工作的时间越长,其越有可能疲劳。长时间工作比短时间工作具有更高的疲劳水平。12 小时连续工作后,事故率成倍增加,特别是在晚上工作时。长时间工作与表现差、较高受伤率以及较差的安全和/或(心理和身体)健康状况有关。

3.生物钟、生理节律和时差

在正常情况下,人在生理上的设定是"白天活跃,晚上休息"。每个人都有生物钟,它调节着身体的生理节律。如果一个人的睡眠时间与生物钟不同步,则很难入睡。海员的疲劳感觉在早晨 3 至 5 点之间可能最严重,与最强烈的睡眠驱动相吻合,这通常被称为昼夜节律的低谷(WOCL)。一般来说,由于生物钟不能完全自由调节到匹配生理节律的水平,通宵工作的船员可能处于较高的疲劳风险之中且必须额外努力以保持警觉和表现。要求海员醒着并在夜间或凌晨工作或者长时间的工作会造成生物钟失调,引起疲劳增加。除了 WOCL 外,另一个明显的低谷发生在下午 3 至 5 点之间(称为午餐后低谷)。

对常年在大洋航线中航行的海员来说,工作方式与生物钟难免有冲突。跨越时区使海员暴露于日/夜循环的突然变更,造成生理紊乱。这是造成疲劳以及失眠和易怒的条件。在持续穿越时区的过程中,生物钟很难快速同步调整。生物钟、生理节律与时差的复杂交替,对睡眠影响非常大,也很难调整。在实践中,与从西至东穿越时区相比,从东至西穿越时区要相对容易调节一些。无论如何,海员必须积极调整,结合时区与值班时间交错的特点,摸索出适合自己的睡眠规律。比如,保持睡觉时间的一致性,试着每天在同一时间睡觉。

4.工作负荷

当工作负荷非常高或非常低时,疲劳都会发生。

高工作负荷:高体力工作负荷和高心理工作负荷,例如,要求过度注意力集中的工作可能导致疲劳。船上常见的高工作负荷的举例包括但不限于:在拥挤和危险水域中航行,频繁停靠港,在能见度低和/或恶劣天气条件下航行,进出港,不得不完成多个任务以及洗舱和进行货物作业。

低工作负荷:单调乏味的工作,例如,监控(如机舱显示器)会导致人们对工作失去兴趣和产生厌倦,也增加疲劳的可能。当长时间进行驾驶室或发动机监控和警戒工作时,尤其是值夜班,单调无聊的工作内容,与保持高度集中和持续注意力的工作要求,是对海员的一个特别的考验。人通常不善于长时间地警戒工作,特别是在后半夜进行警戒和监控工作,表现和警觉会进一步受到影响。

海员自身、管理层海员以及企业准确了解最佳工作负荷并用现实的态度对待是非常重要的。海员要对自己的状态有清醒的认识,合理管理自己的工作负荷。高负荷工作不易持续太久,要适当休息调整,有人轮换,避免过度劳累,否则长时间难以恢复。如果认为工作安排严重超出自己的负荷范畴,应当主动与上级管理层船员沟通,讲明情况,寻求理解与支持。当处于夜间值班的长时间低工作负荷时,为防止因厌倦而疲劳,应保持多人同时值班,在安全期间,允许船员轮换小睡(20 分钟以内)休息,以获得更多的身心恢复。

5.压力

海员在工作期间可能面临很多压力,这些压力来自各个方面,如:环境因素(噪声、振动、温度、天气、海浪、气味等);个人情况(家庭问题、想家、孤独、睡眠问题等);工作情况(时间长、难度大、强度大、人际关系复杂、收入减少、事故、被批评等)。

这些压力源会影响海员的休息质量从而引起疲劳,因此海员要主动调整自己的压力。对海员身心造成无谓消耗的压力源,要尽量消除其影响,比如,降低生活区噪声干扰,净化环境气味,经常与家人联系,多交朋友,少闹矛盾,与人为善,多锻炼少生病。有些压力源无法消除,要尝试升华为工作和生活的动力,比如要看到困难的处境能够帮助自己成长的作用和价值。压力管理的更多方法,可参考第八章第一节的相关内容。

6.个体差异

每个人都会经历疲劳,但每个人对疲劳的反应不同。有的人耐疲劳,有的人则容易疲劳。有的人疲劳恢复周期短,有的人疲劳恢复周期长。又因为生理节律的差异,个人发挥最佳状态的时间段不同,有的人是早晨型,有的人是晚上型。海员要根据自身的特点,做适合自己的调整。

(二)船上管理

对疲劳的船上管理由以船长为主的管理层海员制定并实施。应对海上疲劳,不能简单地以发扬吃苦耐劳的精神为主去对抗,更应当清楚管理者的职责,眼光放长远,科学合理地制定对策。

《疲劳导则》指出,管理层海员对控制和降低船上疲劳风险的职责包括但不限于:

(1)确保船上海员,至少获得满足休息要求的最少时长,至多不超过工作的最长时长;

(2)让精力充沛的人员代替经过长途跋涉而上船的人员;

(3)合理管理海员在洗舱、拥挤水域航行等体力和脑力持续性要求高的情况下的工作时间;

(4)确保船上供应可选择的有营养的食物和持续供应饮用水;

(5)为值夜班的人员提供适当的夜宵选择;

(6)岸上管理与船舶管理就船上疲劳意识和预防措施保持互动;

(7)创建坦率沟通的环境,向海员清楚说明当疲劳影响自身或他人表现时,通知主管是非常重要的,并且确保不会因这类报告而存在任何报复行为;

(8)改善船上条件,使海员可以实现免打扰睡眠;

(9)如果可行,在布置工作时混合任务,以打破工作的单调性,并将需要高强度体力和脑力的工作与低需求任务相结合(工作轮换);

(10)当可行时,在相关海员生理节律处于低谷时,避免给他们安排可能会造成危险的任务;

(11)为海员提供认识和处理疲劳影响的支持,包括船上培训(如有);

(12)强调海员休息期间睡觉的责任,以确保获取充足的睡眠;

(13)花时间监控所有人员都获取了充足的睡眠;

(14)确保船上的可控条件维持在一个良好的状态;

(15)重新评估船上工作模式和职责范围,以实现对资源最有效的利用。例如,所有

甲板高级海员共同承担长时间的货物作业来替代传统模式,让精力充沛的人员代替经过长途跋涉而上船的人员;

（16）在船上提倡助人为乐（昂扬士气）,处理海员间的人际冲突问题;

（17）就处理疲劳事件建立船上做法,并实行这些做法,比如作为安全会议的一部分;

（18）建设船上运动、放松和营养均衡等健康生活文化;

（19）及时协调公司、管理层海员和其他利益相关方之间的预定活动;

（20）留出值班/工作移交时的沟通时间。

（三）企业管理

航运企业应当以国际劳工组织（ILO）和国际海事组织（IMO）的文件为指导,制定与海员相关的疲劳管理实施办法,并有效落实。

虽然公司不可能调节和监督每艘船上每个海员的睡眠习惯,但是应通过船舶设计、操作和配员政策等疲劳风险减轻确保在其能力范围之内。构成公司支持疲劳风险控制的措施,应:

（1）确定并评估疲劳风险;

（2）按照《最少安全配员原则》[国际海事组织公约 A.1047（27）决议]评估作业工作负荷要求;

（3）确保配员和资源充足且可用于经评估的工作负荷要求,并安全进行船舶的所有作业;

（4）确保全公司意识到疲劳风险;

（5）确保健康的船上环境。

《疲劳导则》提供了疲劳危险评估及减轻风险的策略（如表 5-2 所示）。

表 5-2　疲劳危险评估及减轻风险的策略

疲劳危险评估	减轻风险的策略
A.公司是否提供有效的支持管理疲劳风险?	疲劳培训意识 足够的资源 健康的船上环境
B.海员是否有足够的睡眠机会?（数量和质量）	工作时间和休息要求 任务安排和计划 工作负荷管理 工作和生活环境
C.海员获得的睡眠是否足够?	公司和海员职责
D.海员值班时是否能保持适当的警觉和表现?	自己和同事的疲劳监控 确保胜任职务
E.与疲劳相关的事件（侥幸脱险和事故）是否经报告和分析?	疲劳报告和分析

《2006 年海事劳工公约》（MLC 2006）也规定:公司应确保海员有规定的工作时间或休息时间;足够的休假;在人员充足的船上工作;有体面的起居舱室和娱乐设施;在规定的卫生条件下提供高质量的食物和饮用水;在船上的工作环境促进职业安全和健康。

在具体操作层面,《疲劳导则》指出公司应考虑下列事项:

（1）基于《国际船舶安全营运和防止污染管理规则》（《ISM规则》要求，对于船上操作程序提供清晰简明的指导；

（2）确保为船舶提供足够的资源，包括配员水平；

（3）促进船上具有开放式沟通和不怕报复的安全报告文化；

（4）为海员在开始工作前得到充分休息提供保障；

（5）安排适当的海员交接时间；

（6）合理规划航程长度、在港时间、服务年限和休假比例；

（7）多元文化问题：语言障碍、社会、文化和种族隔阂；

（8）考虑人际关系、压力、孤独、厌烦、缺乏社交以及增加工作负荷的影响；

（9）提供岸上休假、船上娱乐和家庭沟通；

（10）合理值班安排；

（11）如实际情况允许，值班海员工作内容轮换；

（12）充足的卧铺和起居舱室；

（13）足够质量和数量的食物以获得适当的营养；

（14）如有必要，修改当前的船舶设计或未来设计；

（15）疲劳培训是必要的安排；

（16）为海员提供咨询服务。

其中，合理的值班安排应主要考虑7个方面，它们是：工作时间（工作周期）延长对疲劳的影响；工作周期之间的休息时间（休息周期）安排不合理对疲劳的影响；晚上值班或工作后，安排白天恰当休息；工作时间内，应当允许短暂的休息；允许适当小睡；适时安排睡眠不足之后，以及生理节律低谷时的恢复性睡眠；安排连续休息不足时的复原休息。

疲劳培训不应仅限于海员，还应包括涉及船上整体操作风险评估和资源分配（包括配员水平）的岸上人员。疲劳针对性培训应至少包括：认识疲劳危险性；识别疲劳状态；识别疲劳危险因素；疲劳对抗措施；合理安排工作以缓解疲劳；提升睡眠数量和质量的方法；及时报告疲劳情况；公司和海员各自的责任；利用资源（照明、食物/饮食、环境等）以管理疲劳；恰当的案例分析；应对疲劳问题及其管理的共识分享。此外，针对航运公司岸上管理人员的培训还应包括：船舶配员水平；值班的重新安排；变更船舶设计或更改航行计划。

第七节　人格因素与航海安全

在事故倾向性理论中，有一些研究指向事故与人的人格因素有关。简单来说，就是假设某些人由于具有某些个性特征，因而比其他人更易发生事故。

铁尔曼（W.A.Tillman）等通过调查得出易出事故者的精神面貌，指出易出事故者具有明显的攻击性，有厌恶社交的倾向，多是青年等。但他未能找出易出事故者与其他人有明显差异的个性特征。美国心理学家分析了大约30万人的驾驶事故记录，发现其中不到4%的人，在六年中的事故记录却达事故总数的36%。这似乎支持事故集中在少数人身上的理论。按照这种理论，如能设法使这4%的人驾驶不出事故，那么事故率将减少三分之一。但是,进一步分析,把前后三年的事故记录进行比较,则令人惊讶地发现,在后三年中,95%的事故发生在前三年被认为是安全的驾驶员身上。若依据事故倾向性理论,前三年的事故多发者由于某些更容易造成事故的个性特征,那么在后三年,他们应该占有较高的事故百分率。然而,事实并非如此,这说明过去的事故记录并不能推断一个人将来也容易发生事故。心理学家里森(J.T.Reason)认为,事故倾向性其实是一种表象,比理论假设的情况复杂得多,它与危险的类型有关。

虽然事故倾向性理论已被证实缺乏严谨性,但是,相关研究也没有否认人格因素在事故中的影响。对事故的解释,在本章第一节中提及的 SHEL 模型,采用人-机(硬件、软件)-环境系统综合分析是更合理的选择。其中,人格因素也是影响人与硬件、人与软件、人与环境之间失误和差错的成因之一。

一、人格概述

【微视频】
人格概述

人格是人的心理特征的总和,而心理特征是心理活动所表现出来的稳定特点。由此,我们可以知道,人格是我们心理活动所表现出来的所有稳定特点的总和。通常,我们认为人格包括气质、性格、能力,还包括兴趣、态度、价值观、品德、信仰以及由此形成的尊严、魅力等。

人格具有多重属性,包括稳定性与可塑性、独特性与共同性、整体性与协调性、功能性与调控性、生物性与社会性等。

1.人格的稳定性与可塑性

由于人格本身就是心理活动的稳定特点的总和,所以稳定性是其必然的属性。人格的主体一旦形成,在长时间内都将保持较高的稳定性。因此,别人对我们的评价也会趋于稳定。所谓"江山易改,禀性难移",强调的就是人格的稳定性。当然,禀性难移并非意味着完全不可以改变,只是表达改变困难程度比较高,因此,实际上人格也具备一定的可塑性。现代的人格观普遍认同终身成长的理念,即人格也会随着自我成长而发生改变,只要环境影响良好,教育培养持续,自我修炼长久,"活到老,学到老",每个人的人格都会不断改变和完善。

2.人格的独特性与共同性

从记事起到现在,我们遇到过许许多多、形形色色的人。有些人长期出现在我们的生活中,有些人则是我们生命中的过客。如果你去回顾自己和他们相处的过程,可能会发现,即使抛开生理上的特征不谈,无论如何也找不到任何两个人,你无法将他们分辨出来。有时候,你会觉得一些人的性格、脾气、处事方式、兴趣爱好等各方面都很相似,但是只要你愿意,总可以找出他们之间的区别。世界上没有两片相同的叶子,也没有两个完全相同的人。因为人格受遗传、环境、教育等多种因素的交互影响,只要其中的任何一个条件发生了变化,人格就会受到不可预测的影响,形成个体心理活动的不同特点和各自风格,故而形成了个体的独特性,"千人千面"即为此理。人格的独特性也意味着差异性。因此,"个性"一词便应运而生。同样是表示人的心理特征的总和,人格强调心理特征的整体性描述,而个性强调人的心理特征的差异性或独特性。与独特性相对应的就是人格还有共同性的特征。我们总能发现所认识的一些人具有相似的特征,比如,兴趣爱好、行为习惯、价值观、处理问题的方式方法等,这就是人格的共同性的体现。在文学作品中,当我们使用诸如"勤劳勇敢的中国人""自由浪漫的法国人""严谨刻板的德国人"这样的描述时,也是关注到了群体的人格共性。

3.人格的整体性与协调性

人格是个体心理活动(如认知、情感、意志和行为等)的方方面面中表现出来的特征的总和,而不是某几个方面特征的总和,因此它具有整体性。对于正常人来说,这种整体性还体现在特征是协调一致、不发生内在冲突和矛盾的。一个善良的人,往往也是有爱心的人;一个大公无私的人,不会是损人利己的人;一个做事严谨慎重的人,不会同时也是粗心大意的人。

4.人格的功能性与调控性

一方面,人格对个体的自我成长和人生发展具有定向、动力和调控作用。人格决定个体的生活方式和行为风格,决定个体的发展和命运,它是人生成败的一个重要心理因素。我们经常听到的"性格决定命运",或者"气质决定了职业方向,性格决定了职业高度",都是对于人格功能性的浓缩注脚。另一方面,人们在面对相同处境时,如何去处理和应对会受到人格的影响,在这个过程中,既体现了人格的功能性,也体现出人格对于适应现实处境的协调性作用。如面对挑战与挫折时,积极的人往往会倾向于寻找解决问题的方法,而消极的人更多地会选择回避现实。

5.人格的生物性与社会性

人格取决于先天还是后天,遗传还是环境,天生还是教养,这个问题已经被争论了2000多年,目前仍然没有确切的答案。但是,这并不妨碍现代心理学家形成一个共识,即人格是在先天(遗传)的基础上,受到后天(环境、教育)的影响而共同形成的。因此,生物特性是人格的基础特性,这一点是无可置疑的。而人在成长的过程中,处于社会环境之中,受到周围环境系统的影响,在遗传的基础上逐渐发展和完善自己的人格。在这个过程中,人格不可避免地受到所处社会文化、价值观念、人际关系、社会现象等社会因素的影响,打上社会属性的烙印。因而我们能够看到,在不同社会文化背景下的人群,他们的人格具有不同特点,如中国人、美国人、日本人、德国人在人格的共同性方面表现出来的差别。

二、人格理论

在心理学的发展过程中,心理学家们围绕着人格做了大量的研究和探索,有的试图将人格划分以类型,有的从人格特质的角度去分析,有的从人格的结构去理解,还有的从人格的形成和发展的视角去探索,形成了许多关于人格的理论著述。在此,介绍几个重要的人格理论,以帮助大家更好地了解人格的内涵。

【微视频】
人格理论

1.希波克拉底与盖伦的气质分类

古希腊的希波克拉底(Hippocrates)把人分为四种类型,即多血质、黄胆汁质、黏液质和黑胆汁质,认为多血质爽朗,黄胆汁质性急,黏液质迟缓,黑胆汁质抑郁。后来,古罗马医生克劳迪亚斯·盖伦(Galen)在希波克拉底类型划分的基础上,提出了人的气质这一概念,从而把人的气质归纳为四种类型,即多血质、胆汁质、黏液质和抑郁质。

(1)多血质

多血质人开朗活泼、灵活轻率。灵活性高,易于适应环境变化,善于交际,在工作、学习中精力充沛而且效率高;对什么都感兴趣,但情感兴趣易于变化;有些投机取巧,易骄傲,受不了一成不变的生活。

(2)胆汁质

胆汁质人性急冒险、冲动机敏。情绪易激动,反应迅速,行动敏捷,暴躁而有力,性急,有一种强烈而迅速燃烧的热情,不能自制。在克服困难上有坚韧不拔的劲头,但不善于考虑能否完成工作,有明显的周期性,能以极大的热情投身于事业,也准备克服且正在克服通向目标的重重困难和障碍,但当精力消耗殆尽时,易失去信心,情绪顿时转为沮丧而一事无成。

(3)黏液质

黏液质人稳定平和、谨慎有序。反应比较缓慢,能够坚持而稳健地辛勤工作;动作缓慢而沉着,能克制冲动,严格恪守既定的工作制度和生活秩序;情绪不易激动,也不易流露感情;自制力强,不爱显露自己的才能;固定性有余而灵活性不足。

(4)抑郁质

抑郁质人敏感细心、孤僻悲观。高度的情绪易感性,主观上把很弱的刺激当作强作用来感受,常为微不足道的原因而动感情,且有力持久;行动表现上迟缓,有些孤僻;遇到困难时优柔寡断,面临危险时极度恐惧。

现实生活中的人并非只有这四种类型。典型的单一气质类型的人是非常罕见的,大多数人都是以某一种类型为自己的主要气质类型,但同时也兼具其他气质类型特点。比如,你可能多数时候是一个急性子、外向、说话直爽的人,但有时对待某些事和某些人,你也会表现出一定的耐心、含蓄以及有安静独处的想法。这说明,你是一个以胆汁质特征为主的人,但是同时也兼具黏液质的特征。

尽管上述气质类型理论形成的年代久远,而且当初提出的理论依据——体液说,也被现代科学证明是无稽之谈,但是对于气质类型的划分却有其合理性,并得到了巴甫洛夫对高级神经活动的研究成果的印证。

巴甫洛夫在研究高等动物的条件反射时,确定了大脑皮层神经过程(兴奋和抑制)具有三个基本特性:强度、灵活性和平衡性。神经过程的强度指神经细胞和整个神经系统的工作能力和界限,灵活性指兴奋过程和抑制过程更替的速率,平衡性指兴奋过程和抑制过程之间的相对关系。这三种特性的不同结合构成高级神经活动的不同类型。最常见的有四种基本类型:强、平衡、灵活型(活泼型),强、不平衡型(兴奋型),强、平衡、不灵活型(安静型)和弱型(抑制型)。巴甫洛夫认为上述四种神经系统的显著类型恰恰与希波克拉底提出的四种气质类型相对应,因此,高级神经活动类型是气质类型的生理基础,其关系见表5-3。

表5-3 高级神经活动类型与气质类型对照表

气质类型	神经系统的基本特点	高级神经活动类型
多血质	强、平衡、灵活	活泼型
胆汁质	强、不平衡	兴奋型
黏液质	强、平衡、不灵活	安静型
抑郁质	弱	抑制型

巴甫洛夫关于神经系统基本特性和基本类型学说,仅仅为气质的生理机制勾画出一个轮廓,他的研究不断地为后来的研究者所证实。

2.卡尔·荣格的内-外倾人格类型理论

瑞士心理学家卡尔·荣格(Garl Gustav Jung)所提出的内-外倾人格类型理论堪称人格类型学说中最为著名的理论。我们日常生活中常常简单地去评价一个人内向或是外向,就是基于这种人格分类方法。

荣格根据人的心理能量(力比多,libido)的指向,把性格划分为外倾型和内倾型。外倾型(外向型)的人,心理能量更多地指向外部世界,重视外部世界,爱社交、活跃、开朗、自信、勇于进取、对周围一切事物都很感兴趣、容易适应环境的变化。内倾型(内向型)的人,心理能量更多地指向自己的内心,重视主观世界、喜欢安静、富于幻想、好沉思、善内省、常常沉浸在自我欣赏和陶醉之中,孤僻害羞、缺乏自信、冷漠、寡言、较难适应环境的变化。外倾型和内倾型是性格的两大态度类型,也就是性格反应特有情境的两种态度或方式。

荣格还认为个人的心理活动有感觉、思维、情感和直觉四种基本机能。感觉(感官知觉)告诉你存在着某种东西;思维告诉你它是什么;情感告诉你它是否令人满意;而直觉则(在没有依据时,凭借个人下意识的经验)告诉你它来自何方和向何处去。

荣格将内-外倾的人格类型与心理四种机能进行了组合,构建了人格的 8 种机能类型。

(1)外倾思维型(the Extroverted Thinking Type)

这种类型的人,既是外倾的,又是偏向于思维功能的。他们的思想特点是一定要以客观的资料为依据,以外界信息激发自己的思维过程。例如:机器是怎样开动的? 为什么水加热到一定温度就会变成蒸气? 科学家是外倾思维型,他们认识客观世界,解释自然现象,发现自然规律,从而创立理论体系。达尔文、爱因斯坦和霍金等科学家都是这方面的代表人物。外倾思维型的人,情感压抑,缺乏鲜明的个性,甚至表现为冷淡和傲慢等人格特点。

(2)内倾思维型(the Introverted Thinking Type)

这种类型的人,既是内倾的,又是偏向于思维功能的。他们除了思考外界信息外,还思考自己内在的精神世界。他们对思想观念本身感兴趣,收集外部世界的事实来验证自己的思想。哲学家属于这种类型。哲学家柏拉图、康德、庄子是这一类型的代表。内倾思维型的人,具有情感压抑、冷漠、沉溺于玄想、固执、刚愎和骄傲等人格特点。

(3)外倾情感型(the Extroverted Feeling Type)

这种类型的人,既是外倾的,又是偏向于情感功能的。他们的情感符合于客观的情境和一般价值。荣格指出,外倾情感型的人在"爱情选择"上,表现得最为明显。他们不太考虑对方的性格特点,而是考虑对方的身份、年龄和家庭等方面。外倾情感型的人,思维压抑,情感外露,爱好交际,寻求与外界和谐。

(4)内倾情感型(the Introverted Feeling Type)

这种类型的人,既是内倾的,又是偏向于情感功能的。他们的情感由内在的主观因素所激发。内倾情感型的人,思维压抑,情感深藏在内心,沉默,力图保持隐蔽状态,气质常常是忧郁的。

(5)外倾感觉型(the Extroverted Sensation Type)

这种类型的人,既是外倾的,又是偏向于感觉功能的。他们头脑清醒,倾向于积累外部世界的经验,但对事物并不过分地追根究底。外倾感觉型的人,寻求享乐,追求刺激,善于社交,情感浅薄,容易沉溺于各种嗜好。

(6)内倾感觉型(the Introverted Sensation Type)

这种类型的人,既是内倾的,又是偏向于感觉功能的。他们远离外部客观世界,常常沉浸在自己的主观感觉世界之中。外倾感觉型的人,知觉来自外部世界,是客观对象的直接反映;内倾感觉型的人对客观事物有深刻的认识,一草一木皆有可能引起情绪波动。他们的艺术性强,直觉压抑。

(7)外倾直觉型(the Extroverted Intuitive Type)

这种类型的人,既是外倾的,又是偏向于直觉功能的。他们力图从客观世界中发现多种多样的可能性,并不断地寻求新的可能性。他们对于各种尚孕育于萌芽状态但有发展前途的事物具有敏锐的感觉,并且不断追求客观事物的新奇性。外倾直觉型的人,可以成为新事业的发起人,但很难坚持到底。荣格认为,商人、承包人、经纪人等通常属于这一类型的人。

(8)内倾直觉型(the Introverted Intuitive Type)

这种类型的人,既是内倾的,又是偏向于直觉功能的。他们力图从精神现象中发现各种各样的可能性。内倾直觉型的人,不关心外界事物,脱离实际,善幻想,观点新颖,但有点稀奇古怪。荣格认为,艺术家多属于内向直觉型。

荣格并没有截然地把人格简单地划分为8种类型,也并不认为每个人都是绝对的内倾型或外倾型,他的人格类型学只是作为一个理论体系用来说明性格的差异。在实际生活中,绝大多数人都是兼有外倾性和内倾性的中间型。上面用来说明每一种类型的模式都是典型的极端模式。纯粹的内倾型的人或外倾型的人是没有的,只有在特定场合下,由于情境的影响而导致一种态度占优势。每个人也能同时运用四种心理机能,只不过各自的侧重点不同,有些人更多地发挥这一种心理机能,另一些人更多地发挥另一种心理机能,因此构成了千变万化的人格类型。

荣格对内倾型和外倾型的论述是符合实际的,这种理论已广泛地应用到教育、管理、医学和职业选择等领域,因为这种简单划分带来了使用上的方便。后期,有许多研究证实内外倾是人格的主要特质(维度),在重要的心理学量表 EPQ、MMPI 中也都包含有内外倾分量表。

美国心理学家凯瑟琳·布里格斯和伊丽莎白·迈尔斯母女在荣格的理论基础上,拓展了人格评价维度,构建了16种个性类型,最终编制成了《迈尔斯-布里格斯类型指标》,也就是著名的 MBTI 量表。MBTI 问世以来,成为世界上应用最广泛的性格测试工具之一,在性格测定、职业规划、人力资源管理等方面有着重要的影响,许多大型跨国企业都曾经将其作为员工招聘和团队建设的辅助工具。尽管近年来有专家提出 MBTI 存在着理论上的缺陷,缺乏严谨性,但迄今为止,并未影响其使用。

3.霍兰德6类职业人格

美国心理学家和职业指导专家霍兰德(Holland)经过十几年的跨国研究,提出了职业人格理论。他认为人的性格大致可以划分为6种类型,这6种类型分别与6类职业相对应,如果一个人具有某一种性格类型,便易于对这一类职业产生兴趣,从而也适合于从事这种职业。个人职业选择分为6种"人格性向",分别为现实型、研究型、艺术型、社会型、企业家型、传统型;工作性质也分为6种:现实性的、调查研究性的、艺术性的、社会性的、开拓性的、常规性的。其对应关系见表5-4。

表 5-4　霍兰德人格性向与职业类型匹配表

人格性向	人格特点	典型职业	职业匹配
社会型（S）	喜欢与人交往、不断结交新的朋友、善言谈、愿意教导别人；关心社会问题、渴望发挥自己的社会作用；寻求广泛的人际关系，看重社会义务和社会道德	喜欢要求与人打交道的工作，不断结交新的朋友，提供信息、启迪、帮助、培训、开发或治疗等工作	教育工作者（教师、教育行政人员），社会工作者（咨询人员、公关人员）
企业家型（E）	追求权力、权威和物质财富，具有领导才能；喜欢竞争，敢冒风险，有野心、抱负；为人务实，习惯以利益得失、权利、地位、金钱等来衡量做事的价值，做事有较强的目的性	具备经营、管理、劝服、监督和领导才能，善于从事实现机构、政治、社会及经济目标的工作，并具备相应的能力	项目经理、销售人员、营销管理人员、政府官员、企业领导、法官、律师
传统型（C）	尊重权威和规章制度，喜欢按计划办事，细心、有条理，习惯接受他人的指挥和领导，自己不谋求领导职务，喜欢关注实际和细节情况，通常较为谨慎和保守，缺乏创造性，不喜欢冒险和竞争，富有自我牺牲精神	喜欢要求注意细节、精确度、有系统有条理，具有记录、归档、根据特定要求或程序组织数据和文字信息的职业，并具备相应能力	秘书、办公室人员、记事员、会计、行政助理、图书馆管理员、出纳员、打字员、投资分析员
现实型（R）	愿意使用工具从事操作性工作，动手能力强，做事手脚灵活，动作协调；偏好于具体任务，不善言辞，做事保守，较为谦虚，缺乏社交能力，通常喜欢独立做事	喜欢使用工具、机器，需要基本操作技能的工作，对要求具备机械方面才能、体力或从事与物件、机器、工具、运动器材、植物、动物相关的职业有兴趣，并具备相应能力	技术性职业（计算机硬件人员、摄影师、制图员、机械装配工），技能性职业（木匠、厨师、技工、修理工、农民）
研究型（I）	思想家而非实干家，抽象思维能力强，求知欲强、善思考，不愿动手，喜欢富有创造性的工作，知识渊博，有学识才能，不善于领导他人，考虑问题理性，做事喜欢精确，喜欢逻辑分析和推理，不断探讨未知的领域	喜欢智力的、抽象的、分析的、独立的定向任务，要求具备智力或分析才能，并将其用于观察、估测、衡量、形成理论、最终解决问题的工作，并具备相应的能力	科学研究人员、教师、工程师、电脑编程人员、医生、系统分析员
艺术型（A）	有创造力，乐于创造新颖、与众不同的成果，渴望表现自己的个性，实现自身的价值；做事理想化，追求完美，不重实际；具有一定的艺术才能和个性；善于表达，怀旧，心态较为复杂	喜欢要求具备艺术修养、创造力、表达能力和直觉，并将其用于语言、行为、声音、颜色和形式的审美、思索和感受的工作，具备相应的能力。不善于事务性工作	艺术方面（演员、导演、艺术设计师、雕刻家、建筑师、摄影家、广告制作人），音乐方面（歌唱家、作曲家、乐队指挥），文学方面（小说家、诗人、剧作家）

　　霍兰德认为，每个人都是这 6 种类型的不同组合，只是占主导地位的类型不同。霍

兰德还认为,每一种职业的工作环境也是由 6 种不同的工作条件所组成,其中有一种占主导地位。一个人的职业是否成功、是否稳定、是否顺心如意,在很大程度上取决于其个性类型和工作条件之间是否适应。霍兰德职业人格能力测验就是通过对被试在活动兴趣、职业爱好、职业特长以及职业能力等方面的测验,确定被试上述 6 种类型的组合情况,并根据其个性类型寻找适合被试的职业。

4.卡特尔 16 种人格特质

卡特尔(Raymond B.Cattell,1905—1998)的 16PF(16 Personality Factor Questionnaire,被称为世界上最完善的心理测量工具之一。卡特尔在心理学家奥尔波特提出的人格特质概念以及研究的基础上,受化学元素周期表的启发,提出了基于人格特质的一个理论模型。

特质是持久的品质或特征,奥尔波特认为特质使许多刺激在机能上具有跨情境的一致性,即不同刺激能导致相似的行为。比如,归还别人的遗失物、考试不作弊、不说谎、不吹牛、承认缺点和不足等都是诚实的具体表现。

卡特尔提出了 16 种相互独立的根源特质,用于描述一个人独特的人格,完整地反映个性的全貌,并编制了《卡特尔 16 种人格因素测验表》(16PF)。由于测得的 16 种人格特质因素各自独立、相关较低,每一种人格因素都能对受测者某一方面人格特质有清晰而独特的说明。通过对这些信息的综合,可全面理解其人格特点。

卡特尔提出 16 种人格因素为:乐群性、聪慧性、(情绪)稳定性、恃强性、兴奋性、有恒性、敢为性、敏感性、怀疑性、幻想性、世故性、忧虑性、实验性、独立性、自律性、紧张性。

A.乐群性:高分者外向、热情、乐群;低分者缄默、孤独、内向。

B.聪慧性:高分者聪明、富有才识;低分者迟钝、学识浅薄。

C.(情绪)稳定性:高分者情绪稳定而成熟;低分者情绪激动、不稳定。

E.恃强性:高分者好强固执、支配攻击;低分者谦虚顺从。

F.兴奋性:高分者轻松兴奋、逍遥放纵;低分者严肃审慎、沉默寡言。

G.有恒性:高分者有恒负责、重良心;低分者权宜敷衍、原则性差。

H.敢为性:高分者冒险敢为、少有顾忌、主动性强;低分者害羞、畏缩、胆怯。

I.敏感性:高分者细心、敏感、好感情用事;低分者粗心、理智、着重实际。

L.怀疑性:高分者怀疑、刚愎、固执己见;低分者真诚、合作、宽容、信赖、随和。

M.幻想性:高分者富于想象、狂放不羁;低分者现实、脚踏实地、合乎成规。

N.世故性:高分者精明、圆滑、世故、人情练达、善于处世;低分者坦诚、直率、天真。

O.忧虑性:高分者忧虑抑郁、沮丧悲观、自责、缺乏自信;低分者安详沉着、有自信心。

Q1.实验性:高分者自由开放、批评激进;低分者保守、循规蹈矩、尊重传统。

Q2.独立性:高分者自主、当机立断;低分者依赖、随群附众。

Q3.自律性:高分者知己知彼、自律严谨;低分者不能自制、不守纪律、自我矛盾、松懈、随心所欲。

Q4.紧张性:高分者紧张、有挫折感、常缺乏耐心、心神不定、时常感到疲乏;低分者心平气和、镇静自若、知足常乐。

卡特尔 16 种人格因素量表测试结果如图 5-6 所示。

因素	原始分	标准分	低分特征	标准分											高分特征
				1	2	3	4	5	6	7	8	9	10	
A	8	5	缄默、孤独											乐群、外向
B	8	3	知识面窄											知识面宽
C	23	10	情绪激动											情绪稳定
E	24	10	谦虚顺从											好强固执
F	19	9	严肃审慎											轻松兴奋
G	14	7	权宜敷衍											有恒负责
H	12	5	畏缩、胆怯											冒险敢为
I	8	3	理智、着重实际											敏感、好感情用事
L	8	3	信赖随和											怀疑、刚愎
M	19	8	现实、合乎成规											想象、狂放不羁
N	11	5	坦诚、直率、天真											精明圆滑、世故
O	7	3	安详沉着、有自信心											忧虑抑郁、烦恼多端
Q_1	16	7	保守、尊重传统											自由、批评激进
Q_2	16	7	依赖、随群附众											自主、当机立断
Q_3	16	7	矛盾冲突、不明大体											知己知彼、自律严谨
Q_4	6	0	心平气和											紧张、有挫折感

二元个性因素	X_1	适应与焦虑型	0.9	Y_1	心理健康者人格因素	38.0
	X_2	内向与外向型	7.6	Y_2	专业有成就者人格因素	77.0
	X_3	情感用事与安详机警型	9.1	Y_3	创造力强者人格因素	78.0
	X_4	怯懦与果敢型	9.1	Y_4	新环境中有成长能力的人格因素	19.0

图 5-6 卡特尔 16 种人格因素量表测试结果例图

5.艾森克的人格维度理论

英国心理学家艾森克(Hans J.Eysenck,1916—1997)在人格问题研究中,用因素分析法提出了神经质、内外向、精神质三维特质的理论。他的人格理论实质上属于类型理论,即将人格类型化,但是他采用的方法却是特质维度的分析法。他所编制的汉斯 J.艾森克人格问卷(EPQ)是用途较广的人格量表,对分析人格的特质或结构具有重要作用。

(1)艾森克人格三维度

①维度 1——神经质:代表情绪性(神经质)不稳定的人,喜怒无常,容易激动。情绪性(神经质)稳定的人反应缓慢而且轻微,并且很容易恢复平静。艾森克认为,情绪性(神经质)与植物性神经系统特别是交感神经系统的机能相联系,可以用内外向和神经质两个维度来描述正常人格。

②维度 2——内外向:他将内外向和神经质作为两个互相垂直的人格维度,且以内外向为纬,以神经质为经(表现为情绪稳定的一端和情绪不稳定的一端),绘制成人格结构图。艾森克在图的两维空间组织起他认为基本的 32 种人格特质,且与希波克拉底的四种气质类型相对应。

③维度 3——精神质:代表具有倔强固执、粗暴强横和铁石心肠特点的人,并非暗指患有精神性疾病的人。精神质也可以用维度来表示,从正常范围过渡到极度不正常的一端。它在所有的人身上都存在,只是程度不同而已。得高分者表现为孤独、不关心他人、冷酷、缺乏情感和移情反应、对旁人有敌意、攻击性强等特点,低分者表现为温柔、善感等特点。艾森克认为精神质与神经质维度一起可以表示各种神经症和各种精神病。

（2）艾森克气质分类方法

艾森克用两个维度来描述人格，一个是内向和外向，另一个是神经质倾向（即情绪的稳定性），并用这两个维度构成人格维度图（如图5-7所示）。在图5-7中，横轴代表内向与外向，纵轴代表情绪稳定与不稳定。根据这两个维度，艾森克将人分成"稳定性+内向型"（黏液质）、"稳定性+外向型"（多血质）、"不稳定+内向型"（抑郁质）、"不稳定+外向型"（胆汁质）四种典型气质。

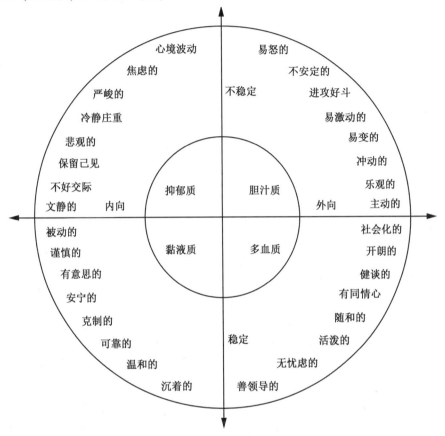

图5-7　艾森克人格维度与希波克拉底气质类型学说关系图

6.五因素理论（大五人格理论）

自从奥尔波特提出人格特质的概念之后，基于对此理念的认同，许多心理学家致力于从这个视角去尝试解释人格。从奥尔波特到卡特尔，再到大五人格理论的提出，在描述人类生活中重要内容的词汇中去发现人格特质成为人格研究的重要途径。当下，人格研究者们普遍认为，人格五因素模型是目前描述人格的最科学模型。大五人格理论提出 5 个重要的因素维度来描述人格，包括开放性（Openness）、尽责性（Conscientiousness）、外倾性（Extraversion）、宜人性（Agreeableness）、神经质（Neuroticism），英文首字母刚好可以组成 OCEAN，因此也被称为人格的海洋。五个维度非常宽泛，涵盖了人格的绝大部分内容。每个维度代表一个大的分类，里面各自包含诸多侧面特征，这些特征围绕着一个共同的主题并有独立的内涵，每个主题都具有两极的特性（见表5-5）。

表 5-5　人格五因素模型各维度在两极上的含义

因素	高分特点	低分特点
开放性	有创造性的、幻想的、喜欢变化的、独立自主的	保守的、实际的、循规蹈矩的、遵从依赖的
尽责性	有组织的、有条理、细心、谨慎、负责、自律、有抱负、有毅力	无组织的、马虎、轻率、不负责任、冲动、无目标、意志弱
外倾性	健谈(社交)、精力充沛、大方、果断、热情、活跃、乐观	话少、无精打采、害羞、保守、谨慎、冷淡、安静、冷静、退让
宜人性	有同情心、亲切、善良、宽厚、心软的、信赖他人、乐助人	铁石心肠的、好争吵、粗鲁、冷漠、易怒、残酷、无情的、对他人疑心、不合作
神经质	焦虑的、不稳定的、自我怜悯的、有不安全感、情绪化	平静、放松、冷静、自我满足的、有安全感、不情绪化

接下来,我们具体了解一下五大维度的子维度及其含义。

(1)开放性

开放性(O)描述了一个人的认知风格。对经验的开放性被定义为:为了自身的缘故对经验的前摄寻求理解,以及对陌生情境的容忍和探索。这个维度将那些好奇的、新颖的、非传统的以及有创造性的个体与那些传统的、无艺术兴趣的、无分析能力的个体做比较。开放性的人偏爱抽象思维,兴趣广泛。封闭性的人讲求实际,偏爱常规,比较传统和保守。

(2)尽责性

尽责性(C)指我们控制、管理和调节自身冲动的方式,评估个体在目标导向行为上的组织、坚持和动机。它把可信赖的、讲究的个体和懒散的、马虎的个体做比较。同时反映个体自我控制的程度以及推迟需求满足的能力。冲动并不一定就是坏事,有时候环境要求我们能够快速决策。冲动的个体常被认为是快乐的、有趣的、很好的玩伴。但是冲动的行为常常会给自己带来麻烦,虽然会给个体带来暂时的满足,但却容易产生长期的不良后果,比如攻击他人等。冲动的个体一般不会获得很大的成就。谨慎的人容易避免麻烦,能够获得更大的成功。人们一般认为谨慎的人更加聪明和可靠,但是谨慎的人可能是一个完美主义者或者是一个工作狂。极端谨慎的个体会让人觉得单调、乏味、缺少活力。

(3)外倾性

外倾性(E)表示人际互动的数量和密度、对刺激的需要以及获得愉悦的能力。这个维度将社会性的、主动的、个人定向的个体和沉默的、严肃的、腼腆的、安静的人做对比。这个方面可由两个品质加以衡量:人际的卷入水平和活力水平。前者评估个体喜欢他人陪伴的程度,而后者反映了个体的节奏和活力水平。

外向的人喜欢与人接触,充满活力,经常感受到积极的情绪。他们热情,喜欢运动,喜欢刺激冒险。在一个群体当中,他们非常健谈、自信,喜欢引起别人的注意。

内向的人比较安静、谨慎,不喜欢与外界过多接触。他们不喜欢与人接触不能被解释为害羞或者抑郁,这仅仅是因为比起外向的人,他们不需要那么多的刺激,因此喜欢一个人独处。内向人的这种特点有时会被人误认为傲慢或者不友好,其实一旦和他接触,你会发现他是一个非常和善的人。

(4)宜人性

外倾性是评估个体喜欢与他人一同出现的程度,而宜人性(A)则考察个体对其他人所持的态度。这些态度一方面包括亲近人的、有同情心的、信任他人的、宽大的、心软的;另一方面包括敌对的、愤世嫉俗的、爱摆布人的、复仇心重的、无情的。宜人性代表了"爱",对合作和人际和谐是否看重。宜人性高的人是善解人意的、友好的、慷慨大方的、乐于助人的,愿意为了别人放弃自己的利益。宜人性高的人对人性持乐观的态度,相信人性本善。宜人性低的人则把自己的利益放在别人的利益之上。本质上,他们不关心别人的利益,因此也不乐意去帮助别人。有时候,他们对别人是非常多疑的,怀疑别人的动机。但宜人性高并不意味着都是优点,对于某些职业和岗位来说,太高的宜人性是没有必要的,尤其是需要强硬和客观判断的场合,例如,科学家、评论家、质检员、保安和士兵。从某种意义上来说,船长这一职务,同样并不需要特别高的宜人性。

(5)神经质

神经质(N)反映个体情感调节过程,也反映个体体验消极情绪的倾向和情绪不稳定性。高神经质个体倾向于有心理压力,不现实的想法、过多的要求和冲动,更容易体验到诸如愤怒、焦虑、抑郁等消极的情绪。他们对外界刺激反应比一般人强烈,对情绪的调节、应对能力比较差,经常处于一种不良的情绪状态下。并且这些人思维、决策,以及有效应对外部压力的能力比较差。相反,神经质维度得分低的人较少烦恼,较少情绪化,比较平静。

大五人格模型对于人格的内涵概括基本完整、合理、准确,因此受到了众多人格研究者的推崇。但是,也有研究者认为这五大因素目前还不够完整,不能够涵盖人格特征的所有方面。临床心理医生发现,精神失常中所涉及的很多特征在这五大特征中都有所缺失,如精神变态、封闭自我、冲动及有执念等。

三、气质与安全

气质相当于平常所说的脾气、禀性,它是心理活动动力特征的总和,即表现在心理活动的速度、强度、稳定性和灵活性方面的人格特征。有人思维敏捷,有人行动迟缓,有人暴躁,有人温顺,有人活泼好动,有人沉默寡言,有人开放包容,有人固执刻板,这就是气质。人的气质差异主要是先天形成的,受神经系统活动过程的特性所制约。孩子出生后,最先表现出来的差异就是气质差异,有的孩子爱哭好动,有的孩子温顺安静。

【微视频】
气质、性格与安全

人的气质并无道德色彩,也无好坏之分。我们在评定人的气质时不能简单以好坏区分,应当看到每一种气质都有积极和消极两个方面。在这种情况下可能具有积极的意义,而在另一种情况下可能具有消极的意义。如胆汁质的人可以成为积极、热情、爽朗的人,也可发展成为任性、粗暴、易发脾气的人;多血质的人可以成为情感丰富、擅长社交、工作能力强、兴趣广泛的人,也可以成为情绪波动、油嘴滑舌、偷懒耍滑、朝三暮四的人;黏液质的人可以成为稳重踏实、有毅力恒心的人,也可以成为因循守旧、固执己见的人;抑郁质的人可以成为富有同理心、严谨仔细的人,也可以成为敏感多疑、小题大做的人。气质不能决定人们的行为,是因为人们可以自觉地去调节和控制。如果在学习、工作、生活中考虑到这一点,就能够有效提高自己和他人的效率。气质不能决定一个人活动的社会价值和成就的高低。据研究,俄国的四位著名作家就是四种气质的代表,普希金具有明显的胆汁质特征,赫尔岑具有多血质特征,克雷洛夫属于黏液质,而果戈理属于抑郁质。气质类型各不相同,却并不影响他们同样在文学上取得杰出的成就。

人的气质特征越是在突发性的和危急的情况下越能充分和清晰地表现出来,并本能地支配人的行动。因此,同其他心理特征相比,在处理事故这个环节上,人的气质起着相当重要的作用。事故发生后,为了能及时做出反应,迅速采取有效措施,有关人员应具有这样一些心理品质:能及时体察异常情况的出现;面对突发情况和危急情况能沉着冷静,控制力强;应变能力强,能独立做出决定并迅速采取行动等。这些心理品质大都属于人的气质特征。

我们以希波克拉底气质类型为例来分析海员的气质类型与安全之间的关系。

典型的胆汁质气质特征的海员在工作中操作动作有力干脆,决策果断,特别在紧急情况下能迅速采取措施;目标意志很强,工作效率高,不甘落后,常伴有高度的兴奋和激情,不易疲劳。其弱点主要表现为:易冲动,喜欢冒险;在航行过程中易被不礼貌行为(追越、抢船头)激怒,而一旦被激怒,会倾向做出危险的报复行为和赌气驾驶行为;在紧急情况下,难以沉着冷静,自制力差,有冒险尝试倾向。在船舶重大恶性事故中,这一类的海员较多。不仅海上交通如此,对于陆路交通的研究也显示,胆汁质的司机是"马路第一杀手"。对胆汁质海员应鼓励发挥精力旺盛、不怕疲劳、直爽、果断、顽强的优点,安排一些困难大、任务艰苦的工作。同时要帮助他们克服易怒、冲动、粗心、急躁、轻率的特点。采取以柔克刚、"降温"处理的办法,避免正面冲突,培养遇事谨慎、认真细致、冷静、灵活、自制力强、粗中有细的性格。

典型的多血质气质特征的海员在工作中操作动作敏捷,反应较快,处理问题迅速,乐于助人,不易疲劳,适应和调整能力较强,遇紧急情况时采取措施较为得力。但是,行为往往不稳定,情绪易波动,操船易粗心大意,工作不够认真,时常疏忽对设备的定期检查,喜欢听奉承话,高兴时忘乎所以,喜欢耍小聪明,违章后花言巧语蒙混过关,因而航行中容易造成险情和小事故不断。在针对陆路交通事故的调查中也发现,多血质的司机在事故中排名第二。对多血质的海员,要发挥他们活泼、灵活、热情、善于交际的优点,同时要及时向他们指出不稳重、不踏实、注意力不集中的弱点,提醒他们要严格要求自己,保持集中注意力,防止思想开小差,警惕"心血来潮",不要逞能,不要出"风头",保持情绪稳定性。管理人员在指出他们的不良行为时要有一定的强化措施,经常进行耐心的教育,帮助他们养成扎实专一、动中有静的性格。

典型的黏液质气质特征的海员在工作中操作动作稳定自如,不疾不徐,对追越、抢船头等不良行为不发怒。在航行过程中,不易受外界干扰,能严格执行水上法规和企业规章制度。但由于性子慢,处事不够果断,特别是面临危险情况可能会优柔寡断、固执、自信心不足。黏液质的人被认为是交通事故发生概率最小的群体。对黏液质的海员,应鼓励他们利用好情绪稳定、沉着、冷静、扎扎实实、埋头苦干的优点,同时引导他们克服冷淡、固执、缺乏信心的缺点,处事犹豫不决的时候,要立即迫使自己迅速做出决策,防止因拖延时间而发生事故。引导得法,他们会养成稳重而不失果断、内敛而不失热情、守规而不失变通的性格。

典型的抑郁质气质特征的海员在工作中一般操作动作较正规,能严格按章办事,主动礼让避险,但容易思维狭窄,观察不够全面,在意外紧急情况下易慌乱,应对效率不高,做事刻板、不灵活,积极性低,心思敏感、多疑,对批评指责体验强烈,抗压能力不强,喜欢安静独处,不喜欢被打搅。对抑郁质的海员,要发挥他们守纪律、工作仔细、观察细心的优点,帮助他们克服多疑、孤僻不合群、缺乏自信心的弱点。要求他们在航行中观察不仅要仔细,而且要全面,遇事要勇敢果断。对他们要多关心、多肯定,充分调动积极性,切记不要公开批评,个别教育要具体而诚恳,以培养他们自信、果断、灵活、细中有粗的性格。抑郁质倾向明显的海员可能不适于处理紧急事故,如果无法做到勇敢果断,也没有把握处理好,那么就要鼓励他们在发现紧急异常情况后,尽早求助于其他人。

综上所述,为了妥善预防和处理事故,各种气质类型的人都需扬长避短,善于发挥自己的长处,并注意对自己的短处采取一些弥补措施。

四、性格与安全

性格是表现在人对事物的态度,以及与这种态度相适应的行为方式上的人格特征。有人热爱集体,大公无私,有人不热爱集体,自私自利;有人总会表现出积极、乐观的情绪,有人则总是消极、悲观;有人意志力坚强,有人意志力薄弱;有人善于思考,有人不爱动脑筋,遇事缺乏主见。这些都是人的性格的表现。性格表现在一个人对自己、对他人、对集体、对社会以及对各种各样事物的态度和所采取的言行上,具有社会属性和道德色彩,这一点是与气质区分开来的。人和人之间的性格差异是人格差异的核心。性格一旦形成,在一定的时间内就是稳定的,但是由于它的形成受到后天环境因素的影响较大,因此可塑性比气质要强得多。

1.性格的特征

从组成性格的各个方面来分析,可以把性格分解为态度特征、意志特征、情绪特征和理智特征四个成分。

性格的态度特征主要指的是一个人如何处理社会各方面关系的性格特征,即他对社会、对集体、对工作、对劳动、对他人以及对自己的态度的性格特征。性格的态度特征,如积极的或是消极的、乐观的或是悲观的、接纳的或是排斥的、赞同的或是批判的、善良的或是凶恶的、友好的或是粗暴的、无私的或是自私的、认真的或是粗心的、勤劳的或是懒散的、诚实的或是狡猾的、正直的或是邪恶的、忠诚的或是世故的、文明的或是粗鲁的、节俭的或是浪费的、负责的或是敷衍的、谦虚的或是自大的等,多具有道德色彩,与人的道德品质紧密相关。

性格的意志特征主要指的是一个人对自己的行为自觉地进行调节的特征,可以从意志的四个品质,即自觉性、果断性、坚韧性、自制性来考察。良好的意志特征是有理想、行动有计划、独立自主、不屈服于外界压力、不受别人左右、果断、勇敢、坚韧不拔、有毅力、自制力强、有所为也有所不为;不良的意志特征是鼠目寸光、盲目、随大流、易受暗示、优柔寡断、放任自流、固执己见、虎头蛇尾、朝三暮四、怯懦、任性等。

性格的情绪特征主要指的是一个人的情绪对他的活动的影响,以及他对自己情绪的控制能力。有的人情绪强烈,有的人情绪微弱;有的人情绪活跃,有的人情绪平淡;有的人情绪持续时间短,有的人情绪持久不易消除;有的人情绪难以控制,有的人情绪可以很好地调节。

性格的理智特征主要指一个人在认知活动中的性格特征。在感知方面,有的人能按照一定的目的和任务主动地观察,独立思考,有的则容易受到环境刺激的影响,依赖他人的成果;有的倾向于观察细节,有的倾向于观察整体和轮廓;有的倾向于快速感知,有的倾向于精确地感知。在想象方面,有的人现实感强,有的人则富于幻想。在思维方面,有的人能深思熟虑,看问题全面;有的人则缺乏主见,人云亦云或钻牛角尖。

2.易引发事故的性格

虽然性格与事故本身并无必然的联系,也没有发现可预测的关系,但生活经验告诉我们,抛开环境条件因素,某些性格仍然在事故的发生中起到了作用。即使专业技术很好的操作人员,如果性格存在缺陷和不足,也容易在工作中发生事故。据统计,容易发生事故的性格特征如下:

(1)攻击型。妄自尊大,骄傲自满,喜欢冒险、挑衅,争强好胜,经常闹纠纷,不接纳别人的意见。

(2)孤僻型。性情孤僻、固执、心胸狭窄、对人冷漠,性格多属内向,与同事关系不好,工作中消极配合与协作。

(3)冲动型。性情易冲动,情绪起伏波动大,情绪持续时间长,不易平静。

(4)抑郁型。心境抑郁、浮躁不安,长期闷闷不乐、精神不振、兴趣寥寥,对工作提不起兴趣,专注度不够。

(5)马虎型。对待工作马虎、敷衍、粗心。

(6)轻率型。在紧急或危险情况下惊慌失措、优柔寡断或轻率决定、鲁莽行事。

(7)迟钝型。感知、思维或行动迟钝,不爱活动、懒惰、无所用心。

(8)胆怯型。懦弱、胆怯,没有主见,遇事爱退缩,不敢坚持原则,人云亦云,不辨是非,不负责任。

具有上述性格特征的海员,对于航海安全来说是潜在的风险因素。从安全管理的角度,管理者应当尽快了解海员的性格特征,一方面做好岗位匹配和人员组合的合理化,另一方面针对具有不良性格特征的人,加强安全教育和管理,引导海员学会调整自己,不断完善自己的性格。

3.性格的塑造

虽然成年人的性格具有很强的稳定性,但是人的性格形成受到经历、环境、教育等因素影响较大,因此也具有很强的可塑性。无论是主动地或是被动地改变环境条件,予以适当的刺激,对于人的性格的改变将起到很大的作用。因此有许多途径和方法可以用于海员的性格再塑造。

第一,个人的主观意愿改变非常重要,海员要有不断自我完善的意识。一方面,可以认真总结自己的过往失误经历,同时把别人的事故当作一面镜子,发现其中的不良性格表现,检讨自己是否存在同样的不足,引以为戒,克服缺点。另一方面,要以优秀的人为榜样,树立一个完善的个人成长目标,自我探索,自我激励,不断向理想的自我靠近。此外,持之以恒的努力是必不可少的。改造自己的过程是打破旧习惯、建立新习惯的过程,必定有一段感到不舒服、别扭的困难期。新习惯的形成需要很长的时间,所以唯有坚定信念、克服内部阻力,才能蜕变成功。

第二,对于管理者而言,海员良好性格的形成,适当的引导和管理手段必不可少。无论是青年还是中老年,大多数人对于自我的改造是存在惰性心理的,需要借助一定的外力来完成。另外,每个人对于自己的认识是有局限性的,需要他人的帮助以获得这部分自我。因而,管理者在工作中,如果发现海员的性格影响到航海的人,需要及时地引导,表扬其优点,启发他认识到性格中的不足及其危害。日常工作中,也要强化安全管理,严肃工作纪律和操作程序。在进行安全教育时,应当注意对不同性格的海员采取不同的教育方法。对性格开朗、有点自以为是又希望别人尊重他的海员,可以当面指出错误,不怕争论,但一定要坚持以理服人,就事论事,平等待人;对性格较固执又不爱多说话的海员,适合于用具体事实、榜样教育或后果教育方法,让其自行反思和从中接受教训;对于敏感、自尊心强的海员,适合于先"冷"处理,后单独做工作;对于自卑懦弱的海员,要多用暗示、表扬的方法,使其看到自己的优点和能力,增强其勇气和信心,切不可过多苛责。

五、态度与安全

【微视频】
态度与安全

在人类的行为中,态度起着微妙的作用。

态度是个体对特定对象(如人、观念、情感或者事件等)所持有的稳定的心理倾向。它通常包含三个要素:情感(Affect)、行为倾向(Behaviour Tendency)和认知(Cognition),也称为态度的 ABC 模型。认知体现的是个体对态度对象的认识和评价;情感体现的是个体对态度对象的好恶;行为倾向则是个体对态度对象的反应倾向。

通常情况下,认知和情感共同影响着个体的行为意向。尽管船舶设备都设计得更为安全,但必须在个体接受安全观念后才能起作用。如果海员对各项操作规程有正确的认识,又能积极认同其对海员生命、健康等的保障作用,那么海员就会表现出更多的遵章行为。反之,如果海员不能合理看待操作规程,或者内心具有抵触情绪,那么就会出现违章行为。

当人们面对一个人或事物时,如果日常观念跟情绪不一致,对于大部分人来说,往往情感因素容易占据主导地位,决定了态度的基本取向和行为倾向。比如,很多人都知道吸烟有害健康,但仍然吞云吐雾;许多人也都知道喝酒误事而且损害健康,但是仍然照喝不误;很多人知道吵架伤人伤己,还可能引发更大的冲突,但事到临头还是忍不住冲动。同样,海员即使非常熟悉操作规程,也知道其科学性和合理性,但若因为嫌麻烦、烦琐、枯燥,或因情绪低迷、愤懑、不满,而在内心产生厌倦感、懈怠、抵触或逆反,同样也会导致不安全操作的行为倾向。比如,尽管有安全头盔,许多海员在工作中却不戴它,因为感觉不舒服;在悬梯作业时,一些海员不愿意系安全带,因为穿戴麻烦。因为不安全操作往往有省力、省时、省心的特点,会让自己心情放松,人具有眼前利益倾向,所以现实中会出现"道理我明白,可我就是不想那么做"的情况。

有这样一个案例:在一艘杂货船的靠泊过程中,在船头船尾系泊的大多数海员没有穿戴任何个人保护设备(如安全鞋、头盔或手套等)。其中,包括一名操作缆机的高级海员在内的一些海员还穿着拖鞋。此外,当使用船上的旧式吊杆打开货舱时,值班海员也没有穿戴任何个人保护设备,穿着拖鞋、赤裸上身攀爬吊杆操作站的直梯。当船在快接近码头的时候,在没有人去检查左舷的情况下,船的左锚从锚管直接抛出来,结果差一点砸到负责带缆的工作船。实际上,这艘船上到处都张贴着船舶安全通告、海报,但是在海员身上完全看不到安全意识。

这是典型的安全态度不佳导致的侥幸脱险(near miss)事件。工作船以及作业中的海员非常幸运,没有发生安全事故。但并非所有缺乏安全态度的海员都能这么幸运。

在航海事故的分析研究中发现,许多事故的发生都与海员的典型态度有关。

1.侥幸心理

侥幸是当行为会产生有利和不利两个后果时,只关注有利后果,而认为产生不利后果是小概率事件,不会发生在自己身上的一种心理倾向。就像上述案例中的海员,为了省力、省时、省事,在侥幸心理的驱使下,简化操作程序,忽视安全规则,各种不安全行为纷纷出现。再例如,近些年来,发生了许多起因引航梯断裂而造成引航员伤亡的事件。其中,很重要的一个原因,就是负责管理引航梯的海员看到引航梯的磨损或者固定装置有松动,但仍然认为不会发生问题,因为船上长久以来都是用这个梯子的,而且没有出问题。侥幸心理是一个事故的基础性心理,往往伴随着懈怠心理、逞能心理同时发生。

2. 懈怠心理

懈怠是由于工作热情减退、疲劳等原因,不愿意接受操作程序的制约,忽视程序的重要性或者工作的紧迫性,敷衍塞责、应付了事、偷工减料、违反章程的心理倾向。在一艘旧轮船上,由于值班轮机员懈怠而违反操作程序,忘记将锅炉加热的水与生活用水混合降温,导致一个海员被洗澡水烫伤。此类事故以往并不鲜见,幸运的是,当代船舶设施日益自动化,新船的淋浴设施已经多为自动调节温度,基本解决了此类隐患。懈怠的情况可以表现在任何情境下,比如,对于一项只需很短时间就能完成的常规工作,海员采取不穿戴个人防护装备的简便方式就很常见。某船一名轮机员被要求去维护净化器。他在将化学品柜中一种特定的化学物质从桶中转移到一个小罐中时,大量的化学液体洒在大腿上,导致严重的化学烧伤。该轮机员最近刚接受了安全处理化学品的培训,但他既没有查阅张贴在化学品柜入口处的公司安全指示,也没有使用放置在化学品柜入口处的化学品个人防护装备。这是"我知道怎么做,但是太麻烦了,危险不会发生在我身上"的典型例子,在侥幸的心理下想偷个懒,但是不知道哪一次就发生了不幸。

3. 逆反心理

这是一种比较稳定的、对客观事物表现出与一般人对立或相反的情绪体验或行为倾向,是客观环境要求与主体需要不相符合时所产生的强烈的反抗心态。因为青少年在自我意识和独立意识形成的过程中,迫切希望摆脱成年人的监护,担心外界无视自己的独立存在,因而会采用抗拒权威的方式来确立自我。所以,年轻的海员中比较容易出现逆反心理的现象,而到了 30 岁以后,这种逆反心理就会大幅减少,彼时人们已经学会不需要依赖逆反来确立自己的独立性。逆反心理还有一种普遍存在的表现形式,就是普通人反抗权威和反抗现实的心理倾向。所以,成年中期以后的海员也可能存在一定的逆反心理,更多的是出于对人、事的不满或对制度的抗议,在工作中故意反其道而行之,明明知道是错误的却不改正,也有阳奉阴违、我行我素、不计后果等情况。某船在追越另一艘同向行驶的挪威货船时,过于靠近该船。大副当时与船长存在对立情绪,故意不遵守安全规则和船长的指示,仅做象征性的避让操作,结果导致两船相撞。

4. 逞能心理

有些人认为自己业务精湛,能应对各种状况,别人做不了的事情自己能做是本事,这样能让自己与众不同,获得更多的欣赏和赞赏,因而工作中逞强蛮干,无视规则,其结果很可能是事与愿违。2012 年 1 月 13 日,歌诗达"协和"号邮轮在意大利沿吉利奥岛海岸夜航时,因触礁搁浅,最终造成 32 人死亡。时任船长斯凯蒂诺最终承认自己没有按照预定航线行驶,选择近岸航行是向居住在海岸上的前任船长致意。他说:"我目视指挥邮轮靠近,因为我熟知这一带水域的深度,先前 3 至 4 次做过类似的事。但这一次我下令转弯太晚,导致邮轮驶入过浅水域。"无独有偶,2002 年 6 月 28 日,英国一艘客船的船长为了让旅客可以近距离观看礁石上吼叫的海豹,决定冒险从海岸和礁石之间的狭小水道通过。他自认为没有问题,但是靠近该区域后,发现由于涨潮礁石被淹没,又想左转舵从礁石外侧通过。此时,恰好遭遇设备出现故障,无法左转舵,不得不继续从中间水道通过,最终导致船舶触礁。

5.牢骚心理

发牢骚并非全都是有害无益的,心理学研究表明适当地发牢骚是发泄负面情绪,减少心理压力和负担的有效办法。但是,如果在工作时牢骚满腹,不停抱怨工作环境差,埋怨同事难相处,认为自己的问题都是客观原因和别人造成的,就会陷入悲观消极的情绪而无法自拔,以致工作积极性变差,注意力容易分散,形成安全隐患。

6.从众心理

从众心理是普遍存在的心理现象,它指个人受到外界人群行为的影响,而在自己的知觉、判断、认识上表现出符合于公众舆论或多数人的行为方式。从众的表现形式多种多样,有对群体的主动迎合,有对不被群体接纳的担心,也有对权威的屈服。一个人如果缺乏人格上的独立性,常常会依附他人、观望他人,以他人的行为标准和观念作为自己的行为参考,而不是以制度、规范、准则作为依据,且自我安慰"你看,大家都这样做,我也可以这样做",殊不知已经埋下诸多隐患。别人值班时应付了事、偷懒耍滑,自己也效仿;明知道领导可能出现了错误,也不敢提出异议。如此这般,事故发生的概率必然会增加。

在海员树立正确的工作态度上,个人安全意识觉醒是根本。只有海员真正地将安全意识融入日常工作与生活之中,才会克服不同情境下不良情绪的影响,在理性的主导下,将安全放在首位。海员自身要学会合理宣泄负面情绪,消除敌对和懈怠等不良心理;要提升自己与企业同呼吸共命运的主人翁意识;为自己确立一个值得信赖的榜样,并以其来检视和鼓舞自己。

公司和船上管理者要重视安全文化建设。公司有健全的安全管理规章,船上有严谨的具体安全操作规范和严格的安全管理手段。安全教育与培训应当针对具体工作环节,熟悉安全操作规程,掌握安全操作技能,用典型的事故案例激发海员情感上的共鸣,避免走形式,让"安全无小事""安全关系你我他"内化为海员信念和价值观体系的一部分。企业还要树立以人为本、平等尊重的理念,提升员工的归属感和自豪感,注重营造和谐的人际氛围,关爱海员的健康与发展,消除海员的抵触情绪,形成与企业共命运的情感。

六、能力与安全

能力是顺利、有效地完成某种活动所必须具备的心理条件。比如,音乐能力需要具备灵敏的听觉分辨能力节奏感、旋律的记忆力、想象力和感染力等心理条件,不具备这些心理条件就难以从事音乐活动,也就不具备音乐能力。从事管理工作,要具备一定的组织、交际、宣传、说服等能力。

【微视频】
能力与安全

当我们谈到能力的时候,总是和某种活动联系在一起,比如,运动能力、学习能力、思考能力、表达能力、组织能力等,因而它是针对具体活动的能力。只有具备了相应的能力,我们才能胜任工作,否则工作将无法顺利进行。

能力与知识、技能具有不同的内涵,但相互间又有密切联系。知识是人类经验的总结和概括。技能是通过练习而获得巩固下来的完成活动的动作方式和动作系统。能力则表现在人们掌握知识和技能的难易、快慢、深浅以及应用知识解决实际问题的水平上。一方面,能力是掌握知识的内在条件和前提;另一方面,能力是在掌握知识和技能的过程中形成和发展的,离开了学习和训练,任何能力都不可能得到发展。因而学习能力是一项重要的基本能力。一般来说，特殊能力的形成和发展要滞后于知识的获得。能力与知识发展水平也不是完全一致的。人们可能具有大致相当的知识水平，但他们的能力水平差别较大；也有可能具有大致同等的能力水平，但他们的知识水平差距明显。所以不能简单地用知识和技能水平来当作能力高低的评判标准。

1.能力的分类

（1）一般能力和特殊能力

斯皮尔曼提出能力包括一般能力和特殊能力。一般能力是完成各种活动所必须具备的最基本的心理条件，它适用于广泛的活动范围，是决定一个人能力高低的主要因素。例如，观察力、记忆力、注意力、想象力、抽象思维能力、运动（如爬行、翻滚、抓握等）能力、模仿能力、社交能力等。特殊能力是表现在某些特定的活动中的能力，它只适用于某种狭窄的活动范围。例如，船舶驾驶能力、艺术创作能力、编程能力等。

（2）液体能力和晶体能力

雷蒙德·卡特尔按能力的先天禀赋与社会文化因素的关系，提出能力分为液体能力和晶体能力。液体能力又叫作液体智力，是指在信息加工和问题解决的过程中所表现出来的能力。其较少依赖于文化和知识的内容，取决于个人的天赋，受教育和文化的影响较小；与年龄有密切关系，20岁达到顶峰，30岁以后将随年龄增长而降低。晶体能力又叫作晶体智力，是指获得语言、数学等知识的能力，它取决于后天的学习，与社会文化有密切的关系。在人的一生中，晶体能力一直在发展，活到老，学到老，晶体能力就可以一直提升，只是25岁之后其发展速度渐趋平缓。

2.能力与安全

航海属于特殊职业，对于能力有其特殊的要求。航海技术专业需要学习航海学、航海英语、船舶操纵与避碰、航海气象与海洋学、船舶结构与货运、航海仪器、船艺、船舶无线电技术基础、海洋船舶驾驶、船舶安全管理、海商法、船舶原理、船舶自动化基础、GMDSS通信设备与业务、罗经、雷达、GPS、AIS操作训练等课程；轮机工程专业需要学习轮机英语、轮机机械基础、热工基础、电工学、船舶电气设备及系统、船舶电工工艺和电器测量、机械制图、船舶柴油机、船舶辅机、轮机维护与修理、船舶修造与工艺、船舶管理、船舶自动化常识、电工工艺与电站训练、车钳焊训练、动力设备拆装与操作等课程。学习者需要将这些知识和技能转化为自己的工作能力，比如，驾驶能力、安全管理能力、仪器设备的操作能力、海图绘制能力、主辅机运行管理和操作能力、设备的维护和保养能力等。

特殊职业需要特殊能力。因为航海从业人员要从事冒险、具有危险性及负有重大责任的活动，所以要求航海从业人员要具有较强的特殊能力。因此，按照国际海事组织（IMO）《1978年海员培训、发证和值班标准国际公约马尼拉修正案》（以下简称《STCW公约马尼拉修正案》）的要求，航海类从业人员必须通过职业能力测试，获得证书之后方可到船上任职。此为国际通用强制性规定，有效地改善了航海的生产安全，减少了事故的发生。

海员获得了船员适任证书，只意味着其具备了基本的职业能力。职业能力的缺陷和不足，对于安全生产来说就是潜在的隐患。因此，在实际工作中，海员还需要不断地学习和巩固专业知识和技能，提高自己的综合能力，比如，业务能力、情绪管控能力、组织管理能力、统筹协调能力、人际交往能力、抗压能力、危机应对能力等。

企业管理者应当重视海员的能力差异。其要注意到知识水平与工作能力之间有时存在着差距,以及可能产生的不利影响。重要的岗位如船长、轮机长的任用,要做到能力与岗位职责要求相匹配。虽然有些船长、轮机长的专业能力很过硬,但是在组织管理上能力不足,总是采用简单粗暴的方式解决问题,对复杂的问题缺少办法,不能知人善用,不能做好团队建设,不能处理好船员间的矛盾冲突,就不能算是合格的船长、轮机长。船舶管理者不但要善于任用海员,还要善于挖掘他们的潜能,充分调动其积极性,使其工作有热情、心情舒畅,创建良好的工作氛围,以有利于安全生产。

在能力提升方面,企业除了要鼓励海员加强自我学习和技能提升,还要创造条件和机会以专项培训等方式提高海员的综合能力。打造一支专业能力过硬,综合能力出色的船员队伍,是安全航海的压舱石。

本章复习题

一、名词与术语

航海安全、瑟利模型、危险出现、危险释放、罗姆瑟事故现象模型、情绪、心境、激情、应激、情绪智力、意志、意识、注意、注意的稳定性、注意的广度、注意的分配、注意的转移、疲劳、心理疲劳、人格、气质、性格、态度、侥幸心理、懈怠心理、逞能心理、逆反心理、牢骚心理、从众心理、能力、一般能力、特殊能力、液体能力、晶体能力。

二、思考题

1.研究者通常如何看待心理因素与航海安全之间的关系?

2.使用瑟利模型来分析事故的时候,分为几个阶段,应各自审视哪些问题?

3.罗姆瑟事故现象模型是怎样解释事故发生的过程的?

4.情绪从产生的速度、强度和持续时间上可分为几个状态,各自对航海安全有什么影响?

5.情绪智力的表现有哪些?

6.情绪智力包括哪三个心理过程?

7.如果同事今天非常气愤地指责你工作不负责任,他不得不给你收拾乱摊子,你认为应该怎样处理?

8.意志有哪四个特性? 各自的内涵是什么?

9.桥本邦卫的意识层级理论是如何对意识水平进行划分的?

10.注意的对象是怎样获取的?

11.注意的几个种类怎样区分,对日常生活来说各自有什么意义?

12.如何衡量注意的品质?

13.哪些因素会影响到注意的品质?

14.疲劳对航运安全会有什么影响?

15.疲劳对海员的具体影响范围和征兆可分为哪三个方面? 请试举一些例子。

16.《疲劳导则》中将疲劳的原因归为哪五类? 影响海员疲劳的直接因素有哪些?

17.海员个人如何管理疲劳?

18.对于船员疲劳问题,船上管理层应该怎样做?

19.对于船员疲劳问题,企业应该做些什么?

20.怎么理解人格的可塑性?

21.希波克拉底与盖伦是如何进行气质分类的? 是否合理?

22.荣格如何理解人格的类型?

23.什么是人格特质?

24.艾森克人格维度有哪几个? 各有什么内涵?

25.五因素理论采用了哪5个人格因素来描述人格?

26.作为船上管理层,如何去管理不同气质类型的海员?

27.以航海安全为目标,如何塑造海员的性格?

28.态度影响行为的工作机制是什么? 怎样树立安全的工作态度?

29.如何提升自己的航海能力?

本章参考文献

[1]王有权.航海心理学[M].2版.大连:大连海事大学出版社,2007.

[2]郑林科,张乃禄.安全心理学[M].西安:西安电子科技大学出版社,2014.

[3]郭念锋.心理咨询师(基础知识)[M].北京:中国劳动社会保障出版社,2017.

[4]游旭群.航空心理学——理论、实践与应用[M].杭州:浙江教育出版社,2017.

[5]张铎.航海安全概论[M].大连:大连海事大学出版社,2012.

[6]黄希庭,郑涌.心理学导论[M].2版.北京:人民教育出版社,2015.

[7]戴维·迈尔斯.心理学[M].9版.黄希庭,等,译.北京:人民邮电出版社,2013.

[8]罗杰.中文形容词大五人格量表的初步编制 I:理论框架与测验信度[J].中国临床心理学杂志,2015,23(3):381-385.

[9]国际海事组织海上安全委员会.疲劳导则.国际海事组织海上安全委员会(MSC 100)第100届会议,2019年1月生效.

第六章　海员的心理健康

回望远古,人类生存在原始状态之下,结草为裙,居住洞穴,茹毛饮血,播耕火种。他们经常忍受着饥寒之苦、创伤之痛、生死之忧、疾病之害,面对困境只能逆来顺受,祈求上苍的佑护与恩典,面对疾病只能听天由命。经历了几千年的文明进程,人们才在与疾病相抗争的实践中找到了越来越多的方法,并且上升为理论认识。古希腊和古代中国在朴素的唯物主义思想指导下的整体医学观被后来建立在实验科学基础上的机械唯物主义医学观所取代,这种潮流随着工业革命进程的推进而越发迅速。随着微生物世界的发现和细胞病理学的建立,现代医学被蒙上了浓厚的生物学色彩,同时也奠定了生物学基础。在维护医学科学性的名义下,把曾在历史上闪光的整体医学思想弃如敝屣。医生们只看到了细菌、病毒、细胞,甚至只看到了细胞膜上的受体、药物分子的结构,以及可以做深入微细检查的昂贵的现代诊断仪器,如超声波、脑电图、同位素示踪、断层扫描、核磁共振……人成了疾病的载体而已,健康也只不过是没有疾病和生理活动正常而已。彼时,只见树木不见森林的生物医学观忽视影响疾病转归的心理、社会因素。接下来,医学的发展终于走到了否定之否定的后一个飞跃的环节。对人类心理和社会问题的研究,充实和丰富了医学研究内容,然后终于打破了单纯的生物医学模式,而代之以"生物—心理—社会医学"模式。这是一次伟大的医学革命,也是一次人类健康观念的革命。这次革命性的变化,使被遗弃很久的古代整体医学观重新被人重视。心理因素与社会因素对人类疾病防治和健康维护的作用被重视,新的健康观念诞生了。正是在这样的背景之下,我们来谈谈海员的心理健康问题。

第一节　心理健康概述

健康是人的成就之本、幸福之源,那么怎么样才算健康呢？了解健康尤其是心理健康的知识,提高对海员健康的维护水平,是现代社会中海员的切身利益诉求。

一、心理健康的概念观点

【微视频】
心理健康
概述

由于受生物医学模式的局限,很久以来人们习惯于把生物性指标看成判别健康与疾病的可靠标准。所谓健康就是没有症状,如果用当时水平的客观测量手法查不到检验异常的数据或指征,那么不管病人自觉如何难受,也将被判定为没病。而没病也就等于健康,这一健康概念是失之偏颇的。比如,很多疾病早期没有症状,也很难发现有案可稽的客观特征,于是,便认为他没有疾病或者说他是健康的。这样的医生直到今天仍大有人在,必须等到症状和指征齐备才承认其有病,显然这种做法反映了其疾病观和健康观的错误。

在社会人群中,对疾病的判定受年龄、经济状态、社会地位、医疗条件、文化程度等许多因素的影响。不同的人判定个体健康和疾病的标准也不一样。比如,在发达国家,人们普遍接受精神抑郁过久就是健康程度欠佳的观点;而在不发达国家,人们根本不可能重视一般的精神抑郁问题,因为他们还在为生存和温饱而拼命。一个有医学知识的人看到自己眼皮肿,会想到是不是患了肾炎,因而惊恐;一个没有这方面知识的人却可能等到病势已成,才被迫就医。此外,由于文化背景的不同,社会道德规范和政治制度的不同,各国以及社会发展的历史阶段不同,对健康与疾病的标准评价也大不相同。有些国家把丧失道德而犯罪看成精神上有病,把持不同政见者当作精神病患者;某些宗教中把虔诚的教徒听见神灵的声音视为正常,但从医学角度看其实或许是精神病态的表现。

由此可见,单纯从生物医学角度来对健康下定义是不够的。英文中有三个不同的词来表示疾病的概念:第一是 disease,用来说明病人的躯体器官有器质性病变,或功能不正常,这种异常是可以观察和测量的,这正是从生物医学角度看问题;第二是 illness,用来说明病人有主观不适感觉,如感到头痛、恶心、焦虑等一系列症状,这显然是从心理学角度看问题;第三是 sickness,用来说明病人患病了,不能正常工作、学习和进行日常生活活动,失去了健康人应有的行为,这是第三者的看法,也为病人所接受,是上述两种情况的结果,这是从社会学角度看问题(李心天,1990)。

因此,从医学、心理学、社会学的综合角度考虑一个人的健康问题才比较完整,所以对于健康的定义应该考虑如下三个方面:无器质性或功能性异常;无主观不适感觉;无社会(第三者)公认的不健康行为。这三条合到一起,包括健康的心和身的两个方面,这就是从生物—心理—社会医学模式角度对健康的理解。一个完整的健康观,应包括如下四个方面:

1.健康是心身统一的观点

经过古代和近代对人体健康认识的两次质的飞跃,人类日益深刻地认识到人体是生理与心理的统一体,人体健康应包括生理(躯体)健康与心理(精神)健康两个方面。

世界卫生组织(WHO)于 1948 年把"健康"定义为"不但没有身体缺陷和疾病,还要有完满的生理、心理状态和社会适应能力(Health is physical mental and social well being.)"。之后,其又具体地提出健康的标志是:①有充沛的精力,能从容不迫地应付日常生活和工作的压力,而不感到过分紧张;②态度积极,乐于承担责任,不论事情大小都不挑剔;③善于休息,睡眠良好;④能适应外界环境的各种变化,应变能力强;⑤能够抵抗一般性的感冒和传染病;⑥体重得当,身材均匀,站立时头、肩、臂的位置协调;⑦反应敏锐,眼睛明亮,眼睑不发炎;⑧牙齿清洁,无空洞,无痛感,无出血现象,齿龈颜色正常;⑨头发有光泽,无头屑;⑩肌肉和皮肤富有弹性,走路轻松匀称。上述对健康的这些解释表明,心理健康是人体健康不可分割的组成部分。

一个人生理、心理和社会适应都处于完满状态,才算是真正的健康。然而,对健康的传统认识存在着许多片面性,如认为人的健康仅为卫生保健的范围,只是医学过问的事;又如人们往往只注重人的生理健康而忽视心理健康,尽管为了研究需要,可以相对独立地区分生理活动和心理活动,但实际上,生理反应都会伴随不同程度的心理反应,而心理反应也都会产生或多或少的生理反应。当身体或精神的某一方面发生障碍或疾病时,另一方面也会受到影响。严格地说,没有一种病是纯粹身体方面的,也没有一种病是纯粹心理方面的。人们常说,健全的心理寓于健康的身体;同样,健康的身体亦寓于健全的心理。

21世纪以来,人类的疾病谱、死亡谱发生了重大变化,现代社会的发展使人们面临越来越多的心理应激。近几十年心理行为科学的研究逐渐揭示了心理社会紧张因素造成躯体疾病的中介机制,证明了古罗马哲学家西塞罗的论断:"心理的疾病比起生理的疾病数量更多,危害更烈。"生物反馈、自我松弛、操作条件训练等行为科学技术的发展,展示了心理操作调节活动在防治疾病、矫正行为、维护健康方面的美好前景。

许多学者在世界卫生组织(WHO)于1948年下的健康定义的基础上提出了更高的要求。1978年9月,国际初级卫生保健大会所发表的《阿拉木图宣言》对健康做了描述,不仅重申"健康不仅是疾病与体弱的匿迹,而且是身心健康、社会幸福的完善状态",并且提出"健康是基本人权,达到尽可能的健康水平,是世界范围内的一项重要的社会性目标"。1981年国际生理卫生评定委员会认为健康是"能精力旺盛地、敏捷地、不感觉过分疲劳地从事日常活动,保持乐观、蓬勃向上及具有应激能力"。越来越多的人开始接受这种观念,即没有疾病并非一定就健康,生理健康、心理健康均如此。没有疾病仅仅是健康最低的要求。健康的目标是追求一种更积极的状况、更高层次的适应和发展。健康的"康强观"认为,健康应能适应紧张,承受得住压力挫折,能积极安排自己的各种生活活动,使自己的心理、精神、情感融为一体,充满生机而且富有文明意义。1989年,世界卫生组织(WHO)在宣言里把健康概括为:躯体健康、心理健康、社会适应良好和道德健康。这是健康概念的又一次深化。

2.社会对个体影响的观点

一个完整的个体不仅是生物意义上的人,而且也是社会意义上的人。他生活在特定的社会环境之内,建立于不同层次的人际关系网。从夫妇、子女构成的核心的家庭关系,到家人、亲人,继而再扩大到同事、邻居、集体的关系,这些人际关系也同样对他个体的心、身健康产生影响;另外,还有周围自然环境对个体的影响。因此,当研究每个个体的心、身健康和疾病时,要考虑各个国家的文化背景、教育修养、经济状况、社会职业地位等因素的作用。

3.认知和自我评价作用的观点

医学心理学认为社会因素能否影响健康或导致疾病,不仅取决于社会因素的性质和意义,还取决于个体对外界刺激怎样认知和评价,有时后者占据主导地位。例如,发生工作上的重大失误、考大学名落孙山、恋爱婚姻屡遭挫折等,对某些人来说,会引起悲伤沮丧以至绝望情绪,一蹶不振,成为重大精神创伤而损害健康;但对另一些人来说,却能从中吸取教训,重整旗鼓,使其成为发奋图强的动力。许多社会因素都必须通过心理的中介作用,才能引起心、身两方面不同程度的反应,这些社会因素也必须成为心理刺激后才能对健康疾病产生影响,既能致病,也能治病。

4.主动适应与调节的观点

个体在成长发育过程中,逐渐对外界事物形成了一个特定的反应模式,构成了相对稳定的个体(人格)特点。这些模式和特点使个体在周围人和事的交往中保持着动态的平衡。其中,心理的主动适应和调节是使个体行为与外界保持相对和谐一致的主要因素,是个体保持健康和抵御疾病的重要力量。

上述四个观点贯穿医学、心理学各个领域,指导医学、心理学各个方面的工作和研究。它说明每个人都生活在特定的社会环境之中,要使一个人自身各个系统器官的生理机能和瞬息万变的外界保持高度的适应是通过一系列的心理活动来实现的。个体在生理上、心理上与外界社会三者之间如果保持着相对的动态平衡，就意味着健康，如果三者之间任何一方面出现了问题，破坏了平衡就意味着不健康。

二、心理健康的标准

心理健康的标准，是心理健康研究领域一个十分重要的基本理论问题。一个适当的标准，能够帮助人们更好地理解和评价心理健康状况。

许多心理学专家学者都提出了关于心理健康的标准，角度不同，层面不一。下面介绍几个广为人知的观点。

1.马斯洛和米特尔曼 10 项标准

美国心理学家，马斯洛(Maslow)和米特尔曼(Mittelman)于 1951 年提出心理健康的 10 项标准：

①有充分的自我安全感；

②能充分了解自己，并能恰当评估自己的能力；

③生活理想切合实际；

④能与现实环境保持良好的接触；

⑤能保持人格的完整与和谐；

⑥善于从经验中学习；

⑦能保持良好的人际关系；

⑧能适度地宣泄情绪和控制情绪；

⑨在符合团体要求的前提下，能有限度地发挥个性；

⑩在不违背社会规范的前提下，能适当地满足个人的基本需求。

2.许又新三标准

我国精神病学家许又新在 1988 年提出了衡量心理健康的三项标准：

(1)体验标准：以个人的主观体验和内心世界为准，主要包括良好的心情和恰当的自我评价。

(2)操作标准：通过观察、实验和测验等方法考察心理活动的过程和效应，其核心是效率。主要包括个人心理活动的效率和个人的社会效率或社会功能，如工作及学习效率高、人际关系和谐等。

(3)发展标准：着重对人的心理状况进行时间纵向(过去、现在与未来)考察分析。

发展标准指有向较高水平发展的可能性，并且有使可能性变成现实的、切实可行的行动措施。衡量心理健康时，要把这三项标准联系起来综合考察。

3.世界卫生组织(WHO)心理健康标准

世界卫生组织(WHO)1999 年提出的心理健康标准包括：

(1)良好的个性：情绪稳定，性格温和，意志坚强，感情丰富，胸怀坦荡，豁达乐观。

(2)良好的处世能力：观察问题客观、现实，具有较好的自控能力，能适应复杂的社会环境。

(3)良好的人际关系：助人为乐，与人为善，对人际关系充满热情。

4.郭念锋 10 项标准

郭念锋在其所著的《临床心理学概论》一书中提出从以下 10 个方面判断心理健康的标准。

（1）心理活动强度

这是指对于精神刺激的抵抗能力。不同的人对于同一类精神刺激的反应是各不相同的，这就能看出不同人对于精神刺激的抵抗。抵抗力低的人往往容易遗留下后患，可以因为一次精神刺激而导致反应性精神病或癔症，而抵抗力强的人虽有反应但不致病。这种抵抗力主要与人的认识水平有关，一个人对外部事件有充分理智的认识时，就可以相对地减弱刺激的强度。另外，人的生活经验以及固有的性格特征和先天神经系统的素质也都会影响这种抵抗能力。

（2）心理活动耐受力

前面说的是对突然的强大精神刺激的抵抗能力。但现实生活中还有另外一类精神刺激，那就是长期反复地在生活中出现，久久不消失，几乎每日每时都缠绕着人的心灵。这种慢性的、长期的精神刺激会使一个人痛苦很久，甚至可以折磨一个人整整一生。有的人在这种慢性精神刺激的折磨下出现了心理异常，人格改变，精神不振，甚至产生严重躯体疾病。但是也有人虽然被这些不良刺激缠绕，最终不会在精神上出现严重问题，甚至把不断克服这种精神刺激当作生活的乐趣，当作一种标志自己是一个强者的象征。他们可以在别人无法忍受的逆境中做出成绩。比如，许多心理学家认为丘吉尔患有较为严重的抑郁症，但是他把战胜工作中的挑战作为对抗抑郁的武器，不断地为自己设立目标，从而摆脱抑郁对自己的影响，很少有人能看得出来他深受抑郁症的困扰。因此，可以把对长期精神刺激的抵抗能力看作一个人的心理健康水平的指标，称它为耐受力。

（3）周期节律性

人的心理活动在形式和效率上都有着自己内在的节律性。比如，人的注意力水平就有一种自然的起伏。不只是注意状态，人的所有心理过程都有节律性。一般可以用心理活动的效率做指标去探查这种客观节律的变化。有的人白天工作效率不高，但一到晚上就很有效率，有的人则相反。如果一个人心理活动的固有节律经常处在紊乱状态，不管是什么原因造成的，都可以说他的心理健康水平下降了。

（4）意识水平

意识水平的高低往往以注意力水平为客观指标。如果一个人不能专注于某种工作，不能专注于思考问题，思想经常开小差或者因注意力分散而出现工作上的差错，我们就要警惕他的心理健康问题了。因为注意力水平的降低会影响意识活动的有效水平。思想不能集中的程度越高，心理健康水平就越低，由此而造成的其他后果，如记忆力下降等也会越严重。

（5）受暗示性

易受暗示的人往往容易被周围环境的无关因素引起情绪的波动和思维的紊乱，有时表现为意志力薄弱。他们的情绪和思维很容易随环境而变化，给精神活动带来不稳定的特点。当然，受暗示这种特点在每个人身上都或多或少存在着，但水平和程度差别较大，女性比男性较易受暗示。

（6）康复能力

人的一生不可避免会遭受精神创伤，在精神创伤之后，情绪的波动、行为的暂时改变，甚至某些躯体症状都可能出现。但是，由于人们各自的认识能力不同、经验不同，从一次打击中恢复过来所需要的时间也会有所不同，恢复的程度也会有差别。这种从创伤刺激中恢复到往常水平的能力，被称为心理康复能力。康复水平高的人恢复得较快，而且不留什么严重痕迹,每当再次回忆起创伤时,他们表现得较为平静,原有的情绪色彩也很平淡。

（7）心理自控力

情绪的强度和表达、思维的方向和过程都是在人的自觉控制下实现的。所谓不随意的情绪和思维只是相对而言的,它们都有随意性,只是水平不高以致难以察觉罢了。对情绪、思维和行为的自控程度与人的心理健康水平密切相关。当一个人身心十分健康时,他的心理活动十分自如,情绪的表达恰如其分,仪态大方,既不拘谨也不放肆。因此,精神活动的自控能力不失为心理健康的一个指标。

（8）自信心

当一个人面对某种生活事件或工作任务时,必然会先估计一下自己的应对能力。这种自我评估有两种偏差,一种是估计过高,另一种是估计过低。前者是盲目的自信,后者是盲目的不自信。这种自信心的偏差所导致的后果都是不好的。前者很可能由于自身力不从心导致失败,从而产生失落感或抑郁情绪;后者可因自觉力不从心,害怕失败而产生焦虑不安的情绪。为此,一个人是否有恰当的自信是衡量心理健康的一个标准。自信心反映的是一种自我认知和思维的分析综合能力,这种能力可以在生活实践中逐步提高。

（9）社会交往

人类的精神活动得以产生和维持,其重要的支柱是充分的社会交往。社会交往的剥夺必然导致精神崩溃,出现种种异常心理。因此,一个人与社会中其他人的交往也往往标志着一个人的心理健康水平。

当一个人毫无理由地与亲友和社会中其他成员断绝来往,或者变得十分冷漠时,这就构成了精神病症状,叫作接触不良。如果过分地进行社会交往,与素不相识的人也可以"一见如故",这可能是一种躁狂状态。现实生活中比较多见的是心情抑郁,人处在抑郁状态下,社会交往困难较为常见。

（10）环境适应能力

从某种意义上说,心理是适应环境的工具,人类为了保存个体和延续种族,促进自我发展和完善,就必须适应环境。因为,一个人从生到死,始终不能脱离自己的生存环境。环境条件是不断变化的,有时变动很大,这就需要采取主动性的或被动性的措施,使自身与环境达到新的平衡,这一过程就叫作适应。适应有积极适应和消极适应。前者指积极地改变环境,后者指躲避环境的冲击。有时,生存环境的变化十分剧烈,人对它无能为力,只能韬晦、忍耐,即进行消极适应。消极适应只是形式,其内在意义也含有积极的一面,起码在某一时期或某一阶段上有现实意义。当生活环境突然变化时,一个人能否很快地采取各种办法去适应,并保持心理平衡,往往反映了一个人的心理健康水平。

5.中国心理卫生协会六项标准

2012年中国心理卫生协会组织众多专家学者从自我、人际关系、环境适应三个层面提出了中国人心理健康六项标准,内容如下:

（1）认识自我、接纳自我

要了解自己、恰当地评价自己,有一定的自尊心和自信心,体验自我存在的价值,能够接受自己。

（2）自我学习、独立生活

具有从经验中学习、获得知识与技能的能力，能够独立处理日常生活中大部分的衣食住行活动，能够利用所获得的知识、能力或技能解决常见的问题。

（3）情绪稳定、有安全感

情绪基本稳定，以积极情绪为主导，能够调控自己情绪的变化，对人身、生活稳定等有基本的安全感。

（4）人际关系和谐

具有基本的社会交往能力，能够处理与保持基本的人际交往关系，能够在人际互动中体验到正常的情绪情感，获得满足感，能够接纳他人及交往中的问题。

（5）角色功能协调统一

基本能够履行社会所要求的各种角色规定，心理与行为符合年龄等特征，心理与行为符合所处的环境，在社会规范许可范围内，实现个人需要的适当满足。

（6）适应环境、应对挫折

保持与现实环境接触，能够面对和接受现实，积极应对现实，能够正确面对并克服困难。

根据心理健康六项标准及相应的评估要素，可以评估心理健康程度大概处在什么范围内，如属于心理健康状态、心理亚健康状态，或是危险状态。目前已有相关心理健康的细化标准和测评工具，以用于通过自我评估来衡量自己的心理健康程度。

三、心理健康的诊断

我们把人的心理活动划分为正常心理活动和异常心理活动，因此形成了心理正常群体和心理异常群体。正常的心理活动能够保障人顺利地适应环境，健康地生存发展；保障人正常地进行人际交往，在家庭、社会团体、机构中正常地肩负责任，使社会组织正常运行；保障人正常地反映、认识客观世界的本质及其规律性。在变态心理学中，丧失了正常功能的心理活动被称为心理异常。

正常心理状况划分为心理健康和心理不健康两部分，以此来区分"正常"的水平高低和程度。我们需要注意到，此处的"心理健康"与本章前述讨论的心理健康概念具有不同的内涵。此处的"心理健康"在健康等级划分语境下，仅指完全健康状态。

心理异常也称"精神障碍"。在《精神障碍诊断与统计手册（第五版）》（简称 DSM-5）中，精神障碍指的是临床上显著的综合征，即，它是一系列症状（可以是行为的或心理的）的集合，并且导致个体在社交、个人或职业功能上受损或感到痛苦。具体来说，常见的精神障碍症状包括神经发育障碍（如孤独症、多动症）、精神分裂症谱系、心境障碍（如重性抑郁障碍、躁狂发作、双相情感障碍）、焦虑障碍（如广泛性焦虑、社交焦虑障碍）、强迫及相关障碍、创伤及应激相关障碍（如创伤后应激障碍、急性应激障碍）、人格障碍（如偏执型人格障碍、反社会型人格障碍、强迫型人格障碍）、认知障碍（如谵妄）等。心理异常并非意味着他所有的心理活动都不正常，而是知、情、意其中的某些部分不正常。比如，一个人可能有情绪障碍，但是他的感知觉功能是正常的。

对于心理健康水平的诊断和判别，首先要区分的是心理活动是正常的还是异常的。如果心理活动异常，则诊断为精神障碍的类型。如果心理活动正常，则评价其处于健康水平。在中国心理卫生协会建立的心理咨询体系中，人们采用一般心理问题、严重心理问题、神经症性心理问题三个等级来区分心理问题的严重程度和行为表现。在此需要特别说明一点,它与 DSM-5 是不同的评价体系,所以对心理问题的描述并不对应,在个别具体心理问题的归类上存在着一定的差异。在心理咨询实践中,专业心理咨询师通常可以灵活地运用不同的评价体系为来访者服务。

（一）区分心理异常的标准

1.标准化的区分

李心天在 1991 年对正常心理与异常心理的区分提出了四类判别标准。

（1）医学标准

在这种标准下,精神障碍是躯体疾病。如果一个人的某种心理或行为被疑为有病,就必须找到它的病理解剖或病理生理变化的根据,在此基础上认定此人有精神障碍;其心理或行为表现,则被视为疾病的症状,其产生原因则归结为脑功能失调。

这一标准为临床医师们广泛采用。他们深信,有精神障碍的人的脑部应当有病理过程存在。有些目前未能发现明显病理改变的精神障碍,可能在将来会发现,即病人的大脑中已发生了精细的分子水平上的变化。这种病理变化,才是区分正常心理与异常心理的可靠根据。医学标准将精神障碍纳入医学范畴,这种做法对精神障碍的研究曾经做出过重大贡献。

（2）统计学标准

在普通人群中,人们的心理特征在统计学上服从正态分布。这样,一个人的心理正常或异常,就可根据其偏离平均值的程度来决定。以统计数据为依据,确定正常与异常的界限,多以心理测验为工具。

统计学标准提供了心理特征的量化资料,其操作简便易行,便于比较,因此受到很多人欢迎。但是,这种标准也存在一些明显的缺陷,例如,智力超常或有非凡创造力的人在人群中是极少数,但很少被人认为是病态;再者,有些心理特征和行为也不一定服从正态分布,而且心理测量的内容同样受社会文化的制约。所以,统计学标准上的普遍性也只是相对的。

（3）内省经验标准

内省经验涵盖两个方面:一是病人的内省经验,如病人自己觉得有焦虑、抑郁或说不出明显原因的不舒适感,自己觉得不能控制自己的行为,等等。二是观察者的内省经验,如观察者把被观察的行为与自己以往经验相比较,从而对被观察者做出心理正常还是异常的判断。

这种判断具有很大的主观性,不同的观察者有各自的经验,所以评定行为的标准也各不相同。当然,如果观察者通通接受同一种专业训练,那么,对同一种行为,观察者们也能形成大致相近的看法,甚至对许多精神障碍可取得共识,但对某些少见的行为仍可能有分歧,甚至意见截然相反。

（4）社会适应标准

在正常情况下,人能够维持生理和心理活动的稳定状态,能依照社会生活的需要,适应环境和改造环境。因此,正常人的行为符合社会的准则,能根据社会要求和道德规范行事,这时,我们说他的行为是一种社会适应性行为。如果由于器质的或功能的缺陷,使得某个人的社会行为能力受损,不能按照社会认可的方式行事,那么,我们就认为此人患有精神障碍。这一判断,是将此人的行为与社会行为相比较之后得出的。

2.心理学的区分

郭念锋(1986、1995)认为,区分心理的正常与异常,应该从心理学角度切入,他提出了区分心理正常与异常三原则。

第一,主观世界与客观世界的统一性原则。因为心理是客观现实的反映,所以任何正常心理活动和行为,必须在形式和内容上与客观环境保持一致。不管是谁,也不管是在怎样的社会历史条件和文化背景中,如果一个人说他看到或听到了什么,而客观世界中当时并不存在引起他这种感觉的刺激物,那么,我们必须肯定,这个人的精神活动不正常了,他产生了幻觉。如果一个人的思维内容脱离现实,或思维逻辑背离客观事物的规定性,并且坚信不疑,我们就可以认定,他的精神活动不正常了,他产生了妄想。如果一个人的心理冲突与实际处境不相符合,并且长期持续、无法自拔,我们就可以认定,他的精神活动不正常了,他产生了神经症性问题。这些都是我们观察和评价人的精神与行为的关键,我们称它为统一性(或同一性)标准。人的精神或行为只要与外界环境失去统一性,必然不能被人理解。

在精神科临床上,人们常把有无"自知力"作为判断精神障碍的指标,其实这一指标已被包含在上述标准之中。所谓无自知力或自知力不完整,是一种患者对自身状态的反映错误,或称为自我认知与自我现实的统一性的丧失。

在精神科临床上,人们还把有无"现实检验能力"作为鉴别心理正常与异常的指标,其实,这一点也被包含在上述标准之中。因为若要以客观现实来检验自己的感知和观念,必须以认知与客观现实的一致性为前提。

第二,心理活动的内在一致性原则。人类的精神活动虽然可以被分为知、情、意等部分,但它是一个完整的统一体,各种心理过程之间具有协调一致的关系,这种协调一致性保证了人在反映客观世界过程中的高度准确和有效。也就是说,正常人对于一件事情,有什么样的认知评价,就会产生什么样的情绪,就会有什么样的行为,这是一个内部协调一致的过程。比如,一个人遇到一件令人愉快的事,会产生愉快的情绪,手舞足蹈,欢快地向别人述说自己内心的体验。这样,我们就可以说他有正常的精神与行为。如果相反,用低沉的语调向别人述说令人愉快的事,或者对痛苦的事做出快乐的反应,我们就可以说他的心理过程失去了协调一致性,为异常状态。

第三,人格的相对稳定性原则。每个人在自己长期的生活道路上都会形成自己独特的人格心理特征。这种人格心理特征形成之后具有相对的稳定性,在没有重大外界变故,或者没有强烈的主观改变意愿的情况下,一般是不易改变的。因此,在没有明显外部原因以及主观强烈调整意愿的情况下,如果人格的相对稳定性出现问题,我们理应怀疑一个人的心理活动是否也出现异常。这就是说,我们可以把人格的相对稳定性作为区分心理活动正常与异常的标准之一。比如,一个用钱很仔细的人突然挥金如土,或者一个待人接物很善良友好的人突然变得很冷酷暴戾,如果我们在他的生活环境中找不到足以促使他发生如此改变的原因时,我们就可以说他的精神活动已经偏离了正常轨道。

以上三条原则违背了任何一条,将被视为心理异常,成为精神疾病的初步诊断依据。最终是否属于精神障碍,以及哪一类的精神障碍,需要到专业精神卫生机构做进一步的诊断确认。需要注意的是,此三条原则并不完全适用于神经症的区分。神经症在绝大多数情况下不存在缺乏自知力和人格不稳定的问题,更不存在心理活动内在协调性问题，患者只是缺乏控制心理活动以及行为的能力。但是根据《国际疾病分类（第十次修订本）》（ICD-10），神经症属于精神障碍的类型之一。所以在实践中，仅凭此三条还是很不够的，只能做一个初步判别的参考。

我国著名心理学家王效道也提出了相似的三原则观点：心理与环境的同一性；心理与行为的统一性；人格的稳定性。他认为，怎样衡量心理健康及其水平是复杂的课题，企求绝对客观的划分标准是困难的，健康与否的界限是相对的，并没有截然绝对的分界线。

研究精神障碍与心理疾病的类型、表现、原因、病程、治疗以及预后等等，是精神病学、变态心理学和心理治疗的重要任务。精神障碍有时也称心理障碍。本书后续还会提及"心理障碍"一词，它在实际使用中大概有三种含义：①与精神障碍混用；②指心理疾病的一种症状，比如社交焦虑、恐高症等；③指对特定的人、事、物的心理阻力，比如想请人帮忙但不好意思开口、天气寒冷不愿意出门、不喜欢跟某人打交道而不得不交往，这种面子薄、难为情、不情愿、不得不的心理阻力状态也可以说成有心理障碍。读者需要注意领会其使用的语境，以防止产生误解。

患了精神障碍以后，行为将偏离正常，对工作与生活都将产生重要影响。如果海员疑似患有精神障碍，必须及时寻求专业精神科医生帮助，不宜拖延。

（二）心理不健康的分类及诊断

【微视频】心理不健康的分类及诊断

如果能排除心理活动异常，我们就在心理正常的范畴内去讨论是否存在心理问题，以及问题的严重程度。根据求助者心理问题产生的原因、表现出的症状、持续的时间、内心痛苦的程度、对社会功能的影响情况、有无泛化和回避等因素，综合判断属于哪一种不健康的类型。在中国心理卫生协会组织编写的《心理咨询师（2017版）》中，心理不健康包含了一般心理问题、严重心理问题和神经症性心理问题三种类型。

在排除个体有器质性病变的前提下，各类型的具体诊断条件如下：

1.一般心理问题

必须满足以下四个条件：

（1）由现实生活、工作压力、人际关系、失误等因素导致内心冲突，且冲突是常形的，并因此体验到不良情绪。引起内心冲突的事件并非鸡毛蒜皮的小事，正常人大多会因这一类事件而产生内心冲突。

（2）不良情绪不间断持续一个月，或者间断地持续两个月仍不能自行化解。

（3）不良情绪反应仍在相当程度的理智控制之下，始终保持行为不失常态，基本能保持正常的生活、工作、学习、社会交往，但效率有所下降。

（4）从始至终，不良情绪的激发因素仅仅限于最初事件，即使是与最初事件有关联的其他事件，也不会引起此类不良情绪。

综合描述，一般心理问题是指由现实因素（如考试失常、工作失误、与他人发生矛盾冲突、遭遇挫折、受到惊吓等）激发，持续时间不长、不良情绪的痛苦程度不高、情绪反应仍在理智控制之下、没有严重破坏社会功能、激发情绪反应的因素尚未泛化的心理不健康状态。

在生活中，不良情绪随时可见，但是并非不良情绪的背后都意味着出现了一般心理问题。我们需要把握刺激的性质、不良情绪的持续时间、不良情绪的痛苦程度以及对社会功能的影响程度和反应是否泛化这几个维度，综合分析，则不易出现误判。

2.严重心理问题

必须满足以下四个条件：

（1）由较为强烈的、对个体威胁较大的现实刺激引发内心冲突，内心冲突是常形的，并且不同的刺激会体验到不同的痛苦情绪。

（2）痛苦情绪间断或不间断持续两个月以上，半年以内。

（3）遭受的刺激强度越大，反应越强烈。在大多数情况下，情绪和行为可能会失去理智控制，比如突然哭泣、摔东西、工作时突然离开岗位、对别人的话置之不理。痛苦程度较高，虽然在后来的持续时间里，痛苦可能会逐渐减弱，但是单纯地依靠"自然发展"或"非专业性的干预"，难以解脱。对生活、工作、社会交往都有很大程度的影响。

（4）痛苦情绪不但能被最初的刺激引起，与最初的刺激相类似、相关联的刺激，也可以引起此类痛苦，即反应对象被泛化。

严重心理问题有时伴有某一方面的人格缺陷。在临床诊断中，要注意严重心理问题与神经症性心理问题的鉴别。两者关键的区别在于"内心冲突的性质"。严重心理问题的内心冲突是常形的，而神经症性心理问题的内心冲突是变形的。

3.神经症性心理问题

这一类型心理问题，实质是接近神经症的症状，但是还不能确诊为神经症的状态，或是神经症的早期阶段。

因此，我们在这里有必要通过讲解如何诊断神经症，来掌握神经症性心理问题的判别方法。

判别神经症的关键在于弄清楚患者心理冲突的性质。从现象或事实的角度来说，心理冲突有常形和变形之分。简单的理解就是，所谓常形就是正常人都能理解的内心冲突，也就是常人都在意的事情引起来的内心冲突，是正常的内心冲突；变形则是正常人不太理解的内心冲突，也就是常人没有当回事儿的事件引起了内心冲突，是不正常的内心冲突。

具体说来，心理冲突的常形有两个特征。第一，它与现实处境直接相联系，涉及大家公认的重要生活事件。例如：夫妻感情不和，离婚或者不离婚都痛苦；与同事发生矛盾冲突，心里别扭；船长适任证书考试没有通过，很懊恼；工作中出了事故，很担心和自责等。第二，它有明显的道德性质，可以从道德角度去评价。上述事件中，他人都可以从道德的角度做出评论。

心理冲突的变形也有两个特征。第一，它与现实处境没有必然关系，或是它涉及的是生活中鸡毛蒜皮、无足轻重的小事，一般人认为不值得为它操心。普通人通常难以理解这些很容易决定的事情为什么病人却在纠结。例如，纠结进门时先迈左脚还是先迈右脚，如果迈错了会很痛苦，考虑要不要出去重新进门；无论怎么洗手，都觉得没有洗干净，纠结要不要继续洗下去；生活中的每一样东西都要摆放在固定的位置，否则就会抓狂；干什么事情都没问题，只要一开始学习就不行了。第二，冲突不带有明显的道德色彩。如上例，非特殊情况下，走路、洗手和物品摆放都与道德没有什么关系。

心理冲突的变形是神经症性的，而心理冲突的常形是大家都有的经验。如果陷入心理冲突的常形，甚至并没有什么痛苦的心理冲突，那么充其量是心理、生理障碍，而不是神经症。要注意的是，一旦出现头痛、失眠、记忆力下降或内脏功能障碍，原来不明显的心理冲突便会尖锐化，很容易出现变形，例如，明显的疑病症状。再例如，某学生期末考试没考好,原因是一到考试前就紧张、心慌。可是,近一个月以来,他不愿去教室,在教室里总感到心慌,看书也不能集中注意力。人多时,他就感到浑身不舒服,呼吸都感到不顺畅,当众写字,手会发抖,睡眠也不好。这些例子就是伴随生理和失眠症状出现的典型的心理冲突变形。

如果确定了心理冲突属于变形,那么就可采用如下简易评定法分辨其属于神经症还是神经症性心理问题。

(1)病程:不到三个月评 1 分;三个月到一年评 2 分;一年以上评 3 分。

(2)精神痛苦程度:轻度,自己可以主动摆脱,评 1 分;中度,自己摆脱不了,须借助别人的帮助或处境改变才能摆脱,评 2 分;重度,几乎完全无法摆脱,即使别人安慰开导、陪伴或异地休养也无济于事,评 3 分。

(3)社会功能:工作学习照常,人际交往只有轻微妨碍者,评 1 分;中度社会功能受损者,工作学习或人际交往效率显著下降,不得不减轻工作或改变工作,或只能完成部分工作,或某些社交场合不得不尽量避免,评 2 分;重度社会功能受损者,完全不能工作学习,不得不修病假或退学,或某些必要的社会交往也要完全避免,评 3 分。

如果总分为 3~5 分,诊断为神经症性心理问题,如果得 6 分及以上,则可以确诊为神经症。在有些分类体系中,神经症性心理问题和神经症之间还存在着可疑神经症的分类。但是在实际生活中,区别神经症性心理问题和可疑神经症没有现实意义,只存在理论上的意义,所以本书不做具体区分,均统称为神经症性心理问题。

要补充说明的是,对精神痛苦和社会功能的评定,至少要考虑近三个月的情况才行,评定涉及的时间太短是不可靠的。

关于心理问题的诊断程序,在此做一梳理,以帮助读者理清思路,在实践中准确把握。工作程序如下:

(1)确认心理问题没有器质性病变基础。

(2)根据郭念锋区分心理正常与异常三原则,分析患者自知力及有无精神病性症状,与精神病性问题相鉴别。

(3)分析求助者的心理冲突类型,将"一般心理问题、严重心理问题"与神经症性问题相鉴别。如果心理冲突是变形,就采用简易评定法,根据得分情况来确定是神经症还是神经症性心理问题。

(4)如果心理冲突是常形,就分析情绪的诱因是否泛化,如果已经泛化,就考虑为严重心理问题;如果没有泛化,则考虑为一般心理问题。

(5)根据心理问题的病程(持续的时间)、对心理生理以及社会功能的影响程度作为辅助条件来做出最终判定。要注意心理问题的判定,一定要有必要的病程做基础。如果时间太短,无论出现什么情况都不能确诊。同时,也应当参考社会功能影响的程度,如果患者并无特别痛苦的情绪,即使情绪诱因有泛化现象,也不能确定为严重心理问题。所以,病程、生理心理及社会功能的影响程度虽然不是决定性的判别条件,也有一定的弹性,但是仍然具有重要的意义。

我们还要意识到,心理不健康的状态区间除了包括一般心理问题、严重心理问题和神经症性心理问题,其实还有一些短时间的心理不良状态,如持续几天的忧郁、情绪低落、心绪不宁、不开心等,虽然不是完全健康状态,但也不能定性为心理问题。这样的不良状态,大多随着客观条件的改变或者问题的解决而自然消除。

第二节 海员常见心理问题

由于航海的职业环境因素与海员的劳动、生活特点影响,部分远航人员可能会发生各种心理问题甚至出现精神异常,这不仅给海员的身体健康带来危害,而且会给执行远航任务带来极大的困难。

美国海军调查了11年间不同职责的海军士兵的发病与住院情况,报告患精神异常(包括人格变态、醇中毒、精神病和神经机能性疾病等)的士兵入院治疗者达83 637人次,总减员天数2 382 511天,发病人数仅次于事故(含中毒和暴力)和呼吸系统疾病,高于消化、皮肤、肌骨骼、泌尿生殖和循环系统疾病的发病人数。美国军方认为,就减员和医疗费用而言,在各种疾病中,事故性操作和精神疾病对海军人员的健康危害较大。我国孙哲等分析1979—1983年166名海员死因时发现外伤和意外约占1/4,其中,海员自杀者占1/3。近些年来,针对海员心理健康的研究数据仍然不能让人乐观。《船员健康情况调查(2015)》(我国海运业船舶技术人员状况调查课题组,2015)基于4 991份海员调查问卷得出的统计数据显示,30.4%的海员认为自己的健康状况一般,11.2%的海员认为自己不太健康,使用课题组自制的《中国海员心理健康量表》阳性检测率分别为躯体化4.6%、焦虑4.5%、抑郁4.3%、性心理障碍4.6%、自卑4.1%、冲动4.5%、社交困惑4.7%、空虚5.2%、精神倾向6.3%、恐怖5.1%、强迫4.8%。尤其是30岁以下的船舶技术人员心理阳性症状检出率占比最高,需要关注和一般关注的比例达到19.4%。

根据国内外航海医学心理学工作的实践,以下介绍几种常见的海员心理问题:精神疲劳与睡眠问题、神经症、抑郁症、人格障碍和性心理健康问题。

一、精神疲劳与睡眠问题

疲劳是海员最常见的健康问题,而睡眠问题与疲劳问题深度纠缠在一起,既可能是疲劳的重要成因,也可能是疲劳的不良后果。

(一)精神疲劳

海员疲劳的成因和管理以及对航海安全的影响,我们在第五章第六节已经充分讨论过。在这一部分,我们主要针对健康问题进行讨论。

精神疲劳也称心理疲劳,医学心理学研究表明,它可以由长期单调、机械的工作引起,也可以由脑力劳动繁重,或长期的精神紧张压力大引起,还可以由反复的心理刺激引起。另外,一些复杂的恶劣情绪也可以逐渐影响形成心理疲劳。精神疲劳和身体疲劳存在着紧密但非必然的关系,身体疲劳的人未必会精神疲劳,但精神疲劳的人通常都有身体的疲惫感或倦怠感。

海员的精神疲劳伴随着持续的紧张状态而出现,同时还会出现一些消极的情绪,如愤怒、憎恨、忧愁、悲伤、恐惧和痛苦等,都会给海员的身心健康带来十分不利的影响。恐惧是海员遇到危急情境时常见的消极情绪。在精神疲劳的海员中,当恐惧心理占主导地位时,整个心理过程会发生混乱,引起心理活动的部分或完全失调。这种心理失调过程可分为三个不同的层次:

一是由精神疲劳引起的智力、感觉能力和运动能力的失调。它使海员的认知范围变得狭窄,思维发生障碍,信息加工速度变慢,记忆出现模糊,逐步丧失思维创造能力和随机应变能力。接踵而来的是运动功能失调,如哭笑、战栗、惊叫、逃跑、语音语调改变(如口吃),动作不协调以致出现严重的错误,以及失去理智和自制力。应激关到海员专业技能的发挥。其在缺乏实践经验、初次参加远航和心理准备不充分的新海员中比较容易出现。

二是由精神疲劳引起的意志和精神失调。其在上述基本能力发生失调的基础上,进而表现为海员的目的性、顽强性、工作积极性、主动性、自我鉴别能力和自我控制能力减弱。如胆小怕事、多疑、防卫意识增强,有时出现无组织、无纪律、不坚决执行命令的现象,暗中逃避危险现象,甚至嗜酒、搞迷信活动。

三是由于紧张状态的强烈而持续作用,精神疲劳导致海员精神完全失常。这类心理活动的破坏在海员中较少见。他们的强烈反应状态(精神类疾病)可持续数分钟或5~7天,甚至更长。有的急性发作,持续时间较短,可恢复;有的需进入精神专科医院,采取综合矫治措施。

持续的精神疲劳对海员的心身健康具有十分不利的影响,影响着海员的整个心理过程和整体效能的发挥。

航海是一项特殊的职业,要求海员有相当长的一段适应期。适应期的长短既与船的环境条件有关,也与海员个体的生理、心理素质有关。大多数研究认为,海员的疲劳通常随着在船工作时间的延续而加重,但这种变化也因人而异,不可以一概而论。依据对海员的生理及心理规律的研究,海员的航行期大致有六个阶段。

第一阶段为最初航行适应期。

最初航行适应期为前两周。这一阶段的海员身体素质好,精力旺盛,思维敏捷,责任心较强,干劲十足。初次共事的同事间处于人际关系的定向阶段,对彼此的性格脾气、喜爱偏好等比较生疏,相互间较为客气。由于对船舶设备及操作度能还不熟悉,存在心理压力也是在所难免的。

第二阶段为最适宜航行阶段。

最适宜航行阶段为上船后半个月到两个月之间。这一阶段,海员的所有心理和生理现象都处于最佳状态,他们吃得饱、睡得香,情绪稳定、精神饱满,对船上的工作、生活基本上适应。

第三阶段为疲劳全面补偿阶段。

这一阶段大致出现在航行的第三个月。在此阶段中,海员因疲劳开始出现行为反应的变化,比如,反应开始迟缓,神经系统的平衡失调,海员全身机能稳定性开始下降,随之而来的是活动的积极性下降。

第四阶段即疲劳阶段。

疲劳阶段通常在连续航行3个月以后出现。海员会出现情绪不稳定,生理活动指标趋于下降,易急躁,易兴奋,睡眠少,体力及脑力动能力下降,有持续的疲乏感、精神不振,履行职责的质量开始下降,操作出现不精确和失误,工作态度不认真,效率低,易违反船舶管理规章制度,人际关系紧张,对家庭的思念加重。

第五阶段是过度疲劳阶段。

过度疲劳阶段出现的时间,通常是更长期的航行,也可因持续的高强度体力及脑力劳动,或因遭受突然的应激事件而心力交瘁,出现精神疲劳。

第六阶段表现为最后的热情。

通常在返航即将休假途中,海员情绪高涨,感到一身轻松。此时容易产生敷衍侥幸心理,如果不多加注意,最容易麻痹大意,导致差错或失误。

就目前远洋海员在船工作持续时间,国内船舶方面,通常是船长、轮机长、大副、大管轮连续工作 6 个月后休假,二副、三副、二管轮、三管轮连续工作 7~8 个月后休假,水手、机工连续工作 10 个月后休假;外籍船舶方面,通常是船长、轮机长、大副、大管轮连续工作 4 个月后休假,二副、三副、二管轮、三管轮连续工作 5~6 个月后休假。在特殊情况下,海员持续在航时间可能会不得不延长,甚至超过一年乃至更久。譬如新冠疫情在全球暴发以后,受到各国防疫政策的限制,据统计,全球累计约有 40 万的海员无法正常下船轮休,岸上海员也无法上船换班工作,导致这些海员被迫在船继续超期工作。海员不得不面对精神疲劳的问题,企业也必须面对安全管理中的潜在风险。

海员实际在船连续工作时间与生理心理规律总是存在一定的偏差,这个矛盾当前很难协调一致。海员和航运企业都有各自的利益诉求,不同的国家和地区的社会和文化也存在差异,在符合 IMO 公约要求的前提下,各相关方都要积极主动地调整,以降低疲劳水平,保障海员身心健康和航海安全。

持续的心理疲劳对海员的心身健康具有十分不利的影响。伴随着持续的精神疲劳,海员会出现一些消极的情绪,如烦躁、怨恨、忧愁、悲伤、痛苦等,以及一些消极的意志行为,如任性、草率、懒惰、缺乏耐心、随大流等。如果得不到及时疏导化解,累积起来,在心理上会造成心理障碍、心理失控甚至心理危机,出现精神萎靡、恍惚甚至失常,可引发多种心、身疾患,如动作失调、失眠多梦、记忆力减退、注意力涣散、工作效率下降等,以及引起诸如偏头痛、荨麻疹、高血压、缺血性心脏病、消化性溃疡、支气管哮喘、月经失调、性欲减退等疾病。

精神疲劳可以通过自行调节而获得改善或者摆脱。在日常生活中,预防和解除精神疲劳可从以下几个方面努力:

第一,要注意劳逸结合。生活要有规律,重视休息,适时进行一些体育锻炼。海员可以在休息时间每天坚持跑步、打球、健身等,以提高肌体的活力、精力和人体在应付复杂枯燥工作时的适应能力,从而避免因从事的活动过于单一而产生单调、消极的心境,也有助于增强心理素质,应对一些强度较大的刺激。同时,每天尽可能保证充足的睡眠,让大脑充分休息,对消除疲劳有明显的效果。正念、冥想等近些年来兴起的心理减压和放松方法对于海员也非常适用。

第二,要培养工作兴趣。兴趣的产生与大脑皮层上的兴奋点相联系,对从事感兴趣的工作不易疲倦,而对从事没兴趣的工作易于疲劳。海员要注意培养自己热爱海洋、热爱航海、爱岗敬业的情感,不仅能够提升自己的道德情操,还有助于自身的心理健康。另外,工作之余多培养一些个人的兴趣爱好,也同样会起到缓解疲劳的效果。

第三,不要对自己过度施压。完美主义情结是许多心理疾病的诱因,过度的自我要求,对于工作来说并非一定是适当的。工作要认真负责,而不是硬拼蛮干。应不给自己设定不合理的目标,精力允许的情况下可以精益求精,但是不要画蛇添足,该放松的时候要放松,不做无用消耗。

第四,要创造一个和谐的人际环境。应与人为善,和亲友、同事等处好关系。经验表明,人只有生活在融洽、快乐的氛围中,才能有愉快的心境、开朗的性格、健康的身心,才不易产生疲劳,即使感到疲劳也容易很快消除。

第五,要磨炼意志。一方面,意志坚强的人不仅在生理疲劳时能继续顽强地生存下去,而且在精神疲劳时也能克服惰性,顺利完成自己的任务,达到确立的行动目标。另一方面,意志坚强的人也不容易出现精神疲劳。心理学研究发现,人的心率变异度与人的意志品质有密切的相关性。长期坚持一定强度的体育锻炼,比如说长跑、跳绳、拳击、力量训练等,可以很大地提升心率变异度,从而增强人的意志品质。另外,良好的生活习惯对于培养意志品质也有积极的意义。

第六,建立合理的认知。人有很强的主观性,态度与观念对于人的心理状态和行为有着很强的动力作用。如果我们的眼睛是灰色的,那么我们所处的世界也是灰色的;如果我们的眼睛是明亮的,那么这个世界也是明亮的。持有积极的人生态度和观念,对于工作、生活都将产生积极的影响。

(二)睡眠问题

许多研究结果显示海员中存在睡眠问题的比例比普通人群要高一些。睡眠不足是疲劳的主要成因,也是有效的疲劳管理的主要方法。

睡眠问题的表现包括:睡眠缺乏、睡眠困难、失眠、不规则睡眠、睡眠质量差、梦魇障碍、过度嗜睡等。在船舶上,造成睡眠问题的影响因素有很多,其中主要的影响因素包括:

(1)可用的睡眠时间是否充足;

(2)持续性睡眠的时间是否足够长;

(3)环境(如热、湿度、噪声、振动、照明等)是否易于睡眠;

(4)工作和生活事件与压力(如失误、困难、紧迫、危险、轮班时间变化、生病、家庭变故等);

(5)饮食;

(6)兴奋剂(如咖啡、茶、酒精等)和药物。

基于美国精神医学学会对养成良好的睡眠习惯提出的建议,结合海员职业的特殊情况,我们对海员的睡眠管理提出如下建议:

(1)布置一个舒适的卧室。有一个安静的环境,光线暗、凉爽、有温暖舒适的被褥,将电脑、电视和电子设备从床边移除,睡前不玩电子游戏,不聊天。

(2)规律地锻炼。慢跑、健身操、跳绳、游泳、瑜伽等轻快的运动,最好每周至少3次。任何形式的锻炼都对促进睡眠质量有帮助,但是应避免在临近睡觉前的时段锻炼。

(3)保证一定的睡眠时间。按你的需要安排睡眠,不要太多,也不要太少。在正常情况下,大多数健康成人需要每天7.5~8.5个小时不被打断的睡眠。但是海员的两个值班间隔多数情况下是8个小时,还有吃饭、洗漱等安排,所以很难达到这个标准。因而,海员需要养成自己的合理睡眠习惯,将每天一个固定的值班休息区间作为主睡眠时间,达到7个小时左右的连续睡眠。如果仍然感觉有不足的情况,可以在另一个休息区间以小睡做补充。IMO的《疲劳导则》也鼓励将小睡等短时休息列入值班计划中。白天小睡的最佳时长是20分钟左右,研究证明小睡是短期缓解疲劳的有效措施,可以提高海员的机敏水平。但是,超过30分钟的小睡将会造成睡眠惯性,会损害态势感知能力(醒后长达20分钟处于昏昏沉沉和/或迷失的状态)。

(4)控制担忧。睡前不要思考工作和生活中的问题,一是会导致难以入睡,二是容易做噩梦,降低睡眠质量。可以在一天的早些时候,安排一个规律性的担忧时间,去考虑生活和工作中的问题。睡前要告诉自己"现在做不了什么,等睡醒了再去解决问题"。

(5)设定常规。坚持规律的睡眠模式和觉醒时间,每天起床和睡觉都有固定的时间,避免日间打盹。大洋航线的海员经常会穿越时区,需要做一些推迟或者提前值班的调整,对海员的规律睡眠也会有一定的影响,需要海员做出更好的快速调整。

(6)远离兴奋剂。睡前数小时内不要摄入咖啡因、尼古丁和酒精。咖啡和茶中的咖啡因有刺激神经兴奋的作用,需要15~30分钟进入身体系统,其生理作用在到达血液后大约1小时到达最高点,咖啡因水平每5或6小时下降一半,因而在体内分解所需时间周期长,会长时间干扰睡眠。吸烟者一般睡眠更不规律,通常需要更长的时间才能睡着,并在睡眠期间较多时间是醒着的。酒精短时间内可以刺激人兴奋,而过多摄入,虽然可以帮助一些人入睡,但并不能获得高质量的睡眠效果,而且容易形成不良依赖。

(7)睡前不要吃太饱。睡前吃得过饱,会加重肠胃的负担,这些不容易消化的食物会造成腹部胀满进而使膈肌上抬挤压心脏,导致向大脑输送的血液不足。脑部供血不足会造成轻度缺氧,人就会做噩梦。

(8)找到令人放松的睡前常规安排。例如,洗温水澡、用温水泡脚、听轻音乐,做正念练习或者进行简单的腹式呼吸练习,可在心理上为身心的入睡做好准备。

二、神经症

这里采用了中国精神障碍分类和诊断标准第三版(CCMD-3)的分类方法,将神经症作为一类问题来介绍,包括恐怖症、焦虑症、强迫症、躯体形式障碍和神经衰弱。但是DSM-5采用了新的分类方法,神经症没有作为一个精神障碍分类出现,而是将焦虑障碍、强迫障碍、躯体症状障碍单独分类,惊恐障碍和特定恐怖症等归类到焦虑障碍中,神经衰弱没有被作为精神障碍来讨论。

神经症是由于各种精神因素引起高级神经活动过度紧张,致使大脑机能活动短暂失调而造成的一组疾病的总称。当我们使用神经症这个分类概念时,主要是想特指一种表现在焦虑、恐怖、强迫等方面,比重症精神病更为常见的轻度精神异常状况。此类疾病患者往往有完整的自知力,人格没有被过度损害。因此,他们对自己的社会适应不良后果或对自己的状况都表示非常痛苦。

【微视频】
神经症

一般而言,神经症患者有以下几种典型特征:

(1)患者能清楚地意识到自己内心的矛盾冲突,而且注意力的矛头经常指向自己,想摆脱都不可能。越是自我关注越是感到病情如影随形。有时一方面陷入苦恼,另一方面却装作若无其事,生怕被别人看出来,岂不知这样一来,又多了一层自我关注的内在动机。

(2)自我感到非常痛苦,每到一位医生那里就医,便滔滔不绝地自我介绍病情,虽然在同事面前尽量表现得不露声色,但在医生或熟人、亲人那里,就"开闸放水"般地讲述起来。

(3)持续时间较长,一般超过半年以上,不同于那些临时受挫折的痛苦者。

(4)严重者会出现在高焦虑水平之上的抑郁、强迫、恐惧轮番更替的症状转换,称之为"三联症"。这一发展过程有内在的相关逻辑规律,在其中某一状态为主时去就医,可能此时被医生诊断为抑郁症,而彼时又被另一医生诊断为强迫症。总之,这类患者的工作效能明显下降,干着急却改变不了工作和生活的无效能状态。

(5)经全面检查,找不出器质性改变的临床证据。这一点对诊断很重要,因为有些器质性疾病可以并发多种类似神经症样的症状。比如慢性肝炎、甲状腺功能亢进症、原发性高血压初期等。没有经验者仅凭一些类似症状就武断地诊断为"神经症",有可能会造成对患者的误诊,不仅有些躯体疾病会出现神经症的症状,有些精神病也可以在早期出现神经症的症状。

海员的神经症的发病机制相当复杂,它的产生与船上特殊工作条件下具有的虚弱状态、精神因素和个体因素密切相关。所谓虚弱状态,主要指长时间航行的沉重的精神负荷所引起的海员心理生理消极状态,当然其他环境不良因素也具有促进海员加重虚弱状态的作用。在现代船舶上,由于装备了各种复杂的自动化仪器系统,从而改变了传统的劳动性质,海员的体力劳动比重逐渐减小,中枢神经系统分析器活动的负荷逐渐加重,由此导致了海员神经-精神紧张性的增加,目前一般认为神经-精神紧张是一种心理生理反应。海员的职业活动往往是在神经-精神高度紧张的状态下进行的,在远航中长期受各种不良因素的综合影响,在伴有下列条件时,海员的紧张程度明显增加:

(1)在执行与高度责任心相关的复杂任务时;

(2)出现意外的强烈刺激时;

(3)在时间短、信息少的条件下必须做出决定且付诸行动时;

(4)在信息繁多并处理困难的情况下,尤其当生命或健康受到威胁时,海员的心理反应更加强烈。

已经有研究证明,海员的神经-精神紧张性增加,是构成舰船事故率增加的重要因素,也是海员易于罹患神经症的重要因素。

各类神经症在航海舰船人员中的发病率无确切统计资料,但在门诊与工作中时常见到此类病人。

神经症患者与一般精神病人不同,其特点是他们对自己所患疾病有相当的自知力,而且主动求医,不存在精神病人的感知觉和思维障碍,行为虽然有异常或障碍,但一般仍能为社会所接受,没有人格上的变态,一般仍能适应现实社会生活。容易发生神经症者原先可能有精神病史,成年人在某种紧张环境中发生过较严重的焦虑或抑郁反应的,在同样紧张的条件下有可能再次发生类似症状。此外,对表现下述一种或多种症状者,可认为容易发生神经症:不幸的童年回忆、不断地咬指甲、尿床、睡眠障碍、偏头痛或其他精神生理或心身疾病、学习成绩低下、不合群、不交友、经常调换工作、行为孤僻(反复酗酒、滥用药物、性欲反常)、情绪剧烈波动、自认为容易焦虑及有明显的自卑感与羞怯感等。医务人员应注意观察,仔细评定,必要时请精神科会诊,以尽快明确诊断,给予适当治疗。

海员的神经症具有突然性、发作快和预后良好的特征。预防海员发生神经症,要考虑以下几个方面。第一,要维持船舶集体各成员之间的良好协调性。所谓协调性,是指各种不同性格的人或人群之间友好相处,使在完成远航任务的目标下提高工作效率,并得到满意的效果。协调性可分为功能性(在相互支援方面)和心理性(在交往方面)两种类型。功能性协调系指训练水平相同、工作能力接近、心理生理功能与过程的参数相近似。心理性协调包括个人之间的关系,这种关系可保证有不同意见的人员在短时间内能友好相处,从而使整个集体为完成共同的任务,在心理上协调一致。第二,加强科学合理的专业与心理训练,提高海员的情绪稳定性。如果各类专业人员都受过良好的训练,在职业上有克服与战胜各种困难的准备与经验,那么引起的情绪波动就不会特别明显。其机理在于危险情况的多次重复可使心理生理稳定过程得到加强,而有助于海员的正确判断和冷静处置。

下面介绍几种常见神经症的主要特点及诊断标准:

(一)神经衰弱

神经衰弱是由于长期处于紧张和压力下,出现精神易兴奋和脑力易疲乏现象,常伴有情绪烦恼、易激惹、睡眠障碍、肌肉紧张性疼痛等症状。这些症状不能归于脑、躯体疾病及其他精神疾病。症状时轻时重,波动与心理社会因素有关,病程多迁延。

神经衰弱具有以下特点:神经衰弱的疲劳具有弥散性,干什么都觉得累;带有明显的情绪性,主要有烦恼、易激惹、心情紧张三种;不伴有欲望和动机的减退,相反,患者有抱负和追求,只是苦于力不从心;常见睡眠障碍(如难以入睡、多梦和醒后不解乏、回顾性失眠、睡眠感丧失)、头部不适、个别内脏功能的轻中度障碍。神经衰弱与心理疲劳的关系在于,心理疲劳并不一定伴随着身体疲劳,而神经衰弱是既感觉到身体疲劳,又一定具备心理疲劳的症状。神经衰弱与抑郁症有些相似,但是它们之间也有着显著的差异。神经衰弱的患者神经往往比较兴奋,活动的动机和意愿非常强,有希望达到的目标,但是感觉力不从心,无法实现,因而产生苦恼、易怒等情绪;抑郁症患者神经不兴奋,缺乏行动的动机和意愿,干什么都提不起兴趣。

目前,大多数学者认为精神因素是造成神经衰弱的主因。凡是能引起持续的紧张心情和长期的内心矛盾的一些因素,使神经活动过程强烈而持久的处于紧张状态,超过神经系统张力的耐受限度,即可发病。如过度疲劳而又得不到休息使兴奋过程过度紧张;对现在状况不满意则使抑制过程过度紧张;经常改变生活环境而又不适应,使中枢神经系统处于过度紧张和疲劳状态。大脑皮质的神经细胞具有相当高的耐受性,在紧张的脑力劳动之后,虽然产生了疲劳,但稍事休憩或睡眠后就可以恢复。不过,长期处于强烈紧张状态的神经活动,一旦超越耐受极限,就可能产生神经衰弱。

神经衰弱在中国属于神经症的诊断之一。随着医生对神经衰弱认识的变化和各种特殊综合征和亚型的分出,在美国和西欧已不做此诊断。中国精神障碍分类和诊断标准第三版(CCMD-3)工作组的现场测试证明,在我国,神经衰弱的诊断也明显减少。

根据CCMD-3,其诊断标准如下:

1.症状标准

(1)符合神经症的诊断标准;

(2)以脑和躯体功能衰弱症状为主,特征是持续和令人苦恼的脑力易疲劳(如感到没有精神,自感脑子迟钝,注意力不集中或不持久,记忆力差,思考效率下降)和体力易疲劳,经过休息或娱乐不能恢复,并至少有下列两项:

①情感症状,如烦恼、心情紧张、易激惹等,常与现实生活中的各种矛盾有关,感到困难重重,难以对付。可有焦虑或抑郁,但不占主导地位。

②兴奋症状,如感到精神易兴奋(如回忆和联想增多,主要是对指向性思维感到费力,而非指向性思维却很活跃,因难以控制而感到痛苦和不快,但无言语运动增多。有

时对声光很敏感）。

③肌肉紧张性疼痛（如紧张性头痛、肢体肌肉酸痛）或头晕。

④睡眠障碍，如入睡困难、多梦、醒后感到不解乏，睡眠感丧失，睡眠觉醒节律紊乱。

⑤其他心理生理障碍，如头晕眼花、耳鸣、心慌、胸闷、腹胀、消化不良、尿频、多汗、月经紊乱等。

2.严重标准

患者因明显感到大脑和躯体功能衰弱而影响其社会功能，为此感到痛苦或主动求治。

3.病程标准

符合症状标准至少已3个月。

（二）焦虑症（焦虑性神经症）

焦虑症以焦虑情绪体验为主要特征，临床上分为广泛性焦虑障碍（Generalized Anxiety Disorder）与惊恐发作（Panic Disorder）两类。前者表现为在没有明显诱因的情况下，出现与现实处境不符的过分紧张、担心、害怕、易怒、注意力难以集中或头脑一片空白，伴有自主神经紊乱的一系列表现，如心跳加速、气短、头痛、身颤、肌肉紧张、睡眠障碍等，还有运动性不安的躯体症状，如坐立不安、坐卧不宁等。这种焦虑、担心或躯体症状能够引起临床意义上的痛苦，或导致社交、职业或其他重要功能方面的损害。后者表现为突然发作，感到极度惊恐，体验到濒死感或失控感，伴有自主神经紊乱表现，如出汗、心悸心慌、心惊肉跳、震颤发抖、发冷或发热、头昏恶心、全身发抖、呼吸困难、现实解体或人格解体，不久停止，可以再发。

按照 CCMD-3，焦虑症是神经症的一个亚型，首先须符合神经症的特点，即具有一定的人格基础，此病常受心理社会因素的影响；症状没有可证实的器质性病变做基础，与病员的现实处境不相称，但病员对存在的症状感到痛苦和无能为力，自知力完整，病程多迁延。

1.广泛性焦虑（慢性焦虑）

除具备神经症的特征外，广泛性焦虑还必须以持续的广泛性焦虑为主要临床表现。排除甲亢、高血压、冠心病等躯体疾病的继发性焦虑；排除兴奋药物过量、催眠镇静药物，或抗焦虑药物的戒断反应；排除强迫症、恐怖症、抑郁症或精神分裂症等伴发的焦虑。轻型表现符合以下两点，重型表现再加上第三点：

（1）经常或持续的无明确对象和固定内容的恐惧或提心吊胆；

（2）伴有自主神经症状或运动性不安；

（3）社会功能受损，病员因难以忍受又无法解脱而感到痛苦。病程标准符合上述症状至少6个月。

2.惊恐发作（急性焦虑）

除了具备神经症的特征以外，急性焦虑还必须以惊恐发作作为主要临床表现。排除其他精神障碍，如恐怖症、抑郁症或躯体形式障碍等继发的惊恐发作；排除躯体疾病如癫痫、心脏病发作、嗜铬细胞瘤、甲亢或自发性低血糖等继发的惊恐发作。轻型症状特点符合以下四点，重型症状再加上第五点：

（1）发作无明显诱因、无相关的特定情景，发作不可预测；

（2）在发作间歇期，除害怕再发作外，无明显症状；

（3）发作时表现强烈的恐惧、焦虑及明显的自主神经症状,并常有濒死恐惧、失控感等痛苦体验;

（4）发作突然开始,迅速达到高峰,发作时意识清醒,事后能回忆;

（5）患者因难以忍受又无法解脱而感到痛苦。病程标准在1个月之内至少有3次上述发作,或在首次发作后继发害怕再发作的焦虑持续1个月。

（三）强迫症（强迫性神经症）

强迫症是一组以强迫思维和强迫行为为主要临床表现的神经症,其特点为有意识的强迫和反强迫并存,一些毫无意义,甚至违背自己意愿的想法或冲动反反复复侵入患者的日常生活。患者虽体验到这些想法或冲动是来源于自身,极力抵抗,但始终无法控制,两者强烈的冲突使其感到巨大的焦虑和痛苦,影响学习工作、人际交往甚至生活起居。有强迫行为而无法摆脱的苦恼者,可能仅仅属于强迫性人格,而非强迫症。

强迫思维是指在某些时间段内感受到反复的、持续性的、侵入性的和不必要的想法、冲动或意向。强迫思维内容多种多样,如反复怀疑门窗是否关紧;一站在高处就有往下跳的冲动;担心碰到脏的东西会不会得病,一想到得病就止不住地忧虑未来怎么办等。大多数个体会出现显著的焦虑或痛苦。

强迫行为往往是为了减轻强迫思维产生的焦虑而不得不采取的重复行动,患者明知是不合理的,但不得不做,例如,反复检查门窗确保安全;不停地洗手以保持干净;反复排序、反复核对等;或精神活动,例如,祈祷、计数、反复默诵字词等。一些病程迁延的患者由于经常重复某些动作,久而久之形成了某种程序,比如,洗手时一定要从指尖开始洗,连续不断洗到手腕,如果顺序反了或是中间被打断了就要重新开始洗,为此常耗费大量时间,痛苦不堪。有的海员总担心舱内的某处开关是否关了,一夜起来几次查看,明知没有必要,却坚持这样的行为,弄得自己人困马乏。

许多研究表明患者首次发病常因遭遇一些不良生活事件,如人际关系紧张、婚姻遇到考验、学习工作受挫等。强迫症患者个性中或多或少存在追求完美、对自己和他人高标准严要求的倾向,有一部分患者病前即有强迫型人格,表现为过分的谨小慎微、责任感过强、希望凡事都能尽善尽美,因而在处理不良生活事件时缺乏弹性,表现得难以适应。患者内心所经历的矛盾、焦虑最后只能通过强迫性的症状表达出来。

在临床表现中,强迫症状具有以下特点:

（1）是患者自己的思维或冲动,而不是外界强加的。

（2）必须至少有一种思想或动作仍在被患者徒劳地加以抵制,即使患者已不再对其他症状加以抵制。

（3）实施动作的想法本身会令患者感到不快（单纯为缓解紧张或焦虑不视为真正意义上的愉快）,但如果不实施就会产生极大的焦虑。

（4）想法或冲动总是令人不快地反复出现。

对于强迫症的诊断应根据病史、精神检查、体格检查及必要的辅助检查排除由于器质性疾病及其他精神疾病而引发的强迫症状。如果要对强迫症做出确定诊断,患者必须在连续两周以上的大多数日子里存在强迫思维或强迫行为,或两者并存。这些症状引起痛苦或妨碍活动。强迫症状需要符合以上临床表现中的四个特点。

在现实中,几乎每个人都会有些重复行为或有既定顺序的动作,比如,离开家前会反复多次拉门以确保门关上了;刷牙总是会按照先用左手拿杯子装水,再用右手取牙刷,接着用左手挤牙膏的顺序进行;吃饭时总是用碗盛汤,用盘子盛菜,用勺喝汤,用筷子夹菜,左手端碗,右手持筷;每次值班之后,都要洗澡,换一套衣服。这种习惯行为是为了提高效率,并不让人感到痛苦,也不影响正常生活。为了避免诊断扩大化,需要注意将这些正常的重复行为与强迫行为相鉴别。

近年来,统计数据提示强迫症的发病率正在不断攀升,有研究显示普通人群中强迫症的终身患病率为1%~2%,约2/3的患者在25岁前发病。强迫症因其起病早、病程迁延等特点,常对患者社会功能和生活质量造成极大影响。世界卫生组织(WHO)所做的全球疾病调查中发现,强迫症已成为15~44岁中青年人群中造成疾病负担最重的20种疾病之一。另外,患者常出于种种考虑在起病之初未及时就医,一些怕脏、反复洗手的患者可能要在症状严重到无法正常生活后才去就诊。

(四)恐怖症(恐惧性神经症)

恐怖症(有时也称恐惧症)是以恐怖症状为主要临床表现的一种神经症。患者对某些特定的对象或处境产生强烈和不必要的恐惧情绪,而且伴有明显的焦虑及自主神经症状,并主动采取回避的方式来解除这种不安。患者明知恐惧情绪不合理、不必要,但却无法控制,以致影响其正常活动。

恐惧的对象可以分为社交恐怖、特定恐怖以及场所恐怖。

1.社交恐怖

社交恐怖主要是在社交场合下几乎不可控制地诱发即刻的焦虑发作,并对社交性场景持久地、明显地害怕和回避。其具体表现为患者害怕在有人的场合或被人注意的场合出现表情尴尬、发抖,脸红、出汗或行为笨拙、手足无措,怕引起别人的注意。因此患者回避诱发焦虑的社交场景,不敢在餐厅与别人对坐吃饭,害怕与人近距离相处,尤其回避与别人谈话。这里的别人,指陌生人、不熟悉的人、不常交往的人。赤面恐怖是较常见的一种,患者只要在公共场合就感到害羞脸红、局促不安、尴尬、笨拙、迟钝,怕成为人们耻笑的对象。有的患者害怕看别人的眼睛,怕跟别人的视线相遇,称为对视恐怖。

2.特定恐怖

特定恐怖是对某一特定物体或高度特定的情境强烈的、不合理的害怕或厌恶,多发于儿童时期。典型的特定恐怖是害怕动物(如蜘蛛、蛇、老鼠、虫子)、自然环境(如风暴、雷电)、血、注射或特定的情境(如高处、密闭空间、密集、飞行)等。患者会因此而产生回避行为。

3.场所恐怖

场所恐怖不仅害怕开放的空间(如广场、公园、野外),而且担心在人群聚集的地方难以很快离去,如会场、剧院、餐馆、菜市场、商场等,或排队等候,担心无法求援、无法逃避。因此患者常回避这些情境,害怕单独离家外出或单独留在家里,或需要家人、亲友陪同。

恐怖症的诊断标准如下:

(1)符合神经症的诊断标准。

(2)以恐惧为主,需符合以下4项:

①对某些客体或处境有强烈恐惧,恐惧的程度与实际危险不相称;

②发作时有焦虑和自主神经症状;

③有反复或持续的回避行为；

④知道恐惧过度、不合理，或不必要，但无法控制。

（3）对恐惧情景和事物的回避必须是或曾经是突出症状。

（4）排除焦虑症、分裂症、疑病症。

经历过海难的海员有可能会对火、水、密闭空间、碰撞、巨大声响等特定对象和情境感到恐怖，在康复中要注意采用适当的方法帮助其恢复。

（五）疑病症和躯体化障碍

疑病症和躯体化障碍在 CCMD-3 中归类在神经症下的躯体形式障碍类别当中。

疑病症：深信自己患病，反复检查又无阳性结果，医生的解释均不能打消其疑虑。即使在他们健康时，他们也持续担心自己会得病。此外，他们的精神完全集中于自己患病或将要患病的状态，这给他们带来了巨大的压力，以致破坏了日常生活。有研究指出，4.7%的求医的成年人满足了 DSM-5 的疑病症标准(Fink et al., 2004)。疑病症有一个核心特征，患者对身体感觉的反应存在注意偏差。假设你某天眼睛有些干涩，如果你有注意偏差，从那一刻起，你就很难从眼睛干涩的感受中转移思维，然后你可能就认为自己得了眼干燥症。事实上，一项研究表明，对自己的健康高度焦虑的个体，很难将自己的注意力从癌症、肿瘤、中风这类字眼上移开(Owens et al., 2004)。对于症状和疾病的这种高度关注导致了恶性循环：压力和焦虑会引起躯体表现出类似疾病的症状(比如，出汗和心跳加快)，越觉得干涩越频繁眨眼，不适的感觉越明显，这让患者更加确认自己的眼干燥症很严重。

躯体化障碍：患者表现出多年的身体病痛史，这些病痛跨越了若干个医疗分类，医学无法解释。在求医的成年人中，1.5%的人满足了躯体化障碍的标准(Fink et al., 2004)。

疑病症和躯体化障碍都是根据人们对身体症状的抱怨来进行界定的。疑病症患者是担心自己患有某种潜在疾病，而躯体化障碍患者更关注自身的症状表现，而且，被诊断为躯体化障碍的人一定报告了大量不可解释的身体不适。通常，即使有时这些患者确实存在某种躯体障碍，但其严重程度并不足以解释患者的痛苦与焦虑。对患者来说，即使症状与应激性生活事件或心理冲突密切相关，他们也拒绝探讨心理病因的可能，多伴有社会、人际或家庭行为方面的严重障碍。

CCMD-3 关于躯体化障碍的诊断标准：

1.症状标准

（1）符合躯体形式障碍的诊断标准。

（2）以多种多样、反复出现、经常变化的躯体症状为主，在下列 4 组症状之中，至少有 2 组共 6 项：

①胃肠道症状，如：腹痛；恶心；腹胀或胀气；嘴里无味或舌苔过厚；呕吐或反胃；大便次数多、稀便，或水样便；

②呼吸循环系症状，如：气短；胸痛；

③泌尿生殖系症状，如：排尿困难或尿频；生殖器或其周围不适感；异常的或大量的阴道分泌物；

④皮肤症状或疼痛症状，如：瘢痕；肢体或关节疼痛、麻木，或刺痛感。

（3）体检和实验室检查不能发现躯体障碍的证据，能对症状的严重性、变异性、持续性或继发的社会功能损害做出合理解释。

(4)对上述症状的优势观念使病人痛苦,不断求诊,或要求进行各种检查,但检查结果阴性和医生的合理解释,均不能打消其疑虑。

(5)如存在自主神经活动亢进的症状,但不占主导地位。

2.严重标准

常伴有社会、人际及家庭行为方面长期存在的严重障碍。

3.病程标准

符合症状标准和严重标准已至少2年。

三、抑郁症

【微视频】
抑郁症

抑郁症是最常见的抑郁障碍,以显著而持久的心境低落为主要临床特征,是心境障碍的主要类型。被诊断为抑郁的患者,其症状的严重性和病程不同,临床可见心境低落与其处境不相称,情绪的消沉可以从闷闷不乐到悲痛欲绝,自卑抑郁,甚至悲观厌世,可能有自杀企图或行为,甚至发生木僵,部分病例有明显的焦虑和运动性激越,严重者可出现幻觉、妄想等精神病性症状。在DSM-5中列出了重性抑郁发作、重性抑郁障碍、持续性心境障碍(恶劣心境)、其他躯体疾病引起的抑郁障碍等类型,其中,持续性心境障碍也被称为"低程度抑郁"。这些都被合并称为抑郁症。有些人只在一生中的某个时间发作过几周,有些人可能断断续续地或者慢性地经历了数年的抑郁。凯斯勒(Kessler)等人研究认为约有16%的人在一生中的某些时间曾患有抑郁症。詹姆斯·莫里森在《实用DSM-5》中指出,大约7%的普通人曾患有重性抑郁障碍,6%的人曾患有持续性心境障碍,而作为抑郁障碍的基石之一的重性抑郁发作影响范围更广。人们常常在患有抑郁症多年之后才求助治疗,这让很多患者错过了最佳解决时机,陷入重性抑郁障碍之中。调查显示,我国每年有28.7万人死于自杀,精神障碍患者占63%,其中40%患有抑郁症。抑郁症防治已被列入全国精神卫生工作重点。

在紧张的工作挑战、棘手的生活事件、复杂的人际关系、不断的欲望追逐中,常人难免经受挫折,因此感到郁闷是人之常情。如果超过两周,患者感到抑郁(或不能享受生活),在饮食、睡眠上存在问题,有内疚感、精神不振、注意力不能集中,出现死亡的想法,就可以认定为重性抑郁发作。如果持续时间较长(可能从几周到几年),毫无缘由地感到抑郁,且冷漠、麻木,对什么都提不起兴趣,尤其是症状在早上比下午严重(晨重夜轻),早醒、精神萎靡、过度自责,甚至常有自杀性冲动,就应该想到是不是重性抑郁障碍。

关于重性抑郁障碍,DSM-5中的诊断标准如下:

(1)在2周时间内,出现5个或以上的下列症状,表现出与先前并且较既往有显著的功能变化,其中至少有一项是心境抑郁或丧失兴趣、愉快感(注:不包括那些能够明确归因于其他躯体疾病的症状)。

①几乎每天大部分时间都心境抑郁,既可以是主观的报告(例如,感到悲伤、空虚、无望),也可以是他人的观察(例如,表现流泪)(注:儿童和青少年,可能表现为心境易激惹)。

②几乎每天或每天的大部分时间,对于所有或几乎所有的活动兴趣或乐趣都明显减少(既可以是主观体验,也可以是观察所见)。

③在未节食的情况下体重明显减轻,或体重增加(例如,一个月内体重变化超过原

体重的5%)，或几乎每天食欲都减退或增加(注：儿童则可表现为未达到应增体重)。

④几乎每天都失眠或睡眠过多。

⑤几乎每天都精神运动性激越或迟滞(由他人观察所见，而不仅仅是主观体验到的坐立不安或迟钝)。

⑥几乎每天都疲劳或精力不足。

⑦几乎每天感到自己毫无价值，或过分地、不恰当地感到内疚(可达到妄想的程度)，并不仅仅是因为患病而自责或内疚。

⑧几乎每天都存在思考或注意力集中的能力减退或犹豫不决(既可以是主观的体验，也可以是他人的观察)。

⑨反复出现死亡的想法(而不仅仅是恐惧死亡)，反复出现没有特定计划的自杀观念，或有某种自杀企图，或有某种实施自杀的特定计划。

(2)这些症状引起有临床意义的痛苦，或导致社会、职业或其他重要功能方面的损害。

(3)这些症状不能归因于某种物质的生理效应，或其他躯体疾病。

重型抑郁障碍患者具有消极悲观的思想及自责自罪、缺乏自信心、经常萌发绝望的念头，认为"结束自己的生命是一种解脱""自己活在世上是多余的人"，并会使自杀企图发展成自杀行为。自杀是抑郁症最危险的症状，应提高警惕。对于这类病人进行安全监护十分必要，尤其在航海过程中，因其受自杀冲动的影响，容易跳海自杀，也可能产生由自杀造成的扩大性伤害和损失，影响船舶航行安全。

四、人格障碍

人格障碍是指人格特征显著偏离所在文化，个体的行为模式怪异，对环境适应不良，甚至与社会发生冲突。由于这个原因，病人遭受痛苦和/或使他人遭受痛苦，或给个人或社会带来不良影响。人格的异常妨碍了他们的情感和意志活动，破坏了其行为的目的性和统一性，给人以与众不同的特异感觉，在待人接物方面表现尤为突出。

过去通常认为人格障碍是精神病的轻症表现，与神经症是同一反应过程，但近年有研究认为"人格障碍"是"行为的根深蒂固的适应不良类型"。不良的生活环境、结交具有品行障碍的"朋友"及经常混迹于大多数成员具有恶习的社交圈子，对人格障碍的形成往往起到重要作用。尤其是青少年在人格形成的关键阶段，受大量淫秽、凶杀、暴力、失德等不健康内容的影视、游戏、小说的影响，加之认识批判能力低，行为自制能力差，法律观念淡薄，情绪波动性大，容易通过模仿或受教唆等而习得不良行为。此外，社会上存在的黑恶势力、不正之风、拜金主义等不合理的社会现象，扭曲的价值观念对人格障碍形成的消极作用也不可忽视。

人格障碍具有如下共同特征：

(1)人格障碍开始于童年、青少年或成年早期，并一直持续到成年乃至终生。没有明确的起病时间，不具备疾病发生发展的一般过程。

(2)可能存在脑功能损害，但一般没有明显的神经系统形态学病理变化。

(3)人格显著地、持久地偏离了所在社会文化环境应有的范围，从而形成与众不同的行为模式。个性上有情绪不稳、自制力差、合作能力和自我超越能力差等特征。

(4)人格障碍主要表现为情感和行为的异常，但其意识状态、智力均无明显缺陷。一般没有幻觉和妄想，可与精神病性障碍相鉴别。

（5）人格障碍者对自身人格缺陷常不自知，难以从失败中吸取教训，屡犯同样的错误，因而在人际交往、职业和感情生活中常常受挫，以致害人害己。

（6）人格障碍者一般能应付日常工作和生活，能理解自己行为的后果，也能在一定程度上理解社会对其行为的评价，主观上往往感到痛苦。

（7）各种治疗手段效果欠佳，医疗措施难以奏效。

人格障碍包括人格从轻度偏离正常到严重偏离正常的一系列状态。轻度的人格偏离一般既不影响工作学习，也不影响人际交往。如果按严格的标准衡量，可能没有绝对不偏不倚的人格状态，所以所谓正常人格，只不过是在一定范围内各种人格的无数变异方式所组成的状态。但是，如果明显超出一定界限，那么就可以称之为人格变态。本书所讲的人格障碍，主要指这一种类型，也称之为人格偏差。

一个人的人格是在遗传基础之上，经过个体发展的长期实践活动而形成的一种特征性。这种特征性是由价值观念体系、情绪反应方式、性格与习惯、自我意识状态、智能活动方式等多种因素综合而成的。虽然人格是终生发展的，但是一个人的人格往往随着社会成熟的达成而发展成熟或相对定型。人格一旦形成，便成为主导人行为的内在动力因素，是一个人对外界或内部刺激进行反应的刺激"转换器"或"调控器"。如果发生了人格偏差，其行为也必然发生种种偏离，由此会导致个人生活的一系列挫折与不幸，所以说，人格偏差是命运多舛的根源。在心理治疗工作中，矫正偏差的人格是一项难度很高的工作，之所以困难，是因为对人格改变的种种努力，与其形成人格的漫长过程比较起来都显得过于简单，即所谓"青山易改，禀性难移"。但是，人格又不是固定不变的，我们正是利用其可变性的特点进行心理治疗，矫正人格偏差的。

任何一种人格都可以在发展到极端程度时变成人格障碍，因此可以说，人格障碍的表现可以与人格的诸多差异一样迷离莫测、花样繁多。只是为了表达得简要，我们把它们总结成几种类型罢了。DSM-5 将人格障碍分为三大组，共 10 个类型。A 组被称为"古怪组"，包括偏执型和分裂型人格障碍；B 组被称为"戏剧化组"，包括反社会型、边缘型、表演型和自恋型人格障碍；C 组被称为"焦虑组"，包括回避型、依赖型和强迫型人格障碍。本书选取几种进行概要介绍：

1.偏执型人格障碍

偏执型人格障碍的人往往对他人充满不信任和怀疑，向外投射出恶意，这种缺乏人际安全感和充满负面情感的状态始于成年早期。往往表现为以下几种行为：没有依据地猜疑别人，觉得别人都在剥削、欺骗、伤害他；负面的先占观念较强，对朋友、同事和配偶对他的忠诚表示疑虑；往往把他人善意的言行投射解释为恶意的、贬低的和具有威胁性的意义；对他人的行为缺乏容纳和谅解，会持久地怨恨别人，特别是对他有过侮辱、轻视或伤害的人，即俗话说的爱记仇。偏执型人格障碍者由于很难处理与上司和同事之间的关系，容易产生职业困难。

2.分裂型人格障碍

我们把主观与客观不能进行协调、把愿望与行为不能适应的状态称为分裂状态，这种状态达到严重的程度便是精神分裂症。分裂型人格障碍偏离程度较小，因而没有造成严重的工作与生活适应不良。但是，长期的这种人格偏差会使患有这种人格障碍的人陷入自以为是、一厢情愿的处事风格之中，这就难免与周围的人发生意见分歧甚至关系破裂。这种不和谐的人际关系，往往会助长当事者怨天尤人、看什么都不顺眼的消极情绪。分裂型人格障碍者往往表现为离群索居、我行我素、退缩内向、对人冷漠、服饰奇特、行为怪异、信念奇异、偶有幻觉等。暂时的"分裂"人人都会有,分裂型人格障碍者却长期处于主观臆想状态中,所以不能适应正常的生活与工作。

3.反社会型人格障碍

这种人易于惹是生非,攻击倾向较为强烈,对任何一件事往往都表示不满,不宽容他人和不理解他人,对于道德伦理不屑一顾,对于成文的章法往往嗤之以鼻,甚至肆意践踏。反社会型人格障碍者具有易冲动、不负责任的特性,这种人只满足直接的、自我陶醉的利益,而不关心直接的或间接的社会后果。反社会型人格障碍的形成原因虽然可以追溯到遗传基因的错谬,但是,更多的人认为这只不过是一种环境影响的结果,即教化不良造成的一种状态。如果动态地看待这一问题,纯遗传和纯环境因素都不是反社会型人格障碍形成的充分理由,我们还应从其发展过程中看到主客观相互作用的复杂环节。

4.强迫型人格障碍

具有强迫型人格障碍的人,主要表现为求妥善、求完美、僵化固执,因此行为谨慎有余,大胆不足,凡事都事先谋划、事后总结、反复检查、不厌其烦地核对;对道德伦理、价值观过度在意,小心谨慎,缺乏弹性;沉湎于细节、规则、条目、次序,如衣服要求穿得整洁,办公桌上的东西要求摆放得整齐,写材料检查又检查,生怕有错误。强迫型人格障碍者,自己也许感觉不到苦恼,却往往会引起周围人的反感。根据调查,早年过于严格的父母的教育及多次的精神创伤经验,往往是强迫型人格障碍形成的主要原因。

5.表演型人格障碍

表演型人格障碍与强迫型人格障碍在情绪的释放方面似乎正好相反。强迫型人格障碍表现为过度理智而压抑了情绪,而表演型人格障碍则往往表现为过度感情用事,较少理智活动。典型的表演型人格障碍者遇到喜事手舞足蹈,遇到愁事哭天喊地。表演型人格是一种情绪不稳定的人格,重体验、使生活充满戏剧性、个人行为具有表演性。他们会在自己不能成为关注焦点时感到不舒服,情绪表达变幻迅速而无常,具有戏剧化和夸张的情绪表达方式,敏感而易受暗示。

6.回避型人格障碍

回避型人格的人往往是社交抑制的,因为害怕被批评、否定、评价和排斥而回避涉及人际接触较多的工作生活场景。除非确定自己被喜欢,否则不愿与人打交道。在亲密关系中也因为害羞和怕被欺骗嘲弄而表现得保守拘谨。在人前觉得自己笨拙、能力不足,是低人一等的、缺乏魅力的。内心胆小自卑,痛苦而压抑,想要和人相处却处处自我设限,十分地冲突和矛盾。

五、性心理健康问题

性是人类生活的重要组成部分。人类的性不单为了繁衍种族,而且有着更为丰富的内容。日本心理学家依田新说:"性行为是涉及人格并与社会有着深刻联系的多元行为。"就个性而言,性的正常发展,有利于身心健康;就家庭而言,性的美满和谐,能够提高生活质量;从整个社会来讲,对性的科学研究和科学教育,有助于加强社会文明的建设。

客观地说,评价性行为的正常或异常是很难的,众口不一,无法给出正常与否的绝对标准。评价其正常或是异常都是有条件的、相对的。不过对于成年人来说,我们可以尝试把握一条基本的原则:凡是符合社会所公认的社会道德准则或法律规定的,并符合生物

【微视频】
性心理健
康问题

学需要的、自愿的、安全的，即可看作正常的性行为，否则即可看作异常的性行为。

《2006 海事劳工公约》规定海员的最低年龄为 16 周岁，性发育已完全成熟。由于船舶的特定环境和工作规律，航行期间，年轻海员与异性的正常交往暂时中断，已经成家的海员夫妻生活中断。《我国海运业船舶技术人员状况调查报告（2015）》中的调查数据显示，64.6%的船员认为性生活不满意是其心理压力的主要来源之一。航行期间，海员可能会表现出明显的"性饥饿"感，以及设法寻求满足和缓解性冲动的途径等现象。归纳起来，海员常见的性困扰大致有以下几种。

1. 自慰

自慰是自我抚弄或刺激性器官而产生性兴奋或性高潮的一种行为。在《海蒂性学报告》中，接受调查的人群中，99%的男性和 85%的女性有过自慰行为。更广泛的全球调查显示，90%以上的男性和 50%以上的女性都有过自慰行为，因此这是一个很普遍的现象。

一些传统观念对自慰有很多不正确的看法，如认为会"耗精伤髓""大伤元气"，是"百病之源"，甚至觉得是"不道德的行为"。其实，现代医学认为，成年男性自慰对健康无严重危害。自慰的害处并不在于其行为本身，而在于诸如"手淫可耻"之类的想法带来的心理挫伤。如果海员受上述观念影响，顽固地认为自慰是不道德的恶习，或是某些疾病的根源，那么伴随而来的羞耻和悔恨心理，将对海员的身心健康带来不良的影响。性学专家姜辉指出："自慰是靠自己的能力来解决性胀满、宣泄性能量，满足自己对性的要求，并从性方面获得快感和慰藉的过程，是正常的生理现象，并不是疾病。一般情况下，成年男性适度的自慰对健康没有坏处，因此不必为此背上心理负担或者有过高的心理压力。"性学专家马晓年认为："不要过度压抑自己的欲望，避免长期没有性生活而憋出病来，比如男性会出现前列腺炎、女性弧线乳腺疾病等，应当将自慰看成正常的代谢过程，顺其自然去缓解自己的欲望。"当然，过度的自慰也是不利的，一方面可能诱发男性出现无菌性前列腺炎，另一方面可能影响正常的性生活质量。对于"过度"的界定，性学专家普遍认为以自慰后第二天不出现身体疲劳、精力下降以及其他躯体的不适为标准。如果每天都有无法抑制的自慰冲动，很可能形成了一种强迫心理，需要及时寻求心理医生或心理咨询专家介入治疗。个人层面也要积极调节，加强锻炼，增加其他兴趣爱好，转移注意力，可逐渐摆脱困扰。

2. 性幻想

青年期的海员对性的需求很强烈，但现实又不能与异性结合，这样就把自己在日常生活中见到的、听到的，在电影或小说中看到的两性交往和性爱的镜头，经过大脑的重新组合、美化，编成自己的性过程。青年期的性幻想是性成熟过程中的正常现象，但若沉溺于性幻想，则可能发展成为一种性心理疾病。

3. 性功能失调

对于男性来讲，性功能失调主要指的是延迟射精、勃起障碍和性欲低下障碍，以及物质、药物所致的性功能失调。海员如果在长期性压抑的情况下没有得到及时的疏导或者释放，又或者为了追求性行为的特殊体验而滥用药物，有可能会导致上述性功能失调的症状。

4. 性心理障碍

性心理障碍指个体满足性欲的行为方式或性质对象明显偏离正常，并以此类性偏离作为性兴奋、性满足的主要或唯一方式。DSM-5 中列出的性心理障碍包括露阴障碍、恋物障碍、摩擦障碍、性受虐障碍、性施虐障碍、易装障碍、窥阴障碍等。此类精神障碍患者的一般精神活动可能并无明显异常。

性心理障碍对于海员的心身健康影响较大,对于海员在陆地上融入正常生活将造成一定的妨碍和伤害。上述性心理障碍往往伴随着违法行为,不仅会遭受道德上的谴责,还要受到法律的制裁。如果发现自身有此类情况,应当及时联系专科医生进行治疗。

5.同性恋

同性恋的现象在现代社会越来越正常化。对于同性恋倾向形成的成因目前并未有统一的结论,虽然当代的研究倾向支持生理基础决定了性取向,但也有人认为就某些个例而言,其成长经历起到了关键作用。在过去的理论中,同性恋曾被视为一种性变态行为。时至今日,尽管同性恋在很多国家和地区还没有合法化,但是对于这种现象的接纳程度越来越高,越来越多的人认为这不是一个问题。相信随着社会的发展,人们对此的观点将更加包容与开放。

尽管越来越多的女性加入了职业海员的队伍,但船员以男性为单一性别的船员队伍还是占绝大多数。第一,对单一性别群体中反映出来的性心理问题,社会应给予更多的理解和支持。第二,全船各部门应协同配合,增大海员的情感容量,加强正面引导,合理安排好海员的文化娱乐生活,利用情感转移来缓解海员的性心理冲突。第三,从精神上扩大性的概念,把生理上的性欲冲动转化为心理上的对美好两性关系的追求。第四,随着通信技术的发展,企业应当尽可能提供条件,满足海员通过网络与伴侣交流的需求,缓解相思之苦,释放性紧张情绪。

关于海员的心理健康问题,除了以上介绍的几类,海员中还有其他一些精神类疾病。本书将在第八章心理救援中简单介绍一些常见的精神障碍,如精神分裂、双相情感障碍、突发性精神障碍、酒精/药物使用障碍等。因为精神类疾病有多种分型,各型之间甚至存在着交叉,有些躯体性疾病也可以表现出精神症状,情况十分复杂,非专业人员难以熟悉其诊断细则,所以不做深入讲解。本书旨在使海员了解有关精神病的一般特征,以便早期发现。一则为避免延误病情,二则是防护其他海员的生命安全及维护生产安全。海员首要是学会辨别精神失常的病人,至于具体的分型、如何治疗,则是临床精神科医生的职责,一般人员都无法做到如此专业化。因此,在船舶航行过程中如果发现疑似精神疾病发作的海员,宜谨慎加以看护,尽早送往专科医院治疗。

鉴于某些精神类疾病发作时,患者对于自身和他人的安全存在着较大的隐患,加上海上无法给予及时治疗,会引发一系列无法预测的问题,航运企业应当给予足够的重视。对于已经在职的海员,应建立心理档案,进行定期的心理测量,有助于及早发现此类病人。在各级海员培训中适当增加对精神疾病表现症状的介绍,也有助于发现精神疾病患者,及时提供帮助。

第三节　海员的情绪调节

情绪是一种非常重要的心理现象,它渗透在生活的各个方面,人们所说所做的每一件事无不包含着情绪的成分。情绪反映在生理活动之中、反映在表达方式之中,也反映在个体行为之中。它与认知相生相伴,跨越文化,跨越人际,将人与人联系了起来。如同生理性的疼痛,情绪使人们获得了关于自身的信息,它不仅融入了人们的主观体验,更融入了人类的生存之道。此后的一百多年中,对情绪的理论和实证研究获得了极大的发展。

【微视频】
情绪的概念与分类

一、情绪理论

关于情绪是什么,从19世纪末美国心理学家威廉·詹姆斯(William James)将情绪研究带入了科学的殿堂开始,心理学家已经辩论了100多年,给出的定义有20多种。综合起来,可以这样理解:情绪是指人们对环境中的某种客观事物和对象所持态度的身心体验,是最基本的心理现象。

情绪与情感是一对相伴相生的名词,是同一心理过程中的同一现象,都是我们对于客观事物的态度的体验,都反映了人脑对客观事物与自己需要之间的关系,没有本质区别。为了强调这一心理现象中的不同方面,区分体验的差别,我们分别用情绪和情感来表达不同的体验内容。情绪通常持续时间很短,具有情景性和易变性,强调生物属性;而情感则持续时间较长,稳定而深刻,更加强调其社会属性,受社会规范影响。

1.情绪的内涵

情绪并非单纯的主观体验,包含了以下三个层面的内涵:

(1)在生理层面上的生理唤醒。威廉·詹姆士和卡尔·兰格认为人受到刺激之后,先有了生理变化或躯体反应,而后将它识别成相应的情绪体验。因此我们可以说人在外界刺激下所产生的生理反应带来了情绪体验。例如,一看见大狗,就心跳加快、血压升高、肌肉紧张、瞳孔放大、呼吸急促,从而体验到了恐惧。对此,还有另外的学说,比如,坎农-巴德理论认为生理唤醒和我们的情绪体验是同时发生的;沙克特和辛格(Schachter & Singer, 1962)提出双因素理论,认为生理和认知(知觉、记忆和诠释)一起引发了情绪。一些心理学实验证明每一种理论都能找到具体的例证,与具体情境相关。可见这是一个有待于继续深入研究的问题。情绪的三种理论比较如图6-1所示。

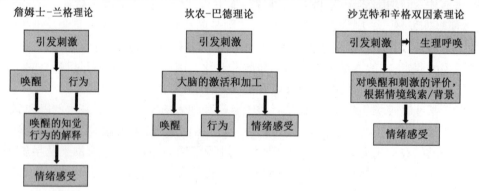

图6-1　情绪的三种理论比较

(2)在认知层面上的评价及主观体验。沙克特和辛格认为认知评价是先于情绪体验的,情绪体验需要对生理唤醒进行解释才能产生。例如,路上遇到一只大狗,有的人认为它可爱从而感到愉悦,有的人认为它危险则感到恐惧,不同的认知会带来不同的情绪。扎荣茨(Zajonc,1980,1984a)认为认知评价并非总是先于情绪产生,很多时候我们的情绪要快于对情境的解释。实验证明,一些快到我们无法感知的刺激,也能引起人的情绪变化。针对神经的研究显示,大脑存在着情绪双通道:一条通道是,当强刺激出现时,信息由丘脑直接传递到杏仁核,从而产生情绪;另一条通道是,信息经由丘脑到达大脑皮层,经过分析与辨识,再到杏仁核,然后产生情绪。

(3)在表达层面上的外部表现,也即情绪的表达,如表情、姿态、行为的倾向。继续以前述的大狗为例,同样是路上遇到一只大狗,恐惧的人会有恐惧的表情,身体姿态也会发生调整,行为的趋向上可能会躲避或者准备搏斗;而愉悦的人则可能面露微笑,准备上前去摸摸这只狗。

2.情绪的功能

情绪是与生俱来的心理现象,从出生到死亡,陪伴我们一生。从生物学的角度,情绪有其特殊的功能,帮助人类适应环境并得到生存和发展。概括来说有以下四点:

(1)情绪是适应生存的心理工具。从进化心理学角度来举例,在原始社会恐惧可以促使人远离危险避免受伤甚至丧命;愤怒可以短时间增加战斗力,向内起动员作用,向外起到威慑作用;恶心能避免食物中毒,情绪使得人类从恶劣的自然环境中存活下来。再例如,毫无自理能力的婴儿既不会讲话也不能控制肢体语言,能够通过哭来引起父母关注,以便得到较好的抚养。

(2)情绪是唤起心理活动和行为的动机。心理学家们认为,生物内驱力及其引起的情绪是动机的主要来源。举例来说,当人的体液成分有所变化并感觉口渴时并不会立即导致机体衰竭,但是口渴的急迫程度会使人无法忍耐,这就是因为情绪放大的内驱力,从而成为动机力量,人就会去喝水。再举个生动一点的例子,我们都听说过"冲冠一怒为红颜"的典故,实际上也是在情绪作用下唤起的行为动机。

(3)情绪是心理活动的组织者。研究表明,情绪不仅对认知活动起驱动作用,还可以调节认知加工过程和人的行为。简单地说,就是正性的情绪可以促进人的认知加工,而负性情绪多起到破坏、瓦解或阻断作用。我们在生活中可能会有这样的体验,情绪愉悦的时候,大脑灵活主意多,而在情绪糟糕的状态下,记忆力、思考、判断能力都会变差。

(4)情绪是人际通信交流的手段。情绪和语言一样,具有服务于人际间互相交往的通信职能。婴儿的啼哭是传递自己有需求的信息,成年人痛哭能让他人明白自己难过、无助或委屈,而微笑都能够传递出友好、欣赏、喜欢的信息。情绪有时比言语的交流更能直达人的内心,"此处无声胜有声"就是最好的写照。

3.情绪的分类

按照情绪的内容,情绪可分为基本情绪和复合情绪。

保罗·艾克曼提出人有高兴、愤怒、厌恶、恐惧、悲伤、惊讶、轻蔑等七种基本情绪。他认为这些基本情绪不受文化、地域、种族、性别或教育差别的影响,无论男女老少,无论身处在现代社会还是居住于岛国原始部落,人类对基本情绪的表现、认识和辨别是基本一致的。如图6-2所示,你能将它们辨认出来吗?

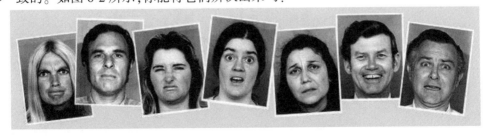

图6-2　保罗·艾克曼提出的七种基本情绪表情

对于基本情绪的内容,还有其他一些观点。最常见的是喜悦、愤怒、哀伤、恐惧(通常简称为喜怒哀惧)四种基本情绪,现在看起来似乎并不精确,但是因为简单而方便记忆,所以被人们所熟知。对于中国人而言,对《礼记》中所记载的"七情六欲"中的"喜、怒、哀、惧、爱、恶、欲"也不陌生。此外,伊扎德(Izard)提出了 10 种基本情绪:悲伤、快乐、愤怒、恐惧、厌恶、惊讶、兴趣、害羞、自责、蔑视,认为基本情绪是进化基础上产生的对外界刺激所做出的适应性反应。

复合情绪是由两种以上基本情绪组合而成的,如我们常说的悲喜交加、郁郁寡欢、懊悔、羞愧、愤慨、惊喜等,是更加复杂的情绪体验。我们在生活中的单一情绪体验是很少见的,更多时候是多种情绪交错在一起的综合体验。

按照情绪的性质,情绪可分为积极情绪和消极情绪。常见的积极情绪有喜悦、兴奋、高兴、满意等,常见的消极情绪有恐惧、焦虑、嫉妒、悲伤、忧郁等。如图 6-3 所示,我们可以理解为愉悦程度高的情绪为积极情绪,愉悦程度低的情绪为消极情绪。同时,在唤起水平上也有高低差别,最终体现为情绪的强弱。无论是积极情绪还是消极情绪,都有其功能和存在的意义,因此并没有好坏之分。消极情绪有时也是有益的,积极情绪有时也是有害的。比如,高度的紧张有可能让我们更专注,大脑飞速运转,有利于应对危机;过度的兴奋,对健康也有不利的影响。对于情绪,我们应该做的是觉察、接纳自己的情绪,这样才能更好地管理自己的情绪,一味地压抑或回避情绪只会使人的心理状态更糟糕。

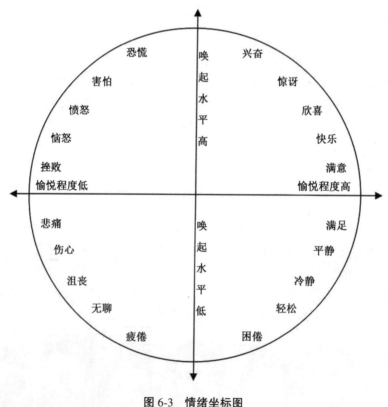

图 6-3 情绪坐标图

4.情绪的影响因素

(1)情绪与表情

保罗·艾克曼认为人类的情绪都是通过面部表达出来的。情绪与表情有对应关系,基本情绪在自主神经系统和中央神经系统中有固定的生理反应。同样的情绪表现为同样的表情,而反过来,通过训练或者控制面部肌肉保持一种面部表情也可以引发相应的自主神经系统的反应,因此体验到特定的情绪。当然,这也意味着不同的面部表情会产生不同的自主神经系统的反应,从而体验到不同的情绪。比如,模仿微笑,心情会轻松;假装生气、厌恶的表情,心跳也会加快。因此,保罗·艾克曼认为情绪可以决定表情,表情也可以决定情绪。这是一项重要的有关情绪的研究成果。艾克曼后来又扩展了情绪表达与肢体语言之间关系的研究,为情绪的研究做出了非凡的贡献。

(2)情绪与神经系统、内分泌

保罗·克莱因金尼和安妮·克莱因金尼提出:情绪是主观因素、环境因素、神经过程和内分泌过程相互作用的结果。

当刺激产生时,自主神经系统通过它的交感和副交感系统的活动,同时为身体的情绪反应做好准备。这两个系统的平衡取决于唤醒刺激的性质和强度。对于轻微的、不愉快的刺激,交感系统更加活跃;而对于轻微的、愉快的刺激,副交感系统则更加活跃。刺激的强度增大,会同时导致两种系统活动的增强。生理上,诸如恐惧和愤怒等强烈的情绪反应会激活身体的紧急反应系统,从而让身体迅速而高效地为应对潜在危险做好准备。交感神经系统促使肾上腺释放激素(肾上腺素和去甲肾上腺素),进而导致内脏释放血糖,升高血压,增加汗液和唾液分泌。当紧急事件过后,为了让有机体平静下来,副交感神经系统会抑制这些活性激素的释放。因此,个体在经历了强烈的情绪事件后会维持一段时间的唤醒状态,这是因为血液中仍残留着一定的激素。如果肾上腺素短时间分泌过多,提供能量过大,身体无法分解,能造成大脑被"俘获"的感觉,也就是我们平常所说的"血冲到脑子里",无法理智思考,容易导致行为失控。如果能学会控制自己的冲动行为,等待唤醒消退,情绪的水平也会随之下降,大脑将重获自由。

对情绪反应来说,一些激素相比其他激素要更重要一些。肾上腺素和皮质醇在个体对压力的反应中起到至关重要的作用。雌激素和睾酮对于青春期、怀孕或更年期的个体情绪的影响也非常明显。高水平的雌激素似乎对情绪有增强效应,而雌激素迅速下降被认为会引起抑郁症状。更重要的是,似乎是雌激素水平的改变,而不是激素的绝对水平本身引起情绪效应。这就是在青春期和更年期急速波动的雌激素和心境起伏联系在一起的原因。睾酮也同样对情绪有广泛影响。对于男性而言,睾酮具有心境增强效应,对愤怒和敌意的产生有很重要的影响。

(3)情绪与胃肠菌群

现代生物学家研究发现,寄生在人体肠道内的细菌,对改变我们的情绪和行为有着不可忽视的作用。一方面,这些细菌影响人体的营养代谢,如果消化不良,会引起情绪异常;另一方面,假如人体的代谢紊乱,这些细菌会制造出硫化氢、氨等气体来毒害我们的神经,从而导致我们情绪异常,甚至做出极端行为。由此产生一个观点,从肠道内细菌的生存环境来看,人们情绪异常和行为失控的发生频率逐年升高的主要原因有两个:一是农药、食品添加剂和抗生素等的滥用,进入人体会大量杀死肠道细菌,导致人的代谢紊乱和消化不良,从而引发情绪异常和精神疾病。二是生活水平提高后,一些人摄入过量高蛋白,在人体内杂菌的分解下产生大量的硫化氢、氨等对神经有毒害作用的物质,破坏了人体中起抑制冲动作用的五羟色胺的合成,导致人的情绪异常,产生过激行为。所以,从这一点上来说,海员养成健康的饮食习惯,对于保持良好而稳定的情绪符合科学的做法。

(4)情绪与思维

情绪与人的主观评价有密切关系。对于同样一件事,不同的人有不同的看法,因此各有不同的情绪体验。如果海员在工作中有失误,险些酿成事故,但是经过紧急处理,就避免了最坏结果的出现。作为当事人,你会产生什么样的情绪,很大程度上取决于你怎么看待这件事。假如你认为自己太幸运了,幸亏及时发现问题,或者幸亏有人及时提醒,否则将酿成大错,现在已经是不幸中的万幸,那么你很可能会因此感觉到轻松、高兴甚至是兴奋。假如你认为自己真是运气太差了,坏事儿都让自己遇到了,还差点发生了重大事故,让大家处于危险之中,可能免不了被船长批评,被企业通报,还可能因此影响到自己未来的工作安排,那么你大概率会产生沮丧、愧疚、后悔、焦虑的情绪。因此,情绪体验不仅和事件本身有关,与生理觉醒相关,还取决于你对觉醒如何解释。理解了这一点,那么当我们遇到挫折和困扰时,就有可能通过换位思维看问题的方式来调整自己的情绪。

二、海员常见情绪问题

海员心理应激产生的情绪变化与行为变化虽然是因人而异的,但是当环境中的应激源的刺激强度超过了船员最佳的自我调节能力所能调节的范围时,心理应激便按照外界刺激的时间强度、持续的久暂等不同状况而发生方式不同的反应。

心理应激所引起的情绪反应较为常见,并往往是不被他人觉察的反应方式。西蒙(Simeons)通过研究认为,在现代社会中,对人产生威胁的事件已经不局限于具有直接伤害作用的范围,那些非直接的伤害性因素以"象征性威胁"(Symbolic Threats)对情绪反应起到激发作用。他认为,人的间脑没有进化到能够区别象征性及躯体性威胁的水平,因此,对人的安宁产生影响的因素都可以通过间脑唤起情绪性反应。常见的情绪反应有几种固定的表现形式,如恐惧、焦虑、过度依赖和失助感、抑郁、愤怒等。

1.恐惧

恐惧是最为常见的一种情绪反应。恐惧的产生是由于对过去的伤害性刺激的情绪回忆,或者是对即将产生的伤害的合理或非合理的预期。

坚持认知评价具有中介性作用的研究者们认为,在恐惧的产生中,当事者对自己应对能力估计过低,从而增加了对刺激性事件伤害程度的预感。精神分析学派坚持认为恐惧具有幼年时心理情结的影响。海员如果经历过海难事故的创伤,很容易被某些主观标定的符号(如大风大浪、晃动)引发恐惧感。俗语说"一朝被蛇咬,十年怕井绳","井绳"的弯曲、湿润就成了一种被标定的符号。

对恐惧的另一种解释是荣格的集体无意识理论。他认为凡是在种族进化过程中,对个体产生过长期伤害性的因素,都可能通过集体无意识的机制影响到后来新一代的个体。例如,对蛇的恐惧是因为人类的祖先曾经饱受蛇的伤害,所以,今天人们的头脑中仍保持了对蛇的恐惧。这种观点对解释某些恐惧似乎有合理性,但不能认为所有的恐惧产生和持续都由此而来。

在对恐惧的产生机理解释的诸理论派别之中,行为主义的理论和巴甫洛夫条件反射学说,在实验的基础上建立了恐惧的模型。尤其需要指出的是,莫勒(Mowre)提出的两段刺激模型理论,更贴切地分析了为什么恐惧作为不令人愉快的情绪反应可能长久不衰地保持存在而不是逐渐消退。他认为,当一个原发事件引起恐惧的伤害(包括对可能伤害的主观评估)之后,受刺激者往往产生了对此类伤害性刺激的躲避行为,这是第一阶段;第二阶段是躲避行为带来了焦虑或恐惧的缓解,使心情放松,这种缓解和放松作为一种内在的奖励起到了对躲避行为的正强化作用,这样一来,躲避某一对象或情境的行为便被持久地固定下来。这便是人们看到的恐惧行为的产生机制,与其说这是一种单纯的恐惧情绪反应,莫不如说这是被强化了的躲避行为所联结着的一种退缩性情绪体验。

以上这些道理对分析海员在应激状态下所产生的恐惧反应是有帮助的,同时也可以指导海员恐惧行为的消除。

2.焦虑

恐惧是有具体目标的回避行为和与之相关联的情绪,而焦虑是没有具体目标的和无所适从的回避倾向。即使有引发焦虑的模糊目标,这个目标也还没有出现在现实之中。焦虑与紧张相伴而行,也可以说过度紧张是焦虑产生的前提。而紧张与不适的认知评价,与体内习惯化了的肾上腺素水平的轻易升高,甚至与早年形成的应对策略都有密切关系。弗洛伊德认为焦虑是人的自我在感受到威胁时产生的一种警示状态。

焦虑的典型表现是高度紧张不安,坐卧不宁,手足无措甚至惊恐,还可以表现为一系列生理症状,如疲乏、失眠、厌食、多汗、心悸和胸闷等。海员在经受心理应激之后,焦虑水平普遍提高,而焦虑水平的提高是使心理活动甚至精神状况走向失常的便捷门径,成为其他精神病的基础。

焦虑可以简单分为正常的焦虑和异常的焦虑。异常的焦虑往往导向病态,相关内容,我们在本章第二节中已经给大家介绍过了。正常焦虑如果可以合理利用,能够让人达到较好的绩效水平。心理学的实验研究表明,适当的焦虑有益于提高人的工作效率。在一定范围内,随着焦虑水平的逐渐升高,人的工作效率也会提高。但到焦虑水平过高时,工作效率就会下降。如果以焦虑水平为横坐标,以工作效率为纵坐标,那么两者关系呈"∩"形抛物线的变化(见图6-4)。根据这一焦虑与工作效率关系,领导给予船员适当的激励和鼓舞,对提升工作效率是最有效的,过弱或者过强都会使船员作业效率下降。

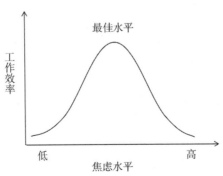

图6-4 焦虑与工作效率关系图

在经历了一次正常水平的焦虑之后,如果没有对这次焦虑采取恰当方式给予彻底消除,那么焦虑也会产生习惯化倾向。在以后的经验中,一旦应激,便轻车熟路地走向焦虑反应的旧途。弗洛伊德用心理防御机制来解释这个过程。适当的心理防御机制会帮助我们消除或减轻焦虑,而不当的心理防御机制虽然会暂时缓解焦虑,但也会制造出新的问题或更大的焦虑。在日常工作与生活中,人格的完善,应对能力的提高,适当改变环境,减少过多的刺激,是降低焦虑水平的主要途径。至于用药物消除焦虑,只能是无奈下的辅助手段,需要遵循医嘱。

3.过度依赖和失助感

当一个人面临即将来到或已经来到面前的应激性因素的时候,由于毫无应对能力,便急于寻求依靠,于是产生过度依赖;而当依赖无着之后,便陷入失助感之中。例如,当重病临身时,表现出对医生的言听计从;当祸难临头时,表现出祈天求神,这些都是在心理应激状态中表现出的过度依赖。海员在面临海难、海损事故时也易于表现出过度依赖和失助心态,这种应激状态不利于海员对危难或紧急情势的应对。克服依赖感和失助感必须从平时意志品格和机敏性的培养着手,养成内在的素养。如果个体能够在平时注意丰富自己的社会经验,多经历一些事务,学会一些解决问题的方法,也将有助于增强自控力,克服依赖感。这样才能"泰山崩于前而色不变,虎狼兴于右而目不瞬""猝然临之而不惊,无故加之而不怒"。这些良好品格的预先培养应该成为航海生活职业教育中的重要内容。

4.抑郁

抑郁是以情绪低落为主要表现的应激反应状态。在突如其来的重大打击之后,或者在长期慢性应激因素作用之后发生抑郁是很常见的现象。有时,抑郁发生在一项长期为之奋斗的任务完成之后,如一次充满惊险的远航归来,或科研人员历尽周折搞出成果之后。有时候,抑郁源自自己主观期望过高,长期处于挫折感折磨之下,即便没有过多的外界压力,也会产生抑郁。

抑郁者心境悲凉,对日常生活兴味索然,自咎自责,自我评价降低,行动意愿降低。长期处于抑郁状态之中,要警惕罹患抑郁症。

抑郁症的相关诊断和辨别,可参考本章第二节内容。为了减少海员抑郁的发生,船长、轮机长、大副、大管轮应该做好团队建设,设法增进海员之间的交流沟通,消除心理壁垒。海员自身也要关爱自己,积极调整,并有必要学习相关知识和调节方法。

5.愤怒

愤怒和恐惧、抑郁一样,也是情绪表现的常见形式,当遭受挫折以后,人们往往倾向于迁怒他人,更多见于自己有目的的活动受到阻止、自尊心受到了伤害的时候。

愤怒是动物的一种原始情绪,达尔文在《人与动物的表现》一书中观察人愤怒时的咬牙切齿和动物相互撕咬前的龇牙咧嘴一样具有战斗准备的意义。当人愤怒时,肾上腺素大量分泌,反过来,这些能量的累积又会助长怒气的增长。根据詹姆斯-兰格的情绪理论,人在发怒时一旦产生泄怒的行为,就会更加怒气冲天。比如,一个人发怒后摔了杯子,这一举动和杯子破碎的情景会愈发助长怒气,所以往往还会有后续的冲动行为。在战斗中"愈战愈勇"的现象也说明了行为反过来会助长情绪。对怒气第一时间还是要克制,用深呼吸的方式辅助缓解生理唤醒,待平静后,诉诸理性;拔剑而起,挺胸而斗,往往会造成不良后果。

海员长期生活在狭小的船舶上,如果工作压力大、人际关系紧张、工作环境不良,就容易产生攻击倾向。动物实验也证实了这一点,给实验组大白鼠进行预先频繁电击刺激,一段时间后,将这组受电击的大白鼠放到一个笼子之中,它们之间很易产生相互攻击的行为;而对照组不予电击,过一段时间后把未遭电击的大白鼠放到一起,观察它们之间也很少产生攻击行为。显然,电击这一应激因素的作用,容易引起动物之间的攻击行为,因为这里的大白鼠对电击的怒气转嫁到另一只大白鼠身上,所以称这种攻击行为为移置性攻击,或置换性攻击。由此可以理解,为什么有些海员之间本来并无实质矛盾,但却无故互相攻击。

三、情绪管理与调节

【微视频】
情绪调节
方法

关于情绪的管理,我们可以结合第四章第三节中情绪智力的内容学习。在本小节,我们谈论一下个人情绪的管理步骤与调节方法。

1.情绪管理的步骤

情绪管理对于个体而言,就是对自身情绪感知、控制、调节的过程。做好个人的情绪管理可以通过以下三步进行:

第一,体察自己的情绪。也就是说,时时提醒自己注意:我的情绪是什么? 例如:当你被大副批评后,问问自己:我是什么感受? (是委屈、愤怒、无助、害怕、羞愧还是郁闷?)我为什么会有这种感受? 真正的原因是什么? (是因为大副经常这样无缘无故地对待你,是感觉自己不够好,是觉得自己不被尊重,还是觉得自己运气太糟?)无论如何,首先要弄清楚自己的情绪是什么,你就有机会对自己的情绪做更好的应对处理。有许多人认为:人不应该有情绪,所以不肯承认自己有负面的情绪。但是人是一定会有情绪的,不忽视自己的情绪,学着体察自己的情绪,是情绪管理的第一步。

如果遭遇到强烈的刺激,感受到强烈的情绪冲击,你会马上就想发飙。根据研究,大脑的理性对这个所要发飙的情绪进行评价、判断和管控的能力,大概会延迟 15 秒钟才能到达。因此,一定要在这一步给自己一个时间的停顿,不要急于对刺激做出回应。所以我们克服激烈情绪的方法,第一步不是人生智慧,而是停顿时间,你给你自己多一点时间,你给对方多一点时间,都会让理性更好地管控感性,从而重新走到有效沟通的情景中。

第二,适当表达自己的情绪。随心所欲地发泄情绪自然不好,但是如果由于担心发泄情绪会产生负面影响而选择压抑情绪的话,长远来看会带来更不好的后果。因此,要学会适当地表达自己的情绪,将情绪通过合适的方式疏导出去。在适当的表达中,还有可能澄清事件中自己未知的因素,避免误会。在上述的例子中,如果认为大副对自己有误解,你可以找时机适当向大副解释一下情况,理性表达和交流,不指责不抱怨,从而通过沟通增进相互理解。

第三,以适宜的方式纾解情绪。纾解情绪的方法很多,有些人会痛哭一场,有些人会找好友倾诉一番,还有一些人会购物、听音乐、散步或逼自己做别的事情,以免总是想起不愉快。还有一些比较糟糕的方式,比如,酗酒、打架,甚至自杀。我们一定要清楚,纾解情绪的目的在于给自己一个理清想法的机会,让自己好过一点,也让自己更有能量去面对未来。如果纾解情绪的方式只是暂时逃避痛苦,而后需承受更多的痛苦,这便不是一个适宜的方式。有了不舒服的感觉,要勇敢地面对,仔细想想,为什么这么难过、生气? 我可以怎么做,将来才不会重蹈覆辙? 怎么做可以降低我的不愉快? 这么做会不会带来更大的伤害? 根据这几个角度去选择适合自己且能有效纾解情绪的方式,你就能够控制情绪,而不是让情绪来控制你!

2.情绪调节方法

情绪调节的方法有很多,心理学家开发出了许多有效的心理调节技术。我们可以轻松地在网络获得有针对性的情绪调节方法资料。这里简单介绍一个重要的理论——理性情绪疗法,和两个常用调节技术——宣泄技术和放松技术。

(1)理性情绪疗法

理性情绪疗法(Rational-emotive Therapy, RET),又称合理情绪疗法,是20世纪50年代由艾利斯(A.Ellis)在美国创立的。RET理论认为,人们的情绪是由人的思维、人的信念所引起的,而不合理的信念往往使人们陷入情绪障碍之中。不合理的信念的特征是:绝对化的要求、过分概括化、糟糕至极。

理性情绪疗法又称ABC疗法。艾利斯认为:人的情绪和行为障碍不是由于某一激发事件A(Activating Event)所直接引起的,其根本原因是由经受这一事件的个体对它不正确的认知和评价所引起的信念B(Belief),最后导致了在特定情景下的情绪和行为后果C(Consequence),这就是ABC理论。

生活中,我们想当然地认为我们所经历的事件,导致我们产生了相应的情绪或者做出了相应的行为。比如,因为考试没有得到好成绩而难过,因为朋友没有帮助自己而生气,因为被船长批评所以郁闷,因为被人侮辱所以拳脚相向。理性情绪疗法认为,表面上看起来是事件A导致了我们的情绪和行为后果C,但实际上我们的情绪和行为的根源在于自己对于事件的认知和评价标准即信念B。艾利斯认为,在这个过程中,我们自身存在着一些不合理信念。这些信念可能是由于绝对化的要求,即"这么努力,必须要考个好成绩""我对你这么好,你也应该对我好""朋友之间肯定要全力帮忙""我要做得完美""没有人可以这样对我",也可能是由于过分概括,即"花了这么大力气却考得不好,果然是笨啊""他就没把我当朋友""大家都知道我被船长批评,太丢人了""敢侮辱我,这就是个人渣",或者由于糟糕至极的一些念头,如"无论如何我也通不过船长资格考试,这辈子没希望了""没有人帮我,我就完了""得罪了船长,我没好日子过了""如果不怼回去的话,大家都会看不起我"。正是这些不合理信念在事件的背后作祟,才导致了上述的不良情绪和行为发生。

理性情绪疗法认为,情绪在本质上是一种态度、价值观念,也是一个认知过程。一个人的情绪不但起源于这些信念,而且也会因为这些信念的稳定存在而持续下去。所以人们可以通过改变自己的想法和观念B来改变、控制情绪和行为结果C。其中重要的方法是对不合理信念加以驳斥和辩论,使之转变为合理的信念,最终产生新的情绪及行为。

(2)宣泄技术和放松技术

宣泄技术是通过个体对情绪的宣泄达到疏通情绪的目的,如哭泣、倾诉、呐喊、写日记、运动、歌唱、舞动等都是可以宣泄情绪的方法,但是切记要在合适的时间、地点、环境下进行情绪宣泄,以避免引起不必要的麻烦。

放松技术包括冥想、表象训练、身体扫描训练、呼吸训练等,其目的是通过一系列内心的想象使身心得到放松。如果对瑜伽略有了解的话,一定对放松技术不陌生,事实上瑜伽中的休息术大多都能起到放松的作用,建议海员朋友充分利用网络资源,搜集一些关于呼吸训练、冥想的视频、音频资料,长期练习对于疏导情绪会非常有帮助。

在心理学专业领域,中央音乐学院高天教授的音乐治疗书籍中也有相关的音频资料。其原理主要是,通过放松的轻音乐松弛个体的生理节奏,配合指导者的指导语,唤起清晰的意象,增加心理暗示,达到稳定情绪和提高想象力的目的。例如:想象你一个人静静地站在大海边,海浪拍打岩石哗哗地响着,海风吹在你的脸上,舒服极了。你脚下接触到温暖的沙子,你闻到了大海的味道,这让你感到舒服极了。在天海相接处,一轮红日慢慢地升起,越升越高,越升越亮,顿时,产生万道金光,你被温暖的阳光照耀着,温暖极了。温暖的太阳给了你无穷的力量,你感到自己在慢慢长高,变成了脚踏大地、头顶蓝天的巨人,看到了大自然的美景,这一切让你心旷神怡……

第四节　海员的人际关系

一、海员的人际关系概述

在人们的物质交往与精神交往中发生、发展和建立起来的人与人之间的直接的心理关系,叫作人际关系。人际关系是社会关系的一个侧面,其外延很广,既包括两性关系、政治关系、经济关系、亲缘关系、血缘关系、夫妻关系、地缘关系、职业关系、同业关系、私人关系、公众关系,也包括朋友关系、亲子关系、同学关系、师生关系、同志关系等。它受生产关系的决定和政治关系的制约,是社会关系中的基本关系;同时,它又渗透到社会关系的各个方面之中,是社会关系的"横断面",因而又反过来影响社会关系。它对群体内聚力的大小、心理环境的好坏有直接重要作用…… 一言以蔽之,人际关系的核心是由三大基本关系构成的:利益关系、角色关系、情感关系三者,其核心是利益关系。

当然,利益的内容各有不同,有精神利益、物质利益、长远利益、眼前利益、直接利益、间接利益等。利益的审定又随着标准的差别而大相径庭。"饿死事小,失节事大"是一种审定,"为虎作伥,有奶即娘"也是一种审定。由此可见,由于对利益的认识不同,必然造成人际关系的趋避亲疏的不同。即便是超凡脱俗之人,也受自身对利益关系认识的影响而决定自身的人际关系行为。陶渊明诗句"人生无根蒂,飘如陌上尘,分散逐风转,此已非常身,落地为兄弟,何必骨肉亲,得欢当作乐,斗酒聚比邻……"并非完全无功利。得欢当作乐,斗酒聚比邻即是一种精神利益的追求,即追求着超脱的利益。相聚一谈做精神上的交流,用自己的主张去影响他人、劝告别人,"盛年不重来,一日难再晨,及时当勉励,岁月不待人",在交往中诉说自己的人生理想,结成棋友、酒友,仍然没有摆脱人际关系的牵扯,"跳出三界外,仍在五行中"。所以说,只要是社会中人,就难以超越人际关系的影响。

近30年来,随着经济全球化发展步伐不断加快,世界商船船队规模和海员队伍不断壮大,运营模式、船舶状况、人员结构也发生了重大变化。在互联网时代长大的新一代海员与老一代海员之间存在着诸多的差异,有着深刻的时代烙印,也给海员队伍带来了一些未知的变化。而海上运输又是一个漫长、枯燥、艰苦的过程,而且船上生活角色单一,还有一些混派船由多国籍海员组成的团队,因此存在着文化、语言、宗教信仰和生活习惯的差异,一时间也很难适应。随着工作时间的推移,海员的心理压力不断增加,如果不能得到宣泄和疏导,时间长了,误会、厌恶感和矛盾难免会产生,处理不当常常会引发冲突恶斗,因此,增进海员间的交流和处理好人际关系就显得很有必要。

既然人是一种高度社会性的动物,就不可能如天马行空一样独往独来,海员虽然远离大陆上喧嚣的人群,但并不可能摆脱人际关系,尤其是船舶上人员的构成不同、面临的环境不同,自然形成了特殊的人际关系。海员的人际关系问题可以影响到船员的心身健康和航运安全,甚至不良的人际关系可以导致船员的自杀身亡,或导致海员的不安全行为,从而酿成重大航运事故。故此,应当把海员的人际关系问题当成一个十分重要的问题来加以研究。需要指出的是,海员的人际关系并不比其他职业的人际关系问题更多、更突出,只是说人际关系对海员的影响大,引发的冲突可能会比较激烈。在2022年的一次国际联合研究中显示,该次研究涉及的中外海员(348人)中存在人际关系敏感问题的比例低于正常中国成年人的常模。

二、人际交往阶段

阿尔特曼和泰勒(I. Altman & D. A. Taylor, 1973)提出了人际关系发展的四阶段理论,认为人际关系的建立与发展是一个由浅入深的过程,大致会经历四个阶段:

1.定向阶段

在这个阶段,人与人刚刚相识,彼此陌生,缺乏了解。此时,人的心扉是敞开的,大多希望别人接纳自己,但在外在表现上通常是保守与矜持的,怕遭到别人的拒绝。人际关系的建立与结束没有心理压力,如果交往双方彼此感觉较好,就可继续保持交往,使人际关系向第二阶段发展。如果交往不成功或没有机会深入交往,则可转而寻求其他的交往对象,重新进行定向。这一阶段的人际交往策略应该是积极主动、大胆大方的,但忌交浅言深。

2.情感探索阶段

这一阶段,人和人之间的关系开始从"生人"变成了"熟人",交流逐渐增多,彼此多了一些了解。但是,交往通常不会涉及个人的私密领域,也会注重各种社交规范,比如,见面问好、举止得体、不开过分玩笑等。如果谁不这样做,会被对方视作失礼或有意怠慢。交往中,人们彼此都会把自己最好的一面或是希望别人看到的一面展示出来,把不希望对方看到的东西隐藏起来。这不意味着虚伪,而是出于一种自我价值保护的需要,因为人都希冀得到较高的、正面的社会评价,从而获得自我价值认同。这个阶段的人际关系的建立与结束同样没有太大的心理压力。双方合则多来往,不合则少来往,都是人之常情。彼此还没有在对方心中占有稳定的一席之地,分手之后不需要想念。人的一生中,大多数人际关系都处于这个阶段的发展水平,包括大多数的同学、同事、邻居等。这一阶段应保持恰当的心理期望与距离,勿将熟人当朋友。

3.情感交流阶段

在这一阶段,交往双方的信任感、安全感已经建立,开始有较深的情感卷入,个人自我暴露程度也较高,相当于人们所说的"朋友"关系。彼此可以不拘礼节地"真诚评价",是情感交流阶段与情感探索阶段的重要区别。彼此真诚相待,能在心理上相互支撑,在对方心里占有一席之地。彼此已经习惯了对方的陪伴,不舍分开,分开后会想念对方。

这一阶段的关系虽然亲密,但实际上还不够稳定。所以,经常会发生这样的情况:之前一段时间两个人非常要好,突然就觉得心里很别扭,产生了隔阂,不像之前那么亲密了。许多青少年之间的朋友关系,升温特别快,但是在关系特别热烈的时候突然破裂,通常是与对彼此关系的过高期待、彼此了解不充分以及失去信任、缺乏尊重等行为联系在一起的。关系破裂之后,对于双方的心理都会造成较大的压力,反目成仇的情况也较为常见。因此,交友要慎重,一旦成为朋友,就应该好好维护这种关系,朋友间更要相互理解与包容。

4.稳定交往阶段

在这个阶段,人际交往的双方彼此心里相容程度非常高,自我暴露广泛而深刻,允许对方进入自己高度私密的个人领域,允许对方分享自己的生活空间和财产。真诚相爱的恋人、患难与共的夫妻、生死与共的战友、情同手足的"闺蜜"和"铁哥们"、心有灵犀的知己都属于这种关系。处于这个阶段,会在心里长期甚至永远为对方保留一个位置。这是人际关系发展的最高阶段,在全部人际关系中,很少能够达到这个阶段,大多数人际关系仅仅在前三个阶段,甚至是前两个阶段的简单重复。因为在这一阶段的关系中,从活动到情感,双方深度卷入对方的领域,即使是离别也会感到失落和难过,而一旦关系破裂,将会造成巨大的伤害,如恋人分手、夫妻离异、兄弟反目等,都会给当事人带来巨大的痛苦。

要注意的是,无论是什么阶段、什么程度的人际关系,越交流就越容易亲近,越回避就越容易疏远,大多符合这样的规律。因为人是情感性动物,而时间和距离能够显著影响情感的温度和紧密性。

三、海员人际关系的特征

由于特殊的职业环境和要求,海员的人际关系呈现与其他职业不同的特点。

【微视频】
海员人际
关系的特
征

1.角色的单一性

在日常生活中,人们往往每天要扮演多个角色:上班时是工作角色,有同事关系和上下级关系;下班后可能会是司机、乘客、路人;回家后是家庭成员、邻居;周末可能是购物者、旅行者、义工;聚会时则是朋友、食客。人们在多样性的角色中切换,发展并完善社会功能,充实和丰富了生活、丰满了自我。

在船上工作的船员,每天主要扮演的是固定的工作角色,只有少数时间能够在网络、电话中扮演朋友、家庭成员,偶尔扮演游客之类受到限定的角色。船员的工作角色要求职责明确、等级分明、纪律严明,而且总是在同样的空间、同样的时间面对同样的人做同样的事,生活和工作难以区分,也缺少变化。今天的情况和昨天的一样,明天又与今天一样,日复一日长期扮演单一角色,而在家庭等其他重要角色中缺席,容易产生角色固化心理,导致角色统合能力下降,社会功能退化,以致到陆上生活以后,一些海员表现出应对复杂人际关系的能力下降。

2.背景的复杂性

对于船员来说,虽然工作生活在一个有限的空间里,但是人员结构多样化,既有决策者、执行者和操作者的分工,还有教育水平、社会习俗、地域归属、人格等潜在因素差异,尤其是在由国际船员组成的船员团队中,还要面对多国籍船员之间的文化程度、业务水平、饮食习惯、宗教信仰、政治观点等不同的情况,人员数量虽然不多,但背景相对复杂。

3.相对封闭而又开放

这听起来矛盾却又真实存在。说它封闭是因为,海员在船上工作的时间内面对的人群数量有限而又相对固定,交往的空间也是封闭的。一艘船二十几个人风雨同舟、朝夕相处,形成了不同于其他职业的交际圈,海员们在相对小的群体中处于相对封闭的环境里,工作关系几乎等同于生活关系,角色间调整的余地较小,缺乏可以回避缓冲的空间,对船员身心发展不利;而开放性则是伴随着经济全球化而产生的,船舶成为一个运动的载体,航行于世界各港口,到达不同民族、不同社会制度的国家,不停地接触陌生的码头工人,经历不同的风土人情。这种开放性范围大,但是却又蜻蜓点水,没有机会深入了解。对于内向的人来说,这可能会增加心理负担,而对于外向的人来说,这可能会成为缓解心理疲劳的机会。

4.情感的矛盾性

马斯洛认为人都有社交需要,这是人在生理需要和安全需要基本满足的情况下,自然而然会产生的高层次需要。因而每个人都希望与他人建立亲密关系,交到知心朋友,希望爱别人以及被人爱。

现实中,海员属于铁打的营盘流水的兵,可能会因此回避过多投入情感。海员的每次出航都可能会与不同的人合作,每个航期内也会不断地有新旧同事的交替轮休,船上实行轮流值班作业,一些海员彼此之间接触交往机会不多,除了工作时间外,心灵沟通与情感交流机会较少。混派船员甚至每次都要面对整船的陌生同事。而人际交往从定向阶段的陌生到成为情感探索阶段的熟人,再到成为情感交流阶段的朋友是需要时间的。许多海员在已经知晓没有足够时间发展稳定关系的情况下,会降低深入交流的意愿。

5.情绪的易激惹性

在船上工作的海员,超过一定航行时间以后,尤其是在经常受到外界不利因素袭扰之后,情绪极易受激惹。行为主义心理学家称之为"移置性攻击",就是外界的应激性因素使人无法回避或消退,躲避时,则可以增加人的非理性的攻击性倾向。在船上经常发生两个原本没有矛盾的海员为小事而争吵的事件,其原因就是平时不良情绪的积累过多,导致随机宣泄。

6.各司其职与生死与共的统一性

在日常工作中,船长、大副、二副、三副、轮机长、大管轮、二管轮、三管轮、管事、水手长、大厨、二厨、普通船员各司其职,责权清晰。但到了危急关头,所有人都要拧成一股绳,同舟共济,生死与共,因为危难不解除,每个人都有同样的生命危险。

四、海员良好人际关系的重要性

海员拥有良好人际关系对船舶安全航行特别重要,主要表现在以下几个方面:

1.良好的人际关系有利于海员形成团结互助、同舟共济的精神

现代的船舶自动化程度较高,船上人员也较少,人员分工明确,这就使船员之间的配合操作显得极为重要。海员应树立团结合作的精神,做到互相理解、互相关心、互相支持,尊重他人的生命就像尊重自己的生命一样。当船舶发生应急事件或危险时,海员应顾全大局,把自己和全体海员的命运联系在一起,坚守岗位,严守职责,确保船舶安全航行。

2.良好的人际关系有利于海员之间相互配合、取长补短

一个性格内向的人在面对各种压力时,若不能正视所面临的困难,产生紧张、恐惧、逃避的情绪,甚至精神崩溃,就容易危及船舶安全。如果船上人际关系好,大家都来关心他、开导他,使他能够卸下精神包袱,坦然面对困难并能克服困难,就不会对船舶安全构成威胁。海上航行的船舶就像一个小社会群体一样,海员由不同年龄、不同性格、不同经历、不同文化水平、不同兴趣爱好的人组成,如果能够相互配合,互为补充,构成一

个和谐的整体,就有利于船舶安全航行。

3.良好的人际关系有利于船舶内部形成一个和睦友好的工作氛围和环境

海员长时间在海上航行,容易产生烦恼、孤独、焦虑的情绪,特别需要关心、理解和感情交流,也特别需要一个融洽和谐的工作环境,具备了这些条件才能确保船舶的安全航行。

4.良好的人际关系有利于海员的身心健康,促进个性的健康发展

人不能离群索居,否则就会损害身心健康。工作的简单乏味、噪声污染、大风浪袭击、晕船等客观条件的影响,会使海员烦躁不安,容易发火、吵架,甚至酗酒解闷,这样会严重威胁船舶的安全航行,威胁生命财产的安全。所以,海员之间必须保持良好的人际交往,才能正确对待海上生活的特殊性,加强自我修养,创造和谐的人际环境,才能保证船舶安全航行。

五、影响海员人际关系的因素

海员之间的交往活动常受到以下因素的影响:

1.认知偏差

人生活在社会中,会产生对自我、对他人及对种种意义关系的认知。在人际接触中,如果没有正确的认知,就会影响人与人之间的正常交往。认知偏差包括对自我认知的偏差、对他人认知的偏差,以及对事物的认知偏差。

【微视频】
影响海员
人际关系
的因素

对自我认知的两种偏差,一是过高评价自己,孤芳自赏;二是过于自卑,看轻自己。当代船员受教育程度普遍较高,部分刚上船的大学毕业生觉得自己本科毕业看不起专科毕业的海员,不愿意与他们交流。一些老海员觉得自己经验丰富、阅历多,认为新海员什么都不懂,看不起新海员。如此一来,船员之间的人际关系就变得僵化。有的海员认为自己这也不好,那也不行,没有主见,缺乏自信,跟谁交往都觉得低人一等。这样的人也很难建立健康的人际关系。

对他人的认知偏差包括以貌取人、偏见待人等。"貌"泛指人的外在形象。社会心理学实验表明,人的外在形象对形成他人印象起到了重要的作用,尤其是第一印象更容易产生长久影响。在交往中,如果第一印象不好,难免在以后的认知中更多地注意其缺点,以此偏见为基础去解读对方的行为,产生负面优先效应,对他人则样样看不顺眼,于是排斥、疏远、嫌弃他,从而影响人际交往。部分船员就是第一印象给人不好,使得之后的船上生活很孤单。偏见就是戴着"有色眼镜"去看人,如刻板印象。也许是第一印象,也许是个别事件,又或许是人云亦云的原因,我们有时形成了对某人或某类人的一种特定的印象。比如,在一些年轻人看来,老年人固执保守、思想僵化、旧框框多,缺乏改革、创新意识,当他们遇到某个老年人时,就会不自觉地将其归入此类。而老年人则认为青年人单纯、幼稚,缺乏经验,办事欠稳妥,当他们遇到某个青年人时也会不自觉地将其划入此类。再比如,"地域黑"总是认为某国某地的人是什么样的人。这种刻板印象往往会妨碍人与人之间的正常交往,不利于建立良好的人际关系。

人对事物的认知偏差也会影响人际交往。比如,常用主观臆测、极端思维、夸大其词的方式去处理问题,也很难得到别人的认可,正所谓"道不同,不相为谋"。

2.情感因素

情绪隐藏在交际过程中,是一种心灵的无声交谈。如果你有一个热情、友好、体贴、快乐、阳光的同事,总是对你主动热情、笑脸相待,而另一个冷酷、冲动、暴躁、悲观、忧郁

的同事,经常对你冷冰冰、"甩脸子",你会愿意和哪一个交往呢? 答案不言而喻。

3.人格因素

"物以类聚,人以群分",人们通常会喜欢在某些方面与自己相似或者互补的人。如果同船的海员在年龄、性格、兴趣爱好、文化程度、价值观、地域等方面有一定程度的相似性,就容易有更多的共同语言,从而产生更多的交流,容易促进双方的人际关系向更深层发展。人格中具有互补性的人通常能够很好地相处,如支配型的人和从属型的人,开朗的人和内敛的人。他们具备互补的特性,能够互相成全,所以容易形成紧密的人际关系。

人格当中有一些特质广受欢迎,如真诚、守信用、谦虚、友善、大度、助人为乐等,而有一些特质则让人心生厌恶,如虚伪、自私、贪婪、自大、嫉妒、睚眦必报、苛刻等。

4.语言

在人际交往中,语言是基本的交流工具。语音的差异或语义歧义或语言结构不当会造成人际交往障碍。在由混派船员组成的船舶上,可能有多个国家的海员,如果英语不熟练的话,相互交流会产生阻碍。曾经在某艘远洋船上,有一位马来西亚籍水手,其英语水平较差,既无法听清楚工作指令,也无法与同事顺利交流,既无法高效完成工作,也难以得到别人的理解与支持,因而感到非常孤单,最终不得不将他提前解聘送下船。

六、海员人际关系调节

海员与同事建立融洽的人际关系是愉快、顺利地工作与生活的基础。人与人之间的关系影响因素非常多,每个人又有自己独特的个性,所以某个人喜欢的交往方式,另一个人则未必喜欢。用一成不变的方式去与所有人相处,注定不会得到所有人的认同。因而,在人际交往中,能够根据交往的对象灵活地调整交往策略,有利于建立融洽的关系。但这并不意味着交往策略总是变化不定的,其实人际关系中有一些核心的基本原则是需要彼此都要遵守的,比如尊重、诚信、包容、不损害他人利益、自我价值保护等。在这些基本原则之上,根据自身的特点以及他人的特点,积极交往,不断积累和丰富交往技巧,相互理解,换位思考,相信一定可以建立良好的关系。具体说来,海员可以这样做:

一要不自高自大,也要不过度谦卑。一个能够客观、坦诚地看待自己、面对自己优缺点的人,会让人觉得安心。

二要不以偏见看人。海员要学会对交往中具体事件的表现做出评价,而不是对人做出直接评价,也不以别人的评价作为标准去看待对方。要努力克服交往中不好的第一印象的影响,相信日久见人心,不过早地对他人人品下定论。

三要在交际中情绪稳定,善于管理自己的情绪。工作与生活中难免会产生一些误会、矛盾甚至发生冲突,要减少情绪化表达,避免产生更多的消极后果,创造机会用理性去解决问题与分歧。

四要善待他人。交往中,尊重对方,不要自视高人一等,看不起别人;不粉饰自己,不口是心非,不虚伪做作;不利用和攻击别人的缺点,不嫉妒别人的优点;安慰别人的不幸遭遇,祝福别人的好运与收获;帮人于危难之中,助人于急需之时。

五要换位思考,理解包容。换位思考要求交往中想人所想、理解至上,只有多去站在别人的角度上思考,才能真正理解对方的处境和行为,才能多一些包容。

六要不断完善人格,做一个有魅力的人。富有魅力的交际人格包含了丰富的内容,它包括知识、修养、能力、气质、性格等诸多方面。良好的品行会使你在交往中大受欢迎,正所谓"花香蝶自来"。

本章复习题

一、名词与术语

心理健康、心理健康标准、正常心理、心理异常、精神障碍、DSM-5、ICD-10、医学标准、统计学标准、内省经验标准、社会适应标准、一般心理问题、严重心理问题、神经症性心理问题、泛化、心理冲突、精神疲劳、睡眠障碍、神经症、CCMD-3、神经衰弱、焦虑症、强迫症、恐怖症、疑病症、躯体化障碍、抑郁症、人格障碍、性心理健康、积极情绪、消极情绪、心理防御机制、理性情绪疗法、人际关系、认知偏差。

二、思考题

1.当代从哪些角度去综合评价健康问题?

2.1898 年,WHO 在宣言里把健康概括为哪几个部分?

3.马斯洛和米特尔曼关于心理健康的十条标准是什么?

4.中国心理卫生协会 2012 年制定的《心理健康六项标准》包括哪六项?

5.你了解哪些常见的精神障碍症状?

6.郭念锋区分心理正常与心理异常的三原则是什么? 如何理解?

7.如何判断一般心理问题?

8.如何判断严重心理问题?

9.如何判断神经症性心理问题?

10.如何区分心理冲突的常形与变形?

11.心理问题的诊断程序是什么?

12.当恐惧心理占主导的时候,心理疲劳的海员可能会出现的心理失调有哪几个层次?

13.依据海员的生理心理规律,航行期可以分为哪几个阶段?

14.海员如何自行调节以预防和解除心理疲劳?

15.常见的睡眠问题有哪些?

16.影响睡眠的主要因素有什么?

17.对于海员的睡眠管理有什么建议?

18.在 CCMD-3 中,神经症包括哪些分类?

19.临床上,强迫症有哪些表现特点? 强迫症的诊断病程最少应达到多长时间?

20.抑郁症患者有哪些显著特征和表现?

21.人格障碍形成的原因是什么?

本章参考文献

[1]王有权.航海心理学[M].2 版.大连海事大学出版社,2007.

[2]王健.交通安全心理学[M].重庆:科学技术文献出版社重庆分社,1988.

[3]周燮生.航海心理学[M].重庆:东南大学出版社,1994.

[4]孙哲,陈尧忠.内河航运与海运心理卫生[M].天津:天津出版社,1995.

[5]戴运昌.航海行为科学[M].大连:大连海事大学出版社,1996.

[6]李少军.海难事故中人的因素分析研究[D].大连:大连海事大学研究生论文集,1996.

[7]李军,顾鸿.海员心理健康指导[M].南京:南京大学出版社,2010.

[8]中国就业培训技术指导中心,中国心理卫生协会.心理咨询师(基础知识)[M].北京:中国劳动社会保障出版社,2017.

第七章　海员的心理咨询

当今社会,科技迅猛发展,推动工作与生活节奏不断加快。在物质条件不断改善的同时,人们也愈发感受到更多的压力。海员既要面对现代社会的生存与发展压力,也避不开现代社会的观念冲突,还要承受一份海上的风险、远离亲人的孤独,乃至许多难以诉说的精神与肉体的压力。心理咨询作为一种助人的手段,已经成为维护海员心理健康的重要工具和保障,获得了航运企业和海员自身的重视。越来越多的海员能够主动利用心理咨询来解决自己的心理困扰。海员学习一些有关心理咨询的知识,有利于解决自身的问题,也可以更好地帮助那些在船工作期间遇到困扰的同事,给予他们有效的心理疏导和支持。

【微视频】
心理咨询

第一节　心理咨询与心理咨询师概述

心理咨询是心理咨询师协助求助者解决心理问题的过程。

心理咨询学起源于 1896 年诞生的《临床心理学》(韦特默,Witmer)。自诞生以后,社会现实的需要以及心理咨询方法学的发展成为心理咨询学快速发展的两大主因。第二次世界大战后国际社会满目疮痍,而心理测验和个体差异的研究逐渐成熟,因而心理咨询业于 20 世纪中叶在西方国家正式兴起,到 20 世纪末已经成为发达国家重要的受人尊重的职业。

自 1978 年以后,改革开放给中国的发展注入了新的活力,思想进一步解放。心理学重回科学研究之列,心理咨询开始萌芽并逐渐立足于现代社会生活之中。2001 年国家劳动部颁布了《心理咨询师国家职业标准》,2003 年颁发了第一批国家心理咨询师资格证书,短短二十年,心理咨询在我国已经发展成为一门具有较强的科学性、实用性及明确职业准则的专业学科。社会对心理咨询的需求越来越大,亲子教育、夫妻关系、恋爱挫折、学习与工作压力、人际关系、发展困惑等都是专业心理咨询的热点。随着心理学知识的传播与科普,心理咨询已经逐渐褪去了神秘的面纱,越来越多的人接纳心理咨询并认为其是一种正常的行为,而心理咨询师也成为被普遍接受并被越来越多的人所依赖和求助的职业角色。

在人力资源和社会保障部联合颁布的《中华人民共和国职业分类大典(2015 年版)》中,“心理咨询师”作为第二大类“专业技术人员”被收录其中。2017 年,人力资源和社会保障部印发《关于公布国家职业资格目录的通知》(人社部发〔2017〕68 号),公布实施国家职业资格目录,“心理咨询师”未单独列入目录,而是归入卫生专业技术人员,并在其资格考试中设置了“心理治疗”专业。尽管在职业资格的认定方面发生了变化和调整,心理咨询师在国内作为一项新兴职业,其发展呈现出上升态势。

【微视频】
心理咨询
的误解

在《心理咨询师国家职业标准》中明确了"心理咨询师"的职业定义和主要工作任务。心理咨询师是指运用心理咨询技术与方法，从事咨询对象心理问题分析、测评、咨询、疏解的专业人员。其主要任务：一是与咨询对象进行交谈，了解其心理状况；二是分析咨询对象提供的信息，引导其寻求诱发心理问题的原因和认知因素；三是确定咨询切入点和切入方式，指导咨询对象解决心理问题；四是运用心理测验方法，进行咨询对象心理测评，解释测验结果；五是提出基于咨询对象个人性格特点的心理问题解决方法；六是研究、改进心理问题分析和咨询技术；七是介绍心理问题严重的咨询对象接受专业的心理治疗。在这个定义中，明确了心理咨询师要掌握心理学相关专业知识以及心理咨询临床技术，没有赋予使用精神疾病治疗药物的资格。心理咨询师只帮助求助者解决心理问题，或者由心理问题引发的行为问题或躯体症状，而不包括帮助求助者解决任何生活中的具体问题。

心理咨询师的成长并非可以速成，其像医生和律师一样，需要不断地学习专业知识与技能，并在实践中磨炼消化，才能逐渐成长和提高。而且，像医生分中医与西医一样，心理咨询师也有理论流派的分类，既有各自的理论体系，也有可以融会贯通之处。如此，心理咨询师的成长需要个人不断的努力以及时间的沉淀。

第二节　海员心理咨询的对象、任务和一般程序

一、心理咨询的对象

心理咨询的对象可分为三大类：

一是精神正常，但遇到了与现实有关的心理问题，并请求帮助的人群。精神正常的人群在现实生活中会面对许多问题，如婚姻家庭、亲子教育、职业发展、社会适应等。当人们面对这些发展性的问题时，需要做出理想的选择，以顺利度过人生的不同阶段。这种情况下，心理咨询师提供的服务为发展性咨询。

二是精神正常，但心理健康水平较低，产生了心理障碍导致社会功能受损，如无法正常学习、工作、与人交往等，并请求帮助的人群。精神正常的人因经历挫折或恶性事件而产生心理创伤，长期处于内心冲突、情绪困扰中，心理健康遭到破坏，心理咨询师可以提供心理健康咨询服务。

三是特殊对象，即临床治愈或潜伏期的精神病患者。一些精神病人在经过临床治愈之后，心理活动已经基本恢复正常，他们转为心理正常的人，但心理健康水平不高。此时，心理咨询师也可以为其提供心理健康咨询。但此类心理咨询对象，需要经过精神科医生的专业诊断确认才可以介入，并须严格限制一定条件，必要时须与精神科医生协同工作。

海员当中同样存在这三类人群，最为常见的咨询对象是第二类，即精神正常但存在心理健康问题的海员。

二、海员心理咨询的任务与内容

从总体来说，心理咨询的任务是帮助咨询对象在生活中化解各类心理问题，克服轻度心理障碍，纠正不合理的认知模式和非逻辑思维，学会调整人际关系，构建健康的生

【微视频】
海员心理
咨询的任
务

活方式,强化适应能力,等等。

心理咨询的任务,具体内涵有如下几点:

1.让来访者认识自己的内外世界

人生存在客观世界中,同时也有自己的内心主观世界。人的认知与实践活动将内外两个世界联系在一起。因此,两者总是处于既一致又矛盾的状态中。人在面对外部困境的时候,如果无法从客观的角度认识事物,而简单地按照内心的需求来行动,必然无法解决问题,难以适应环境,进而产生困惑、烦躁、郁闷、无助的情绪。这是产生心理问题的重要原因之一。

心理咨询师在面对来访者时,要帮助他认清自己的内外世界,尤其是侧重对内部世界的认识与评估,发现自己真正的问题是什么。对于一些特别缺乏自知之明的来访者,在帮助他们认识到自己的内心冲突之后,他们才能够意识到过去的问题是自己造成的,这样就找到了解决问题的途径。

2.让来访者了解和改变不合理的观念

人们经常认为自己的行为动机和需要是正确的、合理的,认为自己十分清楚需要什么,但实际上并非如此,许多心理问题也是由这种盲目自信引起的。还有些人认为自己对事物的观察和理解是正确的,从来没有怀疑自己思想观念的准确性。但事实上,观念的准确性和适应性随着条件变化而变化,当人们习惯用自动化思维处事时,就会使用一些非理性的思维而不自知,它会在某个时刻因为某个具体事件将我们引入困境。

海员期待被尊重是正常的,希望别人对自己好也是正常的。如果认为只有对自己热情、宽容才是尊重自己,则必定受挫。因为,每个人都有自己的个性和处事方式,活泼、开朗的人可能会用热情、坦诚表达尊重,稳重、内敛的人可能会用谦虚、含蓄表达尊重,内向、敏感的人可能会用保持距离、互不干涉表达尊重。所以,心理咨询要帮助来访者在经验教训的总结中,认识到自己不合理的思维和观念,并做出改变。

3.来访者学会面对现实和应对现实

人的很多苦恼是因为不肯面对和接受现实。海员的工作与生活中会有一些不尽如人意的地方,遭遇挫折或者严重困境,如伤病、无船可上、无法下船、失业、失恋、经济困难等。有些人尽管做出了努力的尝试,但可能仍然无法改变现状;有些人干脆逃避现实,假装事情不存在,导致问题始终在影响自己甚至还有可能扩大化。罗曼·罗兰说:"世界上只有一种英雄主义,就是在认清生活真相之后,依然热爱生活。"

心理咨询就是要让来访者明白,过去是历史,已经一去不复返,未来是希望,还没有变成事实,只有当下才是属于自己可以把握的时空。在心理咨询中,要鼓励来访者勇敢面对现实,并讨论以什么方式、方法正确地面对现实。只有这样,来访者才有可能经过自己的思考和领悟,解决自身的现实问题。

4.让来访者学会理解他人

人与人的交往中,都有自己的角色,以及各自的需求、动机和目标,也有各自的评价标准。如果总是站在自己的视角看问题,或者习惯性地投射心理——别人也是跟自己一样想的,就容易遇到挫折。所以,在来访者遇到人际关系问题时,咨询师要帮助来访者学会站在他人角度设身处地地换位思考,他人的处境是什么,他人的感受、需求、期待是什么,这样就能够帮助来访者理解他人的行为,也更有可能使其接受他人的行为。

5.让来访者正确认识自我

知人者智,自知者明。人对自身的认知往往是局限的,有时我们高估了自己,有时又低估了自己,有时是没有弄清自己的真实需求,盲目地被表象牵着跑。这些都可能会让我们在某个时刻陷入困境。孟子说"吾日三省吾身",这就是说要经常反省,不仅要从内部看自己,还要超越自身之外,用客观标准去衡量自己。专业的心理咨询师能够引导来访者在事件中,用客观的行为标准重新审视自己。

6.协助来访者构建合理的行为模式

一些来访者受不合理行为模式的困扰,如果想改变自己的现状,可以通过心理咨询,建立一种新的、合理的行为模式。比如,有些海员感觉自己在船上人缘不好,大家对他比较冷淡,其实是因为他自己羞于跟陌生人接触,人际交往中总是表现出退缩,总是希望别人能够先对自己友好,能够按照自己设想的模式来跟自己交往。这显然是不合理的。

在心理咨询中,咨询师可以帮助来访者发现事件中自己的不合理行为方式,一起讨论合理的行为,以及如何开始行动。

在海员的心理咨询中,主要的现实问题可以归为如下几方面:

(1)各种情绪障碍,如焦虑、抑郁、恐惧、自卑、孤独等;

(2)职业相关事件的影响,如工作压力、人际关系、工作霸凌、职业发展等;

(3)婚姻、恋爱与家庭问题,如夫妻关系、亲子教育、情感挫折、家庭矛盾等;

(4)性心理异常;

(5)其他心理问题和暂时没有发作的精神障碍;

(6)介绍有关的心理卫生知识。

三、咨询的一般程序

心理咨询不是随意的谈话和聊天,而是心理咨询师根据来访者的问题从心理学原理出发,按照一定程序和技术规范实施的深入和有针对性的专业工作过程。主要包括以下程序:

1.资料的搜集

心理咨询第一步都要从资料的搜集开始。因为临床资料是心理咨询工作的基本依据,没有资料或者资料不完整,咨询会陷入盲目。

搜集资料的途径包括谈话、观察、访谈、心理测量、问卷调查、实验室记录等。

资料的内容包括人口学资料、个人成长史、健康史、家族健康史、个人生活方式、受教育水平、对家庭及成员的看法、社会交往状况、目前的生活学习工作状况、自我心理评估、近期遭遇、咨询目的与愿望、言谈举止、情绪状态、理解能力、有无精神症状、自知力如何、心理问题发生的时间和痛苦程度以及对社会功能的影响情况、心理冲突的性质和强烈程度、与心理问题相应的测量与实验结果等。

2.资料的分析

将收集到的资料进行排序、筛选、比较、分析。

3.综合评估

分析资料,将主因、诱因与临床症状的因果关系进行解释,确定心理问题的由来、性质、严重程度,确定其在症状分类中的位置。

【微视频】
海员心理
咨询的主
要议题与
内容

4.诊断

依据综合评估结果,形成诊断。

5.鉴别诊断为了防止误诊,还需进行鉴别诊断。

6.咨询方案的制定

根据来访者的心理问题的性质、采用的治疗方法、咨询的期限、咨询的步骤、计划要达到的目的等具体情况制订咨询的实施计划。

【微视频】
心理咨询
的设置框
架

第三节 海员心理咨询的方法

纵观心理学的发展史,心理咨询与治疗的理论流派众多、层出不穷,如大家较为熟知的精神分析、认知行为疗法、家庭治疗、人本主义疗法等。除了对心理咨询产生重要影响的咨访关系与工作联盟的建立,心理咨询与治疗的一般方法也是疗效因子之一,在对海员的心理咨询过程中也发挥着重要作用。

一、心理咨询方法要点

因为心理咨询的方法与技巧直接影响心理咨询的效果,故必须予以充分重视。一般应注意以下几个方面:

1.认真积极地倾听

启发来访者谈问题、谈苦恼、谈个人经历与社会环境的关系,对形成困境因素的自我分析,将如何摆脱困境的打算、要求咨询的目的等。要认真地倾听,以便获取可供分析的信息。可以表示你的同情,以取得来访者对你的信任,要为来访者提供疏泄情绪的机会。

2.归纳和分析问题

整理出引起苦恼的最关键问题,需答疑和指导的事情是什么,并注意两者之间的关系是否一致。整理应采取与来访者共同讨论、分析的方式。对整理出的问题,应征询来访者的意见,看其是否确切,对所做出的分析和结论是否同意,以便使下一步的指导更有针对性,并使来访者信服。

3.解决关键性问题

咨询过程中要目标清晰,分清主次。先聚焦主要问题,其他有关的次要问题,留待下一步处理。

4.聚焦来访者实际

解答指导时应照顾到对方的文化水平、性格特点以及解决问题的可能条件。建议和指导应实事求是,在现实条件经过努力后,可以达到目的者最好;不要好高骛远,切忌脱离实际夸夸其谈,只讲一大堆空道理是最为有害的。为了保证措施的可行性,应征求对方意见,"这样做行不行?"如不行,则另行磋商寻找其他办法。

5.其他应注意的问题

如果来访者的问题超出心理咨询的部分,还应及时转介到相关专业机构,确保其获得有效的药物治疗。此外,社会性的支持也非常重要,如能取得家庭和组织的理解、支持和帮助,将成为心理咨询取得效果的关键。咨询师不能因为强调了来访者自己解决问题的能力,就忽视了其他治疗的重要性。因此,心理咨询效果的好坏也取决于药物治疗和社会支持的辅助。

海员心理咨询与其他群体的心理咨询虽有所不同,但在咨询过程和方法方面并无二致。因此,在咨询过程中要注意关注其由职业特点所导致的主要问题,如婚恋、亲子问题,职业倦怠、发展问题,以及情绪压力问题等。与此同时,不要过分夸大该职业群体的心理问题,而是关注来访者本身,觉察对职业的刻板印象,以更专业、客观的视角介入。

二、心理咨询中的几个规律性问题

1.心理咨询的动机多种多样

【微视频】咨询是如何进行的

大多数来访者都心事重重,入困境而矛盾、犹豫、拿不定主意,急于听取有威望者的意见,寻找出路:有的海员企图了解有关生理、心理卫生知识;有的希望寻求同情、支持和倾诉的机会。来访者第一次来访时往往抱着打听一下或试一试的想法。在开展心理咨询工作时,要考虑如何解除来访者的顾虑。海员群体在船期间无法获得线下咨询服务,但随着船舶上网络配置的改善,有条件的公司可以购买企业员工帮助计划,为海员提供在线的心理咨询服务,及时处理在船期间的心理困扰;同时,也可以在海员下船休假期间提供面对面的个体咨询,包括船员家属在内的家庭咨询服务。

2.情绪障碍是心理咨询中突出的问题

要求心理咨询的人当中,约有半数以上有情绪障碍。他们焦虑、抑郁、恐惧或烦恼,其中以焦虑和抑郁最为常见。他们新近遭遇的精神创伤多很明显,情感反应均很强烈,因此,解除情绪障碍、稳定情绪、指明方向和希望,是心理咨询的首要工作,是开始阶段中关键的一环。对情绪障碍能及时处理好,则会给来访者带来希望和渡过难关的信心,防止其精神崩溃,免使不幸事件的发生。如遇到情绪障碍的严重情况,则不要拘泥于慢条斯理的讨论、磋商步骤,而应当机立断,建议其迅速实施药物、心理和社会三结合的治疗以求解除险象。

3.来访者会陷入苦恼和困境的原因

从来访者的讲述和造成其苦恼因素的分析中,可知其苦恼并非偶然,既有外界的社会因素,也有自身的生物性因素,还有内在的心理因素,三者交互影响。心理咨询工作者应从系统和整体观念来分析这些问题,其判断才不至于片面,所提出的建议才能击中要害。来访者处于困境的原因常有:命运坎坷,遭遇不幸和委屈,备受精神折磨;不谙处世之道,特别不善于处理上下级、同事、夫妇、子女、父母之间的关系,导致彼此抱怨、指责、心情不畅;不懂生活艺术,不会安排精神生活,生活呆板、僵化、贫乏,缺乏人情味,所以容易感到空虚无聊;个性不良,性格古怪,不善与人相处,无法与人交流思想、交流感情,不但自己苦恼,周围人也为之苦恼;疾病困扰,比如慢性病痛的持续性折磨,胃肠菌群的失调等,还有一些缺乏心理卫生知识,易受疑病之害;年轻人由于缺乏生活阅历,在心理发展尚不完全成熟之际,易受到迅速变化的社会冲击,在价值观念形成期,容易感受到矛盾、困惑和苦恼。加之,来访者往往缺乏值得他们信任和有能力解决问题的支持者,如挚友、长辈、其他方面的权威人士等,结果遇到困难时便由于无助而彷徨焦虑。

4.心理咨询内容有年龄特征

因为每个年龄阶段都有独特的心理发展特点,因此针对不同年龄的来访者所进行的心理咨询工作在内容上也常有不相同,如青少年咨询、成年人及老年人咨询所处理的核心议题都有所不同,心理咨询工作者必须掌握这一特点,提高自身的专业胜任力,才有助于帮助来访者走出心理阴霾,重建生活希望。海员群体的年龄跨度较大,从 18 岁至 50 多岁,每个年龄阶段的海员朋友都会呈现与之相对应的人生发展问题和心理困扰。比如青少年的价值观矛盾、人际冲突、逆反心理和反社会行为、对未来的迷茫、恋爱挫折等,成年人的工作压力、职业发展、家庭矛盾、子女教育、经济压力、社会变革、性心理障碍等,老年人的孤独症、抑郁症、疑病症、更年期心理问题、缺乏延续感等。因此,针对不同来访者的年龄阶段特点,咨询师也要提高专业的胜任力,同时,对超出胜任力的个案要及时接受督导或进行转介。

5.分清心理障碍的表现是原发的还是继发的

要透过来访者出现的情绪障碍和形形色色的心理病态现象,寻找其产生的根本原因。一方面,要注意引起心理障碍的社会、心理因素;另一方面,也不能忽视有关生理学因素作为产生心理病态的背景,例如焦虑、抑郁,既可能是继发于社会、心理因素的境遇性反应,也可能是焦虑症或抑郁症的原发症状。在对海员进行咨询的过程中,我们既要聚焦其现实问题,同时也需要对其问题的发生和发展过程有较为深入的理解和剖析,从而有针对性地帮助来访者解决现实困扰,发展心理能力。

三、心理会谈

在心理咨询工作中,会谈技术非常重要。因为心理咨询和治疗既不通过药物,也不用手术,语言沟通是咨询的主要途径。掌握会谈的方法与技巧,不仅对于心理咨询和治疗有用,而且对于一般的助人者也十分有益。

1.会谈的目的与类型

心理咨询与治疗的目的是帮助来访者,使之发生某些改变。咨询是由一次次专门会谈组成的,不同的会谈可能有不同的目的与作用。心理咨询与治疗中的会谈如按其作用划分,可分为收集资料式会谈、评估(或诊断)式会谈、咨询或治疗式会谈。

收集材料式会谈是会谈的最基本形式。咨询师对每一位来访者都要做这步工作,这是进行评估和干预的前奏。收集资料式会谈就是要了解来访者都有哪些需要帮助的问题,这些问题对他产生了哪些影响,他自己怎样看待这些问题,与这些问题有关的各种人物、条件、环境因素都有哪些,与来访者的性格、个人生活环境、经历等是否有关等,这些都是咨询师需要了解的内容。此种会谈通常在咨询师与来访者的第一次会谈中进行,一般占用一次会谈即可,也可能只占一次会谈中一半的时间,但也有咨询师需要更多的时间来了解来访者的情况。这种会谈的目的十分明确,就是要收集与来访者问题有关的资料、信息,因这类会谈为初始访谈,咨询师同时还需注意与来访者建立良好的关系。

评估(或诊断)式会谈的目的如下:第一是要区分来访者是否适合进行心理咨询或治疗;第二是要分清来访者的问题到底出在哪里。此时,咨询师在收集对方资料的基础上形成各种假设,必要时可借助心理测验或问卷以便做出更为准确的评估。与此同时,咨询师还需注意继续建立和保持与来访者的咨访关系。

咨询或治疗式会谈是要帮助来访者产生某种改变,这类会谈本身就可以起到影响来访者使之产生改变的作用。此时咨询师要运用不同的心理咨询与治疗的理论、技术与方法达到这一目的,这是心理咨询与治疗中耗时多的一类会谈。在这类会谈中,咨询师仍要继续发展与来访者的关系,建立安全稳定的工作联盟。

在心理咨询或治疗中,有时来访者只需要咨询师向他们提供某一方面的信息(如教育与职业咨询),但这种情况较少。因为这常常涉及做出决定的问题(如需要咨询师进一步帮助他们做出某种选择,决定做某工作等),这也就属于第三类会谈的内容。

海员的心理咨询工作同一般心理咨询工作程序相同,也同样是以帮助来访者应对心理困扰,提升心理健康水平,促进心理和谐为目标,在咨询访谈方面也均要经过评估、干预和结束的不同阶段。但在海员心理咨询方面,不太适合长程的探索,更适合在信任的咨访关系基础上针对现实困扰,以短程聚焦的会谈进行工作。

2.会谈中的咨询师与来访者

在心理咨询或治疗会谈中的两方面人物——咨询师与来访者,都会对会谈产生影响。不论会谈的次数多少,这种影响都会持续存在。在对心理咨询与治疗的临床研究中学者们发现,无论是基于何种流派和治疗方法,咨询与治疗中最重要的疗效因子是咨询师与来访者的关系。稳定、安全、接纳、信任的咨访关系可以推进咨询工作,让来访者获得更好的帮助。

【微视频】
如何选择
"靠谱"的
咨询师?

对于所有心理咨询的会谈,来访者与咨询师都会存在公开与隐秘的一面。实际上会谈中双方的交流不仅发生在公开的一面,也发生在隐秘的一面。对咨询师与来访者来说,他们都有自己的思想、感情和期望,在心理咨询或治疗会谈这类特定的时间与场合,个人的这些东西就可能被有意、无意地借助于自己的(言语和身体)语汇隐藏起来或显示出来。

咨询师应能较容易地觉察自己的思想和感情,并有较高程度的自我接纳能力。在成功的咨询中,来访者也可能会提高他们自己在这些方面的能力。会谈中,双方对对方都可能会有某种推测或不愿表达出来的想法,这可能会以内心的对白形式出现。而对于对方公开出来的方面却可能会产生不准确的感受或错误的理解。对所有这些情况,咨询师都应有一个清楚的了解,知己知彼才可能使会谈成功。有许多研究涉及了会谈双方的情况,了解这些情况可能更有助于我们的专业工作者理解咨询师在会谈中的地位、作用和应注意的问题。

对咨询师来说,意识到他们自己在面对来访者时也在表现他们自己,这一点是很重要的,只有意识到这一点他们也才能更好地理解对方。曾有人让大学生分别与有关专家和非专家谈话,谈话之后让大学生评价他们的谈话对象。学生们对专家很有好感,认为对方显得轻松,说话流畅、自信、肯定,问话紧扣主题,不强迫学生接受自己的观点,能迅速发现谈话中的问题等。而评价非专家时他们所用的词汇就不同了,认为对方显得不自在,坐姿僵硬,太严厉,说话平淡,抓不住重点,提不出建设性意见等。这里面有技术问题,也有经验问题。在做咨询工作时,类似的反馈往往很难得到,需要专业工作者时时检查自己的状态。

心理咨询中常常涉及对对方的指导。在对指导的研究中,人们发现指导会使对方的自我发现、自我探索的语句减少,会使那些原先防御心理就很强的人或攻击性较强的人的防御心理增强。但指导却会使那些过去感到极为需要自立的人们的防御能力减轻,而且能改善那些表现为外部场控制的来访者的咨询结果。波普在对有关文献的回顾的基础上指出给对方的指导应因人而异,对依赖性强的来访者应予以更多的指导,在这方面更应引起我国的专业工作者注意。我国多年来的教育方式就是权威式指导,新一代年轻人对此极不愿接受,因此指导的采用应视对象的情形而定。咨询师常常要给对方做解释和说明,这些解释会使对方产生各种各样的反应。一些研究认为,中等程度的解释比浅显的或很深层的解释更为有效,当然也有学者反对采用深层的解释。在来访者身上存在许多因素,这些因素可能会极大地影响会谈的内容与进程,这是咨询师特别要注意的。帕特森认为,人们常常说前来寻求心理咨询的人都是有心理或情绪困扰的人,但这只是他人给这些来访者的定义。对来访者自身而言,他们是在某方面感受到痛苦的人,在不同程度上感到不幸福、沮丧、抑郁、焦虑和不满。他们感到他们当前的状况不是他们希望的那样,他们想有所改变。

英国学者奥德菲尔德(Oldfield)曾对咨询中心来访者做过一个深入调查,她发现来访者在前来咨询时大都怀着这样的希望:通过咨询过程能够改变情绪状态,使之不再苦恼,提高自尊与自信,进一步认识自己;能够解决个人所面对的问题与困难,提高应对生活中各种事件的能力;能更有效地学习和生活,改善与他人的关系等。当她进一步问及来访者希望通过何种方式得到帮助时,一些人答不出,不清楚;另一些人只是想与某些人谈一谈,这可能有各种原因,解除一下独自的烦恼,有机会向与自己的问题无关的人敞开一下心扉,或得到一种客观的反应;还有一些人希望得到心理学的解释,希望了解应怎样看待他们当前的困难,以便找到一种比自己经验更为有效的解决方式;其余的人则是来寻求忠告、建议和支持的。

此外,不同的社会阶层的人对会谈及心理治疗抱有的期望不同,而不同性别的来访者对咨询师所采用的会谈方式及方法也会抱有不同的期望。近几年来,吉利根(Gilligan)的研究工作引起了心理治疗工作者的注意。她发现,由于男性与女性的心理发展模式各异,使性别不同的人有着不同的思维模式。男性们在简化一个非常复杂的事件时,可能被认为是“线性”的或“假如……然后……”式的思维,男性的思维方式倾向于注重结果和达到某个特定的目标;而女性们则不同,她们是“相关”式的思考者,在她们开始行动之前,总要考虑各种可能性和这些可能性之间的关系。吉利根的研究对心理治疗工作者来说是很重要的,有助于咨询师理解不同性别的来访者,特别是当对方有着激烈的心理冲突和需要做出某种困难的决定时更是如此。

咨询师要了解来访者的另一个方面的问题是,来访者在咨询会谈中可能不会真正表现出他们自己的本来面目。大多数人在不熟悉的环境中,都会有某种程度的不安,对来访者来说更是如此,因为他们还要在这样的环境中暴露自己,焦虑、烦恼、紧张可以使他们失去常态。另外,有些人对自己作为来访者的角色也可能抱有某种期望,他们可能会以某种事先想好的方式出现在会谈中,认为那才是来访者应有的形象。

来访者对咨询师也会抱有某些特定的角色期望。奥德菲尔德的研究表明,来访者非常关心咨询师对自己的态度,在这方面,来访者的反应极其一致。对咨询师的信任,相信对方是一个好听众以及感受到温暖和同情都是非常有助于咨询的。除了安全感与信任对方之外,来访者对咨询师能否帮助他们解决问题还有质的方面的要求,他们要求咨询师是聪明的、有洞察力的、诚实的、客观的、敏感的,具有“能觉察各种体验”的能力和既能探查问题又能始终保持温暖而亲切的态度。有时咨询师偶尔有点“攻击性”,能让人感到他是很强的,也是有力量的。这一研究认为,咨询师适宜的特征是:温暖亲切,但要代表客观,不强加于人而又相当开诚布公,愿意提供思想和观点,如有必要随时准备采取真诚和积极的行动。与之相反,有些咨询师的特征是不利于治疗过程及治疗关系的,如咨询师让人感到很被动或控制治疗过程过于严厉。其他特征包括:退缩、受人控制,没有表现出自身就是咨询师的样子,而是在扮演一个咨询师,指责和批评对方,有意疏远对方等。

3.心理会谈技术

会谈中,心理咨询师要秉持尊重、非评价性和共情的基本态度,注重调动来访者的积极性,挖掘其主动探索解决问题的内在动力,启发、引导来访者自己去思考问题所在,认识到自身不合理的信念,支持与鼓励来访者坚持自我探索,激发其克服困难的信心和勇气。同时,会谈的过程不会一帆风顺,经常会遇到一些阻碍咨询的因素,咨询师要善于发现、敏锐觉察并努力克服其影响。

【微视频】
心理咨询
的基本态度

(1)参与性技术

在咨询中,参与性技术有助于澄清问题,启发、引导来访者进行自我探索和实践,最终实现咨询目标,促进来访者成长与发展。

①倾听技术

倾听是心理咨询的第一步,是建立良好的咨询关系的基本要求,体现了心理咨询师的基本功。对咨询师来说最重要的工作是倾听,而不是讲。倾听既可以表达对来访者的尊重,也能促进来访者的表达,使之在比较宽松和充满信任的氛围下诉说自己的问题及宣泄情绪,探索解决问题的方法。很多来访者在咨询师的倾听下,自己充分诉说完之后,问题好像就消散了。

倾听是在接纳的基础上积极地听、认真地听、关注地听,并在倾听时适度参与。咨询师只有无条件地接纳来访者才能做到很好的倾听。咨询师和来访者在人生阅历、生活方式、性格、处事方式、价值观等方面可能存在很大差异,在某些具体问题上,真实的个人观点大相径庭。咨询师要抛开自己的信仰、价值标准、人生态度和处世之道的影响,不论来访者态度是否消极、行事是否偏激、认知是否扭曲、德行是否有亏,都不要表现出惊讶、厌恶、奇怪、气愤等神态,无条件地去接纳他,以避免将自身的偏见和局限带进咨询中。咨询师在倾听时通常听到的都是来访者诉说的消极、灰暗的一些事件和情绪,但是要积极地发现其中隐含的来访者积极、正向的一面。比如,海员抱怨自己每天都按要求认真完成工作,仍然会受到上司的批评指责,觉得对方在针对自己。心理咨询师要在倾听这些负面表达中发现其认真工作的态度,想把工作做好的责任心,一直在坚持的意志品质等。咨询师在倾听中要避免"走神儿"或者表现出对来访者某些事情的倾诉不感兴趣,要确保咨询过程中保持对来访者的专注,并关注其症状表现、情绪情感、外在表现、内心体验以及其解决问题的动机和态度如何。在倾听的过程中,咨询师适度地参与互动,使用"我明白""我清楚了,请继续""嗯,然后呢""是的"等话语,对来访者的诉说给予回应,可以让来访者感受到被尊重和关注。咨询师还可以说"你表达得很清楚,很有条理,帮助我对情况有了很好的了解,你可以把细节说得再具体一些吗",鼓励来访者深度表达、澄清问题,加深对来访者的理解。认真地倾听,经常能帮助咨询师发现来访者存在忘记表达的内容,或者是否避重就轻。

倾听时,不要打断来访者的表述,也不要做道德或正确性判断,除非明确感受到来访者在讲与问题毫无关系的内容,回避问题的表述。当来访者正常的表述被打断之后,他可能会感觉自己不被接纳,因而产生了疑虑,会阻碍其充分讲述自己问题的想法,因而咨询师便不能更好地了解他的处境。在倾听中,咨询师应尽量少做评价。咨询师做出评价要把握好一个原则,就是它应有利于咨询。如果要做出评价,一定要在来访者完整表述完一个问题之后再评价,不要在表达的中间进行评价。

倾听中,不要急于下结论。咨询师要有耐心倾听来访者完整地讲述他的遭遇、困境和问题,不要急于下结论,提供咨询意见。来访者没有充分地讲述自己的情况,有时会导致如鲠在喉的囧状。而咨询师也因为没有充分搜集到信息,容易对问题的性质和根源出现误判。比如,海员在反复讲到一些具体事件中领导批评他,让他感到很沮丧和气愤,后面再次提到另外一项工作中领导也批评他的时候,咨询师说:"好的,我知道了,你的领导经常批评你,这让你很难过,也对他有一些生气。"但实际上,海员这次想说的是,领导这次除了批评他之外,还谈了领导自己因为管理上的失误被公司批评处罚的事情,海员对自己的工作失误给领导造成了影响心中有愧,但过去领导严厉苛刻的批评在心中形成的负面情绪又无法消除,自己给他造成了麻烦似乎也让自己有了"复仇"的快感。此时,咨询师就不能准确把握来访者的内心冲突,对解决问题形成了干扰和障碍。

倾听中,不要轻视来访者的问题。咨询师要时刻牢记一件事,在寻常人眼中微不足道的事,在来访者眼中可能是关系重大的事,不能用自己的标准去理解和评价来访者,从而觉得来访者没什么问题,就是"闲的,没事儿找事儿"。正是因为来访者把日常生活中的小事当作大事,反而说明他的心理出现了大问题。比如,海员如果提出来,同事打游戏的时候不喊自己,吃饭的时候不跟自己坐一桌,咨询师不能一笑了之,说这没什么大不了的,而是要认真地与他探讨背后的原因,找出真正的问题。

倾听中,不要干扰、转移求助者的话题。在来访者倾诉的过程中,咨询师要有耐心,能够顺着来访者的表达,启发和引导他讲出更多有价值的信息,避免没有逻辑地胡乱提问,扰乱来访者的思路,让他不知道该说些什么。

此外,咨询师在倾听中还要注意不要过多询问,让来访者成为被动提供信息的一方,不利于来访者充分表达,也不利于来访者宣泄情绪。咨询师不要过多总结来访者的信息和问题,使得咨询节奏缓慢冗长。倾听中,还要注意情绪反馈不能强化来访者的负面感受,导致额外的不良心理暗示。如果海员说自己很不走运,咨询师不能回应他"你真是太倒霉了";海员如果说自己被侮辱了,咨询师不能回应他"这真是奇耻大辱!"这样并不能起到很好的共情效果,反而有可能会强化他的负面情绪。

②提问技术

提问技术包括开放式提问技术和封闭式提问技术,咨询师要根据情况需要,熟练运用。

所谓开放式提问技术,就是提出的问题没有预设的答案,求助者不能用简单的一两句话来回答,从而尽可能地搜集信息资料,引导来访者自由、充分地表达。比如,"你对海上工作的设想是什么样的?""你对这件事情的看法是怎样的?""你当时的感受怎样?""如果重新回到那个情景,你会怎么做?""你对家庭关系有着怎样的看法?""什么原因使你认为自己不受欢迎?""你为解决这个问题做过哪些尝试?""你愿不愿意谈一下你不想与同事有过多交往的原因?"

开放式提问需要建立在良好的咨询关系基础之上,否则就可能使求助者产生一种被询问、被窥探、被剖析的感觉,因而产生阻抗。在缺乏信任的咨询关系中,过多地询问"为什么",还会让来访者感受到自己被指责、被拷问、被质疑,尤其是涉及一些敏感的隐私问题时,会产生更多的戒备和顾虑。因而,咨询师要注意提问的方式和语气语调,留意来访者是否会产生误会,消除来访者的疑虑。

封闭式提问技术是指咨询师提出的问题带有预设的答案,求助者的回答不需要展

【微视频】
如何识别与处理咨询中的阻抗?

开,从而使咨询师可以明确某些问题。封闭式提问一般在明确问题时使用,用来澄清事实,获取重点,缩小讨论范围。比如:"你刚才说的是……,对不对?""哪件事情发生在哪一年?""你赞同这个观点吗?"有时,封闭式提问还可以起到强化目标和信念的作用,比如:"你希望解决拖延症的问题,对吧?""你是不是很想融入大家?"咨询师要注意,过多使用封闭式提问会压抑来访者表达意愿的主动性,因此要适度地使用此技术。

③鼓励技术

咨询师通过言语等鼓励来访者进行自我探索和改变。咨询师可以使用"讲下去""请继续""很好,还有吗?"等来强化来访者叙述的内容并鼓励其进一步表达、探索,还可以明确地讲出"我看到了你的改变和成长,继续努力,你一定可以应对这些问题"。

④重复技术

咨询师可以直接重复来访者刚刚表述的某句话,引起来访者的重视和注意,以明确其要表达的内容。当来访者的表达令人不解,或与事实、常理不符,咨询师可以重复这句话,引起来访者注意,以澄清其中的错误。

⑤内容反应技术

咨询师有时需要帮助来访者重新简要地理顺一下他所表达的主要内容,以达到加强理解、促进沟通的目的。同时,这个过程也可以让来访者再次剖析自己的困扰,重新组合零散的事件和关系,深化会谈的内容。举个例子,比如海员来访者在咨询中谈到自己在船工作中总是感到力不从心,觉得自己能力不够,工作时常常紧张,害怕干不好受到船舶领导的批评。这时,咨询师可以反馈说:"听起来你认为自己不能胜任工作,担心会犯错,害怕被批评,似乎让我感觉到你希望或要求自己在工作中要表现得很好才可以。"

⑥情感反应技术

咨询师把来访者所表达的有关情绪、情感的主要内容经过概括、综合与整理,用自己的话反馈给来访者,以达到加强对来访者情绪、情感的理解,促进沟通的目的。一般来说,情感反应与内容反应是同时进行的。比如:"你说大副当众冲你发火,你感到羞耻,是这样的吗?""因为这件事,你一直对轮机长心有怨气,对吗?"许多来访者都表现出情绪情感的矛盾性,如既爱又恨,咨询师要善于寻找这种互相矛盾的情绪,作为咨询的突破口。

⑦具体化技术

咨询师要协助来访者清楚、准确地表达他们的观点以及他们所用的概念、所体验到的情感以及所经历的事情。来访者在表达事件、观点和情感时,经常模糊不清,这也是导致他产生困惑无法解决的一个原因。咨询师要发现这些问题模糊、过分概括、概念不清的描述,使用具体化的技术跟来访者一一澄清,帮助来访者搞清楚,到底是什么在困扰他,这样一来,解决问题就能有的放矢。如果水手说二副欺负自己,那么咨询师就要问他具体事件是什么;如果来访者说我很笨,咨询师就要跟他探讨他所说的"笨"的具体表现是什么;如果海员说大副总是斥责自己,咨询师就要核实"总是"具体代表的频率是多少,以及大副是如何"斥责"他的。通过将这些模糊的信息具体化,能够帮助来访者意识到,在过去他可能使用了一些程度较高的词语来表达事件和情绪的严重性,导致了自己对问题的严重性和影响做出了误判。

⑧参与性概述

咨询师在一个阶段需要将来访者的言语和非言语行为包括情感等综合整理后,以提纲的方式表达出来,相当于内容反应和情感反应的整合。比如说,在初始访谈中,来访者向咨询师描述了近期的困扰,包括在船工作中的问题、家里孩子青春期的问题、和妻子的关系问题以及自己中年后身体健康的问题等。咨询师总结了来访者访谈中提到的种种困扰,让原本如乱麻一样交织在一起的问题变得更加清晰,让咨询工作更有方向感,也使得来访者获得确定感和掌控感。这是咨询师每次会谈必用的技巧之一。

⑨非言语行为的理解与把握

正确把握非言语行为并妥善运用,是对优秀咨询师的基本要求。借助来访者非言语行为,咨询师可以更全面地了解其心理活动,也有助于发现其想回避、隐藏的倾向。咨询师也可以通过恰当的非言语信息,向来访者传递理解、支持与鼓励,拉近与来访者之间的心理距离。如果咨询师注意到来访者在言语描述的同时,其身体动作、面部表情等非言语信息层面发生了变化,也可以通过言语反馈和身体反馈的方式让来访者觉察和反思。比如,来访者提到在船工作的时候总是担心家里的爱人和孩子生活得不好时眼睛里泛起了一丝泪花,之后立马转移了话题,悲伤的表情也不见了。此时咨询师可以说:"刚刚注意到你提到妻子和孩子时眼睛里有泪花,但立马又谈起别的事情,不知道刚刚你的心里发生了什么。"这样可以让来访者注意到刚刚自己内心的变化。再比如,来访者咨询中突然抓起了身旁的沙发抱枕并把它紧紧地抱在胸前,如果咨询师注意到这一变化,就可以及时将自己观察到的信息反馈给来访者,帮助来访者觉察自己的身体动作与心理活动之间的关系,从而更深入地进行探索。

(2)影响性技术

咨询师在咨询中运用影响性技术,对来访者实施干预,帮助他解决心理问题,促使咨询目标实现。

①面质技术

面质技术又称"质疑""对质""对抗""正视现实"等,是指咨询师指出来访者身上存在的矛盾,促进他自我探索,最终实现统一。

来访者由于自身的原因,常常存在各种矛盾,这也是他的问题所在,如理想与现实不一致、言行不一致、前后表述不一致、客观现实与主观认识不一致等。来访者说:"我上船两个多月了,感觉累到身体透支了,我不想做那么多工作。"咨询师问:"你很累是因为你的岗位本职工作很累,还是因为领导额外给你增加的工作很累?"来访者认识到是自己的岗位决定了体力活儿多,既想做这份工作又想工作少的想法是矛盾的,如果继续工作就要接受做很多体力活儿,如果不想做很多工作,就要另谋职业或者去其他船公司试一试。在另一个案例中,来访者认为自己很丑,没有优点,所以在别人面前很自卑。在之后的表述中,又提到运动是自己的特长,是学院篮球队队员。咨询师观察其外表身高适中,体形匀称,五官端正,轮廓感强,皮肤偏黑,很有男子汉气概。因而,对其使用面质技术。咨询师问:"你认为自己长得丑,但是客观上看你的外形比较帅气,你说的丑是指什么?"来访者思考了一下说自己皮肤黑,所以认为自己丑。咨询师问"你说自己没优点,但又说运动是特长,篮球也打得好,这算不算优点?"来访者随即承认自己是有优点的。通过面质,促进了来访者的思考,明确了自身的问题,咨询师对来访者的理解也更深入、准确了。

在面质中,咨询师要谨慎、恰当地使用话术。咨询师要以事实根据为前提,在矛盾不明显时,不宜面质。面质是找出来访者的矛盾,促进他实现认识和言行统一,并不是简单地挑毛病,因而,要避免在面质中带入个人主观评价,更不能将面质变成道德攻击。面质技术的不当使用,将破坏良好的咨询关系。

②解释技术

解释技术指运用心理学理论来描述来访者的思想、情感和行为的原因、实质等,或对某些抽象复杂的心理现象、过程等进行解释。解释技术对咨询师提出了很高的要求,因为咨询师需要运用专业知识和人生经验为来访者提供一种认识自身问题以及认识自己和周围关系的新思维、新理论和新方法。咨询师能够对来访者的问题做恰当的解释,很好地展示出理论联系实际的内容,是树立自己权威形象的重要途径,有助于来访者对自己建立信任关系。但咨询师不能将自己的解释强加给来访者,强求对方接受,这样并不会有利于达到咨询效果。在诸多的理论流派中,咨询师应当结合来访者的思想基础、理论取向、认知特点,选取合适的理论进行解释,更容易水到渠成,获得成效。

③指导技术

指导技术指咨询师直接指示来访者做某事、说某话或者以某种方式行动。心理分析学派可能会指导来访者进行自由联想以寻求问题的根源;行为主义学派会指导来访者做各种训练,如脱敏疗法、放松训练等;人本主义中的完型学派可能会指导来访者做角色扮演,使来访者体验不同角色下的思想、情感和行为。使用指导性技术时,咨询师应十分明确自己对来访者指导什么以及效果怎样,叙述应清楚,要让来访者真正理解指导的内容。如果来访者不愿意接受行为指导,就不能强求,否则适得其反。

④情感表达技术

情感表达技术是咨询师将自己的情绪、情感以及对来访者的情绪、情感等告诉来访者,从而对其产生影响。情感表达与情感反应完全不同,前者是咨询师表达自己的情绪、情感,后者是咨询师整理反馈来访者的情绪、情感。

咨询师的情绪表达是为了拉近与来访者的心理距离,增加共情,促进来访者的探索和改变,而不是单纯的情绪表露。因而,情绪表达要有助于咨询的进行。咨询师的情感表达可以针对来访者,如"我很高兴看到你的变化""你这样想让我觉得很了不起""你的坚持,让我也很受鼓舞"。咨询师的情感表达也可以针对自己,如"如果我也能做到船长,那么我将非常自豪。""如果我听到自己的孩子考上大学,我也会很骄傲和兴奋。"咨询师应当注意,一般只对来访者做正性情感表达,但是为了表达共情时的负面情绪除外,如"听到你的不幸遭遇,我也忍不住为你难过"。正确地使用感情表达,既能体现对来访者设身处地的理解,又能传达自己的感受,使来访者感受到一个活生生的咨询师形象,也了解了咨询师的人生观。同时,咨询师的情绪开放为来访者做出了示范,有利于来访者的自我表达。

⑤内容表达技术

内容表达技术指咨询师传递信息,提出建议、忠告,给予保证,进行解释和反馈,以影响来访者,促使咨询目标达成。其实,在咨询过程中,各项影响技术都属于内容表达,都是通过内容表达技术起作用。在提出建议和忠告时,咨询师要注意措辞温和,尊重来访者。比如,可以使用"我有几个建议……""在这一点上,我希望你可以改变看法""你可以尝试……",而不可以使用"你必须……""你一定要……"等强硬的措辞。咨询师应当意识到心理问题通常没有唯一的答案,自己的建议只是众多解决方案中的一个选择,不要强求来访者接受,否则既影响咨询关系,又难以得到理想的效果。

⑥自我暴露技术

自我暴露技术也称"自我开放""自我表露",是咨询师提出自己的情感、思想、经验与求助者共同分享,或开放对求助者的态度、评价等,或暴露与自己有关的经历、体验和情感等。自我暴露技术是情感表达与内容表达的一种特殊组合。

对咨询师来说,自我暴露是一种有助于与来访者建立相互信任和开诚布公的良好关系的影响技巧。许多研究也证明了这一点。有研究表明,咨询师的自我暴露行为可以使来访者的自我暴露增多;还有的研究者发现,若咨询师的自我暴露提供的是与他们自己有关的负性信息,来访者会感到其更多的共情、温暖和信任,这种感受比那些仅仅得到有关咨询师的正性信息的人们更为明显。另一些研究发现,咨询师的自我暴露在会谈中起着非常积极的作用,它使来访者感到咨询师对他的吸引力增加了,也提高了来访者积极参与会谈的兴趣。而且数量适中的咨询师的自我暴露比那些咨询师几乎没做什么自我暴露的治疗会谈更能吸引对方再次来访。还有不少研究者把自我暴露看作具有强化作用的影响技巧,他们认为做自我暴露的咨询师的咨询之所以更为有效,是因为自我暴露是对对方同样的行为的强化。虽然证明自我暴露对促进咨访关系有积极效果,但咨询师要避免不必要的自我暴露,确保自我暴露的信息只限于专业范围,以及自我暴露的确有益于咨询工作。

咨询师的自我暴露有两种形式,一种是向来访者表明自己在治疗会谈当时对来访者言行问题的体验,另一种则是告诉对方自己过去的一些有关的情绪体验及经验。第一种形式的自我暴露在咨询中经常出现。如咨询师说:"我很高兴你不再让你母亲陪着你,而是你自己一个人坐车来这里了。"当一个患社交恐惧的来访者第一次不用他人陪伴独自出门来到心理门诊时,咨询师以这样自我暴露的方式表明了自己对对方进步的欢欣。社会心理学的研究表明,人们喜欢那些喜爱自己的人。在这里,来访者无疑会增加对咨询师的喜欢程度,咨询关系由此也得到了加强,这种自我暴露传递给了来访者积极的信息。

第一种形式的自我暴露所传达的也许还有负性的信息:"我觉得有些失望,你没能完成作业,但我想,也许你有你的原因?"对这种形式的自我暴露,咨询师一定要注意,不能只顾表述自己的情绪而不体恤对方的心情。如果能注意到这一点,自我的暴露方能收到良好的功效。这样在来访者看来,咨询师也是一个有血有肉、有自己感情的人,他表达负性情绪说明对自己有一定程度的接近,而与此同时又能体恤理解自己,则更易感到对方值得信任。这一形式的自我暴露可能还常见到这样的句子:"如果我碰到你说的这种事情,我想我也会感到伤心的。"

第二种形式的自我暴露是咨询师谈及与来访者所谈话题有关的过去经验。比如海员来访者在咨询中向咨询师描述他内在有强烈的孤独感,咨询师回应说:"你说你感到一种可怕的孤独,我可以想象得出,我也有过类似的体验。它使你害怕一个人待着,要出去找一个哪怕是什么人都行。但和其他人在一起时,这种感觉仍不放过你,紧紧抓住你不放……不过,你能说说什么时候这种感觉最容易出现吗?"在这种形式的自我暴露中,咨询师在讲述自己过去的经验时,应注意做到简明扼要。如讲得过于冗长、过于详细,则咨询师会使会谈偏离帮助来访者的中心。在上述例子中,咨询师很快把话题又转回到来访者身上,进一步提出了一个开放性问题,这可以有助于咨询师更深入地了解对方的孤独感是怎么一回事,是否与自己刚才所谈的情况有关。而如果咨询师听到来访者的这番话后自己也陷入强烈的情绪中,并说"我特别能理解你说的这种感觉,我过去就像你说的这样,总是感到孤独,一个人待着难过,一群人待着也觉得孤单,有一次和朋友聚会的时候……"咨询师接着这个话题开始滔滔不绝地陈述自己的关于孤独的心路历程,来访者被晾在一边,这样的自我暴露就明显是无意义的。

总之,上述两种形式的自我暴露都有利于咨访关系的建立与巩固。一般来说,咨询师的自我暴露越多,来访者的相应行为也就越多,越愿意谈自己的所思、所想、所言、所行。但也有人认为这两者的关系并非为线性增长的关系,认为咨询师的自我暴露是有一定限度的。低于或超过这个限度的自我暴露对治疗不但不能起到良好作用,反而会对对方的感情和咨询关系产生破坏性作用。若咨询师几乎不做任何自我暴露,就可能也得不到来访者的自我暴露反应;而咨询师自我暴露过多,则可能使来访者在会谈中可以利用的时间减少,而且这样可能会使来访者感到咨询师也不是一个心理健康的人,而会转而关心咨询师的问题了。检查自我暴露是否适度的一个标准是,咨询师的焦点是不是始终聚焦于来访者,如果自我暴露后,焦点转向咨询师自身而对来访者无益,那么这样的自我暴露是多余的、无用的,甚至是对来访者的利益有损害的。

⑦影响性概述

影响性概述指咨询师将自己所叙述的主题、意见等组织整理后,以简明扼要的形式表达出来,相当于内容较多的"内容表达"。这样做可以使来访者有机会重温咨询师说的话,加深印象,也可以使咨询师有机会回顾讨论的内容,加入新的资料,强调某些特殊内容,提出重点,为后续的交谈奠定基础。

⑧非言语行为的运用

咨询师应重视把自己的非言语行为融入言语表达中,渗透在咨询过程中。通过非言语行为传达的共情态度比言语还多,影响更大。心理学教授艾伯特·马伯蓝比提出:人们对一个人的印象,只有7%是来自你说的内容,38%来自你说话的语调,55%来自外形与肢体语言。可见在专业形象上,外表及肢体语言的重要性比内在更胜一等。这就是所谓的赫拉宾法则,或者简称73855原则。具体说来,非言语行为包括目光注视、面部表情、肢体语言、声音特征、空间距离、衣着及步态等内容。咨询师要善于使用非言语行为表达共情、积极关注和尊重,注意与自己的言语表达一致,协调使用,便可最大限度发挥整体效能。

四、主要流派和方法

心理咨询与治疗发端于西方,经历了百年的发展,如今咨询流派众多,咨询方法更是不计其数,新的咨询与治疗方法不断涌现,且在不断创新和变化。当西方的心理学传入我国,我国的心理学工作者在学习外来方法的同时也在探索本土化的路径,将其与中华民族的悠久历史和文化结合,不断探索适合中国人的心理咨询与治疗方法。综合来讲,在心理咨询与治疗的众多流派和方法中,以下几种是较为主要的,现做简要介绍:

1.精神分析疗法

经典的精神分析疗法为弗洛伊德所创立,其疗法的核心是将无意识意识化。应用此疗法使来访者从无拘束的会谈中领悟到心理障碍的症结所在,并逐步改变其行为模式,从而达到治疗的目的。从事心理分析的咨询师必须熟悉弗洛伊德的心理动力学理论,特别是关于潜意识、自我理论、依恋理论、心理防御机制等知识,且经过大量的临床训练、督导和自我体验。以精神分析为理论基础的会谈,其目的是分析被来访者压抑到潜意识中的心理资料,使来访者意识到现实困扰的根源。会谈的方式一般是在安静、温暖的房间内,让来访者斜躺在舒适的沙发椅上,面朝天花板,便于集中注意力于回忆上,咨询师坐在来访者身后。会谈的时间每次 45 ~ 50 分钟,每周会谈 2 ~ 5 次。长期且高频的会谈才能获得来访者足够的心理资料,加深来访者与咨询师的关系,巩固工作联盟,使咨询师能全面了解来访者的成长过程、生活经历、性格形成和处理问题的方式。来访者通过会谈也会逐步加深对自我的认识,为改变自己性格上的弱点找到努力的方向。

这一疗法所采用的技术有:

(1)自由联想

每次会谈让来访者选择自己想谈的题目,如生活、家庭关系、工作、与人交往、爱好或发病经过等。总之,随着脑中所涌现的念头脱口而出,不管说出来的事情彼此有无关联,是否合乎逻辑或幼稚可笑。精神分析的咨询师对来访者是节制的,不会随意介入或干扰来访者潜意识的工作。同时,随着工作的开始,来访者逐渐沉入往事的回忆中,内心深处无意识的闸门不自觉地打开了。谈出的事情常常带有情绪色彩,往往来访者突然停止不语,推说想不起来了,或者绕过所谈的话题而言其他。有时还伴有不适当的冲动行为,甚至扬言要停止治疗或忘记治疗的预约时间或迟到,这些表明来访者出现了"抗拒"。这种现象常常是来访者心理症结的所在,咨询师的任务就是要帮助来访者克服这一无意识的抗拒。根据来访者当时的心理状态,用共情的语调引导来访者将伴有严重焦虑和冲突的事情进入来访者的意识中,将压抑的情感发泄出来。由于许多事情属于幼年时代的精神创伤,当时所产生的情感反应常是比较幼稚的,现在当来访者在意识中用成人的心理去重新体验旧情,就比较容易处理和克服,这叫作情感矫正,这样来访者所呈现的症状也会自然消失。

(2)释梦/梦的分析

弗洛伊德在他的著作《梦的解析》中,认为"梦乃是做梦者潜意识冲突欲望的象征,做梦的人为了避免被人家察觉,所以用象征性的方式以避免焦虑的产生""分析者对梦的内容加以分析,以期发现这些象征的真谛"。所以发掘潜意识中心理资料的另一技术就是要求来访者在会谈中也谈谈他做的梦,并把梦中不同内容加以联想,以便咨询师能理解梦的外显内容(又称显梦,即梦的表面故事)和潜在内容(又称隐梦,即故事的象征意义)。例如,一女来访者叙述她梦见一个蒙面的陌生男人闯入她二楼的卧室,偷走了放在抽屉中她所心爱的首饰匣,被她发觉大喊一声"谁",那蒙面男人冲出阳台仓皇逃走,她追到阳台,往下一看,发现他跌死在楼下,因而被吓醒。咨询师通过来访者多次自由联想,了解了她的家庭生活和其与其丈夫的关系后就清楚这一显梦的象征意义了。原来她的丈夫对她不忠实,隐瞒了有外遇的事实(蒙面的陌生男人),欺骗了她的感情(偷走了首饰匣),她很气愤,诅咒他没有好下场(他跌死在楼下),但又不愿他真的离她而去,所以又大喊一声(提醒他)。通过对隐梦的分析,来访者能够清楚焦虑情感的根源,应该怎样正确地处理与其丈夫的关系。

(3)移情与反移情

当来访者沉入往事回忆,说出许多带有焦虑感情的事情,而这些事情往往与和他关系密切的人物(例如父母)有关,则情感的发泄也是有针对性的(针对自己的父母)。在会谈中来访者往往把咨询师当作他发泄的对象,这就叫作移情,把过去与父母的病态关

【微视频】
如何处理
移情?

系转移到与咨询师的关系上。当来访者出现移情,对咨询师表露出特殊的感情,也许会把他当作上帝/救世主/权威(热爱、尊敬、信赖的对象,称正性移情,Positive Transference)或魔鬼(憎恨的对象,称负性移情,Negative Transference)时,咨询师一定要清楚意识到自己的处境和地位,这是咨询和治疗过程中必然会出现的好现象,哪怕被移情为"恶人"而遭受来访者愤怒的攻击也不必慌张、害怕、厌恶或愤怒。咨询师一定要超脱自己,善于利用这一移情关系,循循诱导,让来访者认识到建立一个良好的人际关系的必要性。当这些从无意识过程中所暴露出的病态或幼稚情感和人际关系成为意识过程的内容时,这种不成熟的或"神经症性"的心理防卫机制就减弱了,移情问题也就随之消除。咨询师在来访者移情的过程中也必然会产生丰富的情感,这份情感看似指向来访者,实则是自身对过去经历中重要他人情感的转移。因此,精神分析的咨询师需要觉察和利用自身的反移情来进行工作,这是非常重要的。

(4)解释

在咨询与治疗过程中,咨询师的中心工作就是向来访者解释他所说的话中的潜意识含义,帮助来访者克服抗拒,而使被压抑的心理得以源源不断地通过自由联想和梦的分析暴露出来。解释是逐步深入的,根据每次会谈的内容,用来访者所说过的话做依据,用来访者能理解的语言告诉他的心理症结所在。解释的程度随着长期的会谈和对来访者心理的全面了解而逐步加深和完善,而来访者也通过长期的会谈在意识中逐渐培养起一个对人、对事正确成熟的心理反应和处理态度。

经典精神分析疗法的理论假设是心理障碍来自本我(即原始"性驱力")的愿望未能得到满足或存在恋父/恋母情结所致。而这一论点并没有被许多心理分析家所接受,而在临床实践中,不用幼年"性"创伤来解释和分析,依旧获得好的疗效。这一疗法的适应症是心因性神经症,这种会谈显然不适合儿童或已呈精神错乱症状的各种精神来访者。由于它耗时长、效率低、费用开支大,而今未被西方社会纳入国家医疗保障体系的报销范围之中,但这一经典心理分析的技术仍在各种改良的分析疗法中适用,其中客体关系学派、自体心理学及其他新精神分析理论的发展,也使得这一流派的理论价值和临床意义被进一步推广,帮助来访者深入地理解自我,探索潜意识,实现自我人格的整合。

2.来访者中心疗法

来访者中心疗法又称非指导性心理疗法(Nondirective Psychotherapy),或译为以人为中心疗法,是美国心理学家卡尔·罗杰斯以现象学、存在主义哲学为理论基础提出的。它与心理分析疗法相反,不要来访者回忆压抑在潜意识中的心理症结,而是帮助来访者认识此时此地的现状,由于他缺乏自知不能正确认识和处理当前环境的现状,拒绝感受当时的情感体验而产生病态焦虑,因此疗法的基本假定是"人是具有自我发展潜能的,是可以信赖的",只要来访者能够投入到安全、稳定、尊重、抱持的咨访关系中,就能朝着自我引导的方向发展。因此,该疗法的目的就是让来访者进行自我探索,了解与自我相一致的、恰当的情感,并用此感情体验来指导他的行动,也就是靠自己本身的力量来疗愈自己存在的问题。这一疗法的具体做法如下:

会谈时咨询师不是以一个权威专家的面貌来分析和解释来访者在言谈中所暴露的问题,而是以一个朋友的身份鼓励来访者发泄内心的情感。对来访者所说出来的事件不做任何评价和指引,而是对他所表达的情感做出反应。例如,某咨询者在谈到她丈夫不让她出门自由行动而表现出不平的情感时,咨询师说:"你是有些发火了吧!"来访者说:"我当时简直是气疯了……"也就是咨询师不断用反响的方式来激发来访者的情感。一再重复来访者在言谈中所表现出来的基本的情感,使来访者逐渐认识到自己在这一事件或问题中所克制的消极情感和自我评价。

在治疗过程中咨询师应不做解释,很少提问题,也不回答问题,而是无条件地正面关心来访者,使来访者感到温暖。不管他暴露什么情感,总是充分理解和信任,有如咨询师已进入来访者当时的情感中,让来访者看到咨询师是真诚的和表里一致的,对他的谈话是感兴趣的。在这样的气氛下,来访者没有顾忌地畅所欲言,逐渐从消极被动的防御性的情感中解脱出来,不再依靠别人的评价来判断自己的价值。由于每个来访者都具有对自我实现的健康态度,所以一旦认识自己存在问题的实质,就能发挥出自我调节和适应环境的潜在能力,改善了人际关系,达到了治疗的目的。

一般咨询次数不固定,视来访者情况决定。这一疗法也可集体进行(10人左右),每周1~2次。

3.行为疗法

(1)系统脱敏疗法

这是沃尔普(J. Wolpe)在20世纪50年代末期发展起来的一种行为疗法。他认为,神经症的起因是在焦虑情境中原来不引起焦虑的中性刺激与焦虑反应多次结合而成为较为牢固的焦虑刺激,产生异常的焦虑情绪或紧张行为。现在将焦虑刺激与焦虑反应不相容的另一种反应,例如松弛反应多次结合,这两种反应是相互抑制的,于是就逐渐削弱了原来的焦虑刺激与焦虑反应之间的联系,逐步减轻对焦虑刺激的敏感性,因而这一疗法也被称为系统脱敏疗法。

系统脱敏疗法的基本思想是:让一个原可引起微弱焦虑的刺激,在来访者面前重复暴露,同时来访者以全身放松予以对抗,从而使这一刺激逐渐失去了引起焦虑的作用。

有些神经症来访者虽然认识到了自己的病因,也有了改变自己病态行为的决心,但是做起来却很困难,不知怎样做才能真正摆脱这些症状,为此还需要学会采取一些行动来制服它们。因而系统脱敏疗法对有明显环境因素引起的某些恐怖症、强迫症特别有效。具体做法如下:

第一,要让来访者学会放松。根据病种的不同采用不同的放松训练方式。一般应用肌肉放松训练的方式来对抗恐怖症中的焦虑情绪。训练时要求来访者首先学会体验肌肉紧张与肌肉松弛间感觉上的差别,以便主动掌握松弛过程,然后根据指导语进行全身各部分肌肉先紧张后松弛的训练,直至能主动自如地放松全身的肌肉。

第二,将引起来访者焦虑反应的具体情境按焦虑层次顺序排列。来访者说出引起焦虑的事件或情境,咨询师要求他把引起焦虑的事件或情境,按照从引起最小焦虑到最大焦虑排一个顺序。比如以0代表完全放松,100代表极度焦虑,尽量做到被排序的各事件或情境的焦虑等级差均匀,是一个循序渐进的系列层次。尤其注意的是,每一级别的刺激因素引起的焦虑,应小到能被全身松弛所拮抗的程度,这是系统脱敏疗法成败的关键之一。

接下来,令来访者坐在舒适的靠背椅子上,并使全身肌肉放松。对面墙上挂一银幕,来访者手握幻灯机开关,先放映第一张幻灯片,令来访者注视并进行放松训练(如果没有恰当的图片或者设备可用,这一步也可以采用想象的方式)。如果这一情境不再引起焦虑,也就是全身肌肉处于松弛状态,即转入注视第二张幻灯片,依次训练,循序渐进。当看到某一张幻灯片,突然感到焦虑恐慌,肌肉紧张,则可退回到上一张幻灯片,重新进行肌肉放松。

采用系统脱敏疗法时需要不断练习,以巩固疗效。

(2)满灌疗法

满灌疗法,又称冲击疗法,是暴露疗法之一。

满灌疗法与系统脱敏疗法正好相反,后者是采用对抗条件作用,对同一可引起恐惧的刺激用新的反应(放松)来替代旧的反应(焦虑紧张),恐惧刺激逐步升级,直至最后给予较强的恐惧刺激时来访者仍然做出放松反应,从而达到治疗目的。这一缓慢的逐步消退过程需要经过一定时间按部就班的训练,使来访者逐渐适应引起恐惧的情境。

满灌疗法不需要经过任何放松训练,一开始就让来访者进入最恐惧的情境中。一般采用想象的方式,鼓励来访者想象最使他恐惧的场面,或者咨询师在旁反复地,甚至不厌其烦地讲述他最感到害怕的情景中的细节,或者用录像、幻灯放映使来访者恐惧的镜头,以加深来访者的焦虑程度,同时不允许来访者采取堵耳朵、闭眼睛、哭喊等逃避措施。也可以采用现实冲击疗法,让来访者直接暴露在现实的恐惧刺激情境中而不采取任何缓解焦虑的行为。满灌疗法中,不允许来访者采取任何行为去应对焦虑,当来访者发现最担心的可怕灾难并没有发生时,焦虑就会自行降低直至消退。

治疗前,应当告诉来访者:在这里,各种急救设备俱全,医护人员皆在身旁,他的生命安全是绝对有保障的。

此疗法的适应证和系统脱敏疗法一样,对某些恐怖症(场所恐怖症和特定恐怖症)和强迫症效果较好,也经常被用于治疗与焦虑相关的障碍、创伤后应激障碍等。至于对哪些来访者采用此法,还要考虑他们的文化水平、暗示程度以及发病原因等多种因素。在现代心理咨询与治疗工作中,从业者对这种满灌疗法的应用更为审慎,避免因操作不当而给来访者造成更大的伤害。

(3)理性情绪疗法

关于理性情绪疗法(Rational-emotive Therapy,RET),我们在前一章里面介绍过。艾利斯提出 ABC 理论,认为人的情绪和行为障碍不是由于某一激发事件 A 直接引起,而是由于经受这一事件的个体对它不正确的认知和评价所引起的错误信念 B,后导致在特定情景下的情绪和行为后果 C。通常认为,情绪和行为后果的反应直接由激发事件所引起,即激发事件 A 引起后果 C,而 ABC 理论则认为 A 只是 C 的诱因或间接原因,错误观念 B 即个体对激发事件 A 的认知和评价而产生的信念才是直接的原因。例如,两个人遭遇到同样的激发事件——船舶操作失误给公司造成一定的经济损失,甲在总结教训后,认为吃一堑长一智,以后一定要小心谨慎,防止再犯错误,努力工作,把造成的损失弥补回来。由于有了正确的认知,产生合乎理性的信念,所以没有导致不适当的情绪和行为后果。而乙则认为发生如此不光彩的事情,实在丢尽脸面,表明自己能力太差,怎好再继续留船工作,由于有了这样错误的或非理性信念,乙再也振作不起精神来,导致不适当的或是异常的情绪行为反应,甚至引发心理危机。

此疗法适用于各种神经症和某些行为障碍的来访者。非理性的信念往往具有下列三个特征:

①绝对化要求

这是非理性信念中常见的一个特征,从自己的主观愿望出发,认为某一事件必定会发生或不会发生,常常使用必须、应该、全部、一定、只能、不得不、绝不、从来、永远等绝对化的字眼,然而客观事物的发生往往不以个人的主观意志所转移,常出乎个人的意料,因此怀有这种看法或信念的人极易陷入情绪的困扰。如,我必须要成功;他只能喜欢我一个人;这次必须通过考试;我不能失败;不自由毋宁死;我绝对不会妥协。类似的想法,在平时生活中被许多人习以为常。但是,我们需要明白,用这种信念来鼓舞自己全力以赴去拼搏奋斗是被认同的积极思维,但是当遇到挫折而产生消极情绪的时候,可以回头检视一下是否源于执着这些信念。

②过分的概括化

一种以偏概全的不合理的思维方式,其典型特征是以某一件或者某几件事来评价自身或他人的整体价值。对自己持非理性评价,常凭自己对某一事物所做的结果的好坏来评价整体价值,认为自己一无是处、一钱不值而产生焦虑抑郁情绪,其结果常导致自暴自弃、自责自罪,如,我能力不行;我是个胆小鬼;我天生是个弱者。另外,自大的表现也存在着此类不合理信念的因素,比如,"别人都不如我"等。还有,对别人的非理性评价,别人稍有差错,就认为他很坏、很糟、百无一是,因此一味责备他人,产生敌意和愤怒情绪。

③糟糕至极

这是一种把事物的可能后果想象、推论到非常可怕、非常糟糕,甚至是灾难性结果的非理性信念。这种非理性信念常使个体陷入羞愧、焦虑、抑郁、悲观、绝望、不安、极端痛苦的情绪体验中而不能自拔。这种糟糕至极的想法常常是与个体对己、对人、对周围环境事物的要求绝对化相联系的。如,失去了我唯一的爱,人生已经没有了意义;不成功便成仁;犯了这么大的错,这辈子就完了;这么努力都没通过船长适任考试,再也没希望了。

上述三个特征造成了来访者的情绪障碍,因此本疗法是以理性治疗非理性,帮助来访者改变其认知,用理性思维的方式来替代非理性思维的方式,最大限度地减少由非理性信念所带来的情绪困扰的不良影响。

此疗法的治疗过程一般分为四个阶段:

①心理诊断阶段

这是治疗的最初阶段,第一,咨询师要与来访者建立良好的工作关系,帮助来访者建立自信心;第二,摸清来访者所关心的各种问题,将这些问题根据所属性质和来访者对它们所产生的情绪反应分类,从其迫切希望解决的问题入手。

②领悟阶段

这一阶段主要帮助来访者认识到自己不适当的情绪和行为表现或症状是什么,产生这些症状的原因是自己造成的,要寻找产生这些症状的思想或哲学根源,即找出它们的非理性信念。在寻找非理性信念并对其进行分析时要按顺序进行:第一,要了解有关激发事件 A 的客观证据;第二,来访者对 A 事件的感觉体验是怎样反应的;第三,要来访者回答为什么会对它产生恐惧、悲痛、愤怒的情绪,找出造成这些负面情绪的非理性信念;第四,分析来访者对 A 事件同时存在理性和非理性的看法或信念,并且将两者区别开来;第五,将来访者的愤怒、悲痛、恐惧、抑郁、焦虑等情绪和不安全感、无助感、绝对化要求和负性自我评价等观念区别开来。

③修通阶段

这一阶段，咨询师主要采用辩论的方法动摇来访者的非理性信念，用夸张或挑战式的发问要来访者回答他有什么证据或理论对 A 事件持与众不同的看法等。通过反复不断的辩论，来访者理屈词穷，不能为其非理性信念自圆其说，使他真正认识到，他的非理性信念是不现实的、不合乎逻辑的，也是没有根据的；开始分清什么是理性的信念，什么是非理性的信念，并用理性的信念取代非理性的信念。这一阶段是本疗法重要的阶段，治疗时还可采用其他认知和行为疗法，如布置来访者做认知性的家庭作业（阅读有关本疗法的文章，或写一与自己某一非理性信念进行辩论的报告等），或进行放松疗法以加强治疗效果。

【微视频】
苏格拉底
询问术

④再教育阶段

这一阶段也是治疗的最后阶段，为了进一步帮助来访者摆脱旧有思维方式和非理性信念，还要探索是否存在与本症状无关的其他非理性信念，并与之辩论，使来访者学习到并逐渐形成与非理性信念进行辩论的方法，养成用理性方式进行思考的习惯。这样就达到建立新的情绪，如解决问题的训练、社会技能的训练，以巩固这一新的目标的目的。由于与非理性信念进行辩论（Disputing）是帮助来访者的主要方法，并获得所设想的疗效（Effect），所以由 ABC 理论所建立的本疗法可以用"ABCDE"五个字头作为其整体模型。

（4）生物反馈疗法

此疗法利用生物反馈技术，训练人们按照体内某些生物学信息，调整与这些信息有关的某些器官或系统的生理性活动，达到治疗的目的。

20 世纪 20 年代雅克布森创立渐进性放松训练，要求来访者反复体会身体各部分肌肉紧张和放松的感觉，训练学会使全身肌肉达到高度的松弛。后来雅克布森发现，用测量来访者肌电活动的方法让来访者从肌电活动的水平了解自己肌肉收、舒、张的程度，并通过主观努力使肌电活动水平下降，就可以很快地使肌肉放松，从而大大缩短了训练的时间，使这种把肌电测量和放松训练相结合的方法成为生物反馈的先驱性工作。至 40 年代，控制论兴起，指出了信息反馈机制在人体机能自动调节中的重要作用，为生物反馈奠定了理论基础。20 世纪 60 年代起，米勒（Miller）等在动物身上建立了内脏活动操作性条件反射，表明由植物性神经系统支配的内脏活动本来不可能受主观意念控制，但现在通过学习也可以达到一定程度的随意控制。这样在行为疗法中把内部自我调整，即身体内部各器官系统的功能活动也像外显异常行为矫正那样，通过生物反馈技术反应，来访者和第三者皆能感受或察觉到，这样就形成了生物反馈疗法。

生物反馈技术是借助仪器将人们体内各器官、各系统心理、生理过程的许多不能察觉的信息如肌电、皮肤电、皮肤温度、血管容积、心率、血压、胃肠 pH 值和脑电等加以记录、放大并转换成人们能理解的信息，用听觉或视觉的信息在仪表盘上不断地显示出来（即信息反馈），训练人们通过对这些信号活动变化的认识和体验，学会有意识地控制自身的心理、生理活动，以达到调整机体功能和防病治病的目的。

由于仪器的灵敏度高，例如可以显示一个运动单位的电活动，这就可以帮助人们学习控制一个运动单位的骨骼肌运动，大大提高了骨骼肌运动随意调节的精确度。此外，用变换仪器灵敏度的办法，在放松训练中塑造所要求的放松程度，从而加速放松训练的进程。所以生物反馈仪不仅起到"自我认识"的作用,而且也成为"自我改造"的工具。

由于生物反馈是通过仪器发出的信号建立反馈联系,从而改善了原来因失控而导致某些疾病的控制能力。例如,因血压升高导致的原发性高血压病,通过信号与血压建立的反馈联系,有意识地用意念把它控制在正常范围内,这样高血压病所引起的症状就会缓解,能达到治疗的目的。临床常用的生物反馈仪一般有肌电反馈仪、皮肤温度反馈仪、皮肤电反馈仪、脑电反馈仪等。目前生物反馈仪较多地用于个体由于过度紧张导致的心理功能障碍和各种心身疾病。

本章复习题

一、名词和术语

心理咨询、心理咨询师、来访者、咨询关系、参与性技术、具体化技术、影响性技术、面质、自我暴露、非言语行为、赫拉宾法则、自由联想、释梦、移情与反移情、来访者中心疗法、系统脱敏疗法、满灌疗法、理性情绪疗法、生物反馈疗法。

二、思考题

1.心理咨询师需要帮助解决来访者的具体生活问题吗?

2.心理咨询的对象包括哪几类?

3.心理咨询的任务有什么?

4.在海员的心理咨询中,常见问题有哪几个方面?

5.心理咨询要注意的事项有哪些?

6.在心理咨询中,会谈有哪几个类型,其各自的目的是什么?

7.怎样理解咨询师与来访者的关系?

8.在心理咨询中,参与性技术有哪些?

9.咨询师恰当地倾听应该是什么样的?

10.什么时候使用开放式提问技术?什么时候使用封闭式提问技术?有什么需要注意的?

11.在心理咨询中,使用具体化技术有什么作用?

12.在心理咨询中,影响性技术有哪些?

13.咨询师什么时候使用面质技术?应注意哪些事项?

14.咨询师在使用自我暴露技术时,应注意哪些事项?

15.在心理咨询中,非语言行为有什么作用?

16.当来访者出现移情,咨询师如何应对?

17.系统脱敏疗法适用于解决什么心理问题?基本操作步骤是怎样的?

18.艾利斯的ABC理论的内容是什么?

19.艾利斯认为非理性信念具有哪几个特征?

20.理性情绪疗法的治疗过程包括哪几个阶段?

本章参考文献

[1]王有权.航海心理学[M].2版.大连:大连海事大学出版社,2007.

[2]王有权.心身医学[M].北京:中国科学技术出版社,2000.

[3]彭聃龄.普通心理学[M].北京:北京师范大学出版社,2012.

[4]侯玉波.社会心理学[M].北京:北京大学出版社,2012.

[5]张欣然.恒向线[M].南京:江苏人民出版社,2011.

[6]沈兴华.航海医学心理学[M].上海:第二军医大学出版社,2000.

[7]中国就业培训技术指导中心,中国心理卫生协会·心理咨询师(基础知识)[M].北京:中国劳动社会保障出版社,2017.

[8]俞平.航海类大学生心理调适与发展[M].大连:大连海事大学出版社,2010.

第八章　海员的心理救援

第一节　海员心理应激的心理救援

一、海员的心理应激及其影响

海员作为特殊群体,由于工作环境的特殊性和生活中的压力影响,经常会处于应激状态之中,而持续性的心理应激会对海员的心理健康产生消极的影响,不仅会影响海员自己的身心健康,还可能会影响日常船舶工作和航运安全。所以加强海员心理应激干预,对于降低海员的不良应激反应、减少应激损伤、促进海员身心健康、提高工作效能具有重要意义。

1.心理应激的概念及分类

心理应激(Stress)是个体对环境的压力性刺激所产生的身心紧张状态及反应。

【微视频】
心理应激
的概念及
分类

我们在谈论应激的时候,不得不同时谈到另外一个词——压力。在此予以辨析,以防初学者产生概念混乱。本质上来讲,在心理学中,应激与压力是同一个内涵,它们是来自同一个词源(Stress)的不同翻译。也就是说,当我们说心理压力的时候,其实也就是在说心理应激。这与我们日常的使用经验似乎有些不一样。其实可以这样理解,就像人格与个性这一对心理学名词,其内涵是完全一致的,但是当我们使用个性这个词的时候,就意味着我们在强调人与人之间心理特征的不同,而在使用人格这个词的时候,就没有刻意地强调差异性,而更多的是表达心理特征的总和。当我们在使用应激这个词的时候,更多的是强调外界对我们的刺激,以及我们对刺激所做出的反应,而使用压力这个词的时候,则是强调在外界刺激的作用下心理的体验。应激更倾向于表达急性刺激所引起的身心紧张状态和反应,压力更多用于描述持续性刺激所造成的身心紧张状态。无论如何,这两个词是可以通用的。所以后面我们提到的应激源也可以理解为压力源,应激反应也可以理解为压力反应,不再做区分,只是其强调或者表达的倾向性也许存在着差异,请读者自行把握和体会。

简单来说,我们把心理应激区分为两种类型:

(1)急性心理应激。个体所遭遇的重大创伤事件、重大事故和突发性激烈事件,如遭遇碰撞、漏油、起火、海盗等恶性事故,这些都可能会使海员处于急性心理应激状态之中。

(2)慢性心理应激。长期的远航生活,文化生活贫乏,业余生活单一,期望值受挫、人际关系不良、环境恶劣,工作不理想、家庭负担等所产生的持续性的生活和工作压力,会使海员处于慢性心理应激之中。

【案例】

小刘是名大学刚毕业上船工作的年轻海员，为了尽快积累够自己的海龄，他选择了较为紧凑的工作安排，这需要他一次连续在船工作 10 个月。刚开始在船工作时，小刘觉得一切都很新鲜，有很多新的知识需要学习，日子也过得很快。但是 6 个月后小刘觉得自己有点想家了，对一切都不再感到新鲜。8 个月后，日子就越来越难熬了，船上的生活平淡如水，规律却又单调，加上临近春节，思乡情绪严重，小刘觉得自己好像有点不对劲，日常工作中特别急躁，看什么都不顺眼，经常患得患失的，就连睡眠也变差了很多，有时候明明很困但就是睡不着。因为自己状态不好，他不希望别人知道，还经常自己闷在房间里，不与他人交流。后来还是船上的政委经验丰富，经常找小刘谈心，让小刘倾诉心声，还变着法地组织大家一起钓鱼、聊家乡的趣事等，帮助小刘的生活状态慢慢回到了正轨，顺利完成了航期。

事实上，新海员小刘的经历就是典型的慢性心理应激导致的身心症状。心理应激反应是人对环境的适应过程，适当程度的心理应激反应可以提高个体的意识，增强心理警觉，使海员心理、生理处于最佳状态。保持一定程度的应激水平对海员工作效能的提高是有益的。举个例子，临近换证考试的海员小王有点紧张，他给自己安排了详细的复习计划，考试带来的应激让他的复习更加高效而投入。但是，过度的心理应激反应，将产生负面的影响，同样的换证考试，有的海员可能会过度应激，完全复习不进去，觉得学完了却什么都没记住。

2. 应激过度的消极影响

急性心理应激过度，将会迅速使个体产生认识、情绪和思维障碍，甚至瞬间崩溃，对外界丧失应对能力。比如，海员在经历一次严重的海难、海损事故之后，劫后余生，心惊胆战，并由此引发出高血压、甲状腺功能亢进或应激性胃十二指肠溃疡。有的因为长期不能摆脱惊恐状态而致情绪继发性反应，在此基础上，产生抑郁和疑病等神经症性反应，有的海难事故中的幸存者有可能罹患创伤后应激障碍（PTSD）等。急性心理应激障碍的救援方式基本上就是突发心理危机干预的过程，这部分知识我们将在本章第二节中详细介绍。

【微视频】
应激过度的消极影响

与急性心理应激障碍相比较，慢性心理应激则以缓慢而持续的方式消耗着人的精神和情感。长期处于慢性心理应激之中，缺乏有效应对，会导致情绪障碍和活动能力下降，最终可能发展成身心疾病甚至精神障碍。慢性心理应激的负面影响主要反映在生理、心理和工作效率三个方面。处于心理应激中的个体会把自身生理和心理的能量都集中起来，用于应对应激事件，但这种应激通常是不能持久的，人所承受的心理应激越大、越重，人的能量消耗也就越快、越多，其结果会降低人的防卫能力或抵抗疾病的能力，加速人的衰老过程，甚至使人罹患疾病走向死亡。举个我们熟知的例子，《红楼梦》中林黛玉寄人篱下，情路受挫，自己没有独立选择的权利，整日忧思成疾，最后郁郁而终。林黛玉的身心反应其实就是长期处于慢性心理应激状态下自行调节无效的表现。

在心理反应上，应激状态下会引发人的焦虑、抑郁、恐惧、愤怒、易激惹等情绪反应，认知上也容易偏执、绝对化，陷入"非黑即白""过分概况化"等不合理认知中，还伴随注意力不集中、记忆力降低、思维能力下降等认知现象，会严重影响人的工作效能。在生理反应上，应激状态下个体会引起血压升高、心跳加快、出汗、发冷、发热、呼吸困难、肌肉紧张和胃肠功能紊乱等。除此之外，研究证明，应激会导致免疫力下降，增加对各种疾病的易感性。在应激状态下,由于某些器官或系统过度活动,激素分泌紊乱,可能会引发包括头疼、失眠、高血压、消化性溃疡、冠心病、糖尿病等在内的多种慢性病。因此,应激过度对于人的身体健康有着重大的影响,必须引起高度重视。

除了海员小刘的例子,再举几个生活中的小例子帮助大家理解慢性应激带来的负性心理反应。比如有的同学经常在临近考试时会出现胃痛、拉肚子、口腔溃疡等症状,这其实就是一种慢性心理应激反应。还有一类人,他们性格比较急躁,遇到事情总是爱发火,这类人往往都有高血压或者冠心病的症状。一方面生活中的慢性应激会影响到身体健康;另一方面,高血压、冠心病等慢性疾病又容易使人遇事时着急、发怒,这正是身心交互影响的原因。

二、海员常见的心理应激源

航海,一叶孤舟,茫茫大海,风云难测,一遇险情,乏力回天,这本身就是一个如影随形的心理应激因素。虽然在任何一种工作环境或生活环境之中生存都无法避免心理应激的产生,但是,海员所承受的心理应激压力要远远高过于陆上的普通工作人员所承受的心理应激压力。

1.海员的心理应激源

应激源(Stressor)是引起应激反应的所有因子的统称。曾经有研究认为,只有那些具有伤害性的因素当其构成对人的威胁时,才被称为应激源,后来"应激之父"汉斯·赛里(Hans Selye)在系统研究中发现,即便是对人具有积极意义和良好情绪反应的事件(如结婚、过节)也会让人处于应激状态之中。一件事要成为应激源必须具备三个要素,即超出个体能够承受的负荷、引发个体内心冲突、个体对事情的发展不可控制。

【微视频】
海员的心
理应激源

海员所面临的心理应激源可概括为以下几个方面:

生物性应激源是直接阻碍和破坏个体生存环境的事件,对于海员来说,机舱内的噪声、气味、气温的变化,时差的变化,空间狭窄、活动受限,晕船,疾病、青菜缺乏、淡水资源有限等都是直接的生物性应激源。

精神性(心理性)应激源是直接阻碍和破坏个体正常精神需求的内在和外在事件,对于海员来说,诸如远离家人、人际交流受限、信息不畅通、孤独、性心理压抑等都是精神性应激源。

社会性应激源是直接阻碍和破坏个体社会需求的事件,比如新船员收入低、生活成本高、社会地位不高、航运不景气、无法上船工作、没有得到晋升、同事之间不团结等。

文化性应激源是指从一种语言环境或文化背景进入到另一种语言环境或文化背景中所产生的压力。对于海员来说,需要在实际工作中与不同国家、地区的人打交道,也是文化压力的一种。

有些应激源长期持续存在,不断地对海员的心理形成压力,最终造成慢性心理应激。有些应激源则是突然出现,短时间内对海员形成了极强的心理冲击,引发了急性心理应激。在《船员健康情况调查(2015)》中,关于压力的调查数据显示,86%的船舶技术人员认为自身的心理压力源于跟亲人在一起时间少,其次是与社会分离,该因素占比78.7%,工作环境封闭占比77.1%。此外,职业特殊因素,如航海职业危险占比70.5%,生活不规律占比70.2%,工作缺乏归属感占比67.4%,职业无发展前途占比62%,应有权益得不到保障占比62.1%,饮食结构不合理占比58.7%。自身与社会因素,如身体健康受影响占比66.6%,性生活不满意占比64.6%,人际关系不协调占比68.3%,缺少文化环境占比66%。这些其实只是众多压力源中的一部分。

随着船舶现代化水平的提高,海员的工作环境有了较大的改善,部分应激源的影响已经被削弱了很多,但是总体来说,海上工作远比陆地上工作所面对的心理应激,尤其是由物理环境引起的应激要更强烈、更广泛一些。

2.常见的海员心理应激源影响机制

【微视频】常见的海员心理应激源影响机制

在平时无险情况下,海员所受到的应激性因素主要是振动、噪声、气温、饮食,以及船上狭小的空间、值班作息和孤独等。这些慢性应激因素所造成的海员心身反应是持续存在的,而长期的、超量的心理应激会损害人的健康。保尔森等人(Poulsen TR, Burr H, Hansen HL, Jepsen JR.)在对1970—2010年间的丹麦海员和渔船船员的健康研究中发现,长期在海上工作的人容易出现严重的临床症状,包括心血管疾病、听力损失、消化系统疾病和泌尿系统疾病。许多研究认为,恶劣的工作条件(如理化环境、轮班工作、时差、长时间工作)和高工作压力(如高要求低自主、回报不足)是某些职业风险的共同原因。过度暴露于职业性毒物、刺激物、气味、极热或极冷的温度和严重的噪声,以及照明不足,都会导致精神疾病(包括情绪障碍)的治疗反应不佳和病情加重。

(1)噪声的影响

船舶噪声有稳态噪声(主机、辅机)和脉冲噪声。海员在噪声中持续暴露,根据航海长短,接触噪声的时间可从几天到几个月不等。噪声强度,机舱可达80~90分贝,即使有一定的隔音设备,各舱室噪声也在75分贝以上,许多脉冲噪声则可能更高,一般均超过卫生学允许的标准。超过75分贝的噪声将直接损害听力,而持续在50~70分贝噪声环境下工作,人的整个生理系统将受到影响,尤其是心血管系统和中枢神经系统,内分泌系统也随之发生变化。在机舱内工作的轮机工作人员,长期受机械噪声的刺激,听觉能力普遍下降,甚至发展为听力障碍。

虽然噪声会对人体产生一些不良影响,但是人体同时也具备非常强的适应能力。海员长期处于噪声工作环境中,听力的阈值也会随之增高,所谓的"噪声"就变成了正常的背景音,不会影响到正常的工作效能。当然,适应这种噪声环境之后,到了安静的地方反而会觉得有些不适应,例如,有些退休的海员需要开着电视才能睡着,或者日常生活中也喜欢开着广播、电视营造有背景音的氛围。

(2)晕船的影响

船舶在海洋上航行,由于受风、浪、涌的混合作用,船舶会发生不规则的横摇、纵摇和垂直运动,海员要经受各种加速度的影响,大部分海员对船舶颠簸会感到不适。据统计,初次出海的人有明显晕船症状的约占30%,如遇较大风浪,晕船率可达90%。对渔业实习船的统计发现,船舶横摇10°,会有约72%的实习生发生晕船。晕船的程度与症状因人而异,重度晕船者可出现呕吐情况,情绪消沉以致丧失工作能力。有少数人员在长时间严重晕船的情况下,可能会突然失去自制力,不能很好地控制自己的行为。一般来说,初次出海的人员需要2~6天才能适应船的摇摆状况。

(3)气候的影响

在远洋航行中,气候带与季节的变化是经常性的和急剧的,海员的工作周游于世界各地,从中国的舟山港出发,半个月不到的时间就到了南半球的澳大利亚,从北半球出发时还是冬季,到了南半球却是夏季。频繁的气候变化,对于海员而言也是慢性应激源的一种,需要机体不断地去调整、适应。

从"水土不服"到完全适应的过程对某些人来说需用以年来计时,就算简单的人机体应激适应也需要 2~8 周。然而远航船舶可数天内从寒带进入热带,或在一个航程中经历春夏秋冬四季。可能一周前还在北极带经历低温,日照缺乏,身处冰天雪地的自然景观(雪盲现象),一周后就到了热带经历高温炎热、汗流浃背的酷暑气候,大幅度的气候波动会给海员的生理、心理和日常工作带来很大的影响。

(4)时差的影响

船舶为了与所到海区的地方区时同步而采取拨快或拨慢调整时钟的方式称为拨钟。海员从东半球航行到西半球,时差可达 10 多个小时,在船航行时每过一个时区,船上就要"拨钟"一次。由于人体的"生物钟"——生理过程和心理过程的昼夜节律存在,每次"拨钟"对于海员来说都是一次小的应激,需要其不断调整并适应新的工作、睡眠时间,这也会影响海员的身心状态,造成疲劳感,从而影响工作效能。

对于人类而言,生物钟紊乱也会引发很多问题,最常见的生物钟紊乱就是倒时差。对于经历过长途旅行的人来说,对倒时差的经历可能并不陌生,昼夜颠倒带来的失眠、情绪波动、食欲下降等很多人都有切身体会。一般人长途旅行多是乘飞机出行,倒时差就是一次性的体验,到了目的地充分休息调整一段时间即可度过。然而,船舶速度没有飞机的速度快,大概洲际航行过程中飞机飞 1 小时,大型集装箱船舶就要航行近 2 天的时间,这就导致海员的"倒时差"是一个缓慢而渐进的过程。在中纬度地区航行几乎每天都拨钟一小时,或者三天拨钟两个小时,在高纬度地区可能每天要拨钟两个小时。这种时差的变化以一种缓慢的方式影响着海员的身心状态。很多海员反映,在远航船舶上最累的不是干活,而是"拨钟"。"拨钟"意味着值班时间要做相应调整,因而打乱了正常作息规律。每一次"拨钟"都会带来疲劳感、不适感、生理紊乱、失眠等问题,甚至有的海员还会恐惧拨钟。长期处于时差影响下的海员,正常的生理节律被打乱,生物钟也需要逐步适应新的时间,时差这一慢性应激源对海员来说确实是一个不小的挑战。

(5)日常补给的影响

远航途中,特别是在大洋中航行期间,船上新鲜的食品供给逐渐减少,特别是含有叶绿素的蔬菜。海员的日常食物多是由冷冻食品解冻制作而成。虽然现代化的船舶条件配置越来越高级,食品的多样性比以前得到了较大的提高,但靠港时间也大幅缩减,有时难免来不及进行食物的补给,相对于陆地而言,食物的选择上还是具有较大的局限性。

有相关研究通过对远航前后进行营养膳食调查、体格检查及体内维生素水平测试发现,远航中海员的蛋白质、脂肪、糖三大热能营养素摄入充足,其中脂肪摄入比例达35%,高于日本 20%~25% 的标准;远航后 28 名海员中有 8 人(占 28.6%)暗适应延长,提示体内维生素 A 摄入不足。再如我国海军某潜艇 1981 年远航 33 天,虽然远航前补给了大量主副食品,包括新鲜蔬菜和水果,艇员从出航第 1 天起额外补充多种维生素丸(每人每日补硫胺素 6 毫克、核黄素 6 毫克、抗坏血酸 300 毫克、维生素 A3000 国际单位),但从远航时的营养卫生调查结果看,脂肪摄入得过多,其中热能分配占 45%,高于一般的适宜分配比(25%~30%);钙的摄取量偏低,维生素 A、硫胺素和核黄素摄入不足。由于膳食的调配不尽合理,加之船内外不良因素的综合作用,438 名海员中,体重超过正常标准 20%(属超重)的占 18.1%(79 人),高血压占 14%,冠心病占 1.82%,便秘的相当多。海员中上消化道炎症及溃疡者及复发性口腔溃疡者非常多见。

（6）远离亲友的影响

海员特殊的工作环境使其与家庭、社会分离,是远航海员的另外一项慢性心理应激源。海员一般在船时间4~10个月不等,远航期间缺乏丰富多彩的生活,不能见亲朋好友,甚至由于值班时段不同,同一艘船的同事也较难聚在一起。长期与家人、朋友的分离也会影响海员的情感沟通,思乡、想家等情绪也会影响海员的工作效能。曾经有位海员朋友开玩笑说,自己在船8个月以后,基本上每天都是靠着划日历倒计时回家的日子来度过的,可谓是度日如年。虽然玩笑不尽真实,却倒出了海员想念家人的辛酸。另外,不能及时地参与家庭任务、承担亲子教养责任、照顾老人等都是海员生活中的现实困难。家里有事帮不上,难免会让海员心有内疚,感觉到对家庭的亏欠,引发负面情绪。

（7）睡眠问题的影响

睡眠问题通常源于其他压力因素,比如,噪声大、摇晃与振动、环境太亮、工作任务多、责任大、人际关系紧张、可用休息时间不足等。但是,当睡眠问题出现后,它就成为一个新的压力源,对人的健康产生更严重的影响。卡罗滕托(Carotenuto,2012)等人的研究成果指出睡眠障碍是海员共同的压力源,特别是对于快速跨越几个时区的在航海员来说,更加明显。长期睡眠问题(如睡眠不足、睡眠紊乱、睡眠障碍等)会导致身体机能变差,同样也与精神疾病成为互为因果的恶性组合。美国约翰-霍普金斯大学曾进行过一项长期研究,在针对1 053名男性长达34年的跟踪调查中发现,年轻男性失眠后出现抑郁症和精神困扰的风险更大,而且至少会持续30年。

此外,海上的环境一成不变,同样的海,同样的住舱、灯光、颜色、气味和饮食,甚至连周末休息日也没有。这种长时间感知觉负载不足的心理状态也会使海员易于出现疲劳、焦虑、寂寞、抑郁、悲观等情绪,引起紧张过度、敏感度降低或者出现视听错觉等现象。这些会导致海员观察与操作行为失误率上升,警惕性下降,应付复杂情况的能力下降。

以上是海员工作中的一些心理应激影响机制,但是海员心理应激因素的作用不仅表现为行进性和持续性,还表现为突发性和潜伏性,即急性心理应激源。在平静而正常的航行过程中,海员的突发应激性事件甚至低于陆上工作人员的平均承受应激事件的水平,一旦遇到险情,突发心理应激作用陡然上升,这时就有必要启动急性应激心理救援,也就是心理危机干预工作流程。

三、海员心理应激的心理救援

海员的慢性心理应激主要来源于其工作的特殊环境压力,要彻底消除应激不仅不可能,而且没必要,因为如前所述,适当的应激可以促使工作更好地完成和自身效能的充分发挥。海员心理应激因素的消除问题主要是指消除那些对海员心身健康有较严重影响的因素,或精确地说是消除心理应激所造成的后果。对客观存在的应激源的消除,很大程度上取决于科技的发展,以及社会观念的变革。如近些年来一些船已经实现了网络覆盖,海员在航期间也可以和家人、朋友保持沟通和联络,既解决了航行中的信息闭塞问题,又缓解了思乡之情。再如船舶制造水平的提高使得船舶的智能化、机械化水平随之提高,船上的噪声更小了、温度调节能力更强了、果蔬等新鲜食品的保存时间更长了、船开起来也更稳了、电子海图更精准了,这些都会降低或消除一定的应激源。又如航海通信、导航、救援的技术日新月异,对航行中风险的预测更准确了,事故后危机救援的能力也更强了。更如网络的高度介入生活,使得社会对婚姻和家庭观念也发生了变化,对于远距离的情感沟通更加包容,海员的情感生活的阻力也在变小。

事实上,应激无处不在,即使是在陆地上工作也会没办法回避生活中的应激刺激,那么,海员应该如何应对这些应激带来的身心反应呢?下面给大家介绍一些常见的心理调节方法。

1.“5R”法

“5R”法,即再思(Rethink)、降低(Reduce)、放松(Relax)、释放(Release)及重组(Reorganize)。

【微视频】海员心理应激的心理救援:“5R”法

再思(Rethink)就是对应激刺激和遭遇进行重新认识,去掉非理性认识,加深理性认识。它的原理来自心理学中的认知行为疗法,其核心观念是不合理的认知,是引发人们负面情绪的来源。举个大家熟知的例子,同样的半杯水,有的人的反应是“太好了,还有半杯水”,有的人的反应则是“太糟了,只剩半杯水”。同样的事件,不同视角会给我们不同的情绪体验。虽然海员的工作环境确实有自身的特殊性,但是与其抱怨,不如积极进取,以大航海家的精神鼓励自己搏击风浪。事实上,很多优秀的船长正是因为多年远航工作的磨砺,成为非常有人格魅力和领导力的人。

人常见的“七情”——喜、怒、忧、思、悲、恐、惊之中,引起愉悦的“喜”仅占了1/7,剩下的6/7都是“消极的情绪”。俗语有云,人生不如意十之八九,愿君不思八九,常想一二。可见接受不愉快,接受挫折,才是生活的真实。接受真实,才能让我们更好地选择去适应或去改变。从这个意义上讲,再思就是调节行为方式与心态,改变认识,改变非理性信念。

降低(Reduce)就是降低应激源的影响,通过消除、回避和改变的方式来使应激减轻。比如,在不影响正常工作的前提下,用耳塞来降低或缓解噪声带来的影响;在接触一些化学物品时,尽量带好防护措施,避免对身体的损伤;对于船上单一的环境,自己可以在上船前多准备一些书籍、电影、音乐等,让自己的环境丰富起来,还可以适当改变一下自己房间的装饰,尽量让自己舒适;对于能够引起自己负面情绪的信息,如船舶事故、意外事件、社会恶性新闻等,尽量少关注其负面后果,多吸取其避险和补救经验,以避免引起自己的不适感、焦虑感等。

放松(Relax)是在应激作用下,人们普遍会产生精神的紧张和肉体的紧张。紧张不能放松,焦虑随之加重。对于精神的紧张感,暂时转移注意力是非常好的应对方法。沉浸在负面情绪或者事件中,只会让自己更加痛苦,就像生气时,越想让自己生气的事就会越气愤,倒不如及时转移注意力,看看自己喜欢的综艺节目、听听相声,可能一会儿生气的情绪就没有了。之后也就能冷静下来思考自己为什么会生气,怎么处理生气事件后续事宜。如果是还未发生的事情让自己紧张焦虑,要学会告诉自己“一切还未发生,担心没有任何帮助,只要尽力了,无论结果怎么样,都不用遗憾”。身体的紧张可以适当地学习简单的放松技术进行自我放松训练,这将十分有利于应激因素的消除。

释放(Release)是指将压抑的情绪或观念释放出来,消极的情绪或忧思郁结于心会形成“心病”。释放有很多方式,在这里我们提倡做适当的释放,即在合适的时间和场所进行适当的情绪宣泄,例如,对于自己压抑的情绪可以选择在空旷的场地中用大喊、呼叫、高歌的方式来宣泄;也可以选择运动、健身等挥汗如雨的方式去释放自己的负能量;还可以选择跟自己的亲人、朋友倾诉,诉个苦、抱怨一下、哭一下,也能达到释放的目的。还可以把自己的感受写下来,通过日记、随笔等形式抒发情绪,别忘了在宣泄真情实感之后写下来"虽然我很生气/很难受/很伤心/很愤怒,但是过去的就让它过去,我准备接受这件事/这次我准备原谅某某某",你会发现压力会减少很多。心理学研发领域,还设计有宣泄人、宣泄呐喊、宣泄击打设备等,把它们想象成自己的假想敌,发泄一顿,自己的负面情绪会得到一定程度的纾解。

重组(Reorganize)就是将上述各种方法结合起来,重新建构新的生活方式,是从观念到行为的一系列重新调整。例如:经历感情丧失后再次进入新的情感生活中、重新规划自己的事业方向、改变自己的某些行为习惯等都是重组。

科技发展虽然会给我们的生活带来各种便利,也让一些应激源的影响力变得微乎其微,但是生活总有新的挑战。有人曾说生活就是不断解决问题的过程,这有一定的道理。生活中的心理应激源,我们永远没有办法完全消除,只能积极面对。王有权教授说:"人要与社会和谐相处,无非是改造外界适应自己,或者是改变自己适应外界。"提升自己的适应能力,增加自己的心理灵活性,有百益而无一害。

2.身心减压术

由于海员的工作特殊性,工作在海上常常不能及时得到有效的专业支持或者心理救助,掌握一些身心减压的自我调适方法就非常实用了。这里给大家介绍几种常见的身心减压术。

【微视频】
身心减压术

(1)正念冥想减压

正念最初源于佛教禅修,是从坐禅、冥想、参悟等发展而来,是一种自我调节的方法,正念冥想减压法是由美国麻省理工学院医学院减压门诊的主任乔·卡巴金博士(JonKabat-Zinn,PhD)创始的。目前,正念减压课程已成为美国医疗体系内历史最悠久、规模最庞大的减压课程,其有效性得到了权威科学研究的验证。

正念的主要理念包括刻意专注、不批判的、如实觉察、注重当下此刻等,他提倡人们安于当下,放下对过去的追悔,放下对未来的焦虑,专注于此时此刻。网络上有非常多的正念冥想课程和免费的音视频资源,海员朋友在上船前可以自己下载在自己的手机或电脑里,每天跟着课程练习体验,一次正念体验时长八周左右,可以有效缓解各种负面情绪和身心压力,如果能够坚持长期练习,对于提高专注力、提升工作效能、促进关系和谐发展都大有裨益。

(2)表象放松训练

表象放松训练是通过指导者的指导语,唤起清晰的表象和想象,增加心理暗示,达到稳定情绪和放松身体的目的。主要载体为音乐与言语,音乐应选取舒缓的轻音乐作为背景音,如班得瑞音乐就是很好的选择,意象可以选取大海、草原、溪流、森林等带给人放松体验的自然环境。

参考指导语:请闭上眼睛,伴随着舒缓的音乐做三次深呼吸……现在想象自己一个人静静地站在大海边,听见海浪拍打岩石哗哗地响着,感觉海风温柔地吹在自己的脸上,在海边轻松而惬意,享受这种舒服的感觉。感受自己脚下触到温暖的沙子,想象自己闻到了大海的味道,在天海相接处,一轮红日慢慢地升起,越升越高,越升越亮,而我被温暖的阳光照耀着,温暖极了、舒服极了。就在这温暖中待一会儿,好好地休息,吸收大自然的力量。当你觉得你已经吸收了足够的能量,就以你自己舒服的方式睁开眼睛,回到现实中。

关于表象放松训练的资源,网络上也能查得到。这里给大家推荐中央音乐学院高天教授研发的《音乐减压放松》系列音乐,其中包含"高山悟语""大海遐思""小溪吟诵""草原冥想"四个主题,都是运用的表象放松训练与音乐治疗结合的技术。

(3)呼吸放松术

呼吸放松术也可以被称为腹式呼吸法。其具体方式就是把手放在腹部上,想象自己的腹部是一个气球,当深深地吸气时,气球慢慢地鼓起;当轻轻地呼气时,气球慢慢地瘪下去。在呼吸的同时想象一下,当你吸气时,平静、安宁、愉悦与幸福随着清新的空气吸入你的身体,你感到无比的自在与轻松;当你呼气时,你体内的紧张、焦虑、不安和所有的烦恼都随着呼出的气体排出你的身体。

当自己压力较大或情绪糟糕时,均可尝试使用呼吸放松术,每次3~5组。呼吸放松术简单易行,随时可以进行,是最为方便有效的减压法。

除了以上几种外,生活中还有很多我们自己独特的减压方法,也希望大家积极去发现,例如:记日记、听音乐、对镜子微笑、洗澡、运动、规律作息、吃大餐、看电影、看综艺、适当的自我奖励、积极的自我暗示等都是可以调适心情、减压的方法。

第二节　海员心理危机的心理救援

一、心理危机的相关理论

每个人在其一生中经常会遇到一些压力或挫折,一旦这种压力或挫折不能自己解决或处理,则会发生心理失衡,而这种失衡状态便成为危机。换一种更专业的说法就是,危机是指个体认为所面临的困难事件或情境超过了现有资源和应对机制。除非个体获得缓解,否则危机有可能会引起严重的情绪、行为和认知功能障碍,甚至会导致具有伤害性的行为。

【案例】

海员小王最近的生活过得可是相当痛苦,自从他的女朋友跟他提出了分手之后,他就像变了一个人一样。以前爱笑的他,现在天天苦着一张脸,茶饭不思,还睡不着觉,对什么都提不起兴趣,觉得生活没有什么意义。每天都控制不住自己去想他和前女友的关系,"为什么她要提分手?""怎样才能挽回这段感情?""是该放手还是再争取一下?"……总之,他觉得想得头都疼了,但就是怎么也想不明白。无助的小王跟同事大吐苦水,用他的话说"唉,感情实在太累了,觉得自己以后都不想再爱上谁了""再也不相信爱情了"。

读者朋友们,你们也曾有过与小王一样的经历吗?如果有的话,那你一定非常理解小王的感受。其实,小王正在经历的就是我们每个人都可能会经历的"心理危机"。

【微视频】
心理危机
的判定及
分类

1.心理危机的判定标准

一般来说,确定危机需符合下列三项标准:

(1)存在具有重大心理影响的事件;

(2)引起急性情绪扰乱或认知、躯体和行为等方面的改变,但又均不符合任何精神病的诊断;

(3)当事人用平常解决问题的手段暂时不能应对或应对无效。

通过对危机的学习,我们可以看出海员小王最近遭遇了"失恋"这一重要应激事件,情绪上表现为失落、难过,认知上思维较为混乱,存在"以后都不会再爱了"等偏激观念;躯体层面,食欲减弱,有失眠情况;行为表现上对任何事情缺乏兴趣。他尝试自己调节,但是心理状态并没有好转。小王目前的状态符合心理危机的判定标准。

2.心理危机的另类解读

提到"危机"二字,我们头脑里可能会马上联想到"灾难""厄运""倒霉"等一系列消极的字眼,但如果我们能仔细品读这两个字,也许会有新的理解。危机,拆开来看就是"危"与"机","危"是危险、危害,"机"则是机遇、机会。事实上,在心理危机事件中,危险中往往蕴藏着机遇,就如海员小王的故事,虽然失恋了很难过,但是这未尝不是我们去学习如何经营亲密关系、如何与爱人沟通的机会。危机化解得好,不仅能转危为安,还能实现自我的超越。

以下是危机的一些特点,可以使我们更多元地理解危机:

(1)对处于危机中的人来说,危机同时蕴藏着危险和机会。

(2)危机通常有一点的时间期限,但可能反复出现一系列的转危机点。

(3)危机常常是复杂的,且难于解决。

(4)危机包含着成长的种子和改变的动力。

(5)对于危机情况,不存在万能的或快速的解决方法。

(6)危机以多种选择呈现在人们的面前。

(7)危机中伴随着情感的不平衡和紊乱。

3.心理危机的分类

一般来说,心理危机分为三类:发展性的危机、情境性的危机和存在性的危机。

(1)发展性的危机是指个体在正常成长和发展过程中,对急剧的变化或转变所产生的异常反应。例如:升学危机、性心理危机、毕业危机、中年危机、退休等。

(2)情境性的危机是指突如其来、无法预料和难以控制的心理危机。例如:重大事故、突发重病、被暴力袭击、亲人突遭变故、自然灾害等。

(3)存在性的危机是指伴随着重要的人生目的、人生责任和未来发展等问题的内部冲突和焦虑。例如:孤独、衰老、死亡等。

在我们的案例中,海员小王所经历的危机属于发展性的危机,每一次发展性危机的成功解决都是个体走向成熟和完善的阶梯,相信在心理咨询师的帮助下,小王一定能顺利渡过这次危机,在感情上更加成熟、自信。

4.经历心理危机后的身心反应

【微视频】经历心理危机后的身心反应

个体面对危机时会产生一系列身心反应,一般来说,危机反应会维持6~8周,由于人的自愈性,生活中大多数危机都能随着时间的推移顺利地渡过。危机反应主要表现在生理、情绪、认知和行为四个方面。

(1)生理反应:肠胃不适、腹泻、食欲下降、头痛、疲乏、失眠、做噩梦、容易受惊吓、感觉呼吸困难或窒息、哽塞感、肌肉紧张等。

(2)情绪反应:害怕、焦虑、恐惧、怀疑、不信任、沮丧、忧郁、悲伤、易怒、绝望、无助、麻木、否认、孤独、紧张、不安、愤怒、烦躁、自责、过分敏感或警觉、无法放松、持续担忧、担心家人安全、害怕死去等。

(3)认知反应:注意力不集中、缺乏自信、无法做决定、健忘、效能降低、不能把思想从危机事件上转移等。

（4）行为反应：社交退缩、逃避与疏离，不敢出门、容易自责或怪罪他人、不易信任他人等。

如果危机带来的身心反应持续超过一个月，就需要警惕，是否需要他人的帮助，在这里建议大家，当自己或者身边的朋友在危机事件后长期受不良的身心反应困扰时，应及时寻求专业的帮助。早干预，早康复，拖延时间越长，症状越不容易治愈。

5.危机后的可能性

之前我们提到过危机是危险，也是机遇。不同的危机程度会引发不同的身心反应，导致不同的后果。不同的人也有不同的应对方式，有时面对同样的危机事件，有的人积极应对，得到成长，有的却从此一蹶不振，留下心理阴影。一般来说，经历危机后，个体会有大致三种可能的发展方向。

【微视频】
危机后的
可能

（1）有效应对，获得成长

当发生危机事件时，有些个体能够迅速做出恰当的反应，为保证自己的生活而有效地应对出现的危机，获得经验，使自我得到成长。

（2）度过危机，压抑感受

还有一类人也能渡过危机，但处理的方法是试图通过不闻不问的方式掩盖危机事件的存在，把危机事件有意无意地压抑到无意识中。危机虽然暂时过去，但未来遭遇类似环境刺激可能还会被触发。

（3）无能为力，被危机击垮

这类人在面对危机事件时，毫无招架之力，被危机所击垮，形成心理障碍，如不及时干预，会直接影响个体正常的社会生活。此时，就需要及时有效的心理援助，否则会给当事人留下心理阴影或采取过激行为。

这三种情况仅是个体经历危机后的可能性，并不能穷尽个体在危机后的反应，请大家切勿以此对人进行评估和判断。当然，一个人被危机击垮也不意味着他就是一个脆弱的人，不同的成长经历会给人不同的应对方式，不同的危机强度也会造成不同的影响。面对危机中的人，我们应该做的就是伸出援手，给予支持，而不是冷眼旁观，评判是非。

二、心理危机的识别与评估

不同的人对危机的应对方式不同，能承受的危机程度也不尽相同，那我们如何评估在危机中的人是否需要帮助呢？这就需要学习心理危机的识别与评估相关内容，在之前我们已经介绍了心理危机的判定方法，那当我们自己或者身边的人有类似的情况时，我们就可以将他识别为心理危机状态，接下来的工作就是判断危机的严重程度，这就是我们所说的评估。评估是贯穿于危机干预全过程的一个方法，它以行动为导向，以情境为基础，危机干预工作者正是依据评估结果，选择合适的方法开展心理救援工作。

1.三维危机评估体系

在危机干预工作中的评估通常都是在事件极为急迫的情况下自发、主观、互动地进行的。一般来说，危机工作者不可能有时间进行全面的诊断或是对当事人生活史进行深度了解，所以这里的评估不是专业精神卫生机构里那种程序化的评估技术，如 DSM-5 的诊断标准、心理健康测试等，而是一个便捷、快速的评估程序。

【微视频】
三维危机
评估体系

三维危机评估体系可以帮助危机工作者快速判断危机当事人在情感、行为及认知等领域的当下功能状态，同时，没有危机干预经验的人也可以通过这一方法做出准确的判断。三维评估体系以情感、行为、认知为三个维度指标，以当事人的主观感受和干预者的客观判断为基准评估危机严重程度。

（1）情感方面

情感的异常或遭到破坏是当事人进入失衡状态的最初表征。情感异常可以表现为过于激动而失去控制，或者退缩回避不愿见人。比如，当事人表现出高度的紧张、焦虑、抑郁、悲伤、恐惧等；对别人的情感不能做出回应、麻木、缺少情绪反应等。

（2）行为方面

干预者要注意当事人的所作所为，严重危机中的当事人往往会失去或部分失去行为自控能力，而让当事人恢复主观能动性的最有效的方法，就是促使当事人在其能力范围内行动起来。参加一些具体的、即时的活动可以有效地缓解危机，例如：在船舶危机事故后，带领目击者进行团体辅导，倾诉情绪和简单的放松训练都可以有效缓解危机事故带来的冲击。

（3）认知方面

危机发生后，要及时评估当事人对危机事件的认识和看法。以下问题可以帮助我们评估当事人的认知状态：当事人对于危机的认识，真实性和合理性如何？当事人在多大程度上是在进行合理化或夸大化的解释？当事人进行危机思考已有多长时间了？当事人改变关于危机情境的信念并以更积极、更冷静、更合理的方式重新理解危机情境的可能性有多大？

及时识别出危机后，干预人员可以通过下面的三维危机评估量表来对当事人的危机严重程度进行评分。对照情感、行为、认知量表分别打出适合的分数，并将三个量表分数相加。如果总分大于24分，需及时转诊，寻求专业帮助；如果总分为15~24分，应以情感支持为主，使其情感平衡、危机缓解；总分小于15分，则应根据危机当事人的具体处境，给予相应的帮助。参见表8-1、表8-2、表8-3。

表8-1　情感严重性量表

圈出与当事人对危机的反应最接近的量表值									
1	2	3	4	5	6	7	8	9	10
无受损		轻微受损		低度受损		中度受损		高度受损	严重受损
情绪稳定，在正常范围内波动。情感体验与日常活动内容相匹配	情感与环境相匹配。有短暂的、相对于环境稍有夸张的消极情感体验。情绪基本在当事人控制范围内		情感与环境相匹配。但相当于环境稍有夸张的消极情感体验，其延续时间不断加长。当事人觉得情绪基本上还在自己的控制范围内		情感与环境不相匹配。长时间体验到强烈的消极情绪。情绪体验明显夸大，可能出现情绪不稳定。情绪需努力才能加以控制		消极情感体验明显夸大。情感体验明显与环境不匹配。情绪波动不定且幅度大。消极情绪的爆发不是当事人的意志努力能控制的		情感解体或混乱

表 8-2　行为严重性量表

圈出与当事人对危机的反应最接近的量表值									
1	2	3	4	5	6	7	8	9	10
无受损	轻微受损		低度受损		中度受损		高度受损		严重受损
应对行为与危机事件相匹配。当事人能正常执行日常生活任务	偶尔表现出无效的应对行为。当事人能完成日常生活任务,但明显需要做出努力		偶尔表现出无效的应对行为。当事人忽视一些日常生活任务,对其他生活任务的完成效率低下		当事人应对行为无效,甚至是适应不良的。完成日常生活任务的能力明显下降		当事人应对行为反倒使危机情境趋于恶化。完成日常生活任务的能力几乎完全丧失		行为怪异,变幻莫测。当事人的行为对自己和(或)他人有害

表 8-3　认知严重性量表

圈出与当事人对危机的反应最接近的量表值									
1	2	3	4	5	6	7	8	9	10
无受损	轻微受损		低度受损		中度受损		高度受损		严重受损
注意力完好。当事人表现出正常的问题解决能力和决策能力。当事人对危机事件的感知和解释与实际情况相符合	当事人思维内容集中于危机事件,但思维过程尚在意志控制范围内。问题解决能力及决策能力受到轻微影响。对危机事件的感知和解释基本上与实际情况相符合		注意力偶尔不能集中。关于危机事件的思维的自控力下降。在问题解决及决策方面经常感到困难,当事人对危机事件的感知和解释在某些方面可能与实际情况不相符合		注意力经常不能集中。关于危机事件的思维有强迫性,难以自控。问题解决能力及决策能力因强迫性思维、自我怀疑、疑虑不定等而严重受损。对危机事件的感知和解释与实际情况明显不符		陷于对危机事件的强迫性思维而难以自拔。问题解决能力及决策能力因强迫性思维、自我怀疑、疑虑不定等而严重受损。对危机事件的感知和解释几乎与实际情况不相干		除危机事件外,基本上完全丧失注意力。因受强迫性思维、自我怀疑、疑虑不定等的影响,问题解决能力和决策能力几乎完全丧失。对危机事件的感知和解释达到曲解的程度,乃至可能会对当事人产生悲剧性的影响

在船舶运营中,如果有危机事件发生或某海员遭遇突发心理危机事件,都可以通过三维评估体系来进行评估,通过对情感、行为、认知为三个维度指标的分析可以快速帮助干预人员评估当事人的心理状态,也适用非专业危机干预人士。

2.对危机当事人目前情绪状态的评估

通常心理危机过程中都伴随着当事人强烈的情绪反应,所以对危机当事人的情绪进行实时的评估也是非常必要的,即使是简单的评估,也能帮助我们了解危机当事人当前的状态是否适合工作,身边是否需要专人陪护,当事人情绪是否可控,需不需要紧急救助,等等,这些都有助于我们做出恰当的工作决策。

对危机当事人情绪稳定性的评估中有两个主要因素:危机的持续时间和当事人的情绪承受能力或应对能力。

危机的持续时间是指危机发生的规律,是一次性的危机还是复发性的危机?已经持续了多长时间?一次性或相对短暂的危机,我们称之为境遇性危机,而复发性、持续性较长的危机称为复发性危机。举个例子,我们之前提到的海员小王失恋了就是境遇性危机,如果船舶领导及同事朋友给予开导、倾听其苦恼,随着时间流逝,其由失恋引发的心理危机会慢慢渡过,小王也会从中反思自己在恋爱中的问题,得到情感成长。而如果是某位海员的婚姻出了问题,夫妻之间存在沟通障碍和矛盾,再牵扯到家庭问题,剪不断理还乱,持续时间长,困难阻力大,那就属于复发性危机了。

对于境遇性危机即一次性的危机事件,我们只需帮助危机当事人克服这一境遇所导致的危机,帮助其恢复到危机前的平衡状态即可,渡过危机失衡阶段,当事人就可以启动自己的应对机制,独立地处理问题,恢复正常。而复发性危机的当事人往往需要较长的时间才能恢复,如果能够接受专业人士的咨询建议,厘清问题的脉络,建立适当的应对机制,会加快复发性危机的恢复进程。

当事人的情绪应对能力的评估可以帮助我们判断其是否已经情绪耗竭?还是可以再坚持一段时间。具有良好的情绪反应能力的危机当事人比缺乏情绪反应的人更容易进行干预,像海员小王失恋后的悲伤难过、与朋友诉苦等都是正常的情绪反应,而如果小王在失恋后表现出绝望无助感、陷入抑郁情绪,那就需要专业的心理支持了。一些问题可以帮助我们了解危机当事人的情绪应对能力,如"请你描述一下,当前的危机过去后你会是什么样子?你现在怎么看自己,有什么感受?你希望自己可以怎样应对?你觉得你该如何处理这个事情?还有什么其他的解决方法吗?"一般来说,情绪应对能力越差,对未来的信心就越弱,如果当事人回答"我看不到未来。没有希望了。我完了"或者麻木没有回应,那么这个当事人就需要更多的支持和关注,必要时应介入专业力量。

3.常见精神障碍的识别与评估

由卫健委资助、北京大学第六医院的研究"中国精神卫生调查"最新数据显示,六大类精神障碍(心境障碍、焦虑障碍、酒精/药物使用障碍、精神分裂症及相关精神病性障碍、进食障碍、冲动控制障碍)的终生患病率为16.6%,12个月患病率为9.3%,其中,我国焦虑障碍患病率最高,终生患病率为7.57%;心境障碍其次,终生患病率为7.37%;酒精/药物使用障碍第三,终生患病率为4.67%;间歇爆发性障碍(冲动控制障碍)第四,终生患病率为1.54%。目前该研究结果已经于2019年发表在权威刊物《柳叶刀·精神病学》上。

从数据上我们可以看出,现阶段我国精神障碍的发病率还是相对较高的,需要我们提高心理保健意识,保护好自己的心灵家园。相对于陆地上的职业,海员由于其工作的特殊性,如果在航期间遭受精神障碍的困扰,不但会影响正常的工作,还会很难得到及时的心理支持,所以了解一些简单的精神疾病、精神障碍的症状可以帮助我们去评估自己和其他同事的心理健康状态,以便及时地寻求帮助。以下列出几项常见精神障碍的症状信号供读者参考,但切记这些症状只能帮助我们识别和评估,并不能作为诊断标准。如果发现自己或身边人出现以下症状,应到专业机构进行就诊。

(1)精神分裂症

由于个性、思维、情感和行为异常而导致的一类社会适应能力下降、主观认识与客观实际相分裂的疾病,一般无意识障碍和智能缺陷,被称为精神分裂症。其最明显的两大症状为幻觉和妄想。其中,幻觉就是指出现幻听、幻视等症状,例如患者自述能听见别人听不到的声音,看见并不真实存在的景象,例如听到鬼神、外星人的讲话等;妄想主要是指被害妄想,发病期的患者常常感觉有人要害自己,觉得自己被监视等。精神分裂症及其他精神病性障碍终生患病率为0.75%,对于精神疾病越早发现,治疗的效果越好。

(2)双相情感障碍

双相情感障碍是心境障碍的一种类型,其主要特点就是既有躁狂发作又有抑郁发作症状,两种症状交替出现。躁狂发作期,表现为心境高涨、思维奔逸、活动增多、躯体兴奋等;抑郁发作期,表现为情绪低落、兴趣减退、思维迟缓、有自杀观念等。双相情感障碍在临床诊断上有Ⅰ型、Ⅱ型的区别,还有的患者会伴随有其他精神障碍症状,这都需要专业的诊断。

(3)焦虑障碍

参考第六章焦虑性神经症,此处不做累述。

(4)突发性精神障碍

突发性精神障碍也称急性短暂性精神障碍,旧称反应性精神病,是由相当强烈并持续一定时间的精神创伤性生活事件直接引起的精神障碍。海员有可能遭受恶劣的海难、海损事故的刺激,或者突然得到亲人病危或死亡的信息而又无法脱身前往,受到的精神打击就更为严重,因此在此情况下,原本心理脆弱的海员更易引发突发性精神障碍。一般而言,突发性精神障碍有如下特点:一是存在1项(或更多)下列症状,至少其中1项必须是①、②或③:①妄想,②幻觉,③言语紊乱(频繁的离题或不连贯),④明显紊乱的或紧张症的行为;二是这种障碍的发作持续至少1天,但少于1个月,最终能完全恢复到发病前的功能水平;三是这种障碍不能用重性抑郁障碍或双向障碍伴精神病性特征或其他精神病性障碍如精神分裂症或紧张症来做更好的解释,也不能归因于某种物质(例如,滥用的毒品、药物)的生理效应或其他躯体疾病。

(5)酒精药物使用障碍

顾名思义就是由于滥用酒精或药物导致的精神障碍。精神活性物质是指摄入后会产生明显的精神效应,而且长期使用会对健康造成不利影响的物质。精神活性物质包括酒类、阿片类、大麻类、镇静催眠药、可卡因、其他中枢兴奋剂、致幻剂、烟草、挥发性溶剂。酒精是一种亲神经性物质,一次大量饮酒即可导致精神异常。如果长期饮用可引起各种精神障碍,包括依赖、戒断综合征以及精神病性症状。除精神障碍之外,滥用酒精或药物,还常出现躯体异常的症状和体征。

海员也是普通人,也会遇到这样或那样的心理困扰,以上知识既是对精神疾病的一些科普,也可以作为评估工具帮我们更好地了解自己和他人的精神状态,一旦发现自己的心理出现失衡状态,又难以自行调节,应及时寻求专业的帮助。希望大家正视自己的身心健康,不要讳疾忌医。

三、海员心理危机的心理救援

心理危机干预技术在危机干预中发挥着重要作用,从事危机干预的工作人员需要了解和初步掌握一些基本的危机干预技术,以便更有效地帮助危机当事人应对危机。即使是我们自己,如果能够多了解相关的技术知识,对于危机的心理自助也是十分有益的。在这里,为大家介绍两种常用的危机干预方法,便于大家学习使用。这两种方法简单、易掌握,即使非专业人员也可以运用。

1.危机干预六步法

心理危机成因复杂多样,但并非无迹可寻,危机干预六步法是相对直接和有效的干预方法,专业人员和一般工作人员均可使用。危机干预六步法是由美国著名危机干预学家伯尔·E.吉利兰(B.E.Gilliland)和理查德·K.詹姆斯(R.K.James)提出的,现在已被广泛运用于不同类型的危机干预工作中。这六步分别为:

【微视频】
危机干预
六步法

第一步:确定问题。从当事人的角度确定和理解问题,应给予充分的倾听、尊重与理解。只有当求助者的问题和危机干预者所认识的问题达到一致时,危机干预策略才能得到求助者的认同,干预才能取得最好的效果。在这一步中,可以多采用倾听、共情的技术,对当事人保持真诚、尊重、接纳、理解的专业态度。

第二步:保证当事人安全。危机干预应以当事人的安全为首要目标,简单来说,就是将其对自我和他人的危险降到最低。在危机整个干预的过程中,安全问题是首先要考虑的因素,这一步应被重点强调。如:安排在低矮楼层休息;使其接触不到能伤害自己的器具;在航时,可以为危机当事人提供单独房间,分配人员陪护等。

第三步:给予支持。本步骤强调与当事人的沟通与交流,要使当事人知道危机工作人员是能够给予其关心和帮助的人。危机工作人员应注意不要去评价当事人的经历与感受,只需无条件地以积极的方式接纳当事人的一切,给予其最真诚的关心与帮助。

第四步:提出并验证可变通的应对方式。在危机状态下,当事人通常处于负面情绪中,思维也比较消极,不能恰当地判断什么是最佳的选择,甚至认为自己无路可走了。在这一步中,应适度给予当事人一些可供选择的建议和行动,帮助来访者做出选择。

第五步:制订计划。即工作人员与当事人共同制订行动步骤来矫正其情绪的失衡状态。计划应充分考虑当事人的应对能力,保证切实可行和系统地帮助当事人解决问题。注意,制订计划时不能替当事人做决定,而是让他们参与其中,这可以提高他们的自主能动性。

第六步:得到承诺。这一步中,工作人员应要求当事人给予诚实、直接和适当的承诺,得到当事人的承诺,可以使当事人更少地采取消极应对方式,对自己更负责任。例如:之前我们已经共同制订了一系列的应对计划,现在请你跟我讲一下你将如何实施这些计划。

危机干预的过程中还需注意:将检查评估贯穿于整个六步法的干预过程中,随时评估当事人的危机风险。前三步主要是倾听而非采取行动,后三步是采用积极的应对方式,行动起来。

表8.4是危机干预六步法理论模型,便于大家更清晰地理解如何使用危机干预六步法。此外,也要注意考量危机当事人的能动性,如果危机当事人具有较好的能动性,可以多给予非指导性的干预技术,例如:引导危机当事人自己反思成长;如果危机当事人丧失能动性,则应该多给予指导性的干预技术,例如:指导当事人如何具体安排自己的生活、采取什么行动、见什么人等,要给予尽量细致的建议。

表 8-4 危机干预六步法理论模型

评估是一个连续并动态地贯穿于危机干预始终的过程:根据当事人的应对能力、危机事件的威胁性程度及当事人的能动性水平,对当事人过去和现在的危机状态做出评估;并就危机工作者需要采取何种类型的干预行动做出判断(参见本表下方关于危机工作者的连续行动连续体的说明)。

倾听   行动

↓   ↓

倾听	行动
倾听:专注地聆听、观察、理解当事人,并以共情、真诚、尊重、接纳、价值中立及关心的态度对之做出反应。 1.问题的界定。从当事人的角度探索并界定问题的性质,使用积极的倾听技术如开放式提问等,要同时注意当事人言语以及非言语的信息。 2.确保当事人的安全。从当事人人身安全及心理安全的角度对当事人自杀/杀人的可能性、危机事件的急迫性、当事人能动性丧失的程度及危险的严重性等做出评估。同时要对当事人内部心理事件和外部环境事件做出评估;必要时还应告知当事人,可以用更好的行动方案来代替目前表现出的冲动性的、自我毁灭性的行为。 3.提供支持。要让当事人知道,危机工作者是他一个可靠的支持人员。通过措辞、语调及身体语言等向当事人证明,自己是以关心、体贴、接纳、无偏见等积极态度在帮助他解决危机。	行动:根据对当事人的需要及其可利用的环境资源等评估结果,采用非指导性的、合作的或指导性的方式进行干预。 4.诊察可供选择的方案。帮助当事人搜索出他目前可以利用的各种可能的选择方案。同时协助当事人搜寻立即的环境支持、有效的应用机制和积极的思维方式。 5.制订计划。帮助当事人制订出一个切实可行的应急计划,不仅利用外部资源,同时调动当事人内在的应对机制——实际上也就是当事人能够理解并加以执行的具体、明确的各行动步骤。 6.获得承诺。帮助当事人自己对自己做出承诺,保证以实际行动实施所制订的具体的、积极的行动计划。

危机工作者的行动连续体

非指导性危机干预   指导性危机干预

合作性危机干预

(非指导与合作之间的界限视当事人具体情况而定)(合作与指导之间的界限视当事人具体情况而定)

当事人具有能动性   当事人具有部分能动性   当事人丧失能动性

根据当事人能动性及其丧失程度的有效而真实的评估结果,危机工作者的行动,或者说是对当事人的介入程度,可以位于这一连续体的任意相应位置。

2.危机事件应激晤谈

危机事件应激晤谈(Critical Incident Stress Debriefing,CISD)也称严重危机事件集体减压法,是一种系统的、通过交通来减轻压力的方法,也是一种简易的支持性团体治疗。这里的严重危机事件一般是指创伤性事件,可能是任何使人体验异常强烈情绪反应的情境,甚至是危及生命或者导致个体重伤的恶性事件。

危机事件应激晤谈曾专门为高危岗位工作者而设,例如:警察、灾难救援人员和消防员。其工作原理是,在团体内进行心理疏泄(Psychological Debriefing),帮助团体中的每个人控制好对于事件的普通应激反应。长期实践表明,CISD 是一种非常有效的心理干预方式。目前,此种干预方法已经被扩展用于个人、团体及社区等正常人群,也适用于海员群体。

危机事件应激晤谈的目标是:公开讨论内心感受;支持和安慰;资源动员;帮助当事人在心理上(认知上和感情上)消化创伤体验。

开展危机事件应激晤谈的最佳时间是经历创伤事件后 24~48 小时,一般来说,危机事件发生的 24 小时内不能进行 CISD,而危机事件发生 6 周后开展则效果甚微。CISD 通常应由心理卫生专业人员开展,特殊情况下也可由有较多助人工作经验的工作人员在专业人员的指导下开展,从事 CISD 干预的工作人员应具有团体辅导经验,对急性应激障碍、创伤性应激障碍有一定的了解。在严重危机事件后,通常是灾难事件后,可根据幸存者、救援人员、急性应激障碍患者等不同的人群进行分类,分组进行危机事件应激晤谈。

危机事件应激晤谈的实施过程:

第一期:介绍期(Introductory Phase)

目的:建立基本规则,特别强调保密性。

方法:指导者进行自我介绍,介绍危机事件应激晤谈的训练规则,仔细解释保密问题。

第二期:事实期(Fact Phase)

目的:经历创伤事件的个体叙述事件的事实。

方法:请参加者描述事件发生过程中他们自己及事件本身的一些实际情况;询问参加者在这些严重事件过程中的所在、所闻、所见、所嗅和所为;每一参加者都必须发言,然后参加者会感到整个事件由此而真相大白。

第三期:感受期(Feeling Phase)

目的:确定和证实经历过的急性应激反应。

方法:询问有关感受的问题:事件发生时您有何感受? 您目前有何感受? 以前您有过类似感受吗?

第四期:症状期(Symptom Phase)

目的:确定急性应激障碍的症状。

方法:请参加者描述自己的急性应激障碍的症状,如失眠、食欲缺乏、脑子不停地闪出事件的影子,注意力不集中,记忆力下降,决策和解决问题的能力减退,易发脾气,易受惊吓等;询问事件过程中参加者有何不寻常的体验,目前有何不寻常体验? 事件发生后,生活有何改变? 请参加者讨论其体验对家庭、工作和生活产生了什么影响和改变?

第五期:辅导期(Teaching Phase)

目的:有效的应激处置教育。

方法:介绍正常的反应;提供准确的信息,讲解事件、应激反应模式;应激反应的常态化;强调适应能力;讨论积极的适应与应对方式;提供有关进一步服务的信息;提醒可能的并存问题(如饮酒);给出减轻应激的策略;自我识别症状。

第六期:恢复期(Re-entry Phase)

目的:准备恢复正常的社会活动。

方法:澄清错误观念;总结晤谈过程;回答问题;提供保证;讨论行动计划;重申共同反应;强调小组成员的相互支持;可利用的资源;主持人总结。

一般来说,每个危机事件应激晤谈小组 7~8 人,实施整个过程需 2~3 小时,对于严重危机事件,应在数周内进行随访。此外,应需注意的是,开展危机事件应激晤谈应该尊重当事人的感受,如果有人不愿参加,或者参加时不愿去诉说,都应该尊重其决定,并为其提供更合适的帮助。

第三节　常见的海员心理危机干预策略

一、创伤后应激障碍的干预策略

【微视频】
创伤后应激障碍的干预策略

创伤后应激障碍(Post-traumatic Stress Disorder，PTSD)是指个体经历、目睹或遭遇到一个或多个涉及自身或他人的实际死亡，或受到死亡的威胁，或严重受伤，或躯体完整性受到威胁后，所导致的个体延迟出现和持续存在的精神障碍。简单来说就是个体经历或目睹了创伤性事件后产生的一系列持续时间较长、影响正常生活的应激反应。例如：经历火灾、爆炸、海难等。

1.创伤后应激障碍的诊断标准

(1)经历或目击危机事件，并且反应为极度的害怕、无助或恐慌。

(2)不断地反复经历以下一种或多种情境：痛苦的回忆，关于该事件的梦；表现出或者感觉到事件再次发生；强烈的心理压力；生理反应。

(3)持续回避与创伤相关的刺激，出现三种(或以上)下列麻木反应：①回避与创伤相关的想法、感受或谈话；②回避能够唤起该事件的活动、地点或人；③不能回忆创伤的重要方面；④兴趣或重要活动的参与明显缩减；⑤感到与他人分离或疏远；⑥有限的情感体验范围；⑦对未来(如生涯、婚姻)的看法较为短视。

(4)持续出现两种或更多种下列高唤起症状：①睡眠问题；②易怒或爆发愤怒；③难以集中注意，过度警觉；④夸大的受惊反应。

(5)困扰(以上所述)已经持续一个月以上。

(6)困扰导致了临床上显著的痛苦或对社会、职业或其他重要生活功能的损害。

可诊断为：急性、慢性或迟延发作。

2.创伤后应激障碍的四大典型症状

(1)反复体验创伤性事件(闪回)：即头脑中不停地回顾创伤性事件发生的情境，和自己又经历了一次一样。

(2)回避与创伤事件有关的刺激或者情感麻木：拒绝回应或回忆任何与创伤经历有关的事情，回避创伤的场所及相关人或事，有些患者会出现选择性遗忘。

(3)警觉性增高：表现为过度警觉，有时伴有惊跳反应，如经历火灾的人再看到"火"或者燃烧的情景会大喊大叫、逃跑或者坐立不安等。

(4)其他症状：创伤后应激障碍患者在物质滥用、攻击性行为、自伤和自杀行为等方面显著高于普通人群。

3.常见的创伤后应激障碍的治疗方法

公司或单位在发生创伤性事故后应积极关注事故当事人及目击者心理健康状态，如发现有人出现创伤后应激障碍症状，应及时将其调离当前岗位并接受专业咨询或治疗。

目前，较常见的创伤后应激障碍治疗方法有：心理治疗(特别是暴露疗法)、眼动脱敏和再加工治疗(EMDR)和药物治疗等。

暴露疗法就是让当事人以想象、回忆或故地重游的方式重新体验创伤性事件，并在此过程中运用放松、脱敏、释放、重建等心理技术帮助当事人缓解对事件的反应强度。

眼动脱敏和再加工治疗也是暴露治疗的一种形式。该疗法认为当一个人经历一场创伤时，当时的场景、声音、思想、感觉会被"锁定"在神经系统中。在眼动脱敏和再加工治疗时，患者的眼睛跟随治疗师的手指移动，同时想象正暴露于创伤中，可以有效地解开神经系统的"锁定"状态，并使人们对创伤的经验在大脑中进行再加工。这种治疗对于抑郁、焦虑、多梦以及多种创伤后的恐惧等心理问题具有良好的治疗效果。

药物治疗就是指当事人到专业精神卫生机构就诊并根据医嘱服用相关药物以缓解躯体症状。创伤后应激障碍常用药包括一些缓解焦虑、抑郁情绪及有助于睡眠的药物，如选择性5-羟色胺再摄取抑制剂（SSRI）可缓解抑郁情绪、哌唑嗪可能帮助减少噩梦的数量、丙戊酸钠可以帮助稳定情绪等。

【微视频】
丧失亲人
的干预策
略

二、丧失亲人的干预策略

众所周知，人生在世必然要面对的一个议题就是死亡。在各类危机事件中，亲人离世是我们每个人都会遇到的丧失经历，要从丧失亲人的伤痛中恢复有时需要好几年的时间，尤其是至亲的离世，在一个人的余生中会一直存在持续而深刻的影响。本小节内容的主要目的就是提供一种干预策略，让危机干预工作者可以用来帮助当事人理解和应对丧失亲人的危机。

1. 丧失的五阶段模型

心理学家库布勒·罗斯根据自己对临终病人的研究，提出了丧失的五阶段模型，解释了人们在面对即将来临的死亡时所经历的各种反应，同时，这个模型也被广泛应用于遭受丧失后的人的悲伤和沮丧过程。这个理论模型的提出是为临终病人或沮丧者提供表达方式，以让照顾者和家人知道，病人或沮丧者是怎样的感受，以及他们需要什么，以便更好地为其提供帮助。但是，值得注意的是，并非所有的临终病人或沮丧者都会经历这五个阶段，还需参考实际情境进行判断。

第一阶段：否认与分离期。当一个人最初得知自己面临死亡的威胁时，或者在听到出乎意料的悲痛消息后，第一反应可能是"不可能，肯定是弄错了"。否认可以起到一种缓冲器的作用，这个阶段当事人还没有做好接受的准备。这个阶段的人可能还会拼命地搜集证据，来证明自己没有病或者消息是假的。

第二阶段：愤怒期。这个阶段以"为什么是我呢？"为模式特征，不再继续否认，但会显示出强烈的情绪，如敌意、愤怒、怨恨等。例如，很多人在亲人去世后，会对医护工作者发怒，认为他们没有尽到责任。有时候，这些愤怒并非是刻意针对医护工作者，而是当事人向他人、世界表达愤怒，试图寻求接纳与帮助的方式。

第三阶段：讨价还价期。这个阶段的沮丧者可能会有这样的想法："如果我多陪陪他，是不是他就不会离开这么早？""如果我早点发现，是不是就不会发生这样的事情？"这是一个自欺欺人的阶段，当事人会希望通过讨价还价来交换新的希望，同时也是悲伤和无助情绪的表达。

第四阶段：抑郁期。当越来越多的证据和事实摆在眼前，临终病人接受了即将面临死亡的处境，沮丧者逐渐接受了亲人离世的现实，随着对残酷事实的承认，丧失感涌现，危机当事人进入抑郁期，会有情绪低落、兴趣减退、回避社交等症状。

第五阶段：接受期。经过之前的四个阶段，当事人变得疲倦、虚弱，逐渐完成了哀伤期，接纳了丧失的现状。这个阶段是以安静、平和的顺从为特征，沮丧者在这个阶段慢慢地渡过哀伤，开始重新回到生活的轨道中。

了解沮丧/临终这五个阶段,可以让我们了解在面临死亡或亲人去世时人的心理变化,以便更好地帮助经历此类危机的亲人、朋友甚至自己渡过这一丧失历程。

2.丧失亲人的危机干预策略

心理学家麦肯那(McKenna)在前人研究的基础上开发了一个六阶段的操作性模型,描述了危机工作者可以怎么对经历丧失的当事人开展工作。在面对丧失亲人的海员进行干预时,我们可以直接运用。

第一阶段:震惊、悲伤、焦虑及孤单。在丧失亲人的最初,在日常工作中得到帮助非常重要。这个阶段危机干预工作者应鼓励沮丧者与家人及朋友联系,在他们经历震惊时寻求支持。

第二阶段:悲伤。震惊过后是强烈的悲伤情绪,这一阶段应以情感释放为主,沮丧的当事人经常通过泪水的倾泻来表现悲伤。危机干预工作者应充分接纳并允许当事人通过痛哭、号啕,甚至叫喊来宣泄自己的情绪。

第三阶段:寂寞。悲伤之后是极度的寂寞感。这种孤独会通过异常的紧张、失眠或没有胃口从身体上显现出来。建议沮丧者利用机会尽可能多地休息和娱乐,保证补水,每天适当做些身体活动。

第四阶段:愤怒和内疚。寂寞过后,大多数沮丧个体会觉得事情变得相当快。可能会发现自己无事可做,并且不管在家还是在工作岗位都不能专心做工作。阻止这种僵局时常会引出强烈的愤怒感或内疚感。因为愤怒和内疚会夺走一个人的力量。此时,危机干预者应建议沮丧者尽可能集中在积极、健康及好的想法和感觉上,以帮助他们恢复控制并朝着更积极的方向重构丧失。

第五阶段:抑郁。沮丧者不可避免地会得到结论,他们失去的所爱的人不会再回来,经常会变得沮丧。这阶段的危机干预属于乐观主义帮助。共情的助人者与沮丧者共度时光,倾听他们关于丧失的叙述,不催促他们,向他们表示出诚挚的关心,这些对遭受丧失的当事人具有极大的安慰和帮助作用。

第六阶段:重新关注于未来。在第五阶段结束后,当事人开始体会到片刻的欢乐,逐渐恢复生机,重新关注未来,脱离失去所爱的体验。这一阶段的开始意味着危机的过去,危机干预工作者的工作也接近尾声。

在丧失亲人的危机干预中,能够共情地倾听当事人的诉说、陪伴他渡过这一难过的人生阶段,是唯一的、最有用的技巧或策略。用海伦·凯勒的一句话结束这部分的内容,"我们从不会失去曾经挚爱的一切,因为这些挚爱已融入为我们的一部分",愿我们都珍惜与重要他人的每一次相处。

三、海盗劫持的危机干预

海员的工作漂洋过海,途经很多国家、地区,在航程里难免会遇到海盗、恐怖分子以及小偷等危险人员。根据国际海事局(IMB)海盗报告中心数据统计,2018 年在全球海域总共发生了 201 起海盗事件,有近百名船员被绑架。2019 年全年共收到 162 起海盗袭击事件,4 艘船只被劫持、11 艘船只遭到攻击、17 起未遂袭击以及 130 艘船只被登船,134 人被绑架。2020 年前 9 个月收到了 132 起袭击事件,全年累计共有 135 名船员遭海盗绑架。几内亚湾继索马里海域之后,成为全球海盗热点地区,大部分的袭击、劫持和绑架事件都发生在这里。

根据海盗袭击事件报告显示,80%的袭击者都持枪,船员被绑架之后通常会被关押

【微视频】
创伤后应
激障碍的
干预策略

在岸上。这也意味着船员在遭遇海盗之后会面临着武力威胁、非法关押等对待。近十几年来,我国的商船、渔船也有被海盗劫持的情况发生,还有在外籍轮船上工作的中国船员被绑架的情况。有备无患,在这里也给大家介绍一些应对海盗劫持的心理学知识。

1.人质劫持事件的四个心理阶段

第一阶段:惊恐期。

惊恐期是人质劫持的第一个阶段,也是最容易发生外伤、最危险的阶段,持续1个小时左右。这一阶段,挟持者的情绪十分亢奋,容易丧失理智,对任何可能的威胁都可能采取攻击性行为,会为了将自己的意志强加于人质而进行虐待、折磨甚至有伤人、杀人等行为。对于人质而言,整个惊恐阶段都很痛苦,要经历从平静生活到生死存亡的突发情境变化,很容易做出恐惧之下的应激反应。如果遭遇海盗劫持,劫持初期最有效的应对方法是调动自己的求生欲望和理性资源,尽量克服自己的恐惧,避免由于自己的过激行为、情绪,导致海盗对自己的伤害。

第二阶段:危机期。

危机阶段标志着挟持者的理智开始恢复,但仍然存在许多不确定和危险性,挟持者依然会尝试巩固自己的地位。在这个阶段谈判的开端,挟持者会提出过分的要求,并进行有情绪的谩骂。这个阶段的人质需特别小心,避免激怒挟持者,以保证生命安全为第一位。在海盗劫持事件中,危机时期海盗通常会提出自己的需求,开始和船东及相关机构的谈判,这时被绑架的船员应尽量顺从海盗的安排,避免造成伤害。

第三阶段:调解期。

调节阶段的时间最长也最平静,人质会觉得这一阶段过得特别慢,无聊间或恐吓是这个阶段的标志。情绪高涨低落不断交替导致这个阶段的人质和挟持者都非常疲惫。这个阶段人质会为了活下去,顺从挟持者的要求,长期的挟持后有的人质会产生斯德哥尔摩综合征(对挟持者产生依赖感情等)。

第四阶段:解决期。

这一阶段,挟持者由于多个小时或多天的消耗会变得非常疲惫。他们之前的高期待都破灭了,可能也失去了大部分讨价还价的筹码。这个时候,与挟持者进行谈判的人员要做好挟持者自杀预防模式的准备,确保信息传递的准确性和人质的安全。对于海盗劫持事件而言,这一阶段通常意味着谈判达成,相对于其他挟持者,海盗的目的性更强,他们更在乎钱财利益,而非伤害人质。

遭遇海盗劫持,无论在哪一阶段,对于海员来说都是痛苦、煎熬的。但很重要的一点是,一定要有求生的欲望,尽量让自己保持镇定和平和的心态,多想想自己的家人,相信一定会有人来求援,无论如何都不要轻易放弃生命。

2.人质进行自我保护的方法

如果不幸遭遇了海盗的劫持,以下是一些自我保护的方法,可以酌情参考。

(1)不要逞英雄,接受现状并做好等待救援的准备,任何贸然的行动都有可能造成不必要的伤害或牺牲。海盗大都配有枪支等武力装备,未经过专业训练的盲目对抗很可能使自己受伤。

(2)一旦被劫持,应听从海盗的指示,特别是劫持初期,任何反抗或犹豫都会成为海盗杀一儆百的牺牲品。

(3)尽量避免与海盗说话,不要试图提建议,或与其发生争论,尤其是在海盗情绪激动的情况下。试图引导、说服海盗的话，有可能会激怒他们，一定要谨慎。

（4）尽量休息和吃东西，保存体力。没人能预料挟持的情况会持续多久，情绪的高度紧张会非常的耗能，保持警觉也需要有充足的体力支持。

（5）善于观察，谨慎考虑逃跑的选择。观察可以让头脑忙碌，避免紧张并快速适应环境。如果尝试逃跑，需要冷静评估成功的可能性，因为一旦失败可能会对自身或其他人质造成严重后果。

（6）有耐心，必要时可要求援助。虽然挟持的情况可能并没有什么变化，但是较充足的时间一定会让救援人员有做更多准备工作的机会，所以在这个过程中人质一定要耐心等待。如果挟持情况已经稳定，即海盗已经控制住了场面，这时是请求援助的合适时机，例如，受伤了需要医疗救助。

（7）顺从和尊重海盗，保持冷静自持。和海盗接触时，要保持正常的眼神交流和礼貌的对话，无论他们表现得多么异常或奇怪。如果能与海盗建立正向的个人关系，有助于人质的生存。

（8）保持正常作息，想念亲人，幻想获救，计划未来。挟持的时间可能会很长，我们需要足够的信心支撑自己坚持下去，正常的作息可以保存体力，提高生存机会，想念亲人、幻想获救、计划未来可以坚定我们的信念，增强自己坚持下去的勇气。

（9）救援到来时，遵守救援者指示。在救援过程中，一定要遵守指示，无论是和平释放还是武力救援，过程都充满着变数。如果在混乱中惊慌失措、乱跑乱叫，很可能会让自己处于危险的境地。

遭遇海盗劫持属于严重危机事件，对于当事人来说，无论是身体上还是心理上都具有较大的伤害性。人质在挟持情况下被解救后还需要后期干预，被解救的人可能很长时间都会心有余悸，有的人质可能会产生创伤后焦虑或者患上创伤后应激障碍等。如果事件中有人质死亡或受伤，则可能还需要对身边人进行哀伤辅导。总之，应对人质幸存者给予充分的关怀和照顾，帮助他们在身体和心理上获得康复。

四、自杀危机的干预策略

在危机干预工作中，遇到具有自杀或杀人倾向的当事人也是有可能存在的情况。在这里给大家介绍一些知识，包括如何评估、辅导、干预和预防这些致命性的行为，特别是自杀危机的干预方法。

1.如何理解自杀行为

自杀学的创始人施耐德曼（Shneidman）认为，自杀是一种自我诱导灭亡的有意识行为，需要帮助的个体有多种痛苦，且认为自杀是最佳的解决办法。在所有危机类型中，自杀危机是最为人熟知的，也是最难处理的一种危机，它涉及道德、法律、伦理及哲学上的问题。

心理学中试图对自杀行为进行解释的理论有两种：一种是弗洛伊德的内向攻击理论，另一种是迪尔凯姆的社会整合理论。弗洛伊德认为当一个人经历强烈的心理压力时，自杀的愿望就被某种内部冲突激发出来。迪尔凯姆（Durkheim）认为，社会的压力和影响是自杀行为的主要决定因素，他把自杀分为三种类型：利己性自杀、失范性自杀和利他性自杀。利己性自杀是由于一个人无法适应群体，缺乏群体认同感而自杀；失范性自杀是由于自己所感知的社会规则崩溃，从而不能指导个人的倾向所产生的自杀；利他性自杀则与所理解的或真实的凝聚力有关，例如恐怖分子的自杀性攻击等。

2.自杀人群的特征

施耐德曼总结了自杀者存在的共同特征,并将其概括为六个维度,分别是境遇、动机、情感、认知、人际关系以及连续性特征。

境遇特征:自杀常见的刺激是不能忍受的心理痛苦或者心理需要遇到挫折。

动机特征:通常的自杀目的是寻求解脱法或者为了终止意识。

情感特征:自杀常见的情感特征是绝望和无助。

认知特征:对自杀的内在态度通常是矛盾的,一方面想实施自杀,另一方面又希望得到别人的救援;自杀危机中的人理解能力变弱,选择范围变得狭窄,对自杀的认知态度是歪曲的,认为死是唯一的解决方案。

人际关系特征:自杀的人际关系特征是想要与别人交流;自杀的通常行为表现是逃避痛苦,寻找解脱方法。

连续性特征:通常是终生的应对方式,有自杀念头的人在遭遇挫折时会经常想到用"死亡"这种应对方式来解决问题。

贯穿于这些特征以及所有自杀事件的共同特征是个体情绪不安的感觉和致命性行为的选择。情绪不安本身不会导致自杀,但是当情绪不安与一个人对死亡的态度相联系时,这个人选择致命性行为的可能性就提高了,从而更倾向于自杀或杀人。

3.如何识别有自杀想法的人

有自杀想法的人会释放出自杀信号,最主要的信号是:想自杀的人有时会直接表达出"我想自杀""我想死""我不想活了"等话语。如果您身边有人这样说,请您一定认真对待并仔细询问。

其他的一些信号:想自杀的人会寻找自杀的方式;觉得自己是别人的负担;觉得自己卡住了,生活无助,并且没有任何希望;生活方式改变,如吸烟、酗酒等;严重失眠,伴有神经衰弱;情绪痛苦且不稳定;整理自己的物品赠送他人;写遗书、遗言,和身边的人告别;行为上有尝试自杀的实践,等等。

4.对有自杀风险的人的危机干预策略

关于自杀的危机干预涉及人的生命,风险性较高,应在专业心理卫生工作者的指导下开展合作干预。如果大家在工作、生活中发现有自杀风险的同事或朋友,应及时告知其上级、监护人或家人等,千万不要答应为其保密,生命权高于隐私权。自杀的危机干预应该是一个团队的合作,而非某一个人的责任,因为生命实在太过宝贵,我们没有办法替别人负责。

以下是一些与有自杀风险的人沟通的注意事项:

可以做的事:

①承认并尝试去理解他的痛苦,看到他在生活困境中的不易;

②可以直接询问他是否想要自杀或有无自杀计划,这不会刺激他自杀,相反会有让他感受到被看见、被理解的可能;

③当他告诉你他的计划的时候,认真倾听,让他表达自己的痛苦;

④建议或帮助他寻求专业的帮助,不要帮他保守秘密,因为生命更重要,生命权在隐私权之上;

⑤告诉他你愿意给予他支持和陪伴,帮助他看到希望;

⑥对于有自杀念头的人,可以建议他寻求专业心理帮助或者到精神卫生机构就诊;

对于有自杀行为的人,应及时联系工作单位、家人24小时看护并开展危机干预工作。

不要做的事:

①不要对他进行责备或说教;

②不要批评他或者他的选择、行为;

③不要与他讨论自杀的是非对错;

④不要被他所告诉你的危机已过去的话所误导;

⑤不要否定他的自杀意念;

⑥不要将他一个人留下,不去观察他,不与其取得联系;

⑦在急性危机阶段,不要诊断分析他的行为或者对他进行解释;

⑧不要过急,要保持冷静;

⑨不要帮助他保守自杀危机的秘密,及时向他人求助;

⑩不要忘记追踪观察。

【微视频】
疫情下的
心理自我
关怀策略

【微视频】
员工援助
计划

本章复习题

一、名词与术语

心理应激、急性心理应激、慢性心理应激、应激源、正念冥想减压法、表象放松训练、心理危机、精神分裂症、双向情感障碍、创伤后应激障碍、丧失的五阶段模型、自杀。

二、思考题

1.海员所面临的心理应激源类型有哪些? 常见的海员心理应激源有哪些?

2.心理调节"5R"法怎么操作?

3.腹式呼吸法如何操作?

4.你平时都是如何调节自己的不良心理状态的? 效果如何?

5.心理危机的判定标准是什么?

6.心理危机有哪几类?

7.当个体面对危机时,身心反应主要表现为哪四个方面?

8 怎么理解三维评估体系?

9.危机干预六步法是什么?

10.危机事件应激晤谈的工作原理及实施过程是什么?

11.举例说说生活中有哪些常见的心理危机,都属于哪一类。

12.如果身边有人处于心理危机状态,你该如何用危机干预六步法帮助他?

13.创伤后应激障碍的四大典型症状是什么?

14.有哪些较常见的创伤后应激障碍治疗方法?

15.人质劫持事件的四个心理阶段是什么?

16.人质如何进行自我保护?

17.可以从哪些维度去辨识自杀人群的特征?

18.亲友去世的人或临终病人会有哪几个阶段的心理变化?

19.如果你发现你身边的朋友、同事有轻生的念头,你应该怎么做才能帮到他?

本章参考文献

[1]王有权.航海心理学[M].2 版.大连:大连海事大学出版社,2007.

[2][美]Richard K. James & Burl E.Gilliland.危机干预策略[M].7版.肖水源,周亮,等,译校.北京:中国轻工业出版社,2019.

[3]季建林,赵静波.自杀预防与危机干预[M].上海:华东师范大学出版社,2007.

[4]樊晓斌,董惠娟,张爱珠.军人心理伤害与危机干预[M].北京:北京大学出版社,2015.

[5]宋晓明.公安民警心理健康训练与心理危机干预[M].北京:北京师范大学出版社,2011.

第九章　海员的心理选拔与心理测量

海员是征服海洋、搏击风浪的英雄,为航海事业的发展和国家海洋强国的建设贡献了重要力量。海员工作在大海上,航行期间长期远离陆地生活,工作时间和工作内容都有严格的要求,不仅要承受海上客观物理环境带来的生理影响,还要克服远离家人、朋友的心理孤独感,这些都需要海员具备良好的心理素质。随着科技的发展,现代化的航海工作对效率的要求也随之提高,装卸速度越来越快、证件办理流程越来越优化,海员的靠港时间也越来越短,工作节奏也越来越快,这都对海员的心理调节与适应能力提出了新的挑战。

第一节　海员心理选拔的意义与原则

一、海员心理选拔的意义

海员心理选拔就是根据航海工作的特殊需要,运用心理学的原理与方法,对应聘海员职业的候选人进行心理素质的检测与评定,录取心理素质适宜于航海的候选人,淘汰心理素质不适宜的候选人的过程。

海员的工作环境是一个不同于陆地工作的特殊环境,需要配合船舶领导执行船舶驾驶、远航运输、贸易等任务,需要随时应对海上复杂的环境变化和远航途中的突发情况。在远洋航行期间,海员远离内陆,与外界交流受限,活动范围小,生活单调,工作环境又受噪声、时差、气候等慢性应激源的影响,还可能遭遇恶劣天气、海盗威胁等突发危机。因此,对海员进行心理选拔有利于建设高质量、高素质的海员队伍,有利于维护航运安全,减少航运事故中的人为因素。

首先,开展海员心理选拔有助于选拔出更具胜任能力的海员,实现个人与职业的匹配。世界之大,包罗万象,人的个性、能力千差万别,并不是每个人都可以胜任任何职业,将合适的人安排在其擅长的岗位上,才能更好地发挥出他的实力。古语有云,因材施教,现代心理学提出了"职业适应性"的概念,职业适应性是指一个人从事某项工作时必须具备的生理、心理素质特征,它既受先天因素如性格、脾气等的影响,又受后天环境如习惯、经验等的影响。

其次,开展海员心理选拔有利于完善企业对海员的管理,为海员选拔提供科学的心理学依据和操作规范,使得选拔出来的海员具备从事航海事业应有的心理能力特征和个性品质特征,从而建立起一支具有心理素质优良的海员队伍,为我国航海事业输送高层次人才。

最后,开展海员心理选拔有利于航运安全。海员的心理素质对船舶航行中遇到问题的决策和判断具有重要的作用。航海工作具有一定的风险性和应急性,很多的恶性船舶事故是由人为因素造成的,如疲劳驾驶、危机决策失误、工作不细致、情绪波动等,因此具有高心理弹性、心理适应能力强、情绪稳定的个体显然更适合从事海员职业。

研究证明,职业适应性选拔以及对在职人员进行岗位胜任力评价,已经在企业人力资源管理中发挥了积极的作用,对企业内部实现人职匹配、提高就职者岗位胜任力、充分发挥潜能具有重要的实际意义,也是保障安全生产的有效措施。

二、海员心理选拔的原则

1.科学性原则

运用心理学的理论与技术,根据海员职业特性以及对海员心理素质的要求建立海员胜任力模型,确定编制或选用合适的心理测量问卷或量表,确定心理测量和评价的内容、指标和方法,建立一套科学的海员心理选拔综合测评体系。

2.整体性原则

职业适应性选拔是一个由诸多方面因素组成的综合性测评体系,心理选拔则是综合测评系统中的一个方面。海员心理选拔是职业海员选拔的重要组成部分,它是从心理学的角度来测评求职者的心理能力和个性品质,测评结果反映了求职者的心理素质水平和海员职业要求的匹配度,是职业海员选拔的重要参考依据。

3.发展性原则

需用发展变化的观点去研究、探讨和完善海员心理选拔问题。一方面,随着心理科学理论和技术的不断发展,对心理测试的手段和方法相应地进行调整和改进,使得测试更加科学、方便、有效;另一方面,随着海员工作内容、技术和类型的发展变化,也需要不断完善海员心理检测指标和评价方法,以适应海员职业发展的新要求。

4.实践性原则

海员心理选拔的内容依据是海员职业对海员心理素质的要求,它是以航海实践工作要求为基础的,通过建立科学的海员职业人才测评机制,选拔海员职业的适用人才,有利于更好地为航海工作实践服务。

总之,海员的心理素质是体现海员适任能力的重要方面,应引起有关部门的高度重视,加大海员心理选拔力度,为国家选拔出更多具有高心理素质的海运人才。

第二节　海员心理选拔的内容

一、海员的职业适应性

职业适应性是指一个人从事某项工作时必须具备的生理、心理素质特征。职业适应性包括一般职业适应性和特殊职业适应性两个方面,其中特殊职业指的就是对职业能力有特定要求的职业,如飞行员、消防员、海员等。从心理学方面来说,职业适应性是指运用心理学基本理论,分析某职业的特点,对就业者岗位胜任力在心理素质特质方面的要求。也就是说,如果个体具备完成职业任务的能力,并拥有相应的心理素质,就是适合该职业的从业者,这也是心理选拔的依据。

特殊职业适应性的研究起始于20世纪初,最早应用于飞行员的选拔工作中,后续又延展到宇航员、驾驶员、医生、军人等特殊职业,我国从20世纪80年代开始开展特殊职业适应性方面的研究。目前,对飞行员、宇航员、警察、军人等特殊职业的适应性研究都取得了不错的进展,为特殊职业人员的选拔提供了科学依据。

海员职业适应性,顾名思义,是指海员从事航海工作必须具备的生理素质和心理素质的总和。海员职业适应性良好的人,未来成为优秀职业海员的可能性更大,而适应性差的人,有可能难以胜任,不适宜从事航海工作。目前,国内对于海员适应性的研究还较为有限,一般认为影响海员职业适应性的因素包括以下五个方面:海员的教育培训水平、海员的实际业务水平、海员的海上工作资历、海员的身体状况、海员的心理素质。在我国海员的一般性聘用条件中,前四点都有比较明确的要求,甚至针对海员中不同级别的岗位都有专门的岗位要求说明,比如,应聘大副的工作需要提供企业要求的教育培训证明,工作经验、海龄时长、体检证明等。但是,对于海员心理素质的要求,尚无具有操作性的统一标准。许多公司在招聘时对海员的心理素质并无考察,通常由招聘主管根据直观感受来评估。有些企业在招募海员时,会使用不同的心理健康测试量表或者人格测试量表等工具,对待测试结果的态度也有所差异。

二、海员心理选拔的内容

海员的心理选拔,是海员职业适应性中心理适应性部分的选拔,也是海员职业适应性选拔的重要组成部分。其原理是运用心理学的理论和技术,对求职者进行海员职业适应性检测,目的是筛除职业不适应者,选拔出优秀心理适应性的海员。

根据海员工作环境和工作性质的特殊性,对海员的心理素质的要求主要是考察其认知能力、个性特征和心理健康水平等三个方面,所以对海员的心理选拔的内容也是主要围绕着海员的认知能力水平、个性特征特点、心理健康水平状况这三个方面进行的。

1.海员的认知能力水平

在心理学中,认知能力是注意力、感知力、记忆力、思维能力、想象能力等诸多能力的综合体现,而在新兴的认知神经科学中,认知能力是指对信息的接收、加工、储存和应用的能力。总的来说,认知能力就是我们认识世界、改造世界的基本能力,也是我们顺利完成工作、生活必备的基本能力。

当今科学技术的高速发展,船舶工业,航道航海技术也同样日新月异,对各类海员知识的要求越来越高,为此,海员应具备良好的认知能力才能学会并掌握相关知识。良好的认知能力,尤其是观察力、记忆力、思维力、注意力以及对危机的预见性和灵活应对能力,都是海员职业应该具备的能力。

海上作业时情况千变万化,在预测到或遇到新的、突发的、严重的事故情况时,海员特别是高级海员应做出敏捷的反应,找到解决问题的办法,这就需要海员具有预测能力、敏锐的观察力、持久的记忆力、集中的注意力、灵活迅速的思维能力、科学决策和果断指挥的能力。

朱国锋等人从职业适宜性的角度,认为合格的海船驾驶员应具有距离判断、果断、危险预见、瞭望、险情反应等10项品质。在以船长为对象的胜任力建模研究中,朱国锋等人确定了反应时间、速度估计能力、深度知觉能力、注意力和短时记忆等6项指标为海员所需的认知能力。

汪晓阳等人通过因子分析的方法,探究了深度知觉、反应速度、注意力集中和分配、智力、应对能力、社会支持、复原力等7项心理指标的模型结构,初步建构了海员的胜任力模型,但该模型的表面效度和绩效预测效度仍需要后续研究进一步检验。

张刚认为海员职业需要从业人员不仅具有良好的身体素质、专业技能,而且需要较高的心理素养,并且应纳入海员适任性的考察之中。其中,心理素质包括认知能力与个性品质,如注意力、观察力和思维力等。

季红光等人认为在海员心理选拔方法问世前,可借鉴军事飞行员以及一般技术人员的普通心理选拔方法。如,海船驾驶员心理素质选拔的内容分为感知能力、个性品质、气质特点和技能测验、能力倾向。各测试指标应通过专门的心理仪器或心理量表进行严格测定。如感知能力分别可用注意广度测试仪、视觉反应时测试仪、时间知觉研究控制器和动觉方位辨别仪进行测定,分别测试备选人员的注意能力、视觉能力、时间知觉和运动知觉。

通过以上研究成果,我们不难发现海员的认知能力水平切实关系到航海工作的效能。因此,如何选拔出高认知能力的海员,或者如何培养高认知能力的海员,是航海类学校以及航运企事业单位都应该思考的问题。

2.海员的个性特征

个性是与人格内涵等同的一对名词,都是指人的所有的心理特征的总和。但是在使用上,个性更强调差异性,也即人与人之间心理特征上的差别,而人格更强调整体的、稳定的心理特征。所以我们会习惯说"小王个性强",但是通常不说"小王人格强"。

个性具有功能性。一个人的个性特征会影响到职业的适应性。可以说,个性中气质的部分更多地决定了一个人从事什么类型的工作或职业是适合的,性格的部分影响了一个人在职业中能够有着怎样的发展,而能力则既是职业发展的基础条件,也影响着职业成就的上限。当从事的职业与其气质相吻合时,就能更好地发挥自身的潜能;当自己的性格能够帮助自己建立良好的人际关系,能够适应企业的管理,就容易在职业中获得发展;就算气质和性格都适合,但是缺乏必要的能力,那么也无法胜任工作,而如果自己的能力非常突出,能够解决别人无法解决的问题,那么就会获得更高的成就以及提升的机会。

同一个职业群体内部有时会表现出类似的人格特征,而在不同的职业群体间表现为个性的差异。比如,长期从事财务工作的人,较为严谨、细致和稳定;而长期从事推销的人,往往比较健谈、开朗和活跃。国内外许多学者对海员的职业群体人格特征做了研究,倾向性的结论是,海员不像飞行员那样更注重感知能力与动作技巧方面的能力品质的需求,而更注重心理承受能力的需求。海员需要比陆地上的工作者更为坚韧、更具心理弹性、更善于自我调节的人格品质。也就是说,平静时能耐得住寂寞,风险中能抗得住压力。这种品质不仅由先天气质类型所决定,也与一个人的认知水平和能力水平相关,还取决于后天形成的性格。

气质在本质上并无好坏之分,只有在动力性质上的特点不同。每种气质类型的人都有适合自己的岗位,各有优缺点。在第五章中已经详细介绍过希波克拉底的气质分类学说,在此,就不再重复叙述。

在海员的心理选拔中需要关注性格因素。如果对于性格中的态度特征、情绪特征、意志特征和理智特征能做出分析,那么就可以更好地考查一个人。比如,持有积极乐观态度、热爱生活的海员,能积极地面对工作与生活,不容易懈怠;情绪稳定、友好善良的海员,能耐住寂寞,不轻易被激惹,与人融洽相处;具有心理韧性的海员,能够吃苦耐劳,承受高强度工作,在困难和险境中不轻言放弃;理性、有责任感的海员,做事有计划,工作守规范,能够认真履行职责,顾全大局,减少冲动冒险行为。

在选拔时,要慎重考虑具有明显的攻击型、马虎型、迟钝型等易引发事故的性格倾向的人,还要注意筛查那些情绪易变、心胸狭窄、生性忧虑,敏感多疑、消极利己、不关心集体的人员。这不仅仅是出于航海安全的考量,也是由于海上的特殊工作环境会更容易刺激或诱发这一类人的心理问题,影响他们的身心健康。如果海员队伍中已经存在以上性格特点的海员,要做好相关管理和培训,帮助他们弥补自己的性格缺陷,促进他们的人格成长与完善。海员除了必备的专业能力,还需要良好的情绪调节能力、灵活的应变能力、较强的抗压能力、良好的人际沟通能力等。在选拔海员时,以对相关能力进行考察,有助于建立一支优秀的海员队伍。

海员的个性千差万别,有一千个海员就有一千种海员生活状态。个性的差异使他们在相同情境中会有不同的反应。我们很难用某个标准去完全准确预测一个人的职业适应性。即便一个人在性格上和能力上曾经被人做出一些消极的、负面的评价,也并不意味着他完全无法胜任海员的工作。因为人是自己的主人,是情绪的主人,是思想的主人,也是行为的主人。只要能够认识到自己的缺陷和不足,有改善的强烈意愿,通过主观的努力就可以不断地完善自己的人格。有时"听君一席话,胜读十年书","一朝顿悟,判若两人",或者"洗心革面,重新做人"也未可知。对于海员而言,发展健全的人格从任何一个角度来说都是非常重要的。

对于不同心理健康水平的海员,管理的方式也不尽相同。首先,对于患有或曾经患有精神类疾病、心理障碍的人群,由于他们存在潜在心理隐患,而海上的工作环境中心理疾病的诱发因素较多,但远洋航行中的社会支持和医疗服务资源不足,因而不适合继续从事海员这一职业。其次,对于存在严重心理问题或一般心理问题的海员,在其问题未解决时,也不适合上船工作,心理不良状态会容易导致注意力不集中,情绪不稳定,从而引发工作失误或人际冲突等。因此,在海员心理健康水平的选拔上,在海员上船前予以心理评估是十分必要的。

3.海员的心理健康水平状况

除了认知水平与个性特征外,海员的心理健康水平也是评估海员是否适合从事航海工作的衡量标准之一。但是,与前两者的不同之处在于,人的心理健康水平是动态变化的,一个海员在入职时可能是心理健康的,但是之后产生了心理问题,所以对海员心理健康水平进行评估的意义在于选拔出心理健康状态良好的海员进行远洋航行工作,对于心理存在不适的海员安排暂时休假或从事岸上工作,待问题解决后,心理健康状态稳定后再上船工作。

对于不同心理健康水平的海员,管理的方式也不尽相同。首先,对于患有或曾经患有精神类疾病、心理障碍的人群,由于他们存在潜在心理隐患,而海上的工作环境中心理疾病的诱发因素较多,但远洋航行中的社会支持和医疗服务资源不足,因而不适合继续从事海员这一职业。其次,对于存在严重心理问题或一般心理问题的海员,在其问题未解决时,也不适合上船工作,心理不良状态会容易注意力不集中,情绪不稳定,从而引发工作失误或人际冲突等。因此,在海员心理健康水平的选拔上,在海员上船前予以心理评估是十分必要的。

在以往的研究中,关于海员心理健康的调查多采用SCL-90(90项症状清单)作为测量工具,调查结果普遍显示海员的心理健康水平总体上低于全国常模水平,心理症状阳性检出率远高于普通人群。乔文达等对 79 名远洋海员的调查结果显示,其心理健康水平较低,有较高的忧虑性。朱国锋等检测出 8.9% 的海员存在中等严重程度的心理问题,主要表现在强迫症状、人际关系敏感、抑郁和偏执。《远洋船员心理评估与干预试验》课题调查显示远洋船员的阳性总检出率约为 55.5%,航行期有某种心理不适症状的约占 75.4%,各因子异常检出率分别为躯体化 31.1%、强迫症状 41.1%、人际关系敏感 33.8%、抑郁 34.4%、焦虑 27.2%、敌对 28.4%、恐怖 11.0%、偏执 21.5%、精神病性 24.6%,现职海员的心理问题要比普通人群更为突出,邬远、郑荔峰、刘贺等的研究也都得到了相似的调查结果。此外,刘文等发现海员的心理问题呈现"两头高"趋势,备航期和返航期的心理负荷较重,航行中期心理状况相对较平稳。郑荔峰等得出同样的结论,高福等的观点却与之相反,认为海员在航行中期的心理健康水平下降最为明显。

通过对以往的研究,我们可以发现海员由于工作的特殊性,面临着比路上工作更多的应激刺激,如何帮助海员保持良好的心理状态,保持在航期间的心理健康水平对于航运安全而言是十分重要的,也希望航运企业能提高海员心理保健意识,关爱海员,为他们营造一片心灵家园。

第三节 海员心理选拔的方法

航海虽然不像航空那样对驾驶员有着十分严格的要求,但也绝不是所有人都可以从事的工作,同样要求海员有对职业的良好适应性。早在 1919 年,英国学者在调查军工厂工伤事故时就发现,有些具有"事故倾向性"的工人,从此开始了对工作适合性的研究工作。怎样选拔适合海上航行的人员,也是目前许多国家所关注和研究的课题,因为人员选择不当,不仅会增加培训成本,而且会严重地影响到航海安全和海员自身的心身健康。

海员的选拔是指用一系列可行的方法在预选对象群体中选出适合航海工作的人员,在心理学中,目前最为科学、客观的选拔方法就是心理测量,这是对个体心理素质最直观的评估方法。开展海员心理测量既可以用于海员选拔,还可以用于对海员心理健康状况的了解,在海员管理机构中建立海员心理档案,并定期通过测量来了解海员心理状况的动态变化。这不仅对维护海员的心理健康大有用处,而且对于指导航海安全行为也有参考作用。

当然,没有人生来就适合航海,所以,即便是借助心理测量选拔出的个体,也可能只是相对适合海员这一职业而已。此外,由于心理测量受到统计误差、受试者认真程度、信效度等因素的影响,只能提供海员心理状况的预测,并不能做到 100% 准确,所以,如果在选拔中能够面谈,并进行工作模拟和情境练习并参考其工作履历、自我评定、同伴评定、推荐信等,则选拔结果会更为可靠。

【微视频】
心理测评
的应用

一、心理测量的原理

心理无法直接测量,正像温度无法直接测量一样。温度计中的汞柱高度只是间接地反映了温度变化,而且心理不像温度那样简单,心理受多种因素制约而表现出灵敏的非线性的变化。温度显线性变化,越加热则温度越高,只有升降的一个维度;人的心理却不然,彼之蜜糖,吾之毒药,每个人都是独一无二的个体。

迄今为止,心理测量仍然没有完全可靠的方法来描绘出一个完整的人,即便是全世界通用的智力测量或人格测量也有其局限性。当然,这也是科学对人的心理无奈的地方,所以心理测评的结果只能帮助我们更好地了解一个人,而非盖棺定论。

一个成熟量表的开发和维护是需要不断的检验和修订,像国际知名的智力量表、人格量表都是经过数十年的沉淀,积累了大量的样本,取得了常模,又经过跨文化的修改,才能投入在不同的国家地区使用,这一过程是十分繁复的。同时,随着社会的发展,社会环境和条件的改变促使人们的心理状况也在不断地发生变化。因此,对于常模的测量也应当不断更新,以提供更准确的参考。在本节里我们会简要介绍一些关于心理测验的原理帮助大家理解,如需系统了解心理测量的知识,也可自行阅读章节后面的参考文献。

一个科学、客观的心理测验量表,应当基于成熟的理论模型,通过理论建构和实践调研编制出相应的维度及对应的量表题目后,对初始量表进行预测,筛掉或修改不合格的题目,再进行不断测试修订,最终确定题目,并建立常模。在编制过程中,心理量表必须需要满足以下几点要求,才能被认为是一个合格的量表。

第一,测量的标准化。

这是指测验在编制和使用方面都有某种确定的规则。其目的是控制测量的误差,使测量更具有准确性。标准化的内容包括编制的标准化、施测的标准化、评分的标准化和解释的标准化,也就是建立起统一的尺度。

第二,效度。

心理测验的效度指心理测量的手段是否能够有效地测量所要测的心理现象,即测量手段与测量目标的对应性。这里面又分为三项具体内容:

(1)标准关联效度:指测量结果是否符合所要测量的心理活动的标准。通常以测验分数和标准之间的相关来表示标准关联效度。效度化中的标准是代表测验所要测量的心理特征的变量。标准关联效度又可分为同时效度和预测效度。同时效度是指得到测验分数的同时,收集某一标准分数进行相关估计。同时,效度的特点在于同时评估所测量的变量和标准变量,它往往用来说明对心理特性的评估和诊断情况。预测效度量指通过测验预测未来标准的情况,在一段时间以后,再来检查标准的结果,与原预测分数进行相关估计。预测效度往往用来预测未来的状态,预测效度与同时效度的区别就在于收集标准资料的时间间隔。可以完全接受的标准关联效度在 0.7 以上,在 0.3 以上范围的效度就可以考虑。效度在 0.3 以下是完全不能接受的,但是,在通常研究中,0.5 以上的效度都是少见的。可见,心理测量工具的效度指标比信度还难以达到。有些标准无论采取哪种测验都很难进行描述,一定的测验只能描述一定的标准。

(2)内容效度:指测验的内容代表其所代表的心理特性或概念内容的程度。内容效度在成就测验中讨论最多,内容效度探讨的是测验内容取样的恰当性。取样的恰当性很难找到数量化的计算方法,通常是以某一领域专家的主观评价为依据的。以主观判断为依据的另一种类似形式的效度被称为表面效度。它是关于测验项目表面是否适合这一测验的评价。内容效度的判断由测验的制定者来判断,而表面效度则由测验的使用者来判断。一个测验可能具有内容效度而缺乏表面效度,反之亦然。由于测验制定者往往是有经验的专家,所以内容效度一般比表面效度更为重要。

(3)结构效度:结构效度是最为复杂和最为抽象的一种效度。用心理测验所测量的心理活动,如动机、智力等,都不是实态的,而是从理论上构造出来的结构。如:对智力的构造往往包括数学能力、语词能力、抽象推理能力三个方面。对于一个新测验的结构效度的估计,可以把测验结果与其他测量同一心理活动的测验结果进行相关计算,这种效度又叫辐合效度。还可以把测验结果与另一个测量、另一种心理活动的测验结果相比较。显然,这时相关为零是理想的,这种效度又称发散效度。

第三,信度。

(1)心理测验的信度,即指同一组个体用同一测验重复测量结果的一致性。信度的评价指标通常以相关系数来表示。在心理学中,以三种类型的信度来评价心理测验的稳定性。

再测信度:简单地评价一个心理测验的信度方式,就是考察其对同一组被试测验两次的结果,然后比较两组测验结果的相关,通常也被叫作稳定系数。如果两次测验结果分数的相关高,测验的信度就高,但是,测验信度的相关系数不可能总是很高。那么,相关系数到什么程度的信度就是高的呢?通常,心理学家以+0.7以上为可接受的信度指标。也就是说,当相关系数高于+0.7以上时,我们就认为这个测验的信度系数是高的。再测信度受两次测验的间隔时间的影响:时间过短,第一次测验的练习效果会使信度偏高;间隔过长,会使信度偏低。此外,个体差异及每次测验的实施情况都会对信度产生影响。

(2)等值信度:等值信度又称为复本信度,第二种评价信度的方法是采用相同难度、内容、形式的两个测验对同一组个体进行测验,然后,比较它们在两种测验结果中的一致程度,也用相关系数来表示。通常该系数称为等值系数,又称平行信度。在检验等值系数时,应有一半人是先做原测验,另一半人先做复本测验,以抵消顺序效应。等值信度没有个体发展水平、个体经验造成的差异,但是,两次测验实施情境因素仍会对等值信度的估计产生影响。

(3)内部一致性信度:测验的内部一致性是其同质性的程度。有两种计算内部一致性信度的方法,也叫作分半信度。这种估计信度的方法是对同一组个体进行测验,把测验分为两部分(奇数项目、偶数项目)来计算这两部分的测验分数的相关系数。由于这种计算信度的方法把测验分成了两半,得出的信度只是半个测验的信度,因此,就必须采用专门的统计方法加以校正。

除了上述的信度与效度之外,一个好的心理量表,还应该具备项目难度和区分度的指标,即被称为心理测验的"四度"。

第四,常模。

常模指的是某种心理品质在相关人群中所选取的标准化样本中被试的测验分数分布。用常模来衡量某一被试的心理测量结果(分数)正常与否,经过效度与信度经验之后的量表,即可以作为该项心理测量的一个可信的标准化尺度。

二、常用的心理测验量表

对以往的海员心理测量进行文献综述,我们发现一些研究者们已经尝试编制了一些针对海员的心理量表,如赵宗金等人编制的《海员主观幸福感量表》、徐执印等编制的《海员群体的安全文化量表》。这些都是针对某一心理品质编制的量表,样本量有限,缺乏后续的修订,还不具备大范围应用的条件。戴家隽团队先后编制了《中国海员心理健康量表》《中国海员职业应激源量表》,这是截止到目前我国学术界在海员心理测量领域中较为有规模的调查研究。其中,《中国海员心理健康量表》基于对 1 309 名海员测量结果分析,证明该量表达到了较好的信效度,满足心理测验的基本要求。这一量表将海员心理健康分为 11 个维度,分别是躯体化、焦虑、抑郁、强迫、恐怖、冲动、社交困惑、自卑、空虚、性压抑、精神病性,量表一共有 109 个题目。但遗憾的是,该量表缺乏后期维护的修订,并没有建立中国海员的常模数据,目前在海员群体中的应用还比较有限。

由于目前对于海员的心理测量还没有统一的,具有权威性的、标准化的常模,针对海员心理选拔或心理健康的研究还是更倾向于选择成熟的国内外大型心理测验量表作为测量工具,这类量表有明确的标准化使用流程,适用于各类人群。这些量表的选择既可以是"套餐式"的,由几个量表整合而成,也可以是"拼盘式"的,由摘取的每个量表的部分项目组成。

一般来说,按照功能来分类,心理测验可分为:人格测验、能力测验、心理健康测验。其中,人格测验主要用于测量性格、气质、兴趣、态度、品德、情绪、动机、信念等个性中除能力之外的心理特征,如艾森克人格问卷;能力测验包括智力测验和特殊能力测验,如韦克斯勒智力测验、职业胜任力测试等;心理健康测验包括评估症状、应激源以及与心理健康水平相关因素的量表,用于测量个体是否存在不良的心理症状或消极情绪,如焦虑自评量表,主观幸福感量表、生活事件量表、社会支持量表等。下面我们就给大家介绍一些常用的心理量表。

1.人格测验

人格测验(Personality Test)以测量人的需要、动机、态度、性格等为目的。它包括荣格内倾、外倾气质测验,职业性格测试(MBTI),PI 测试(The Predictive Index,PI),爱德华个性偏差测验(EPPS),矢田部-吉尔福特(Y-G)性格测验,卡特尔 16 种人格因素问卷(16PF),明尼苏达多相人格测验(MMPI),艾森克人格问卷(EPQ),加州心理测验(CPI),罗夏墨迹测验,主题统觉测验(TAT),情绪稳定性测验,四象人格调查(中国),七情问卷及调查(中国),等等。

(1)明尼苏达多相人格测验(MMPI):由美国明尼苏达大学教授赫兹威(Hathaway)和莫金利(Mckinly)于 20 世纪 40 年代初期编制而成,是目前世界上使用最广泛的人格量表之一。现在,MMPI 不仅用于变态人格、精神病的诊断,还扩大到正常人,如人格类型的鉴定、心理健康状况的判别等。以上 10 个临床量表虽冠之以各类精神疾病或变态人格的名称,但正常人在某个分量表上分数增高,并非一定说明此人是精神病患者,只是说明该受试者有该种人格倾向。

(2)矢田部-吉尔福特(Y-G)性格测验:由美国的吉尔福特(Guilford)所创编,后由日本的矢田部等人修订成的性格测验。此测验目前在我国的不少地方都时有运用,是一个比较简便、实用的测验,尤其是在对人格健康的针对性培养方面大有可为。

(3)卡特尔 16 种人格因素问卷(16 Personality Factor Questionnaire,16PF):卡特尔(Cattell)为著名的人格特质论的心理学家。他经过 30 多年的研究,用因素分析法确定了 16 种人格特质,认为正是它们构成了个体人格之间的千差万别。他据此编制了 16 种人格因素问卷。我国辽宁教育科学研究所李绍衣、第四军医大学刘树发等人先后开展了修订这一量表的工作。16 种人格特质因素分别为:①乐群性;②聪慧性;③稳定性;④恃强性;⑤兴奋性;⑥有恒性;⑦敢为性;⑧敏感性;⑨怀疑性;⑩幻想性;⑪世故性;⑫忧虑性;⑬实验性;⑭独立性;⑮自律性;⑯紧张性。该问卷广泛地运用于心理卫生、医疗、教育等许多部门，用于人格类型的鉴定、非健康人格的筛选、人才的选拔和预测，用于心理咨询、升学就业指导等诸多方面。

【微视频】
16种人格因素问卷(16pf)

（4）艾森克人格问卷（EPQ）：英国伦敦大学艾森克领导编制的有关人格研究的测验。我国陈仲庚和龚耀先分别主持修订了这一量表。EPQ有成人（16岁以上）和儿童（7~15岁）两种问卷。我国修订的有88题（龚耀先）和85题（陈仲庚）。被试者根据自己的情况做出"是"或"否"的回答。该测验用E、N、P、L四个量表分别计分。其中E、N、P分别代表了艾森克人格理论中关于人格结构的三个向度。其含义分别如下：①外向-内向（E）；②情绪稳定性（神经质）（N）；③精神病质（P）；④掩饰性即说谎（L）。EPQ具有题目少、测验时间短、简明易做等特点，因而得以广泛应用。

【微视频】
艾森克人格问卷

（5）The Predictive Index, PI：简称PI测试，其理论来源于威廉马斯顿《正常人的情绪》一书，由哈佛大学阿诺德设计，最早为第二次世界大战后期美国陆军航空兵甄选飞行员而开发，后来投入商用。PI测试内容分为行为测试和认知测试两部分，其结果分别显示个体的行为风格偏好和学习速度快慢。PI测试的最大优点为简洁（两个问题，86个任选项）、省时（5~10分钟），准确性的反馈率也较高。许多企业在人才招聘、岗位适任匹配等方面采用PI测试作为辅助工具。另外，PI测评在航运企业也有40余年的应用。

（6）罗夏墨迹测验：属于一种投射测验，即以没有结构性的问题，引起被试的反应，用以探讨其内在隐蔽的行为或潜意识的、深层的态度和冲动动机。罗夏墨迹测验由瑞士精神病学家罗夏（Hermann Rorschach）所创立。他用模糊不清的墨迹图作为诱发人联想的刺激物，使被试的内心活动投射出来，从而了解他的人格特征。由龚耀先主持修订的该测验国内版本尚处于试用阶段。罗夏墨迹测验由10张墨迹图构成，5张为黑白色，3张为彩色，2张为黑白加彩色。目前，罗夏墨迹测验由于其本身技术很复杂，而且与主试的主观性有关，故其应用和普及遇到了不少困难。尽管如此，该测验在心理卫生学、精神医学、跨文化研究等的人格鉴定、病态人格诊断、各民族人格分析诸方面，都具有较高的开发价值。

（7）主题统觉测验（TAT）：亦属投射测验。它由美国哈佛大学默里（H. A. Murray）等人于1921年编制，是一套画有人物和情节的含义隐晦的图片，共有20张。其中一张是白色卡片，要求被试按画面编制故事，不加任何限制。此测验的基本假设是，被试所编制的故事与其生活经验有密切关系，故事中常会不自觉地把隐藏在内心的冲突和个性等表露出来，借此可了解其内在的意识观念、情绪活动、内心冲突和人格倾向等。它在心理卫生咨询、精神科临床诊断及儿童心理发展评价等方面都有特殊价值。

2. 智力测验

智力测验（Intelligence Test）用于测量智力的高低。它包括瑞文推理智力测验、比奈智力测验、斯坦福-比奈智力测验、韦克斯勒系列智力测验、韦氏记忆测验、丹佛发展筛选测验、格瑞汉-肯达尔图形记忆测验等。

（1）比奈智力测验：过去使用的是比奈-西蒙量表（Binel Simon Scale），于1905年制定。现在世界上一般使用1973年修订的斯坦福-比奈量表（Stanford Binel Scale）。国内有经吴天敏于1981年第三次修订出版的中国比奈量表。由于比奈量表采用比率智商，即智力年龄（智力所达到的年龄水平）与实足年龄之比，有其严重的局限性，不用于年龄16岁以上的成人，因为年龄与日俱增而智龄则不是，故与原智龄假设不符（即认为人的智力是随年龄增长不断发展的);比奈量表虽规定 IQ = 100 为正常,IQ>100 为智力水平较高,IQ<100 为智力水平偏低,但比率智商没能说明被试在他的同龄人中,智力是正常、中等还是愚蠢。

(2)韦克斯勒系列智力测验:为美国韦克斯勒(D·Wechsler)于 1939 年起开始主持编制的系列智力测验量表,此测验量表是目前世界上应用最为广泛的智力测验量表之一。该量表的中国版已由龚耀先等主持修订完毕。韦克斯勒智力测验属一般能力的智力测验,所测的一般智力是多种能力的综合。本测验用离差智商代替了比奈智力测验中的比率智商,前者指被试的智力成绩和同龄组成被试平均成绩相比较后得出的相对分类。该测验包括了言语量表和操作量表,这样就能较好地反映智力的整体和各个侧面。韦克斯勒智力测验共有三套,分成人(WAIS,16~74 岁)、儿童(WISC-R,6~16 岁)、学龄学期和学龄初期(WPPSI,4~6.5 岁)三种。韦克斯勒成人智力量表包括 11 个分量表,即言语表 6 个:常识、理解、算术、相似、背数、词汇;操作量表 5 个:填图、积木、图片排列、图形拼凑、数字符号。韦克斯勒智力测验应用价值高、范围广,除用于一般的智力评定、智力咨询外,还常用于神经症和精神病的临床辅助诊断以及司法鉴定等领域。

3.临床心理测验

临床测验(Clinical Test)又称诊断测验,主要以简便地鉴别临床精神、神经症状为目的。其主要有康奈尔健康测验(CMI)、90 项症状清单(SCL-90),以及有关抑郁、焦虑评定的一系列量表等。

(1)康奈尔健康测验(CMI):康奈尔健康测验(Cornell Medical Index,CMI)由美国康奈尔大学设计的健康问卷,旨在对一个人的健康做出全面的评价,包括身体情况、心理状态和社会适应能力等方面。该测验是自填式问卷,共 195 题,内容涉及躯体和精神症状以及既往家族史和行为习惯等四个方面。该测验用以诊断和评价躯体 12 个系统疾病的程度(眼和耳、呼吸系统、心血管系统、消化系统、运动系统、皮肤、神经系统、泌尿生殖系统、疲劳程度、患病频度、既往病史和习惯特点),同时诊断和评价 6 种精神自觉症状的程度(适应不良、抑郁、焦虑、敏感、易激惹、紧张)。由于该测验是对躯体和心理两方面的健康症状测量,故在心理卫生学中是一个相当重要并有特殊位置的测验。

(2)90 项症状清单(SCL-90):SCL-90(Symptom Check List 1990)是进行心理卫生状况鉴别及普查的实用、简便而有价值的量表,主要用于评定一个人是否有某种心理症状,及严重程度如何。自引入国内以后,已经成为国内对成年人心理状况调查使用最广泛的工具。量表共计 90 题,包括 10 个项目:躯体化、强迫、人际敏感、抑郁、焦虑、敌意、恐怖、妄想、精神病性以及附加量表。

【微视频】
90 项症状清单问卷(SCL-90)简介

(3)汉密尔顿抑郁评定量表(HAMD):HAMD(Hamilton Ration Scale for Depression)由英国 Leeds 大学的汉密尔顿于 1960 年编制,用于评定已诊断为抑郁症患者的病情轻重及治疗效果,目前被广泛地应用。HAMD 属于他评量表,需要由专业人员进行评定。最常用的版本包括 24 个与抑郁症状相关的项目。

【微视频】
抑郁自评量表(SDS)和焦虑自评量表(SAS)简介

(4)Zung 氏抑郁自评量表(SDS):SDS(Zung Self-rating Depression Scale)由美国杜克大学医学院的 W.K.Zung 于 1965 年编制,用于评定抑郁症状的轻重程度以及在治疗中的变化情况。SDS 属于自评量表,要求评定对象为成年人,对于严重阻滞症状的抑郁病人评定有困难。量表由 20 个题目组成。

(5)Zung 氏焦虑自评量表(SAS):SAS(Zung Self-rating Anxiety Scale)由美国杜克大

学医学院的 W.K.Zung 于 1971 年编制,用于评定焦虑症状的轻重程度以及在治疗中的变化情况。SAS 通常不用于诊断,而是用于疗效的评估。它与 SDS 一样,属于自评量表,要求评定对象为成年人。量表由 20 个题目组成。

(6)生活事件量表(LES):LES(Life Event Scale)由杨德森、张亚林于 1986 年编制。它包含 48 条我国较常见的生活事件,其中家庭生活方面 28 条、工作学习方面 13 条、社交及其他方面 7 条。量表适用于 16 岁以上的正常人、神经症、心身疾病以及有自知力的精神病患者。量表能够对正性和负性生活事件分别进行定量、定性评定,帮助人们了解影响心理健康的生活压力水平,甄别高危人群。

(7)社会支持评定量表(SSRS):社会支持评定量表由肖水源于 1986 年编制。量表共有 10 个条目,包括客观支持(3 条)、主观支持(4 条)和社会支持的利用度(3 条)3 个维度。它用于了解社会支持的特点及其与心理健康水平、精神疾病和各种躯体疾病的关系。

以上,我们简要介绍了一些量表的内容和使用范围。如果对心理量表感兴趣,可以查阅戴晓阳编写的《常用心理评估量表手册》一书,该书较为全面地介绍了目前我国常见的心理测评量表和使用方法。

海员行为能力是影响船舶航行安全的决定性因素。连续不断的水上交通安全事故充分说明海员不安全行为的成因除了海员知识和技能因素外,更多是海员的心理因素。心理素质差会诱导其产生违规操作、疏忽大意应急处置不当等行为,从而影响船舶安全。国内外学者就海员心理因素对航行安全的影响具有共识,但有关海员心理素质对其安全行为能力影响的机理研究较少,主要有两方面难题:一是海员心理素质和行为能力都是无法通过单一指标测量分析的潜变量,没有找到合理的量化模型进行描述,研究只能停留在定性分析层面;二是海员流动性较大,难以开展大规模的心理调查。所以,到目前为止,我国在海员心理选拔方面的理论研究和实践应用只能说还处于起步阶段,希望科学的未来航运各界能够群策群力,做好基础研究,早日建立海员心理选拔标准,打造具有优良心理素质的海员队伍。

本章复习题

一、名词与术语
海员心理选拔、职业适应性、心理量表、效度、信度、心理测验。

二、思考题
1.为什么要开展海员心理选拔?
2.海员心理选拔的原则有哪些?
3.影响海员职业适应性的因素有哪些?
4.海员应该具备哪些良好的心理素质?
5.合格的心理量表需要具备的要素有哪些?
6.心理量表标准化的内容包括什么?
7.你知道哪些心理测验?它们分别在什么情况下被使用?

本章参考文献

[1]王有权.航海心理学[M].2 版.大连:大连海事大学出版社,2007.

［2］金瑜.心理测量［M］.2版.上海:华东师范大学出版社,2012.

［3］戴晓阳.常用心理评估量表手册［M］.北京:人民军医出版社,2010.

［4］［美］刘易斯·艾肯,加里·格罗思–马纳特.艾肯心理测量与评估［M］.张厚粲,赵守盈,译.北京:中国人民大学出版社,2011.

［5］沈兴华.航海医学心理学［M］.上海:第二军医大学出版社,2010.

［6］戴家隽.职业潜水员心理健康与维护［M］.北京:人民交通出版社股份有限公司,2016.

［7］施利承,李娜,李静,等.中国近20年海员心理健康研究概况与展望［J］.中国职业医学,2013.02:169-171.

［8］施利承,戴家隽,李娜,等.中国海员心理健康量表编制［J］.中国职业医学,2017.06:695-700.

第十章　海员的心身训练

经济发展离不开海运,海运发展离不开高素质海员队伍的支撑。海员是国家重要的战略资源,建设和保持一支稳定、高素质的海员队伍,是加快建设交通强国、海洋强国和维护国家海权的重要基础,是落实"一带一路"倡议、促进我国航运事业和全球贸易繁荣的重要保障。

科技发展日新月异,船舶设备不断朝着大型化、快速化、专业化和智能化方向发展,迫切需要建设一支业务精湛、心身健康的高素质海员队伍,以确保水上交通运输的安全,服务经济发展、强国建设的需要。

现代船舶在船舶设计和制造技术领域已取得了一系列重大进展和突破,在较大程度上改进了结构安全性与综合性能,船舶设备的可靠性已远远大于人的操作可靠性,海运安全事故也在逐步减少。与此同时,人为因素对船舶安全的威胁则并不能简单地消除和避免,这就使得提高船舶安全的关注点逐步转移到人的身上。尽管 IMO 不断出台或完善了一些公约、修正案,对改善船舶安全发挥了重要作用,然而总体上,在船舶安全系统中,人为因素问题并没有得到很好的解决,为此,IMO 将与人为因素相关的工作列为 21 世纪的工作重点之一。

人为因素是一个综合因素,各因素之间相互联系,心理因素占据着举足轻重的作用,即人为因素引起的航运安全事故基本上是由海员不良的心理素质导致的,如由工作、家庭、自身情况造成的心理健康水平低、工作负荷大、注意力品质下降、意志薄弱、有消极情绪、抗压能力差、身心疲劳等。因此,加强人员心理素质的培养,是预防、控制和减少人为失误,保证航运安全的有效方法之一。

如果海员具有良好的身心素质,航运安全会得到巨大的保障。2009 年 11 月 12 日,中远香港航运(深圳远洋运输)有限公司管理的"富强轮"满载着 6.8 万吨煤炭,在从印度尼西亚前往意大利,途中遭遇海盗快艇袭击。面对训练有素的海盗的真枪实弹,船上 25 名海员在船长的领导下临危不惧,沉着应对,奋勇抵抗,利用汽油瓶、石灰瓶、冲水栓等,击退海盗三次攻船,战斗持续一个多小时,等到了中国海军护航舰队的直升机支援,最终摆脱了危险,保障了生命和财产安全。其实,"富强轮"的脱险并非偶然。针对"富强轮"航线途经马六甲海峡和亚丁湾这两个海盗频繁出没地区的情况,公司对全部船员进行了防海盗特别培训,反复进行了防海盗的实战演习。船长在船上成立了防海盗工作小组,在出发前就广泛收集信息,针对航线完善应急处理程序,制定了不同区域的防海盗工作预案,组织船员学习防海盗的基本知识,讲解国际上防海盗的成功经验,在公司配备防海盗工具的基础上,自制燃烧瓶、石灰包等工具。航行期间,"富强轮"还多次组织模拟海盗登轮实战演习,训练船员协同作战、组织应变的能力。有了充足的准备,积累了实战演习经验,在真正的危险来临时,"富强轮"全体船员才能保持稳定的心理状态,不慌不乱,进而发挥训练中学到的技能,沉着应对,为自己赢得了获救机会。

相比之下,在第四章提及的 2012 年歌诗达旗下的"协和号"邮轮触礁搁浅事件中,船长虽然航行经验丰富,但是其不遵守航行规则,任性地指挥邮轮冒险沿吉利奥岛海岸航行,导致船体触礁破损后,又企图掩盖事故,没有立即采取应急措施疏散乘客,欺骗乘客邮轮发生电力故障,要求他们待在原地,错过了最佳求生时机。此外,船员们也大多缺乏应对突发事件的经验和能力,不知道如何指导游客逃生,更不清楚如何操作释放船上的救生艇,致使后来的疏散过程混乱不堪。尤其当邮轮发生严重倾斜时,部分救生艇无法正常放出,很多乘客不得不跳入海中,游到岸边。最终,有 32 人在事故中丧生,受伤人数无法计数,此次事故差一点成为"泰坦尼克号"惨案的翻版,国际保赔集团为事故赔付近 20 亿美金。该船长任职十余年,带领"协和号"在这条熟悉的航线上也已经安全航行了五年多,所以任职所需的专业知识应该是具备的。然而这次事故显示出了船长缺乏职业道德(先于乘客偷偷弃船逃跑),还反映出船长及船员在紧急情况下的心理素质之差,以致在危急关头,方寸大乱,不知所措,甚至连基本的救生职责都无法正常履行。

因此,为了保障航运安全,航海教育和培训需要加强心理素质的强化和培养。在船员入职前和工作期间进行相关的培训和训练,将心理训练融入每门实操课程、每一个训练环节,综合提升船员的身心素质。而且,时间不仅会导致技能的衰退,也会产生心理的变化,心理技能也和生理机能一样会"用进废退",因此公司也要将心理训练融入海员的整个职业生涯,将心理训练"终身化"。

第一节　心理训练的目的与训练原则

我们需要通过心理训练的各种方法和手段,使海员熟悉航海条件中的各种不良因素和困难,使海员在航海活动中克服心理障碍,保持积极、稳定的心理状态,增强应对突发紧急情况和完成各项任务的心理承受能力,提升心理弹性水平,培养和提高海员的身心素质,保障航运安全,助力海洋强国。

一般来说,心理训练后的海员应该熟悉各种不良因素,具备克服心理负担的经验,尽可能地缩小平时活动的心理状态与应激活动时的心理状态的差别。心理训练能够培养海员对船舶装备的驾驭能力、友谊建立、团队合作能力等;协调和发展海员的意志品质及情感意志的稳定性,使他们善于自我管理;发展远洋航海职业思维,包括思维深度,效能逻辑性和批判性;培养、巩固和发展航海人员的特殊心理品质。例如,在面临危险、高度紧张、遭遇意外情况须承担责任和决策时的稳定性,处事不惊,不轻易做出悲观、武断的结论。心理训练还能够培养海员积累从平时或待命状态中,可靠、准确、迅速地转入高度紧张活动状态的经验,以及通过设置具有意外、新奇和变幻不定的情境,有效地锻炼全船整体的应激稳定性和各部门的密切协同性。

心理训练应遵循"主动训练、见多识广、重复训练、持续训练、不断强化、目标导向、因人而异"的宗旨。具体可细化为如下原则:

(1)主动性原则:海员不论在接受教育培训阶段还是工作阶段,都应积极主动进行心理训练,提升综合心理素质。

(2)超负荷原则:只有结合海员实际情况,进行超负荷训练才能确保在突发情况时,海员们能临危不惧,做出理性、果断的决策。

(3)循序渐进原则:海员的心理训练应依据心理品质的发展规律进行,每项训练集中解决一个具体问题,并按照从简入繁、从易到难的顺序逐步增加训练负荷。

(4)持续性原则:心理训练是一个长期过程,良好心理品质的养成绝非一日之功。一般来说,心理技能的提高是缓慢的,需要多次练习的潜移默化,才会在一段时间的积累之后体现出来。因此,心理训练应定期持续地开展,不断强化训练效果。

(5)针对性原则:心理训练的内容应根据海员的实际需求而定,做到理论与实践相结合。

(6)个性化原则:心理训练的内容与标准应结合海员个人情况而定,做到因人而异、因材施教。

(7)时效性原则:心理训练的形式应结合当代经济发展,可采用 VR、AR 等技术,与时俱进。

(8)结合性原则:心理训练应与海员其他技能训练结合起来,将心理训练渗透在海员的技能训练中。

(9)全面性原则:每个人的能力、性格、动机、情绪、自信心、意志力等心理品质相互影响。因此,心理训练不能忽视个体心理结构的整体性。

第二节　心理训练的内容与形式

【微视频】
情绪容器

【微视频】
减轻焦虑

【微视频】
缓解抑郁

【微视频】
提升沟通
协调能力

【微视频】
心理弹性

"素质"一词原本指那些天生具有的品质之意,现在通指那些经过培养而具有的品质。对于人的素质而言,无非是身体素质、知识与技能水平、道德素质、政治素质以及良好的心理等方面的集合。对于航海工作的要求而言,海员的素质主要是指海员良好的敬业精神,扎实的专业知识,熟练的操作技能,丰富的航海经验,较高的安全、环保、保安意识及健康的心理。从人文因素考虑,高素质海员还应具备:

(1)情绪稳定性:对于任何突发情况,都能保持镇定。

(2)责任感:对于自己的工作角色能勇于承担,富有责任心。

(3)执行力:对于上级安排的任务能及时执行,不拖沓。

(4)风险识别的能力:有较强的安全意识,能及时甄别操作是否有风险。

(5)沟通协调的能力:对于工作、生活出现的问题能及时与他人沟通。体现在两个方面,一是能够让他人明白自己的意图并贯彻执行,二是能够听取他人建议,获取支持。

(6)应对能力:指个体面临应激情境时为减少压力或伤害而做出的认知或行为努力。它对缓解或调节环境压力、保持身心健康具有重要的作用。

(7)解决问题能力:解决给出的条件、要达到的目标及认知操作都明确的问题的能力。

(8)团队意识:团队合作的意识。

(9)服从意识:听从上级的安排。

(10)跨文化意识:做好与不同国籍海员共事和在不同海域航行的准备。

(11)远洋型思维:海员不仅要从近海活动中获得经验与认识,还应该根据远洋船队的任务和世界各大洋域的特点获得解决各种问题的能力与办法。

（12）良好的感知觉：良好的感知觉是海员保障航运安全的重要基础。感觉是人们认识世界的开始。知觉是人对感觉的解释过程，也是赋予刺激某种意义的过程。海员工作时，几乎所有的感觉器官都参与工作，外界的各种事物，如机器声音、仪表显示、天气变化等都会作用于海员的感觉器官，引起神经兴奋，传导到大脑，做出认识和判断。

（13）良好的注意能力：注意是心理活动对一定对象的选择性和集中性。注意具有选择功能、维持功能、调节监督功能和整合功能。海员需要具备良好的注意能力，才能及时注意到航行期间发生的变化，以做出判断及时应对。

（14）良好的记忆能力：记忆是个体对其经验的识记、保持和再现。从信息加工的观点来看，记忆是信息的输入、编码、储存和提取，它联系着心理活动的现在和过去。船舶操纵、应对险情等都需要海员具备良好的记忆能力。

（15）判断与决策能力：根据当前航行中发生的变化，建立所有信息之间的联系，确定可供选择的防范，分析各方案可望达到的目标，并在当前处境所允许的时间内，果断地执行该方案，也就是在做出准确的评估后选择正确方案和反应方式的过程。

（16）良好的自信心：自信包括自我认识、自我接受和自我肯定。海员的自信心是海员对自身所具备的技能的确信和对安全航行的期望。海员的自信心与海员操作水平有密切的关系，缺乏自信心的海员往往其操作水平也较低。因此，培养海员的自信心尤为重要。

根据以上能力和特质，可参考如下量表（见表 10-1）进行心理技能的自我评价，以制定心理训练方案。该量表共包含 56 个问题，按照"几乎总是""常常""有时""偶尔""几乎不"分成 5 个等级，采用 Liket-5 计分方式，不同题目的等级分数已呈现在如下表格中。该量表共涉及应激反应、注意、记忆、自信心等方面，还有团队意识、跨文化意识等方面未涉及，有待于未来完善。

表 10-1 心理技能的自我评价量表

评价项目	几乎总是	常常	有时	偶尔	几乎不
1.我能处理紧急情况	5	4	3	2	1
2.我遇到问题时感到紧张或害怕	1	2	3	4	5
3.我在做出反应时精神不集中	1	2	3	4	5
4.即使开始时紧张,但一旦行动起来我就会沉静下来	5	4	3	2	1
5.在行动之前我就觉得自己能做好	5	4	3	2	1
6.我给自己定下努力工作的行动目标	5	4	3	2	1
7.我解决问题时可以自信地进行思考	5	4	3	2	1
8.我每天至少吃两餐搭配合理的膳食	5	4	3	2	1
9.我会很快失去信心	1	2	3	4	5
10.在做出反应时,我的身体感觉"有一股推动力""状态良好""准备就绪"	5	4	3	2	1
11.在做出反应时,我的脑子里会"愁云密布"	1	2	3	4	5
12.即使未达到目标,我也不会萎靡不振	5	4	3	2	1

续表

评价项目	几乎总是	常常	有时	偶尔	几乎不
13.我常在脑子里练习我身体的反应技能	5	4	3	2	1
14.我不需要别人催促训练	5	4	3	2	1
15.在做出反应时,我会对自己有些消极的想法	1	2	3	4	5
16.每天夜里我至少睡7个小时	5	4	3	2	1
17.我是精神上的强者	5	4	3	2	1
18.在做出反应时,我容易生气或受挫	1	2	3	4	5
19.我在做出反应时发现自己总在回想过去所犯的错误	1	2	3	4	5
20.我在做出反应时能保持高昂的情绪和很强的自制力	5	4	3	2	1
21.在大脑里想象自己的动作技能,对我来讲是容易的	5	4	3	2	1
22.我几乎不值得再浪费时间和精力去进一步训练	1	2	3	4	5
23.我能调整自己的想法,把消极情绪转换为积极情绪	5	4	3	2	1
24.我限制自己每天吸烟不超过半包	5	4	3	2	1
25.我相信自己的能力	5	4	3	2	1
26.在听到命令时我不愿意让自己的身体被"加速运转"	1	2	3	4	5
27.我的注意力不易受干扰	5	4	3	2	1
28.我会很快打消干扰情绪,专注地对命令做出反应	5	4	3	2	1
29.我把应付困难情景看成锻炼技能的方式	5	4	3	2	1
30.我感到厌倦和倦怠	1	2	3	4	5
31.领导和教导员说我态度好	5	4	3	2	1
32.每星期很少喝酒	5	4	3	2	1
33.我期望取得成功	5	4	3	2	1
34.我害怕在压力下出现失误	1	2	3	4	5
35.在做某种动作反应时,我不想别的,只注意我的动作技能	5	4	3	2	1
36.如果太激动,我能使自己平静下来	5	4	3	2	1
37.我很难在头脑里对自己的操作形成清晰的想象	1	2	3	4	5
38.工作能给我一种强烈的自豪感与满足感	5	4	3	2	1
39.甚至在行动之前,我就有一种"绷紧弦"的感觉	1	2	3	4	5

续表

评价项目	几乎总是	常常	有时	偶尔	几乎不
40.我限制自己进食有碍健康的食品和饮料	5	4	3	2	1
41.在做出反应时,我感到担心、烦恼	1	2	3	4	5
42.在执行命令时,我担心会心慌手抖	1	2	3	4	5
43.执行任务时,我希望自己做得好,但又担心做不好	1	2	3	4	5
44.每当接到指令,我就担心自己在关键的地方"卡壳"	1	2	3	4	5
45.当我思考自己的动作反应时,确实感到自己所有的感官都投入,而不单单是眼睛	5	4	3	2	1
46.面临挑战,困难越多,我越兴奋	5	4	3	2	1
47.在做出反应时,我难以消除头脑中的消极杂念	1	2	3	4	5
48.我每周至少3天从事户外常规性体育锻炼	5	4	3	2	1
49.我担心会面临无法应付的情境	1	2	3	4	5
50.在紧急情况下,只有我确信有某些安全而合法的东西能够用得上时,我才能安心	1	2	3	4	5
51.一旦接到命令,我似乎更注意自己的身体感觉,而不太注意正在执行的任务	1	2	3	4	5
52.一想到必须执行的命令,我就感到紧张	1	2	3	4	5
53.只要在心里一想自己的操作,就像看电影一样只看到自己,而不是看当时实际发生的种种事情	1	2	3	4	5
54.我怀疑自己是否真正想做眼下这份工作	1	2	3	4	5
55.一次失误就可使我不能继续正常执行任务	1	2	3	4	5
56.我每天饮用3杯以上含咖啡因成分的饮料	1	2	3	4	5

[资料来源:苗丹民,刘旭峰.航空航天心理学[M].西安:第四军医大学出版社,2010]

优秀的航海人员具备的某些心理特征是心理训练的主要内容,应根据每类人员的职务、职责、专业和条件,使心理训练的内容和安排具体化。

鉴于管理级和操作级海员担负着特殊的职能,他们在各种场合下遇到的困难要比一般人多。在航期间,由于"下级服从上级,等级制度,责任明晰"的管理制度,管理级海员更强势,还需要多渠道收集信息、加工、决策。因此,通常来说,由上级海员进行指挥和决策,下级海员更多的是回避性的、服从性的,少数是协商性的,且具备绝对服从的心理意识。

一些专家认为,老海员的心理素质优于新海员。他们的每一项决定都可能引起新海员的不同态度,进而产生不同的心理结果。从这一点上讲,船上的老海员在建立航海的正常生活秩序和工作条件方面起着主导作用。因此,结合海员职业的特殊性,可考虑先从船上的"主心骨"即管理级海员和老海员入手进行心理训练,再由"传帮带"或其他形式对其他海员进行训练,使其具备良好的职业素养和自信心。

为了获得并形成稳定的、最佳的心理状态,心理训练的内容与条件设置应最大限度地贴近航海实际和突发情景,创造一种能够足以引起海员内心紧张、恐慌、激动、动摇,甚至恐惧或近似于绝望的状态,再设法诱导海员有效地对抗各种不良因素,采取一切可行措施,尽快适应特定环境。相对来说,外部模拟情景较易设置,可通过电脑场景模拟,如造成船体剧烈振动,并发生横倾、纵倾,各种噪声震耳欲聋,船舶通过狭水道或危险海域,炸弹与炮弹在身边爆炸,海水从船体弹孔或破损口大量涌入舱室,严重火灾,有毒有害气体大量泄漏,救生艇在洋面上长时漂泊,能源、粮水中断,严重疾病,机械突击抢修,海员出现心理问题等;而内部心理状态模拟比较困难,因为每个海员由不同情景产生的心理活动、心理困难和克服困难的心理过程是不同的。

未曾看到、听到和经历过的危险情景,肯定会对船员的情感产生强烈的影响,心理负荷必定加重,通过经常性逼真的模拟训练,海员投身于紧张的工作气氛,体验近似"实战"的困难,并设法克服及取得经验,以达到心理锻炼的目的。海上模拟训练还要注意提高海员处置不明情况、新情况和意外情况的能力,制造一些错综复杂的局面,使海员面临危险且必须从事冒险性较大的活动,要有意识地加重海员的责任感和独立性,将他们的心理负担保持在适当的强度,并维持适当的时间。

远航船上有三类人,心理与技能训练应有所区别:

(1)管理级:主要指船长、政委、轮机长、大副、大管轮,要求训练他们在短时间内收集、处理大量信息,同时接收视觉与语言信号,通过逻辑推理进行决策,并下达要求部属执行的命令。这类人员的职业活动属于紧张性、高度综合分析性和创造性的劳动,他们应该具备很高的心理、生理功能。因此,可考虑对其进行以提高解决问题的能力、责任感、风险识别能力、应对能力、远洋性思维等为主的心理训练。

(2)操作级:主要指二副、二管轮、电子电气员、三副、三管轮等,要求训练他们能排除各种干扰,将注意力持续地集中在各种仪器仪表上,并要不断判读各种读数,或者持续地接收单一的声或光信号,并对其进行鉴别、提取和传递,在行为上做出相应的反应,以确保船舶的安全航行和部门工作的正常运转。显然,航海期间他们的视觉、听觉器官长期处于紧张状态中,且协商性高,因此,可考虑对其着重进行提升沟通协调的能力、团队意识、情绪稳定性、风险识别能力等方面的心理训练。

(3)支持级:主要指水手长、值班水手、高级值班水手、值班机工、高级值班机工、电子技工、木匠、厨师、服务员等,要求训练他们能够随时不断地接收和处理大量的传入信息,并进行准确迅速的判断,有极强的行动力。他们的视觉、听觉器官和运动分析器的负荷较大,因此,可考虑对其进行提升执行力、服从意识、解决问题能力、风险识别能力、应对能力等方面的心理训练。

结合不同的受训人员、训练目标以及现有的科学技术,集中和分散,线上和线下,一对多、一对一和多对一等形式均可采用。

远洋船的人员组成是一个有机的整体,等级森严、各司其职,缺一不可。平时正常航行时,海员长时间处于这个惯性运动的、固定的、严肃的集体之中,每天接触的都是紧张的、机械性的、要求高的工作和单调、乏味、寂寞的生活。然而当船舶的安全受到严重威胁时,整体海员的心理活动和心理协调模型应与应激环境完全适应,迅速地调整心理状态是平时训练工作的重点。这些训练主要包括应激心理的充分动员、个性素质培养、加快克服心理适应不良的速度、海员在集体动作中角色的转变与协同、心理机能系统适应应激时的工作(如调整分析器、工作入门、二次工作入门等)、适应应激条件(如对不良因素导致的消极影响具有充分的稳定性)、习惯性应激动作的心理定势等。经过反复多次的严格模拟训练与实际锻炼,海员充分适应各种恶劣环境是完全有可能的。

第三节　心理训练的方法

结合训练内容和原则,海员教育与培训机构、航运企业可以先通过表10-2评估海员当前的心理技能水平,再制定心理训练的方法。

表 10-2　自我评定量表

项目	目前水平					提高该技能对该科目的作用				
	很好	好	一般	差	极差	极有	有	有些	有点	无或负
情绪稳定性										
责任感										
执行力										
风险识别的能力										
沟通协调的能力										
应对能力										
解决问题能力										
团队意识										
服从意识										
跨文化意识										
远洋型思维										

[资料来源:苗丹民,刘旭峰.航空航天心理学[M].西安:第四军医大学出版社,2010]

请施训者与受训者一起认真讨论关于上述问题的答案,统一认识后便形成了受训者个体在海员技能训练科目上的心理训练方案。并且,该量表可对下一步心理训练的效果进行检测,也可作为个体自身发展情况的参照。

组织海员进行远航,是最实际的提高海员心理素养的过程,然而要有计划地达到训练目的,仅靠海上学习是不够的。

建议根据交通运输部办公厅发布的《海船船员培训大纲》(2016版),结合不同层级、职务的海员的实际工作需求,从驾驶和通信、轮机和电子电气、基本安全和专业技能、特殊培训的培训内容中,筛选出能培养海员应具备的相应心理素质(第一节提到)的培训大纲,加强对其心理方面的训练。

例如,"航行中的应急反应"这一部分中,适任要求:船舶抢滩时的注意事项、搁浅前后应采取的措施、在有或无外来协助的情况下使搁浅船脱浅、在碰撞前后或无论何种原因造成船体的水密完整性受损时应采取的措施、损害控制的评估、应急操舵、应急拖带安排和拖带程序。评价标准:锻炼迅速确定紧急情况的种类和范围,做出决定并采取行动以减小船舶任何系统故障的影响;通信有效且遵守规定的程序;做出的决定和采取的行动能最大限度地保证船上人员的安全。在"航行中的应急反应"的训练方法选择上，可结合情境帮助海员克服恐惧等心理状态，提升海员的情绪稳定性、责任感、执行力、风险识别的能力、沟通协调的能力、应对能力、解决问题的能力和团队意识。

在"船上防火、控制火灾和灭火"这一部分中，适任要求：防火和灭火设备组织消防演习的能力、火的种类及其化学性质的知识、灭火系统的知识。了解一旦失火时，包括油类系统着火时应采取的行动。评价标准：(1)迅速确定问题的种类和范围，初始行动符合船舶的应急程序和应急计划；(2)撤离、应急关闭和隔离程序与紧急情况的性质相适应，并迅速实施；(3)报告和通知船上人员的优先顺序、级别和时限与紧急情况的性质相关，并反映事态的紧急程度。

在"船上防火、控制火灾和灭火"的训练方法选择上，可结合实景演习或情景模拟，克服海员恐惧心理，提升其执行力、风险识别的能力、沟通协调的能力、应对能力、解决问题的能力和团队意识。

2012年1月1日生效的《STCW公约马尼拉修正案》第B-I/6节关于培训和评估的指导中指出："缔约国可允许依据A-I/6节和如下指导中规定的培训和评估标准，采用远程教学和电子教学的方式对船员进行培训。"基于公约要求，诸多结构已尝试将VR技术应用到海船船员的培训中。

现阶段VR技术在航海教育上的应用主要体现在航海模拟器上，国内外对VR技术的研究主要偏重于虚拟仪器实现、本机仿真及实验演示，还未出现全浸入式的VR系统。国外对航海模拟器的研发起步较早，技术较成熟，应用较广泛的有英国的Transas公司以及挪威的KMSS公司等；国内比较著名的研制单位主要有大连海事大学、上海海事大学、武汉理工大学等。随着信息技术、电子技术及其他相关技术的发展，航海模拟器的功能也越来越完善，基本能够实现大型船舶操纵的训练与评估、驾驶台资源管理(BRM)的培训与评估，以及电子海图显示和信息系统(ECDIS)的培训与评估等。

体感技术也是互联网时代下的一种产物，是指人们可以很直接地使用肢体动作，与周边的装置或环境互动，无须使用任何复杂的控制设备，便可让人们身历其境地与内容做互动的一种技术。随着技术的进步，体感技术还可以用在商场的服装店，甚至用户可以在网上随意试穿自己喜欢的衣服。体感技术在航海训练领域还处于起步阶段，未来有广阔的发展前景。

日后，可以将VR及体感技术应用于海员的心理训练中，既贴近真实情景，又节省维护成本，而且安全性高，灵活性强，不受使用地点的限制，海员在船期间也可以使用。再者，随着新生代海员的加入，他们对VR等技术抱有较大的热情和兴趣，这些技术可以有效引起海员尤其是新生代海员的关注，加强训练效果，进而提升海员的综合心理素质。

综上，可参考如下方法，对海员或者准海员进行训练。

(1)情境体验训练：利用各种技术和器材，有针对性地设置近似船舶紧急情况下的环境和条件，模拟海上实际情境，对海员造成感官刺激，使受训者仿佛置身于应急状态中，使海员体验实际船舶紧急情况发生时的心理刺激，从而增强海员心理适应能力、心理承受能力和心理自控能力。在实际训练中，借助实船环境、模拟器、VR、体感训练，真实地呈现和渲染紧急情况氛围，模拟船舶紧急情况的发生，使参加训练的人员身临实境，体验危急情景，增强心理素质，增强海员的心理免疫力，弱化对紧急情况的紧张和恐惧感。绝大多数的航海训练都可采用该方法，比如：在应急方面，火灾应急、碰撞应急、搁浅应急、进水应急、防海盗应急模拟实船环境的真实训练或 VR 体验。并且,日常训练也可以采用,如操舵训练和大型船操纵使用模拟器;日常船舶安全作业可以通过体感训练。

(2)挑战极限训练:设置船舶可能遇到的极端的各种危险的场景或条件,让受训海员挑战自身的生理与心理极限,激发海员的生理和心理潜能。挑战心理极限训练是创设困难情境,让受训者全面地体验到认识、情感、意志和能力等多方面的困难,激发心理潜能,提高心理承受能力、适应能力和随机应变能力。训练中要有意识地持续加大对心理的压力和干扰,使受训者承受最大的心理负荷,体验困难情况下的强烈心理感受,在自我挑战中提升心理品质。通过设置复杂多变的情况,训练其认知水平;设置危险恐怖或者超常的场景,实施各种刺激,促使其增加心理容量,保持心理稳定;设置强度超过日常训练强度的训练项目,增加行动困难,促使受训者挖掘心理潜力,减少消极反应心理,提高克服困难的自信心。比如:进入火场,如何根据火的规模、温度、浓烟迅速做出判断,并克服对火的恐惧,找出失火原因,尽快灭火。高空作业,在不断提高高度的情况下,如何克服恐惧,稳定心理状态,将工作完成。跳水,如何在逐步提高高度,且有模拟海浪的情况下,降低海员对水和高度的恐惧心理以及缺乏自信的心理,勇敢跳水。荒岛求生,在极度饥渴、身心俱疲的情况下,如何在荒岛上克服绝望和濒临极限的心理状态,发挥求生能力,获得一线生机。急救,在海员自身或同事出现骨折、出血、休克等情况时,如何保持冷静,运用急救等医学知识,第一时间开始急救工作,保障生命安全。晕船训练,新生代海员如何克服晕船,保障在航期间的良好身心状态等。

(3)身心放松训练:遇到恶劣海况、过海盗高发区、发生碰撞、着火、爆炸、因意外事故导致的人身伤害(断肢、出血等)等强烈刺激均会引起身体肌肉紧张,这种生理紧张又会加剧心理紧张程度,形成恶性循环。海员需要学会有意识地做些放松活动,如深呼吸、瑜伽、冥想、正念训练、听舒缓的音乐、看书、适当地运动等,都有利于疏导情绪,打破这种恶性循环,消除或降低心理紧张或恐慌,保持身心平衡。

【微视频】
渐进式放松方法

【微视频】
呼吸放松法

(4)情绪脱敏训练:有意识地克服应对各种突发紧急情况时船员心理承受能力弱的训练方法。海员在听到警报声、爆炸声、看到舱室的滚滚浓烟和熊熊烈火、看到血,感受到危险情形后,会出现过度紧张、恐慌等心理不适症状,这主要是由于情绪过敏引起的。有意识地进行情结脱敏训练,有利于提高应对紧急情况时的情绪稳定性,沉着应对。

【微视频】
冥想练习

(5)自我暗示训练法:当在航期间遇到令人恐惧、绝望、焦虑、愤怒等场景时,可以进行适当的自我暗示,激励自己积极面对,有助于降低这些负面情绪对自身的影响。

(6)意念调整训练法:做些自己喜欢的事来转移注意力,是一种取悦自己的表现。休息时运用注意转移法,能够尽快使船员从紧张心理状态中解脱出来,减少紧张心理积累,延长心理耐久力。

【微视频】
心理暗示

(7)表象动作训练法:表象动作训练是在正确的暗示下,在头脑中反复回忆或想象事物形象或动作情境,达到提高形象的清晰度、准确度并获得内心学习效果的训练。表象动作训练是提高认知技能和运动技能以及获得情绪控制能力的一种良好方法。通过自己反复讲述行动过程中的具体步骤,推演可能遇到的各种情况,采取的应对措施等细节,在心中形成清晰的表象,对可能出现的情况"胸有成竹",完成任务的信心及心理稳定性也会得到增强。

【微视频】
意念调整练习

(8)航行感知觉训练:感觉是人脑对当前直接作用于感觉器官的客观事物的个别属

性的反映。知觉是人脑对当前直接作用于感觉器官的客观事物的整体反映。海员在航行时，几乎所有的感觉器官都参与工作，视觉、听觉、触觉、运动觉、平衡觉都起着重要作用。航行感知觉训练可从提高感受性、感知觉准确程度、感知觉协同性入手，将海员的感觉器官都调动起来，帮助海员自身做出更为可靠的判断。

(9)注意技能训练：注意是心理活动对一定对象的选择性和集中性，是人脑信息加工的第一步。根据注意的特点，可进行注意广度训练、注意分配能力训练、注意转移能力训练和注意集中性训练来提升海员的注意品质。注意广度训练是要求注意要具有较大的范围，指一个人在同一时间内能清楚地观察到对象的数量。注意分配能力训练是把注意同时指向两种及以上不同的对象或活动，如一边观察仪表，一边操纵船舶设备，一边听取同事反馈的信息。注意转移能力训练指人有意地把注意从一个对象(活动)转移到另一个对象(活动)上。注意转移的速度、难易等与个体神经过程的灵活性和习惯有关，善于主动、迅速地转移注意，对海员非常重要。注意集中性训练指心理活动对一定对象的高度集中的程度。一般来说，注意越集中，注意的范围就越小；注意的范围越大，注意的集中就越困难。海员航行时要求海员的注意既要高度集中，又要注意较大的范围。因此，海员要学会调控自己的注意，做到适当集中和紧张。注意集中训练可采用干扰训练法，让自己在有干扰的环境下完成学习或工作任务，在训练原则上注意干扰刺激由小到大，训练时间从短到长，学习任务从易到难等。

(10)记忆技能训练：记忆是个体对其经验的识记、保持和再现(回忆和再认)。依据记忆的特点，可从培养敏锐的识记能力、增强记忆的准确性，以及反复强化，克服遗忘等方面着手，将有意记忆法、理解记忆法、联想记忆法、多通道记忆法、精选记忆法、谐音记忆法、口诀记忆法、系统记忆法、形象记忆法等方法穿插使用，提升海员的记忆能力。

(11)判断与决策技能训练：判断是指海员认知、分析、评估关于人/机系统信息的一种心理过程。决策是根据当前船舶航行情况，建立所有信息之间的联系，确定可供选择的方法，分析各方案可供选择的方案。良好的判断与决策是构成航行技术的重要因素，可从判断与决策品质的日常训练、情境下判断/决策技能训练等方面进行训练。

(12)海员自信心的培养训练：自信心是海员对自身所具备的专业能力的确信和对航运安全的期望。一个自信的海员应具备乐观、坦诚、虚心、大度、言行一致、开放、幽默等特质，可以从目标设置训练、团体活动中的自信训练等方面进行提升。

目标设置训练是从海员主观方面开展的自信训练。海员在设置目标时，目标适度、具体、有挑战性、切合实际是很重要的。①让海员列举出在以往航行中设置的目标有什么不足之处并加以改正。②让海员设置梯形目标。

团体活动中的自信训练是海员可通过经常性的团体活动来训练自信，从认识自信、建立自信和发展自信来进行的自信心理与行为训练。认识自信阶段可通过开展辩论赛、"认识我自己"与"我的优点我来说"等活动认识自信对人的重要性及其影响因素。建立自信阶段可开展诸如"我的优点你来说""面对镜子自信呐喊"等活动来实施。发展自信阶段，可开展"向他人写挑战书""优点轰炸"等活动。

总之，心理训练有多种方法，实施时可根据具体情况随机应变，灵活运用多种方法，减少自身的心理负担，增强情绪稳定性，帮助自己冷静、清醒、沉着地做出决策，保障航运安全。

培养高素质航海人才是高等航海教育所追求的目标，打造优秀的海员队伍也是航运企业获得健康发展的重要保障和必要手段。无论是高素质的未来航海人才,还是优秀的海员队伍都需要长期的、有准备、有计划的培养和训练,专业知识和职业技能如此,心身的培养和训练也是如此。正如今天中国在国际海事领域中的地位和影响力,是建立在一代又一代、一批又一批航海人不懈努力与拼搏的基础上的。

本章复习题

一、名词与术语

素质、心理素质、心理训练、情绪脱敏、人为因素、情境体验训练、挑战极限训练、身心放松训练、情绪脱敏训练、自我暗示训练、意念调整训练、航行感知觉训练、注意技能训练、记忆技能训练、判断与决策技能训练。

二、思考题

1.哪些心理训练的方法可以应用于你的工作生活中? 你觉得可以如何进行心理训练?

2.船员应该具备什么样的心理素质?

3.高素质船员应具备哪些特质?

4.可以如何了解自己的心理技能?

5.身心训练对船员来说的重要意义是什么?

6.心理训练可包括哪些内容和形式?

7.心理训练应达到的标准是什么?

8.心理训练应遵循哪些原则?

本章参考文献

[1] 王有权.航海心理学[M].2 版.大连:大连海事大学出版社,2007.

[2] 海船船员培训大纲(2016 版).

[3] 杜林海,戚发勇,吴金龙.值班水手业务[M].大连:大连海事大学出版社,2015.

[4] 内河船舶船员基本安全知识与技能.戚发勇等[M].大连:大连海事大学出版社,2020.

[5] 戚发勇,王岩,李琳.海船船员培训合格证考试培训教材基本安全——个人安全与社会责任[M].大连:大连海事大学出版社,2013.

[6] 钟建安.探索心理的奥秘——心理学及应用[M].杭州:浙江大学出版社,2009.

[7] 游旭群.航空心理学:理论、实践与应用[M].杭州:浙江教育出版社,2017.

[8] 彭聃龄.普通心理学[M].北京:北京师范大学出版社,2012.

[9] 苗丹民,刘旭峰.航空航天心理学[M].西安:第四军医大学出版社,2010.

第十一章 海员管理的心理学认识

对海员的管理存在着由对物的管理和技术管理向对人的管理的转变。《1978 年海员培训、发证和值班标准国际公约》(以下简称《STCW 公约》)是国际海事组织(IMO)第一个关于人的因素的公约。2010 年通过的《STCW 公约马尼拉修正案》于 2012 年 1 月 1 日正式生效。

这一公约的修订是对海员管理的一个有力推动。随着管理科学化水平的不断提高,利用计算机技术介入管理,不仅能减少人力和劳动量,而且使管理质量提高,避免了人为差错和由于"通融"带来的管理规范行为。但是,不管计算机技术多么先进,对人的管理始终离不开领导者进行的人对人的管理。人对人的管理活动必然涉及管理者和被管理者的心理活动调节问题,因此,研究海员管理心理学问题仍具有十分明显的现实意义。

在人类生产或生活中,为了顺利而高效地达到预计的目标,往往需要协调活动中关键的人、财、物、技术、信息等各方面的因素,这就是管理。即便是一个人要做成一件事,也离不开管理,比如,时间管理、物品管理、体力管理等。航海活动不仅同样需要管理的介入,而且由于这项工作的特殊性,必须有针对性地进行有效的管理,才能顺利地完成航海运输的任务。

领导是指引和影响个人或组织,在一定条件下实现某种目标的行动过程。其中,把实施指引和影响的人称为领导者,把接受指引和影响的人称为被领导者,一定的条件是指所处的环境因素。

领导与管理、领导者是存在区别的:

(1)"领导"与"管理"的区别。领导偏重于决策与用人,而管理侧重于执行决策、组织力量完成组织目标。管理是建立在合法的、有报酬的和强制性权力的基础上对下属命令的行为。领导除建立在合法的、有报酬的和强制性权力的基础之上,更多的则是建立在领导者的影响力、专长及模范作用等基础之上。

(2)"领导"与"领导者"的区别。在英语里,"领导"(leadership)与"领导者"(leader)是两个不同的单词。在汉语里,"领导"既是名词又可作动词,通常人们习惯把领导者称为领导,把领导者的行为也称为领导。事实上,领导者是实施领导行为的人,而领导则是领导者实施领导行为的过程。在这里,领导行为是关键,正是领导行为造就了领导者。凡是实施了领导行为的人都是真正意义上的领导者,凡是没有实施领导行为的人都不是真正意义上的领导者。

【微视频】
管理与领导

海员的管理者,并不应该仅仅成为一个负有一定责任去"管事儿"的人,而应该成为一个具有管理思想、管理理论和管理手段的"前线上的将领",这也是本书将这一部分内容单设为独立的一章来介绍的初衷和核心宗旨,故从实用角度来看,有些问题可能"扯得远了些",但是从上述宗旨出发,必须这样谈才能感到它具备了应有的广度和深度。

第一节　管理者对基本人性的理解

对于一个船舶驾驶者来说，如果仅仅学会某个基本操作，可能只需要花很短的时间。但知其然，不知其所以然，就无法应对复杂的千变万化的情况。管理的道理也是如此，要领导他人，必须首先熟读人的本性，由此再扩展了解人心理活动的基本规律（个体的、群体的、社会的），其后还要了解领导活动的基本要领。船上的领导者，又处于航海的环境之中，他与船员之间的关系是名副其实的"同舟共济"。只不过为了实现航运目标需要在船员之上进行总体管理与协调罢了。船长、轮机长等领导角色扮演的好坏，主要取决于他们的技术水平和协调众船员一起工作的能力。要对众人协调，就需要了解他人、了解自己，因此从人性谈起是最起码的掌握领导知识的基础。

对人性论述的著作，可以说浩如烟海，但从管理人、领导人的角度来看，可从以下几点对人性加以概括和把握。

一、人具有集群性

世界上有较高集群性的动物莫过于蜜蜂和蚂蚁，因为它们离群之后难以生存；世界上集群性较低的动物据说是白鲨，因为它可以独来独往，称霸水域。人类则兼而有之，既有蜂、蚁的集群性，又有白鲨的独立性，看来是个"骑墙派"。也就是在集群中，人要独立，而在孤独中，人要进入群体得到保护和支持。这也正如钱钟书先生在《围城》中谈人对夫妻关系的矛盾选择情况一样。管理者知道了人的这一本性，便会因势利导之，或者在处于一种倾向时防止另一种倾向。总体来看，人的集群性仍占主要地位，因为人离开群体有更大的生存威胁。社会合作是建立在集群性之上的，而社会合作所带来的好处是每个人不用思索就能感知到的。

人的集群性与蜂、蚁的集群性只有形式上的相似，本质上是不同的。因为蜂、蚁之群，是由它们每一个体生理结构和特性互相配合形成的，狼群、猴群就没有蜂、蚁那样牢固的群体。与此相比，人在群体之中，在感受到利益的共同性时，群体就牢固，而在感受到利益的受限性时，个体私欲就试图冲破群体的约束。为了维护人的群体性，睿智的领导者适当"制造"些个体受威胁的"达莫克利斯"之剑，悬在每个人（起码是那些破坏群体、冲破群体者）的头上，会起到不言而喻的效果。这里包括两大法则，即或是给予更高的目标吸引，令个体接受，而达到这一目标，又非协作不能完成；或是给予现实的压力，而解除此压力，又非协作不能抵御。一句俗话也似乎印证了这个道理："患难夫妻恩爱深，生活变好却离婚。"

二、人具有意义追求性

心理学家弗朗克发现了人的这一本性。其实全世界的古代先民也早就知道人的这一本性。其他动物不会追求生活或行为的意义，因为一是它们的大脑不发达，二是它们没有人类这样社会文化串联而成的社会组织。实则，第二条也是由第一条所衍生的。正因为人的头脑发达，于是在此基础上形成了对未来世界的憧憬与追求，形成了自己在群体中的地位和所造成的价值观的认可；形成了对"为什么"要做某事的清楚的认识。就连吃药治病，也要问一问医生，为什么吃这种药。

对意义的认识会增加人行为的自觉性,例如"宁肯少活二十年,拼命也要拿下大油田"是劳动英雄对生命意义的衡量。管理者认识到人的这种本性,就不要忘记"晓之以理",进行道理教育,其实就是进行意义说教。意义的核心是价值观,即建立什么样的价值观、社会有什么样的意义判定。价值观又与系统化的认识密切相关,离开了系统化地接受某种知识,相应的价值观就无法建立,意义感就无从谈起。

因为人是世界上唯一希望用理智把握未来的动物,所以在教育和训导中,不应忘记对所倡导行为的未来作用的阐述;又因为人是生活在社会之中的,所以还不要忘记对所倡导行为的社会价值的剖析。

三、人具有神兽双向性

西方哲学家把人性定位在"神兽之间",著名社会学家费孝通曾以"神兽之间"为题向国内心理学工作者做讲座。还有人把人描述为"一半是野兽,一半是天使"。兽性指的是人的残忍、贪婪、狡黠的、阴暗的一面,神性则指人的慈善、公正、纯洁的一面。人这个两面神不仅一面朝过去,另一面朝未来,同时也一面朝黑暗,另一面朝光明。领导者掌握了人的两面性,便会尽量发掘人的光明面,抑制人的阴暗面。具体如何引导是方法与手段问题,而要知道人都有两面性却是原则问题。"水能载舟,亦能覆舟"是古代帝王对这一原则的感悟。

在日常生活中,人性的两面性可以用"阳奉阴违"这样一句具有贬义的成语来形容,所以当面说好,背后说坏,口是心非,口蜜腹剑,这类李林甫式的人物,便是这种人性特点的极端表达者。一般人受到了较多的道德教化,还没有如此"厚黑"者往往表现得更为温和和含混。比如,一些人在募捐赈灾活动中,虽然"随大流"交了一些钱物,但背后却有微词,这都折射出人的神兽双向性的人性特点。

四、人具有语言的沟通性

人类可以借助语言进行十分有效的沟通,这一点应属于基本人性。领导者要学会利用语言,虽然不否认有时行为比语言重要,但是唯有语言才有如此巨大的精神交流的效能。领导者如果能成功地利用语言进行沟通,那将会对他的"施政"带来极大的便利。

诸如此类的人性还可以举出数条,这里只是在于提醒,对管理者而言,关注对基本人性的研究,是领导有效性的根本体现。

【微视频】
非暴力沟通

第二节 传统领导有效性理论

传统领导有效性理论的发展经过了三个阶段:第一个阶段主要是研究领导者的个人特性,以预测选拔具备什么素质的人作为领导最合适,即领导者特质理论。第二个阶段是试图根据领导者所采取的行为来解释领导,探求有效领导行为方式和风格,即领导行为理论。第三个阶段主要探讨领导的有效性是由领导者、被领导者及其环境因素共同决定的,要根据具体情况来选择领导方式,即权变领导理论。

一、领导有效性的特质理论

20 世纪 30 年代的领导理论研究多集中在领导者特质上,认为具有某种特质者较能做好领导工作;反之,不具备此种良好特质者,则不会成为有效的领导者。由此以领导者特质为研究重点的领导特质理论便产生了。对于有效领导者应具有什么样的特质，可谓仁者见仁,智者见智,每个人都对领导者有不同的期望。

【微视频】
船长应具备的领导力

管理学家、社会系统学派的代表人物切斯特·巴纳德(Chester I.Barnard)于 1971 年在《经理人员的职能》一书中认为领导者应该具备以下基本特质:(1)活力和忍耐力;(2)当机立断;(3)循循善诱;(4)责任心;(5)智力。

心理学家斯托格迪尔(R. M. Stogdill)于 1974 年在《领导手册》(*Handbook of leadership*:*A survey of theory and research*)一书中提出了领导者应具备的 10 项特质:(1)才智;(2)强烈的责任心和完成任务的内驱力;(3)坚持追求目标的性格;(4)大胆主动的独创精神;(5)自信心;(6)合作性;(7)乐于承担决策和行动的后果;(8)能忍受挫折;(9)社交能力和影响别人行为的能力;(10)处理事务的能力。

然而,随着研究的深入和实践的反馈,传统特质理论受到了巨大的挑战,归纳起来有四个方面:

(1)据有关统计,自 1940 年至 1947 年的 124 项研究中,所得出的天才领导者的个人特性众说纷纭。但各特性之间的相关性不大,有的甚至存在矛盾。

(2)进一步的研究发现,领导者与被领导者、卓有成就的领导者与平庸的领导者有量的差别,但并不存在质的差异。例如,有一研究者分析了 19 位成功的领导者,其中有 11 位比一般人情绪稳定,有 3 位情绪不稳定,还有 5 位情绪稳定性与普通人相同(Stogdill, 1948)。

(3)许多被认为其有天才领导者特性的人并没有成为领导者。

(4)随着研究的展开和深入,被当作领导者特性的条目越来越多,而且有不断增多之势,这导致理论上的争执和混乱。

由于在传统的特性研究中出现了上述种种问题,使许多心理学家逐渐体会到在领导特性问题的研究中,遗传决定论的观点是错误的,于是出现了现代领导特质理论。现代领导特质理论认为,领导者的特质不是与生俱来的,而是在后天社会实践培养和锻炼中形成并不断增强的。主张现代特质理论的学者提出了不少富有见地的观点。

美国管理协会曾对在事业上取得成功的 1 800 名管理人员进行了调查,发现成功的管理人员一般具有下列 20 种品质和能力:(1)工作效率高;(2)有主动进取精神;(3)善于分析问题;(4)有概括能力;(5)有很强的判断能力;(6)有自信心;(7)能帮助别人提高工作能力;(8)能以自己的行为影响别人;(9)善于用权;(10)善于调动他人的积极性;(11)善于利用谈心做工作;(12)热情关心别人;(13)能使别人积极而乐观地工作;(14)能实行集体领导;(15)能自我克制;(16)能自主做出决策;(17)能客观地听取各方面的意见;(18)对自己有正确估价,能以他人之长补自己之短;(19)勤俭;(20)具有管理领域的专业技能和管理知识。

日本企业界认为,有效的领导者应具备 10 项品德和 10 项能力。10 项品德为:使命感、责任感、信赖性、积极性、忠诚老实、进取心、忍耐性、公平、热情、勇气。10 项能力为:思维决定能力、规划能力、判断能力、创造能力、洞察能力、劝说能力、理解能力、解决问题能力、培养下级能力、调动积极性能力。

通观美国、日本学者对企业领导人特质的研究,虽然他们在提法和表述上各有千秋,但是从中我们仍能够发现共同点:(1)了解部属。一个优秀的领导者必须了解他的下级,及时掌握下级人员的心理状态,对于他们的需要、希望、问题与困难,应及时给予关怀和解决。(2)尊重人格。领导者应尊重部属人员的人格与自尊心,善于控制自己的情绪,尽量避免当众训斥下属。(3)善于激励。企业职工对于他们的劳动或工作,不仅希望得到合理的报酬,而且珍惜领导的肯定和表扬。领导者必须善于运用激励手段去调动人们内在的积极性。(4)以身作则。领导者不能只追求个人的利益,自己的品行要端正,信仰要坚定,不能放纵自己,凡事以身作则。(5)精明果断。领导者每天面临的工作任务是错综复杂的,并且往往在匆忙中必须表态或做出决定。为此,领导者必须有敏锐的观察力、果断的判断力,一旦做出决策,不可轻易改变。

上述领导特质理论,无论是传统特质理论还是现代特质理论,都从某些方面为选拔与培训领导者提供了依据,但现在已有的研究还没证实哪些特质是成为成功领导者必需的条件。以上理论只是说明一个领导者具备哪些特质会有较大的机会有效地领导下属,领导的成败除了受领导者的特质影响外,还受领导行为、环境等因素影响,单纯的特质理论对解释领导来说并不充分。

【微视频】
领导功能

二、领导有效性的行为理论

由于领导特质的研究有其限制,加上行为主义心理学的崛起,20 世纪 40 年代末至60 年代,研究者开始把目光转向具体的领导者表现出来的行为上,他们想了解有效的领导者是否在行为上有独特之处。下面介绍三种不同的行为理论(Behavioral Theories of Leadership)。

1.领导行为四分图模式

1945 年,美国俄亥俄州立大学工商企业研究所在斯托格迪尔(Ralph Stogdill)的领导下开展了一项范围广泛的关于领导问题的调查。一开始,他们列举了一千多种刻画领导行为的因素,通过筛选,最后概括为"抓组织""关心人"两大类。"抓组织"是指领导者把工作重点放在组织设计、明确职责与关系、沟通途径、确定实现工作目标进程等方面。"关心人"是指领导者关心下级,善于倾听下级意见,并积极在员工之间建立互相尊重、互相信任的人际关系。概括来讲,"抓组织"是以工作为中心,"关心人"是以人际关系为中心。按照这两类内容,他们设计了"领导行为描述问卷"。问卷中"抓组织"和"关心人"两项各列出 15 个问题,分发调查。调查结果表明,两类领导行为在同一个领导者身上有时一致,有时不一致。因此,他们认为领导行为是两类行为的具体结合。

领导行为可以用两度空间的"四分图"来表示(如图 11-1 所示)。这张四分图是从两个角度考察领导行为的首次尝试,为以后进行领导行为的研究开辟了新途径。

从图 11-1 中可以看出,领导行为可分为四种情况:(1)低关心组织低关心人的领导者,对组织和人都不关心,这种领导方式效果比较差;(2)高关心组织低关心人的领导者,最关心的是工作任务;(3)高关心组织高关心人的领导者,对工作和人都比较关心,这种领导方式的效果比较好;(4)低关心组织高关心人的领导者,较为关心领导者与下级之间的合作,重视互相信任和互相尊重的气氛。当然,四种领导行为哪种最好、哪种最差,不能一概而论,要视具体情况而定。

2.管理方格图理论

管理方格图理论是美国得克萨斯州立大学心理学教授布莱克和莫顿(Blake & Mouton, 1964)提出的。布莱克和莫顿指出,任何一位管理者的管理策略都会体现在对这两个基本要素的关注程度上。一个管理者可能对生产高度关注而对人不太关心,或者相反,也可能处于两者的中间状态。因此,这两个要素的组合可以清晰地揭示出领导者的

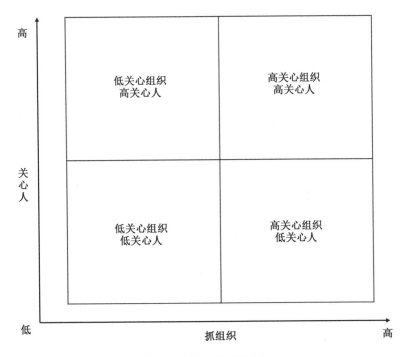

图 11-1　领导行为四分图

类型及其管理方式。如果分别以这两个要素为纵坐标和横坐标,并将这两个坐标轴都划分成 9 个刻度,便形成了如图 11-2 所示的能表示 81 种领导方式的管理方格。要评价某个管理人员,可在 9 点评分量表上对其关心员工和关心生产的程度分别进行量化记分,然后在管理方格图上找到两个分数对应的交叉点,就可以确定他所属的领导方式或管理类型。例如,某领导者关心人的程度达到了 7 分,而关心生产的程度只达到 2 分,那么,他就是 2.7 型的管理者。

在图 11-2 的基础上,布莱克和莫顿概括出了以下 5 种典型的管理方式,并具体描述了它们的含义及特征。

(1)(9.1)型管理者:又称任务型管理者。这种类型的管理者非常关心生产,但不关心人。为了克服和预防人们对生产带来的不利影响,常常使用控制、统治、支配等管理形式。这类管理者往往固执己见,忽视或者压制不同意见。在短期内他们可能带来较高的生产效率,但由于不关心员工,不注意提高员工士气和保护员工的积极性,从长远看将会导致工作效率的下降。

(2)(1.9)型管理者:又称乡村俱乐部型管理者。这种类型的管理者只强调关心员工而不关心生产。高度重视友好关系的重要性,认为只要团队的气氛和谐、融洽就能带来好的绩效,只要管理者自己能得到员工的支持和拥戴,他(她)就是安全的。这类管理者倾向于预见他人的欲望和要求,很少引起冲突。在这样的管理方式下,生产效率一般是不高的。

(3)(1.1)型管理者:又称贫乏型管理者。这种类型的管理者既不关心生产,又不关心员工。具有这种管理方式的领导者经常逃避责任,回避义务,缺乏管理哲学和支配工作情境的志向和愿望,也无心去博得员工的喜爱与好评,得过且过,生产效率自然不会很高。

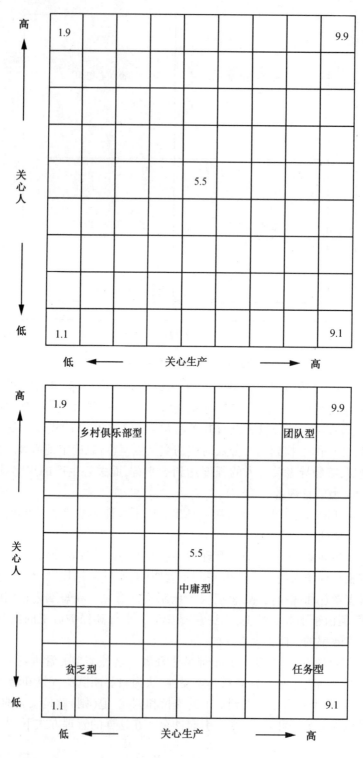

图 11-2　管理方格图

（4）(5.5)型管理者：又称中庸型管理者。这种类型的管理者既要完成必要的管理任务，又要保持必要的士气，推崇对问题的折中处理，追寻一种平衡式的解决方案；在追求的目标上，不去寻求对生产和员工都有利的最佳方案，而是寻求两者可以妥协的解决办法,把生产目标定位在员工和组织尚可接受的中间位置。

(5)(9.9)型管理者:又称团队型管理者。这种类型的管理者既十分关心生产,又十分关心员工,把员工的愉快和舒适与达到工作目标放在同等重要的程度来关注。这类领导者不断鼓励、激励自己和他人做到最好,领导者的每个举措都是为了做得更好,而不只是为了使人感到愉快。当领导者对人和结果都高度关注的时候,如果有人滥用权力或者利用其他成员,领导者将会直面问题并能果断处理,从而避免给整个团队带来不利的影响。当生产与员工利益发生冲突时,领导者总是努力去寻找"双赢"的解决方案而不是折中处理。

很显然,(9.9)型管理者是最佳的管理类型。研究也表明,具有这种管理风格的领导者的确比其他类型的领导者取得了更好的领导效果,既提高了生产效率,也受到了员工的拥戴。

3.PM 领导行为类型理论

PM 领导行为类型理论是日本大阪大学心理学教授三隅二不二提出的,由于在 PM 理论上的贡献,他与丰田汽车公司董事长丰田喜一郎一起获得首届全日经营管理科学奖。三隅二不二认为,领导方式可分为两大类:一类是以绩效为导向(Performance Directed)的领导方式,简称为 P 型领导;另一类是以维持群体关系为导向(Maintenance Directed)的领导方式,简称为 M 型领导。两者合起来被称为 PM 理论,如图 11-3 所示。

P 型是指以执行任务为主的领导方式,其行为特征是将组织中的每一个成员的注意力引向目标,使问题明确化,因而要求领导者具有较强的计划能力和组织能力。M 型是以维持群体关系为主的领导方式,其行为特征是维持和睦的人际关系,缓和工作中可能产生的对立和抗争,这就要求领导者能经常关怀、体贴下属,给下属创造发言或表达意见的机会,满足部下的需求,以促进员工的自觉性和自主性,增进成员之间的相互了解与交流。

PM 理论认为,如果把 P 和 M 看作构成领导行为的两种因素的话,那么领导者的任何一种领导行为都会包含这两个因素。一个领导者,不论他的 P 因素多么强,总包含有某种强度的 M 因素;同样,不论 M 因素多么强,也总包含着某种程度的 P 因素。此外,P 和 M 两方面都强或两方面都弱的情况也是存在的。

如果以 P 为横坐标,M 为纵坐标,并在 P 和 M 坐标中点各画一条平行线,就可划分出 PM、P、M、pm 四种领导类型(见图 11-3)。同时三隅二不二及其研究小组还对四种领导类型进行了大量的现场实证研究以及实验室研究,发现四种类型的效果存在差异性,其中 PM 型领导效果最佳,pm 型最差,M 型和 P 型效果居中。

我国学者凌文辁等人(1987)在三隅二不二的研究基础上,结合我国的文化特点,根据大规模的问卷测试结果,采用因素分析和聚类分析等方法,提出了领导行为的三因素结构模型,即中国人领导行为的 CPM 模型。该模型由三个维度构成:个人品德因素 C (Character)、工作绩效因素 P(Performance)、团体维系因素 M(Maintenance)。他们提出,中国文化与西方文化存在差异,中国人自古以来都十分重视人在"德"方面的因素,因此评价中国领导者的领导行为,有必要考虑领导者个人的品德因素。

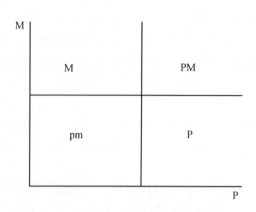

图 11-3 PM 领导行为类型图

三、领导有效性的权变理论

20 世纪 60 年代以后,关于领导有效性的研究转入权变理论(或情境理论)阶段。权变理论认为,领导的有效性不取决于领导者不变的品质和行为,而取决于领导者、被领导者和情境条件三者的配合关系,即领导有效性是领导者、被领导者和领导情境三个变量的函数:

领导有效性 $=f($领导者,被领导者,领导情境)

权变理论把领导看作一个动态的过程。由于特质理论不能准确地预测领导者的行为,甚至难以解释不同情境下领导者行为的多样性,而行为理论在解释某些领导行为时又显得过于简单,有时甚至难以自圆其说,如同一种领导行为为什么在不同的群体中会产生不同的效果,因此研究者把注意力转移到了领导情境方面。影响领导有效性的大量情境因素逐渐被识别出来,于是研究者试图将这些情境变量整合起来,形成了多种权变领导理论模型。比较有代表性的如领导有效性权变模型、路径—目标理论、领导—参与模型和领导生命周期理论。

1.领导有效性权变模型

费德勒(F.E.Fiedler,1967)在 20 世纪 50 年代末提出了第一个综合的权变模型。他认为,任何一种领导类型都可能是有效的,也可能是无效的,关键在于领导风格和具体组织情境的匹配程度。领导效果的好坏取决于三个维度上的条件:领导者与被领导者关系、任务结构以及职位权力。如果这三个维度上的条件都好的话,情境对领导是有利的。具体地说,如果领导者被追随者接受和尊敬(第一个维度),任务是高度结构化的,即每件事情都可以被描述并有程式化地运作(第二个维度),且领导者的职位权力和权威非常正式化且稳固(第三个维度),那么这个情境对领导者是有利的。但是,如果出现相反的情况(三个维度都低),那么情境对于领导者而言就是非常不利的。费德勒通过他的研究证明,情境有利和领导风格共同决定了领导有效性。

总体来看,在非常有利和非常不利的情境下,任务取向或者顽固和独裁型的领导者是最有效的;当情境只是适度有利时,人性取向或民主型的领导者是最有效的。

(1)确定领导风格

费德勒相信,影响领导成功的一个关键因素是个体的基本领导风格,因此他首先试图了解这种基本风格。为此目的,他设计了最难共事者问卷(Least Preferred Co-worker Questionnaire,LPC),用以测量个体是任务取向型还是关系取向型。LPC 问卷由 16 组对照形容词构成(如快乐—不快乐、高效—低效、开放—防备、助人—敌意等)。费德勒让作答者回想自己共事过的所有同事,并找出一个最难共事者,在16组形容词中按1—8等级对他进行评估。费德勒认为,在LPC问卷的问答基础上,可以判断出人们最基本的领导风格。如果以相对积极的词汇描述最难共事者(LPC得分高),则回答者很乐于与同事形成友好的人际关系,也就是说,如果某人把最难共事的同事描述得比较积极,费德勒即称这个人为关系取向型。与此相对照,如果这个人对最难共事的同事看法比较消极(LPC得分低),这个人可能主要感兴趣的是生产率,因而这个人被称为任务取向型。另外,大约有16%的回答者的分数处于中间状态,很难被划入任务取向型和关系取向型中进行预测,因而下面的讨论都是针对其余84%的人进行的,他们在LPC上的得分不是高就是低。费德勒认为,一个人的领导风格是固定不变的,如果情境需要任务取向型领导者,而在此领导岗位上的领导者却是关系取向型,那么要想达到最佳效果有两种办法:第一,你可以替换领导者以适应情境;第二,你可以改变情境以适应领导者。

　　(2)领导情境的确定

　　费德勒分离了三个情境因素,他认为这是决定领导行为有效性的关键。①领导与被领导者的关系:双方的信任程度,被领导者对领导的忠诚、尊重和追随程度。②任务结构:工作任务的程序化(结构化)程度,如工作是常规的还是非常规的、工作规范明确与否。③领导者的职权:领导者是否拥有权力、对下属是否能直接控制、被上级和组织的支持程度。

　　对上述三个变量的评估结果,就是领导者所处的情境状态。如一个有利的情境是:领导者与被领导者的关系很好、任务结构化强、领导职位权力性强,在这样的情境中,领导者拥有较高的控制力和影响力。在相反的情境下,领导者的控制力则很小。费德勒对三个情境变量综合分析后,得到了8种领导情境,每个领导者位于其中之一,如图11-4所示。

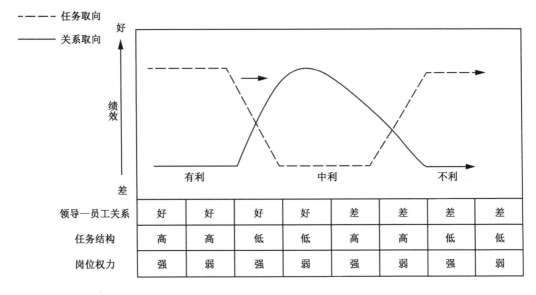

领导—员工关系	好	好	好	好	差	差	差	差
任务结构	高	高	低	低	高	高	低	低
岗位权力	强	弱	强	弱	强	弱	强	弱

图11-4　费德勒模型图

(3)领导风格与情境的匹配

在确定了领导者固有的行为风格和对其领导情境进行评估后,利用费德勒建立的匹配模型,可以得知和预测领导效果。费德勒的研究结论是:在非常有利和非常不利的情境下,任务取向型的领导者会比关系取向型的领导者行为更有效。关系取向型的领导者在中等有利的情境中,工作绩效会更好。

大量的研究对费德勒模型的总体效度提供了支持,并得出了相当积极的结论。但这一模型在实践应用中也存在着缺陷,需要进一步改进。如一些研究对 LPC 量表的使用方法提出质疑,而三个情境因素在实践中的评估也过于复杂,即很难确定领导者与被领导者的关系、工作任务的结构化以及领导者究竟有多大的权力。

2.路径-目标理论

路径-目标理论是加拿大多伦多大学伊迈斯(M.G.Evans)提出,后由豪斯(R.J.House)开发确立的,它是最受推崇的领导行为理论之一。这一理论采用俄亥俄州立大学的结构和关系两个维度观点同激励的期望理论相结合,认为领导者的主要任务是提供必要的支持以帮助下属达到他们的目标,并确保他们的目标与群体和组织的目标相互配合、协调一致。所谓"路径-目标",意味着为下属清理实现目标路程中的各种路障和危险,使下属的工作更为顺利。

路径-目标理论存在四种领导行为:(1)指导型(结构维度)——让下属明了对他的期望,以及完成工作的方法、程序和时间等;(2)支持型(关系维度)——对下属亲切友善,关心他们的需求;(3)参与型——与下属共同磋商,在决策前充分考虑下属的建议;(4)成就导向型——设定富有挑战性的目标,期望下属充分实现自己的最佳水平。

与费德勒的领导行为观点相反,豪斯认为领导者是弹性灵活的,同一领导者可以根据不同的情境表现出任何一种领导风格。如图 11-5 所示,路径-目标理论提出了两类情境或权变变量作为领导行为与结果之间关系的中间变量,它们是:(1)下属控制以外的环境因素,如任务结构、工作群体等,这一权变因素决定了领导者采用哪一种行为最有效果;(2)下属的个人特征,如经验、能力、内控型还是外控型个性特征等,这些因素决定了环境因素与领导行为的相互作用,当领导行为与下属特点不适应时,领导效果则不佳。

路径-目标理论的逻辑得到许多研究的证实,即领导者若能补偿员工本人或工作情境中所缺乏的东西,员工的工作绩效和工作满意度会大大提高。但是,如果工作结构明确、任务清晰,而员工也有能力和经验时,则不必进行指导,否则员工会认为这种指导性行为不仅多余,而且是干扰和侵犯。

3.领导-参与模型

维克多·弗罗姆(Victor Vroom,1973)和菲利普·耶顿(Phillip Yetton,1973)提出了领导-参与模型(Leader-participation Model)。该模型将领导行为与参与决策联系起来,提出有效的领导者应根据不同情况让职工不同程度地参与决策,领导方式主要取决于下属参与决策的程度。

领导参与模式与费德勒模式的区别在于:费德勒模式将领导人的行为特点看成是固定不变,主张根据不同环境选择不同领导人。而领导参与模式则认为领导参与模式不是机械的,而是应根据环境的具体需要随时变动。领导参与模式是规范化的,可采用决策树的形式提出一系列应遵循的连续规划,以确定在不同情境下参与决策的方式和程序,如图 11-6 所示。

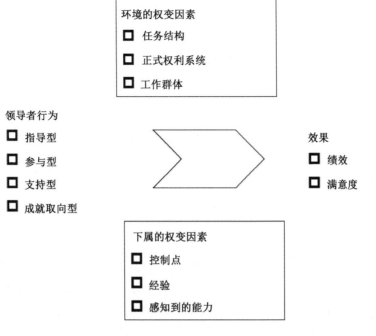

图 11-5　路径-目标理论

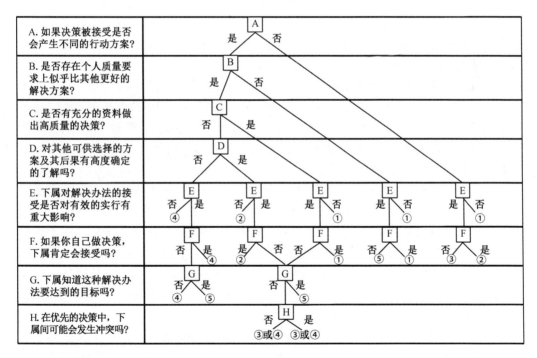

图 11-6　领导-参与模型

弗罗姆和耶顿认为,领导在进行决策时,可能会遇到图 11-6 中 A—H 这 8 种情境因素。领导者分析自己所面临的情境,可以在决策树上选择一种最有效的方式,有以下 5 种领导方式可供选择:(1) 领导者运用手头的资料,自己做出决策,单独解决问题。

(2)领导者从下级取得必要的供决策所用的信息资料,然后自己做出决策。同下级收集资料时,可能说明原因,也可能不说明原因。下级只是提供资料,并不提供或者评价解决问题的方案。(3)领导者与个别有关的下级直接接触,获得他们对决策的意见。但这些下级并不属于决策成员,领导者在决策时可能听取也可能不听取下级的意见。(4)领导者把决策意图告诉下级,让下级集体讨论,提出意见和建议,然后领导者做出也许考虑也许不考虑下级意见的决策。(5)让下级集体了解问题,并且领导者与下级共同提出和评价可供选择的方案,尽量取得解决问题的一致意见,领导者只是以决策成员的身份参与讨论,并不强求下级遵从他的意见,而是接受和贯彻整个集体所支持的决策。

弗罗姆和亚瑟·加哥(Arthur Jago)又对该模型进行了修订。新模型依然保留了5种领导风格的备选方案,但他们增加了一系列问题类型,并将情境因素扩展为12个。虽然新修订的模型在有效性方面得分更高,但通过对原始版和修订版领导-参与模型的考察并没有得到十分积极的结果。更重要的是,由于该模型过于复杂,以致一般管理者很难在实践中使用它。

4.领导生命周期理论

领导生命周期理论是由俄亥俄州立大学学者卡曼(Korman,1966)首先提出,后由保罗·何塞(Paul Hersey)和肯尼斯·布兰查德(Kenneth Blanchard)予以发展的。该理论结合了"领导行为四分图"和"不成熟-成熟理论",创造了三度空间领导效率模式。

领导生命周期理论认为,有效的领导行为应该把工作行为、关系行为和被领导者的成熟程度结合起来考察。卡曼在分析"领导行为四分图"时加入了被领导者的成熟程度这一因素。他认为,随着职工年龄的增长、技术的提高,由不成熟逐渐向成熟发展,领导行为也应该按照下列顺序逐渐推移:低工作高关系→高工作高关系→高工作低关系→低工作低关系,如图11-7所示。

在图11-7中,模式上面部分的曲线表示变动着的领导方式,其中横坐标代表以抓工作为主的工作行为,纵坐标代表以关心人为主的关系行为;下面部分表示下级的成熟度,右边代表不成熟,由右向左,逐渐成熟,分别用 M_1、M_2、M_3、M_4 表示不成熟、初步成熟、比较成熟、成熟四种不同的成熟程度。按照下级不同的成熟程度,领导方式大致分为4种,用4个象限来表示。

(1)第一象限:命令型领导。当下级处于不成熟阶段时,领导者应采用高工作低关系的领导行为类型,以单向沟通方式向下级规定任务:干什么,怎样干。

(2)第二象限:说服型领导。当下级进入初步成熟阶段时,领导者应采用高工作高关系的领导行为类型,领导者与下级通过双向沟通的方式,相互交流信息,相互支持。

(3)第三象限:参与型领导。当下级进入比较成熟阶段时,领导者应采用低工作高关系的领导行为类型。领导者与下级通过双向沟通方式,相互交流信息,相互支持,欢迎下级参与决策,通过鼓励的方式激励下级努力工作。

(4)第四象限:授权型。当下级发展到成熟阶段时,领导者应采用低工作低关系的领导行为类型。成熟度达到这个阶段的下级一般具有担负起工作重任的能力和愿望。所以,领导者可授权给下级,领导者只是起到监督保证作用,让下级"各行其是"。这样,他们取得工作成果后会有胜任感和成就感。

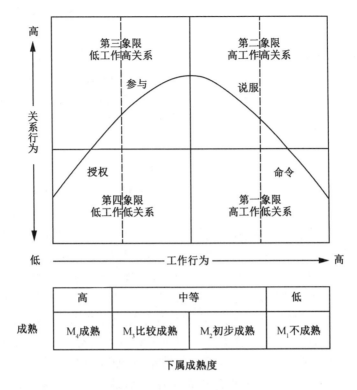

图 11-7　领导生命周期模式

另外,何塞和布兰查德还对模式中的每个部分都赋予特定的含义。

(1)工作行为:表示领导者采取单向沟通方式向下属人员说明应该干什么,在何时、何地、用何种方法去完成任务。

(2)关系行为:表示领导者采取双向沟通的行为方式,通过心理关怀、社会情感培养等措施指导下属,并关心他们的福利。

(3)成熟度:指成熟的动机,负责的意愿和能力,具有组织经验和受过一定的教育。年龄是一个成熟的因素,但不是唯一的,更不是重要的。这里所说的成熟度是指心理上的,而非生理上的。

(4)有效的领导方式:表示领导方式能够适应环境,对于各种特定的情景能够做出正确的决定。

(5)无效的领导方式:表示领导方式不能适应规定的环境,对于各种特定的情景不能提供正确的领导。

尽管从目前的研究资料看,对领导生命周期理论的结论还存在一些争议。但这一理论自提出以来,一直被广大管理专家推崇,并常常作为主要的培训手段而应用。如北美银行、美孚石油公司、施乐公司等都采用此模型理论。

第三节　当代领导有效性理论

进入 20 世纪 80 年代以后,西方组织行为学界对领导理论的研究进入了大发展时期,众多的领导理论研究学派纷纷登场,研究领域不断拓宽和深入,研究成果呈爆发之势,但还没有形成整合的态势。此时期比较有代表性的领导理论有以管理学家巴斯(Bernard M.Bass)为代表的魅力型领导理论,以弗雷德·菲德勒(F.E.Fiedler)和乔·葛西亚(Joe Garcia)为代表的领导认知资源理论,以伯恩斯和巴斯(Mac G.Bums & Bernard M.Bass)等为代表的交易型领导和变革型领导理论,以克尔和杰米尔(Kerr & Jermier)为代表的领导替代理论,以及以格拉斯和斯腾伯格(Graves & Sternberg)等为代表的内隐领导理论等。

一、魅力型领导理论

1977年,罗伯特·豪斯(R.House)在《1977年的魅力型领导方式理论》中,以观察过程的可检验性为前提,提出了魅力型领导理论。认为"魅力"一词应从领导者对追随者的影响,或领导者与下属关系的角度来进行描述。所以,魅力型领导指的是领导者通过本身的卓越才能和超凡魅力来影响下属,从而使既定目标得以实现。

魅力型领导的特质可以归纳为:自信、有远大的理想和目标、有清楚的表达能力、对目标有坚定的信念、不循规蹈矩、是变革的代言人、对环境有敏感性。所谓自信是对自我决策与处世能力充满自信;远大的理想和目标是指倡导清晰、动人的愿景;清楚的表达能力是指有明白表达该愿景的能力。罗伯特·豪斯等人的研究表明,魅力型领导与部下的高绩效和高工作满意度之间有着显著的相关,即魅力型领导的部下会因受到激励而付出更多的努力去工作,并获得更高的业绩,因而具有更高的满意度。

美国南加州大学马歇尔商学院的杰伊·康格(Jay A.Conger)等人认为,不具有魅力的领导者和具有魅力的领导者存在性格差异,主要表现在如表11-1所示的几个方面。

表11-1 不具有魅力的领导者和具有魅力的领导者的对比

维度	不具有魅力的领导者	具有魅力的领导者
亲切度	分享观点从而使领导亲切	分享观点和理想愿景使得领导亲切,并成为值得尊敬的英雄
可信赖程度	对说服中的说话艺术不感兴趣	会花费大量的成本和面对极大风险进行热情的说服
和现状的关系	试图保持现状	创造革新的气氛
未来目标	将目标限制在与现状差别不大的范围	与现状有很大差别的理想
清晰度	对领导的目标和动机不是很清晰	对领导的前景和动机有很清楚的认识,并且具有灵感
竞争	在已经存在的结构中采用可获得的方法实现目标	采用超出现存秩序的非传统的方法
行为	传统的,与公认标准一致的	非传统的,与公认标准相反的
影响	基于来自职务的权力	超越职位,来自专家权力以及对领导的尊敬和赞赏的个人权力

如今,魅力型领导已成为领导理论研究的新焦点。它强调愿景的建立、使命的承担与领导魅力的重建,这不仅能获得下属的追随和忠诚,还能获得下属的尊敬、信赖和崇拜,更能激发组织成员追求自我、实现目标。但时至今日,有关魅力型领导的研究仍相

当有限,尚属初创阶段。

二、交易型领导和变革型领导理论

20世纪80年代以来,交易型领导与变革型领导一直是领导理论研究的重要内容。美国政治学家詹姆斯·麦克格雷格·伯恩斯(James Macgregor Burns)在1978年撰写的《领导力》一书中划分出了两种领导过程类型:交易型领导与变革型领导,认为前者的特征是强调交换,后者的特征是强调改变。1985年,巴斯(Bernard M.Bass)提出了一个范围更广、更为精确的交易型和变革型领导学说,认为交易型领导和变革型领导并不是一个连续体的两端,而是两个独立的概念,各有不同的内涵。

1.交易型领导

交易型领导重视下属的责任,阐明对下属的期望和下属必须完成的任务,以及下属达到预期标准后所能获取的回报。交易型领导的主要特征有:

(1)权宜酬赏。

权宜酬赏是交易型领导者的主要领导方式,它是指领导者与下属交换的过程。在这一过程中,领导者向下属提供一定的报酬以换取下属的服从和工作。就任务分配及相应条件的报酬,交易型领导者会尽量与下属达成一致协议。

(2)例外管理。

例外管理指对下属工作中出现的错误和偏差进行纠正。它包括积极的例外管理和消极的例外管理。积极的例外管理是指领导者一般在问题发生前密切监督员工行为以防止问题的产生,并对可能偏离规范的员工行为加以纠正。消极的例外管理则是指领导者往往在问题已经发生或者标准未能满足需要时才采取行动,对下属进行批评或惩罚。

交易型领导与变革型领导的不同在于前者的特征是强调"交换",后者的特征是强调"改变"。交易型领导通过与员工的交换而获得合作,并监督这种交换关系,而变革型领导者以魅力和预测性沟通为基础,在愿景的实现过程中同时使个体在工作能力、道德水平上得到提升和自我完善。冯彩玲和张丽华(2014)的研究表明,两者均可以激发员工的创新行为。

交易型领导与变革型领导两者是共存的、互动的。交易型领导并非一定过时,而变革型领导也绝非放之四海皆准的灵丹妙药。采取什么样的领导方式,还必须因人、因时、因地进行灵活的选择。

2.变革型领导

变革型领导(Transformational Leadership)是指领导者通过让员工意识到所承担任务的重要意义和责任,激发下属的高层次需要或扩展下属的需要和愿望,使团队、组织和更大的政治利益超越下属心中的个人利益。

在巴斯等研究者看来,变革型领导包含4个维度:

(1)领导魅力(Charisma or Idealized Influence),是指领导者给追随者树立榜样,追随者认同领导者,并愿意效仿领导者,领导者通常有较高的道德标准、价值观念和道德行为,领导者给追随者提供目标愿景,给追随者一种使命感。

(2)感召力(Inspirational Motivation),是指领导者对追随者寄予很高期望,通过动机激励使他们投身于实现组织愿景的事业中去。在实践中,领导者利用信念和情绪感染力来凝聚组织成员,以取得比个人利益更大的成就,因此这种因素增强了团队精神。

(3)智力激发(Intellectual Stimulation),是指领导者激发其追随者创造和革新的意识,对其自身和领导者的信念和价值观提出质疑,对组织的信念和价值观也提出质疑;领导者支持追随者尝试新理论、创造新方法来解决组织的问题,鼓励追随者独立思考和解决问题。

(4)个人化关怀(Individualized Consideration),是指领导者创造一种支持性氛围,仔细聆听追随者的个体需求,领导者在帮助其个体自我实现时扮演着教练和建议者的角色,帮助追随者实现其自身的需求和发展。

具备以上4个维度的领导者通常具有很高的价值观和理想,他们能成功激励追随者超越个人利益,达到组织既定目标。我国学者也对变革型领导的结构进行了考察,发现在中国文化背景下,变革型领导也是四因素的结构,包括愿景激励、领导魅力、德行垂范和个性化关怀(李超平,时勘,2005)。

变革型领导能够激发起员工的愿景,提高组织内员工的凝聚力和合作性,因此能够提高组织的绩效。例如,霍维尔(Howell)等(2005)对101名管理者进行研究发现,变革型领导可以正向预测组织绩效。王风彬和陈建勋(2011)对我国企业组织进行调查,发现企业高层的变革型领导行为对组织绩效有积极的影响。此外,还有研究者发现变革型领导方式有助于员工在企业中建设性地表达自己的意见,从而提升组织竞争力。

三、领导替代理论

有研究指出,环境因素的变化往往是极其重要的,它常常取代了领导,或者削弱了领导的作用(Kerr & Jermier, 1978)。Kerr 和 Jermier 区分了替代领导的三类变量,即组织特性、任务特性和追随者特性,它们分别可以替代或者削弱领导者的不同作用,如表11-2所示。

克尔和杰米尔区分了替代领导的三类变量,即组织特性、任务特性和追随者特性。它们分别可以替代或者削弱领导者的不同作用,如表11-2所示。

表 11-2　三类变量对领导作用的替代与削弱

变量	任务导向领导	关系导向领导
组织特性		
有凝聚力的组织	替代	替代
低职位权力	削弱	削弱
正式化(规则、程序)	替代	无
死板(规则、政策)	削弱	无
工作地点分散	削弱	削弱
任务特性		
任务高度结构化	替代	无
自动反馈	替代	无
内在满意任务	无	替代
追随者特性		
职业、专业导向	替代	替代
经验、能力、训练	替代	无
漠视奖励	无	削弱

(来源:Kerr & Jermier, 1978)

Kerr 和 Jermier 的研究表明,在某些特定的情境下,领导的作用是可以代替或者削弱的。从组织和团队层面看,在有详细的规则、制度和政策的组织中,当部属掌握了行为规则和政策时,就很少需要指导。如果规则和政策是非常刚性的,就阻止了试图改变工作分工和工作程序的努力。当部属的工作地点分散时,如销售代表的工作,任务型的指导也是无力的。另外,对于凝聚力强的组织,领导更加显得可有可无,因为工作群体不需要领导努力去鼓动下属和调配任务。从任务特性看,日常性的任务、结构化的任务、简单的任务是可以替代任务型领导的,如果任务本身能够提供是否完成的自动反馈,领导就不必提供更多的反馈。如运用计算机网络系统工作的员工就不需要更多的监督。另外,对于部属感兴趣的工作也无须领导者进行支持、引导与鼓励。从部属特性看,当部属有丰富的经验并经过足够的训练时,他们已经拥有做什么和如何做的知识和技能,不需要过多的指导,如药剂师、飞机领航员、会计师等。同样,专业工作者受到他们的价值观、需求和道德的内在激励,也不需要领导者的鼓励就能提高工作质量。此外,如果部属希望花更多的时间与他们的家人在一起,他们就会对超时间工作而获得的金钱或其他奖励不感兴趣。

四、内隐领导理论

领导是指领导者和被领导者之间在特定组织情境中进行交互作用和相互影响的过程。那么被领导者如何看待领导者、如何理解领导者的行为、对领导者应做出什么样的反应呢? 近来,关于探究下属员工对其上司领导行为的知觉判断过程正成为领导研究的一个热点。研究者们假定,员工在与其上司交往的过程中,头脑中往往存在某种"理想化"的领导者特质或行为,员工的这种心理预期被称为"内隐领导"。内隐领导理论(Implicit Leadership Theories, ILTs)是追随者拥有的关于领导者应该具有特质或行为的预期和信念,是个体用于区分领导者与非领导者的"内部标签"。简单地说,内隐领导理论是指被领导者"内心"关于领导者和领导行为的概念、看法、观点和信念体系。

1.内隐领导理论的加工方式

(1)识别基础的加工和推论基础的加工

当判断目标人物是否是领导时,我们会根据目标人物的行动、特质等特征是否与知觉者的内隐领导理论相匹配来进行判断。这种基于对目标人物的特征及领导原型识别的基础上的加工,也就是识别基础的加工。洛德等的研究发现,个体对目标领导的评价依赖于目标与个体原型的匹配,证明了识别基础的加工。内隐领导理论的另一种加工方式是,根据与个体或者情景相关的任何结果推断目标人物是否是领导,也就是推论基础的加工。

(2)自动加工和控制加工

对领导的知觉可以通过自动加工,也可以通过控制加工。前者不需要意识参与,不会与其他认知任务相互作用,并且只需最小努力;后者则是需要有意识的、会与其他认知任务发生相互作用的、需要努力的加工。

在领导知觉中,识别基础的加工-推论基础的加工与自动加工-控制加工的组合形成四种加工:①自动的、识别为基础的加工,即通过面对面的交往进行原型匹配的加工;②自动的、推论为基础的加工,即知觉引导的,包含简化的原因分析的加工;③控制的、识别基础的加工,即利用社会性的交流信息进行原型匹配的加工;④控制的、推论基础的加工,即逻辑基础的,同时包含了复杂的原因分析。

2.内隐领导理论的因素构成

关于内隐领导理论的因素构成,国内外学者进行了大量的探讨。在国外,奥夫曼等研究者通过大量的问卷调查产生了41个领导特质的列表,因素分析将其聚合成领导特质的8个维度:敏感性、献身精神、专制、感召力、吸引力、男性气质、智力和力量。霍姆伯格和阿卡伯姆(Holmberg & Akerblom,2000)发现了瑞典人内隐领导理论的12个结构主题,即表现、行动、有魅力、有预见性、诚实、谦逊、实用主义、团队建设、平等、共识、企业家观念及程序化,并提出了杰出领导者的6个主题,即行动、合作、平等、表达能力、热心和激励。

关于中国人的内隐领导理论研究,起步较晚,研究成果相对较少。郑伯埙(1990)将美国俄亥俄州立大学的"督导行为描述问卷(SBDQ)"翻译成中文,对华人企业员工进行施测,因素分析的结果发现华人对领导行为的认知中除了原有的"体恤"及"结构"两因素外,可能尚存有一个"公正严明"的因素。凌文辁等人发现中国人的内隐领导理论的内容由个人品德、目标有效性、人际能力和多面性4个因素构成。卢会志(2008)使用因素分析得到了中国人内隐领导理论的8个维度:品德、人际敏感性、工作感召力、工作内驱力、智力、吸引力、专制和男性化,这8个因素还可以聚合成正性原型特质因素与负性原型特质因素。

3.内隐领导理论的作用

内隐领导理论在组织内部的潜在作用是突出的。第一,领导效力来自追随者的认同,要求组织中的领导者善于识别追随者的内隐领导理论类型并采取合适的领导方式,这是领导有效性的前提。第二,未来的研究需要探测内隐领导理论如何影响没有经验的新员工。例如,强刺激环境(如军队)可能培养共同的理想化领导概念,而弱刺激环境中个体差异将更加显现。此外,自我确认理论认为,内隐领导理论涉及自我概念,有理由假定,组织通过塑造强组织文化模式可以引导员工形成自我概念,从而改善追随者的内隐领导理论(卢会志,刘永芳,许科,2008)。

五、服务型领导理论

1.服务型领导理论的概念

服务型领导(Servant Leadership)又译为公仆型领导,是指超越个人的利益,努力去满足追随者的生理、心理和情感的需求的领导活动。格林利夫(Greenleaf)(1977)在《做一个像仆人的领导者》一书中提出了"服务型领导"概念,其理论灵感来自《通往东方的旅程》(1956)一书,该书讲述了一群人结队进行长途旅行的故事:团队中有一个叫 Leo 的人,他负责照顾团队中的其他人,像仆人一样帮助他们做一些杂事,为团队成员带来舒适和方便。当 Leo 留在团队时,旅行进行得非常顺利,而当 Leo 离开团队时,这群人则陷入了混乱不堪的状况,最终不得不放弃旅行。Greenleaf 认为 Leo 是一个领导者,但是本质上是一个仆人和服务者,虽然 Leo 最初并没有成为领导者的动机,但是因为服务于他人,领导力被赋予到他的身上使其成为团队的真正领导者。

2.服务型领导理论的因素构成

Spears(1998)依据 Greenleaf 的著作提出服务型领导的10种特征:倾听、同理心、抚慰、警觉性、说服力、深谋远虑、远见、精神管家、对他人成长负责和建立社群,但 Spears 并没有把这些特征进行操作化。Van Dierendonck 和 Nuijten(2011)编制了服务型领导量表,将其分为8个维度:授权、负责、背后支持、谦逊、真诚、勇气、体谅、管家精神。

Dennis 和 Winston(2003)使用因素分析的方法,发现服务型领导可以从 3 个维度来进行测量,如表 11-3 所示。Sendjaya 等(2008)则提出了一个六维度的模型。我国学者从领导者尊重员工、关心员工、帮助员工发展、构思愿景、平易近人、甘于奉献、清正廉洁、开拓进取、指导员工工作、承担社会责任以及授权 11 个维度来考察服务型领导风格。总的来说,对服务型领导构成因素尚没有形成统一的看法。

表 11-3　服务型领导的 3 个维度结构表

因素	项目
因素 1:授权	积极寻找每个人为团队做出贡献的方式
	重视团队中的每一个人
	当员工犯错误时,能够予以原谅,并帮助他们从错误中成长
	设置清晰且现实的目标
	提出他人能够接受、有助于问题解决的措施
	发挥每个人的优势来提高满意度
	认为每个人都要提高生产效率,并且做出表率
	乐意让员工挑战自己的观点
	不要求员工做自己不愿意做的事情
	乐意与他人分享自己的权力和权威
因素 2:服务	在服务他人时,不要求赞誉和回报
	能够从他/她所服务的下属身上进行学习
	在服务他人时,愿意做出个人牺牲
	寻求为他人服务,而不是被他人服务
	认为领导不仅是一个职位,更是一种责任
因素 3:愿景	受高层次驱动力的激励
	受超越个人利益和物质需要的价值观的驱动
	认为每个组织都需要更高层次的目标
	能够清晰阐述组织未来的方向和目标
	意识到组织的目标,以及组织能够为社会做出怎样的贡献
	通过自身的热情和自信来激励他人
	专注工作并训练有素
	通过榜样来进行领导

(来源:Dennis & Winston, 2003)

3.服务型领导的作用

服务型领导对组织绩效有积极的作用。例如,美国伊利诺伊大学芝加哥分校等研究机构的学者对 71 家饭店的 961 名员工进行调查,发现服务型领导正在组织和个体两个层次上发挥着积极作用:在组织层次上,服务型领导可以营造服务型文化,从而提高组织的绩效;在个体层面上,服务型领导营造的服务型文化,增加了员工的组织认同,从而提高员工的绩效和创造力,还降低了他们的离职倾向(Liden,Wayne,Liao,Meuser, 2014)。我国学者也发现,服务型领导对员工的服务质量有积极的影响(凌茜,汪纯孝, 2009)。

六、诚信领导理论

在如今这个充满变化和挑战的时代,组织为了求生存、谋发展,其领导者的自信、乐观、满怀希望、富有意义感及韧性等特点就显得尤为重要。此外,近年来出现的一系列公司丑闻和管理渎职现象,也引发了人们对领导者道德问题的思考。鉴于此,组织行为学家 Luthans 和 Avolio(2003)以领导学、道德学、积极心理学及积极组织学等领域的相关研究为基础,提出了诚信领导(Authentic Leadership)理论。

诚信领导是指一种把领导者的积极心理能力与高度发展的组织情境结合起来发挥作用的过程。诚信领导者对自己、对他人都是真诚的,他们自信、乐观、充满希望、富有韧性,具有高尚的品德并且是未来的导向,为人们发挥导向作用。

诚信领导理论由以下 4 个维度构成:

(1)自我意识

自我意识是指对个体自己的个人特征、价值观、动机、情感及认知的意识和信赖。具体到诚信领导者而言,了解自我、忠于自我是他们的本质特征。另外,积极自我概念和高水平情绪智力对真实的自我意识也具有显著的预测效度。

(2)无偏见加工

无偏见加工是指主体在对与自我相关的信息进行加工时,能够不否认、不歪曲自我知识、内部经验及外部评价信息。

(3)诚信行为

诚信行为是指个人是否以一种与其真我(True Self)相一致的方式行事。诚信行事意味着个人的行为与其价值观、偏好和需要具有一致性,而不仅仅是为了取悦他人或通过虚假行为达到趋利避害的目的。诚信领导者对自我表达行为与周边环境之间的适合性非常敏感,对自己的行为可能带来的影响也具有清醒的意识。领导者的他人导向型自我监控程度越低,越有可能表现出诚信行为。

(4)诚信关系导向

诚信关系导向是指重视并努力做到关系中的坦率、诚信,它是一个自我展现和发展相互间亲密关系及信任的积极过程。

目前,领导理论变革的钟声已经敲响,这一变革的目标在于发现真正的领导者在哪里,如何赋予领导者社会发展的能力。如果我们多做一点深层的思考,就会惊奇地发现,在一些情景中,领导不仅是重要的,而且是有效的;在另一些情景中,领导却是无关紧要的,是没有什么效果甚至是有副作用的。因为,在现代社会,员工受教育的程度普遍提高,个人的能力和素质明显增强,他们对领导者的依赖程度明显下降,被领导者在许多方面替代了领导者,许多被领导者不仅能够参与重大决策,而且能够替代领导者直接地去做许多具体的业务上的决策。另外,工作任务的常规化和程序化以及组织文化和规章制度的凝聚和约束作用,也会减少被领导者对领导者的依赖。总之,我们要突破传统理论的个体化取向,重视团队合作、共享领导,使领导更加科学化和艺术化,这将是我们在 21 世纪研究领导理论的重点。

第四节　领导胜任理论与领导力开发

一、领导成员交换与转换理论

1.领导者与成员交换的理论

（1）领导者与成员交换理论（LMX：Leader-Member Exchange）

这是领导者与下属以相互信任、相容互动和胜任力交换关系促进持续发展的领导力理论。这个理论的研究基础是历经25年的有关领导行为与下属职业发展关系的重要成果。格雷恩等（G.B.Graen）（1995）在《领导力季刊》发表了经典文章《基于关系的领导力研究：领导者与成员交换理论开发25年：应用多层次多范畴视角》。他们从最初的领导者与成员的垂直成对联结（VDL：Vertical Dyad Leadership）研究起步，经历了理论细化与进一步研究的4个演进阶段，建构与验证了LMX理论。从成员的生涯发展视角，领导者与成员交换关系是比成员动机与能力等因素本身更具预测力的指标。领导者与下属工作交往时的信任与互动水平，形成更为紧密的交换关系即LMX，包含了知觉到的贡献、忠诚和相互影响。格雷恩等（1995）开展的研究，实现了领导理论的重要突破，先后经历了4个阶段的理论发展：

阶段1　VDL测试：以工作单元领导者——成员对子为分析水平，检验工作单元内的区分效度。

阶段2　LMX验证：以领导者——成员对子为分析水平，完成与不同组织结果等变量的区分关系效度检验。相关研究还分析了"群体圈内"和"群体圈外"的沟通频次、互动沟通模式以及领导者——成员价值一致性、组织承诺、组织公民行为等多种指标并加以检验。

阶段3　领导开发：以领导者——成员对子为分析水平，探索成对关系开发及成对角色形成过程理论。超越传统的"上下级"研究思维，聚焦领导力形成与发展的过程。不是领导者如何区别对待下属，而是领导者怎样面向所有员工建立"伙伴关系"，为每一个员工创造公平、高质量的LMX发展机会。

阶段4　团队塑造与胜任力网络：以多个领导者——成员对子的综合集体性为分析水平，测评和研究领导者——成员对子的较大集体性特征。强调多种领导者——成员对子之间的相互依赖和基于胜任力的网络组合，从而形成组织内外领导力结构的"版图"。

从LMX理论的演进可以看出，新的焦点是团队领导胜任力，而不只是单一的上下级关系。如何构筑团队领导力是LMX理论的着力点。

（2）领导者与成员交换理论的应用

该理论在诸多研究中得到应用，LMX成为理解领导机制与组织行为的重要变量。如图11-8所示，LMX理论强调，领导者胜任力表现在能与具有任务胜任力、群体相容性和外向性的下属成员在互动过程中逐渐形成员工的"圈内群体"（in-group），超越原有正式工作关系下的"圈外群体"（out-group），形成集体型的胜任能力。国内外的研究表明，LMX在多种管理场景中表现出对于工作行为与绩效的较强预测力和解释力，得到许多研究的采用，或为关于领导研究的最常用概念之一。

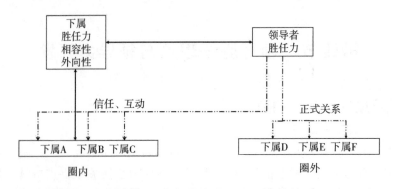

图 11-8　领导者与成员交换关系理论

杜红与王重鸣(2002)对领导者与成员交换理论的研究与应用进行了分析与展望,认为 LMX 理论在组织情景中具有重要的指导意义。领导过程是在领导者和成员之间的相互作用中展开的,LMX 为分析组织情景中上下级关系和集体型领导力提供了有力的诊断工具。

(3)LMX 的测量工具

比较常用的是 LMX7 量表,包括 7 个题项,可以由成员回答与直接领导之间的关系,或由领导者做出评价。下面是 LMX 量表的题项。括号内是领导者题项的句首,后边内容相同。

LMX 量表题项(Graen 等,1995)

①请问你是否了解与你的领导的相处情况?你通常是否知道你的领导对你工作的满意度?(或问你的成员通常是否知道……)

②你的领导是否很理解你工作中的问题与需要?(或问你在多大程度上理解……)

③你的领导是否认识到你有多大潜能?(或问你在多大程度上认识……)

④无论你的领导的行政职权有多大,他(她)是否有机会运用其权力帮助你解决工作上的问题?(或问你有多大机会……)

⑤无论行政职权有多大,你的领导是否有机会运用其权力牺牲自己的利益来帮助您走出困境?(或问你是否有机会……)

⑥你是否有足够的信心在领导不在场的情况下为他(她)所做出的决策做出辩解?(或问你的成员会……)

⑦你怎么看自己与领导的工作关系?(或问你的成员会……)

由于 LMX 是以成对关系为基础,对 LMX 的测量既要测量成员的 LMX 看法(简称 M-LMX),又要测量领导者对 LMX 的看法(简称 L-LMX)。从理论上分析,如果 M-LMX 与 L-LMX 的一致性程度较高,则说明上下级之间的交换比较充分,双方对相关问题的认识及解决问题的方法等方面都有较高的相似性,因而具有高质量的 LMX 关系。

2.领导者与成员交换关系研究

有关领导者——成员交换关系(LMX)的研究十分活跃,取得许多理论进展,主要围绕 LMX 的效应、机制以及新的理论拓展等领域。

(1)领导者与成员交换关系的互惠机制

关于中国组织情境下领导者与成员之间交换关系的心理机制,有不少相关研究。凌文铨、李锐、聂靖、李爱梅(2019)对上司与下属社会交换关系的互惠机制开展了情境实验研究。研究结果发现：上司与下属在对待晋升、奖励等工具性回报上同时采用公平法则和人情法则，而在给予下属的鼓励、支持等情感性回报上则偏重人情法则；公平法则在交换价值完全相等时达成双方均满意的结果，而人情法则是一种适度对价，在双方交换价值相差不大时达成双方均满意的结果。研究运用对价理论整合了公平与人情两种社会交换法则，为理解中国组织情境下领导者与成员间社会交换的互惠机制提供了新的理论视角。

（2）领导者与成员交换关系的新发展

由于工作与管理情境日趋动态，在部门领导人员更替频繁，许多互联网企业和数字化项目强调基层和员工的主动精神和团队精神的变革实践中，成对 LMX 的稳定性降低，因而其预测力也远不如以前。我们进一步提出 TMX（Team-Member Exchange）即团队与成员交换关系和 OMX（Organization-Member Exchange）即组织与成员交换关系的新理论概念与应用指标，在组织变革中显示出具有更好的适应性和预测力。尤其是 OMX 在多种数字化转型组织中具有更强的预测力和研究价值。

根据图 11-9 的效能模型，在多项目交叉团队、平台型组织和数字化转型情景下，领导者与成员交换关系趋于动态性和多元化。经典的 LMX 理论难以适应领导者（主管、经理、船舶四巨头）轮换比较频繁或者跨部门、多项目动态交叉的情境。在这种情况下，下属成员需要更多发挥各自的主动性或团队能动性，即高阶动能策略，在领导者—成员交换关系相对松散或角色多样的条件下，加强组织—成员或者团队—成员之间的组织协同关系，也称为组织—成员协同关系"OMS"（Organization-Member Synergy）（简称组织协同）和团队—成员协调关系"TMC"（Team-Member Coordination）。这两种新型关系都运用基于责任共享和团队协同的项目工作关系模式。

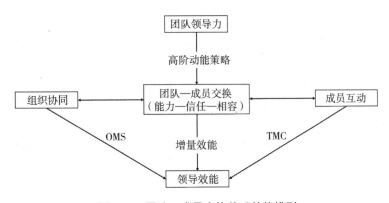

图 11-9　团队—成员交换关系效能模型

3.转型式领导与战略型领导

在转型升级和变革创新的形势下，所有的管理者和领导人都在思考如何增强转型式领导和提升战略型领导能力的问题。

转型式领导的特点。转型式领导采用行为视角，把转型变革看成领导行为权变条件，制约着特定领导风格的有效性，认为在变革时代，魅力型领导或转型式领导行为是特别有效的领导行为模式。

战略型领导的特征与提升。企业领导干部的能力建设成为各类企业的关键任务。这里主要指企业的高管领导和部分中层领导干部，集中在培养面对高质量持续发展和变革创新战略任务的专业精神、业务能力、学习能力、改革创新能力、市场洞察能力、战略决断能力、推动执行能力和风险防控能力等多方面的能力建设。一项重要任务是提升企业领导干部的战略型领导能力。

战略型领导是指企业组织的高管或高管团队的领导行为。汉姆布里科和梅森（Hambrick 和 Mason,1984）为此提出的著名的高阶梯阵理论,把战略选择作为企业高管团队的心理组成元素预测组织绩效。组织的经营结果（指战略选择与绩效水平）可以部分地从管理层背景特征加以预测。企业高管年轻化特征会带来追求风险性战略（多元化、产品创新、资本运作等）并经历更大盈利性成长,高管的产品线经历会强化战略的产出导向（产品创新、前导式整合等）和生产能力（优化流程、设施更新、后置整合等）并正向影响成长等。

图 11-10 是战略型领导高阶梯阵理论的示意图。从内外情境的五项征出发,制约和激发 10 项高阶梯阵特征,进一步影响 10 种战略选择,最终影响五项组织绩效指标。

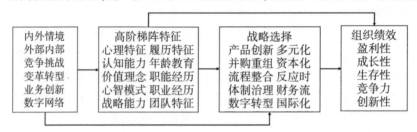

图 11-10　战略型领导的高阶梯阵模型（王重鸣,2021）

从战略型领导的高阶梯阵模型的思路出发,王辉、张文慧、忻榕、徐淑英（2011）采用实证方法深度探讨了中国管理情境下的战略型领导行为对于企经营绩效的影响。研究选取了来自 125 家企业的战略型领导者（CEO、董事长或副总）以及所属企业的 739 名员工开展调查。这项研究结果表明,战略型领导行为的阐述愿景、开拓创新、人际沟通、监控运营和关爱下属 5 个维度对员工态度和企业绩效具有显著的正向作用;战略型领导行为通过组织文化的内部整合与外部适应的价值观影响企业绩效。这项研究为进一步增强企业高管和骨干团队的战略型领导提供了重要的理论支持。

战略型领导的重点任务之一是构建组织动态能力,努力把技术能力转化为企业的竞争优势。同时,战略型领导并非只是大企业的领导行为,即使是小企业,也很需要增强战略型领导能力。

二、领导力开发的模式与策略

领导力开发是近几年迅速发展并得到广泛应用的领域,企业组织从未像现在这样重视培育和开发领导力,并从一般领导学培训课程,转向数字化、实战式的领导力整体培育方案或领导力成长计划。领导力开发在原理上注重参与、定制、迁移和反馈,在内容上强调软技能、数字化技能和创新创业能力,在模式上多运用指导人计划和教练辅导方式。

在实践应用中,领导力开发的最有效策略之一是指导人计划、领导力教练计划,以及基于整合赋能的组织培养成长计划。

1.指导人计划（Mentoring Program）

这是企业组织专门设计和正式启动的"一对一"、"一对多"或"多对多"领导力培养计划。在许多企业,日常都有各种"师徒计划",对新员工做出见习性的指导。不同的地方在于,领导力指导人计划聚焦领导力提升和历练的正式指导计划,常常作为整体能力建设计划的组成部分。典型的领导力指导人计划包括 4 个阶段:指导关系建立阶段、指导目标设置阶段、互动指导行动阶段和未来发展计划阶段。心理学把指导关系看成有经验的指导人与较年轻的被指导人之间的认知—情绪互动,在信任、支持的相互关系中,被指导人得到指导人在生涯成长(关爱、体验、历练、学习、专长等)和心理社会(才能、认同、角色、友情、伦理等)方面的教诲、辅导和示范。指导人计划成为各类组织的重要领导力开发与员工成长策略。有关如何设计与加强指导关系以提升指导质量,尤其是中高层经理的指导计划,比较有效的是采用心理依恋理论(Attachment Theory)构建高依恋指导关系以促进高指导效能。王晟、诺伊、王重鸣、格林伯宿(2009)专题研究了中国企业为期两年的正式指导人计划,对 174 对指导人与被指导人的调研表明了基于低回避与低焦虑(例如是否开诚布公和接受心态)的依恋风格交互影响了指导意愿和指导关系质量。良好的指导人计划可以显著提升终身学习、自信与适应、心理弹性、自我意识与自知之明、学习型组织、赋能下属等方面的能力。另一项重要理论是"自我拓展理论"(Self-expansion Theory),用以解释人们努力增加资源、观点、认同感以增强达成目标的潜在效能感的自我拓展动机,用以优化领导力指导计划的适配度和有效性。

2.领导力教练计划(Executive Coaching),又称高管教练计划

在多变、不确定、复杂、模糊的 VUCA 环境下,过去的成功不再能有效指导将来的胜利,经理人的角色已经转变为"教练"而不是常规的发指令者,领导力教练计划近年来得到突飞猛进的发展。领导力教练计划与人才管理、学习型组织建设和各类领导力开发计划整合在一起。我们把领导力教练计划定义为"运用心理学技能与方法以一对一等关系模式帮助学员成为有效的经理人或领导者,使他们把这些技能结合到管理与领导才能库中去的成长计划"。比较常用的技能包括反馈技术、多向沟通、冲突解法、认知重构、框架重塑、变革管理、团队激励、战略规划、情商管理、目标设置策略、行动学习策略、新兴领导力、多团队协同、数字化项目管理等。领导力教练计划包括 4 个阶段:启动教练关系、制订教练计划(通常 3 个月到 2 年)、定期互动咨询、持续改进提升。教练计划聚焦当前与未来,致力行动导向、成长开发导向,运用教练才能,关注绩效问题,体现组织效能,保持积极心态。教练计划的目的和模式也日趋多样,比较流行的有生涯教练、团队教练、绩效教练、后备教练等。朱瑜、吕阳等(2018)的研究通过跨层次结构方程模型分析方法,验证了教练型领导对员工创新行为的显著影响以及创造力自我效能感的中介作用,为教练型领导能力的开发和策略构建提供了研究依据。

3.基于整合赋能的组织培养成长计划

由于领导力开发的情境性、内隐性特点,我们建议在指导人计划和领导力教练计划中采用行动学习模式,可以参照问题驱动策略、原理反思策略、行动的目标—反馈—迭代策略开展指导或教练。为了使指导人计划和领导力教练计划更具针对性和实效性,首先必须建立高度互信、开放、亲情、建设性、创新性的指导与教练关系。其次,从领导者工作实践出发,识别竞争环境、转型升级、业务拓展、内生动力、创新实践等方面对现有领导力提出新挑战、新要求和新目标。例如,在数字化转型情境下,常常面临转换心智模式和学会采用数字化管理模式的挑战和问题,需要结合如何应对从常规的监管型、分管式、行政型的领导方式向自主式、分布式和项目式的自下而上领导策略转变所带来

问题出发,策划领导力开发的建议方案。实践中运用比较有效的整合赋能 GROW 模型,通过目标(G)、现实(R)、选项(O)和意愿(W)四部曲推进领导力教练计划。研究表明,成功的指导人或教练具备七方面的能力:责任伦理、行动策划、创建关系、有效沟通、目标设置、促进成长、行动管理。此外,明晰的目标、及时的反馈、充分的诚信、组织的支持、成效的显示等都是指导人计划与教练力计划的成功条件。

第五节　激励论与船员激励

激励,即激发、鼓励之意。通过激励可以把员工的积极性调动起来并坚持下去。人的积极性不是一个恒常存在的状态,如果激励得法,会使一个人的内在潜力大大释放,否则,同样是这个人,却毫无斗志。

人的积极性建立在个人需要的基础之上,这个"需要"包括的内容正如马斯洛所指出的那样,从低层次的生理需要到高层次的自我实现需要,领导者应该在员工的需要方面加以培植。比如,培植他们的高层次需要,那么他们则易受高层次激励手段的作用;如果经常引导他们关注低层次需要,那么他们就易受低层次的因素所摆布。参考图 11-11 和图 11-12。

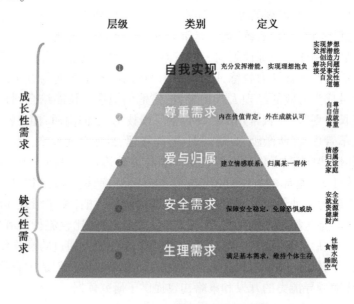

图 11-11　马斯洛需求层次模型

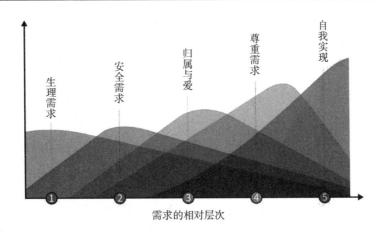

图 11-12　马斯洛需求层次发展趋势

激励是以未满足的需要为基础,利用各种目标诱因激发动机,驱使和诱导行为,促使实现目标,提高需要满足程度的连续心理和行为过程。行为是由动机决定的,而动机来自需要。但是一个人同时可以有多种需要和动机,在这些多种多样的动机和需要中只有主导需要才会引发动机,而只有优势动机才会最终导致行为的发生。

因此我们应该认真研究海员在特定环境下的需要结构、动机结构,以及各种动机之间的矛盾和斗争,在管理的过程中根据海员的需要设置目标,因势利导,进行激励,通过目标导向使海员出现有利于组织目标的优势动机并按组织所需要的方式行动,以诱发组织所期望的行为。

如前所述,行为主义是以排斥研究意识内容和主张行为即环境刺激的结果的理论为特色的。那么,对待激励问题,行为主义学派,主张的无非是刺激的施放。只不过,老行为主义主张单纯的物质刺激,而新行为主义则兼顾精神激励而已。

【微视频】
激励论与
船员激励

老行为主义的物质刺激主张,以计件工作法体现得最为明显,在这种方法的施行中,一定要配合以劳动标准的制定,并且要具有相应的一套计量和检测方法,在施行中还要赏罚分明,以使不同的行为给予不同的"刺激"。如果刺激量和刺激时机混乱,都不会产生良好的刺激效果。

经过新行为主义的修正,激励理论注重心理主观因素的参与,尤其是在奖励手段上和惩罚手段方面,修正后的行为主义学派制定出一系列较为可行的方法,可以供工作时参考,下面分析之。

【微视频】
工作要求一
资源模型

一、奖励的应用

奖励是实现正强化的有效手段,会使人产生一种心理上的满足感。但是应用奖励手段也要注意方式和方法,以下几点值得重视:

1.奖励时要创造心理氛围

同样的一个奖品,如果是在奖励大会上发放,在领导的热情宣布之下,在群体的鼓掌声之中,会使被奖励者心花怒放,而如果只是平平淡淡地、单独地把奖状和奖品给予某人,那么激励的效果就很差。

2.奖励要具有真正的先进性

奖励是向群众设置行为趋向目标,根据不同的组织任务和"战略"重点,领导者所建立的目标是随之调整的,但是,总体而言,人的先进性是领导者永远把握的尺度。所以,在选择受奖者时,必须注意要有真正的先进性,否则奖励流于形式,不仅没有正面效果,甚至会产生相反的效果。在实际操作中,这也是一个难题,因为人们易把"先进"和"完善"混在一起,一旦某人因某事获奖,就会招致其他人的评议或忌妒。这就需要领导对受奖条件事先宣传,令员工明了该奖励的意义,从而把受奖者引导到领导所要引导的方向上来。

3.奖励的时效性

过晚的奖励起不到强化作用,因为任何行为都需要获得及时的反馈信息。奖励作用在行为刚发生不久之后,强化作用最明显。这个时间多长,随着被强化行为的层次逐渐升高,时间可以逐渐延长。比如一个低层次的肌肉动作反应,必须给予尽可能短的强化等待期。这个强化如能在短期重复3~5次,就可以建立起模式化行为。比如打乒乓球,偶尔打了一个擦网球或一个擦边球,球员往往习惯性地挥动一下球拍,尽可能按这个理想的动作打下一个球,技巧就被重复动作的训练巩固了。情绪的强化相对可以延迟一些;在个性品格的强化之中,观念性事物的强化可稍晚一些。比如年终奖励,事情可能发生在半年前甚至在年初,但年末的奖励照样可以起到这个强化作用,但必须在目的行为出现之后给予肯定,即给予一次强化,或更准确地说是给予一个强化预期许诺,这样,年终就成了强化预期时限了。拖最长时间才兑现的强化有时可能要等到人生终点,甚至死亡以后,这就成了伟大的理想或宗教的追求。比如某些学说或主义赞美"真正的音乐往往在悲凉的韵调,真正的人生往往在于壮烈的牺牲"。由此看来,对强化的时效性不可机械地理解为"即刻",事先的强化期许可能会造成被强化者行为受强化的预期时限。

4.奖励应该多样化

【微视频】
控制感

人的需要各有不同,同一个人在不同时期的需要也不相同。既然奖励是为了强化受奖者的行为,那么根据动机强度原则,需要的强烈程度决定了动机的强度,而动机强度决定了强化效果。

比如,过去经济困难时期,人们到医院去探望住院的朋友,要带上一些食品为好;而现在,生活改善了,人们普遍倾向送一束鲜花或一个花篮。当然什么时候都是"重奖之下,必有勇夫",可是限于条件,领导者不能对什么事都以"重赏"来强化。再者轻和重永远是相对而言的,一个穷人掏出10元钱,可能是"倾囊相助",一个富翁掏出1万元钱也只说"聊补无米之炊",所以,强化奖励的内容应该依情况而酌定,要根据受奖者的需要而不是根据颁奖者的喜好。

二、惩罚的应用

【微视频】
关于惩罚

对于惩罚,也要遵循一定心理规律而施行,比如,人们都不愿接受惩罚,甚至一旦受罚,则迁怒于人,指责惩罚不当,借此来供自己达到推脱责任、洗清自身的目的。所以在进行惩罚前一定要强调违纪事件的严重性,而且,惩罚的"量"也是相对的。诚如一西方格言所讲:"如判处罪犯为绞刑,在改为枪毙时,也会使他感到高兴。"这句话反映了心理上对惩罚接受时候的一种感受,所以先申明过失的利害,影响的大小,令被罚者"心悦诚服",感到这是咎由自取。此为施惩时第一注意事项。第二注意事项是,事后的"严中有情"。这倒不是对被罚者"打一巴掌再给一个甜枣",而是为了消除某些由惩罚引起的对抗性情绪,严中有情,会达到共同对章法的认同。维护制度和章法易被人客观地加以接纳,对事不对人是一个高明的策略。其实事和人怎么能分得开呢?但你努力这么做了,被惩罚者心里就留下了一块空间,留下了一分理解,少了一分怨恨。根据心理学归因理论,本来人很容易把主观上的错误解释成客观原因使然,容易为了摆脱责难而倾向于怨天尤人。"严中有情"的原则,"对事不对人"的策略,使被惩罚者易于接受,从而消除了许多批评和惩罚后的不良后果。

当然,批评和惩罚也要注意方式和内容的多样性,因人而异地运用,比如,有时能在批评中隐去姓名,暗示一下,如果能用"最低能量级"的形式,尽可能不用"高能量级"的形式,要使损伤最少。

最后要指出,批评和惩罚不能反复施加给同一对象,要批评就认真诚恳地一次"清账"。正如政治家马基雅维里所讲,奖励可以分次给予,惩罚却不要分期付给。比如,要发给某人 100 元钱奖金,如果分两次发给,上半月发 50 元,下半月又发 50 元,那么,其效果超过 100 元。而相反,要罚一个人 100 元钱,最好一次罚收,不要上半月罚 50 元,下半月再罚 50 元,这两次惩罚带来的怨恨比一次罚 100 元要大得多。

三、认知派的激励理论

认知派强调的是认识对于人行为的决定作用,认为人的认知形成了各有特点的认知结构,对于新的事件认知,受既往的认知结构的影响,因而认知具有高度的个别差异。另外,认知派强调概念具有一定的行为驱动作用,通过认知的反馈,认知活动不断调适着人的行为,从而达到对生活的适应。

概括起来,认知派的激励理论又分为内容激励理论和过程激励理论、认知派的内容激励,就是从如何把人的积极性调动起来的角度着眼来提出的一系列理论;换言之,就是如何把人的需要搞清楚,并按这一需要的满足动机来设置激励方法,所谓"投其所好,施其所求"而已。过程激励理论就是着眼于如何把积极性坚持下去,有很多原因可以干扰积极性的坚持,对每种原因的分析就形成了各有特点的理论。下面将内容激励与过程激励理论关系概括列出如表 11-3 所示,马斯洛的需要层次理论在前面已经叙述,本节重点介绍"双因素理论"。

在大量调查统计的基础上,赫茨伯格发现,导致对工作满意与不满意的事件是截然不同的。其中,导致满意的主要因素有:成就、认可、工作本身的吸引力、责任、发展;而导致不满意的因素有:企业政策与行政管理、监督、工资、人际关系和工作条件等。赫茨伯格发现,对满意起主要作用的是成长与发展;而对工作不满意起主要作用的因素是环境。因此,他把前者称为激励性因素,把后者称为保健性因素。保健性因素的最好评价是"没有不满意",而差的评价是"不满意";激励性因素的最好评价是"满意",而较差的评价是"没有满意"。这说明,保健性因素与激励性因素虽然对人的激励都有一定作用,但是保健性因素的激励性作用确实较差。最高的激励水平是使被激励者达到"没有不满意"的状态,这样看来,只加强保健性因素并没有良好的激励作用,如何使保健性因素与工作绩效挂钩,这是使保健性因素发挥激励作用的关键。同时,要防止把带有激励作用的因素降低成单纯的保健性因素。

表 11-3　内容激励理论与过程激励理论的关系

认知派激励论	内容激励理论	需要层次论(马斯洛) 生存、关系、成长理论(阿尔德弗) 成就需要论(麦克利兰) 双因素理论(赫茨伯格)
	过程激励理论	期望理念(佛隆) 公平理论(亚当斯) 目标理念(德鲁克) 归因理论(海特等)

在过程激励理论中,我们分别介绍期望理论、公平理论、归因理论。

期望理论是由佛隆(V. H. Vroom)首先提出来的。这个理论研究了影响人心理作为的认知因素方面,回答了为什么有些被唤起的行为会消退下去,指出其根本性原因在于对某事的价值评价与获得该事成功的期望值大小,两者共同影响着人的激励力量。故而,他们提出了一个经典的公式

$$M = \sum V \times E$$

式中:M——Motivation(激励);V——Valence(效价);E——Expectancy(期望)。

在实际生活中,对同一事物、不同的人可能具有不同的价值判断,"黄金有价,情无价"对于重视情感的人而言是贬低了黄金的价值,而对于重利的人来看,"感情能值几个钱"。所以,对某事物价值的评估来源于人的个人价值观,当然通过教化会使一个人的价值观发生变化。一个企业领导通过规章制度,或其他企业文化手段教化员工,激发他们的奉献行为或集体主义行为的价值观,则有利于获得今后的良好激励效果;反之,如果平时没有教育铺垫,想激发员工工作的积极性是十分困难的。

期望值是指个人对某项目标能够实现的概率的估计,这也可理解为,被激励对象对目标能够实现的可能性大小的估计。

一个推销彩票的人,当然一方面在介绍提高被推销彩票的效价,另一方面通过千方百计的讲解,让人们感到中奖可能性很大;而劝阻某人从事某事,则一方面讲此事好处不大,甚至有害,另一方面讲此事如何难以成功,白费力气。不管人们如何在不同角度上去鼓励或劝阻,其实都没有离开上述的公式范围。根据效价和期望值的不同结合,会产生如下几种情况:

(1)$E_{高} \times V_{高} = M_{高}$;

(2)$E_{中} \times V_{中} = M_{中}$;

(3)$E_{低} \times V_{低} = M_{低}$;

(4)$E_{高} \times V_{低} = M_{低}$;

(5)$E_{低} \times V_{高} = M_{低}$。

1.公平理论

美国心理学家亚当斯(J. S. Adams)提出了公平理论观点,认为工资报酬分配的不公平,是使员工生产积极性下降的重要因素。如何使员工们感到平衡,领导的各种解释是千方百计说明没有不公平;而提出意见或有不公平感的员工,不满意的根据就是基于他本人受到不公平待遇。

公平理论指出,如果人们将自己的贡献和自己的报酬之比,与另一个人的贡献与报

酬之比相互比较,发现了自己一方的比值小于另一方的比值,就会产生不公平感。列出公式如下:

$$\frac{O_P}{I_P} = \frac{O_O}{I_O}$$

式中:O_P——一个人的获得(the Obtained of a Person);I_P——一个人的投入(the Invest of a Person);O_O——另一个人的获得;I_O——另一个人的投入。

当不公平情况发生后,感到不公平的一方往往通过以下方式来调节平衡。

(1)谋求增加自己的报酬;

(2)谋求降低他人的报酬;

(3)设法降低自己的贡献;

(4)设法增加他人的贡献;

(5)换另外一个报酬与贡献比值较低的对象进行比较。

有很多人由于判断失误,造成主观不平衡感,对这些人要通过说理,纠正其自我或对他人的判断失误。比如,有的人往往夸大自己,却贬低别人,这种人的不公平感就丧失了客观性。

2.归因理论

归因是指人们对行为发生原因加以推理性归纳。一般来说,任何事情的发生,究其原因可以分为外部原因与内部原因两种。美国心理学家韦纳(Weiner)说,成功与失败可归因于4个方面的具体因素:努力、能力、任务难度和机遇。这4种因素又可以按内外部原因、稳定性和可控制性3个维度来划分。努力和能力属于内部原因,任务难度和机遇属于外部原因;能力和任务难度属稳定性原因;努力和机遇属不稳定性因素;努力是可控制性因素,任务难度和机遇都是不可控制性因素。

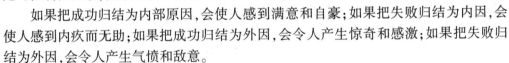

【微视频】
因果推断论

如果把成功归结为内部原因,会使人感到满意和自豪;如果把失败归结为内因,会使人感到内疚而无助;如果把成功归结为外因,会令人产生惊奇和感激;如果把失败归结为外因,会令人产生气愤和敌意。

另外,人们还有另外一种普遍归因倾向,就是当自己取得成功时,往往归结为内因和可控制因素;如果自己失败了,则往往归结为外因和不可控制因素。但是对于别人,他的归因可能正好相反。这会影响客观地认识事情的原因,我们应该了解这种倾向并努力排除干扰。

至于综合型激励模式就不评述了,总之,领导干部或管理人员灵活运用激励理论,有助于工作的开展。

【微视频】
归因偏差

第六节　船长的威信与船员的组织心理

威信,这是一种自从有人类社会以来就存在着的社会现象。追本溯源,我们可以上溯到动物集群的首领。雁群中有头雁,羊群中有头羊,猴群中更有猴王。在动物群体中的首领或靠体力强大,或靠经验丰富,或者两者兼而有之,总之,是能给种群的繁衍和生存带来有效维系作用的杰出者。如果仅从这一意义上讲,那么人类社会中的权威则具有与动物的首领一样的功能。但毕竟人类的社会与动物的社会不可同日而语,因此,人群中的威信建立也就不同于动物群中首领的威风建立。人群首领威信建立主要体现在社会性品格方面。

船舶上有船长、政委、轮机长、大副组成的领导集体,其中船长是一船的首领,由这样一个首领统领全体船员同舟共济驶达彼岸。所以一个船长没有临危不惧、处变不惊的胆识,没有统帅全局、指挥若定的头脑,没有多谋善断、刚柔相济的品格,没有知人善任、招贤纳士的胸襟,这艘船即便不在自然风浪中沉没,也会在社会竞争的潮流中搁浅。所以,研究船长威信问题对我国航海管理工作具有重要意义。

一、威信的构成与威信的维护

威信是指使人信服者身上所具有的心理与行为品格。对于领导者来说,有职、有权会增其威;如果无德、无能,则有威而无信。所以,权威不等于威信,威信有助于权威。

管理心理学对权威(或称领导者的影响力)的分析如图 11-13 所示。

权力性影响有助于加强非权力性影响,当然也能削减这一影响。因此,领导者应该注意权力性影响力的功用。德国的行为科学家韦伯将权力影响力分解为三种形态:法理权力、传统权力和虔诚权力。

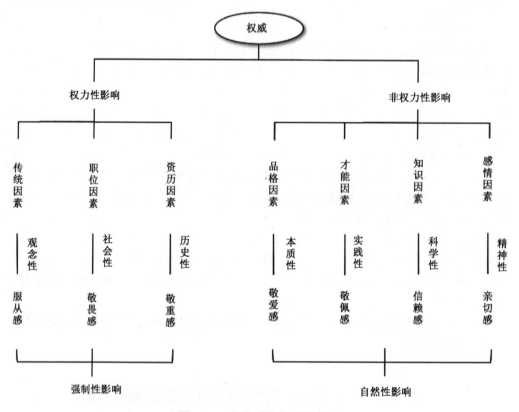

图 11-13　领导威信构成因素图

法理权力的基础是其合法性,即其权力位置是由法定形式所产生的,比如投票选举中得到了大多数人一致的公认和推崇,如果这种法定形式是严格的,那么所选出的领导就真正具有法理权力。但是,如果这一产生过程不具有合法性或只是虚假的合法性,那么产生出的领导就先天地带有法理权力影响力虚弱症。传统权力是由众人所接受的传统形式继承下来的权力,如夏禹、商汤推位让国,虽然当时没有搞"大选",人们也接纳他们的领导。虔诚权力是来自被群众顶礼膜拜的人物,由于人们对其产生了神圣的信仰,因而便自然产生了使众人膺服的虔诚权力。

权力影响力的实施过程本身又成为使这一影响力增益或衰减的因素。用权的要领一是公而不私,二是揽而不专。由此两项要领派生了一系列具体方法,构成了领导者用权的艺术。我们的生活用语中常将威与严合起来称威严,将威与信合起来称威信,其他还有威风、威势、威胁、威仪、威慑、威望,我们从中都能抽象出"威"的组成要素。

研究威信问题还必须放眼研究国民的文化,中国文化决定着有深厚的封建权威的土壤。美国的迈克·彭在研究中国人心理的一本著作中提到:"假如价值和传统都维护人际关系的等级结构,那么就可以推论权威型的领导方式更有助于中国社会的正常运转。"有的学者发现,在权威型领导方式下,中国人比美国人更团结,但在民主型的领导方式下情况恰恰相反。中国人所乐于接受的这种权威型领导方式是从传统的家长制中演变而来的。尤其在船上,几乎是一个独立王国,船长就更容易表现其权威,中国的船员对此有较高的容忍力,甚至稍得夸赞,便喜形于色,这些都不是现代管理中的良好领导作风,但其绵亘至今,恐怕要用"一切现存皆为合理"的哲学诠释吧!立即用民主型代替专制型管理,可能还会引起相当程度的不适应感。但是,我们应当看到,新一代海员的成长环境与十几年前、二十几年前相比发生了巨大的变化。年轻的一代人伴随着互联网长大,除了传统的教育,还吸收了多样化的思想理念,形成了新的世界观、生活观和价值观。他们更注重自由、民主,更渴望在工作、生活中,在人与人的交往中,得到尊重和理解,希望别人能够倾听自己的想法。他们对于严苛的管理方式和权威的家长制做法表现出了较强的抗拒心理。诸如此类的新趋势,将会对海员的传统管理方式和观念带来冲击,船舶的管理者和企业的管理者都必须认识到这一现状,并做出相应的调整。

威信的提高不是一个把几项因素简单相加的过程,比如,将前述非权力性影响力包括的四个方面之中的各项因素的分别加强,威信的提高和建立过程一样是深深植根于社会需要基础之上的。像在一个平坦的桌面上倒了一勺水,由于表面张力,这一汪水高凸于桌面之上,但不会向任何方向流动,当用指头朝一个方向一划,这汪水便流向划出的方向。这正像社会生活中的情境,当社会某种需要积郁到一定程度时,有人站出来引导这一潮流,那么便成了众人的代言者或者是利益的化身。领导的受拥护性的核心基础就是这种"敢为天下先、敢替众人鸣"的行为和品质。影星和歌星引起的追星族的狂热崇拜,其实就是因为在那些明星的演唱中替代性地为追星族爆发了某种情怀或寄托了追星族的一片热望。从这个意义上讲,一个权威的树立,代表了某种时代精神和政治、经济与文化的"气候"。

所谓"识时务者为俊杰",对这句话我们可以从上述的意味上来理解,即谁能看到时态和时势并引而导之,他就易被拥戴为俊杰之士,就建立起广博的威信。

一个权威人物在权威性营造的过程中必须随时表现出超凡的自信,并且明确的态度和果断的决定也有助于建立威信,因为大众往往是犹豫不决的,他们需要的是那种明确方向的暗示和引导。果断的决定和明确的态度风格加上适当的威严,那样就形成威严的一面,如果还没有忘记给被领导者增加几分温和的关怀,这种威信的建立,便会取得事半功倍的效果。

学术权威的威信,主要靠研究成果和表达此成果的学术著述。要当一个合格的船长,需要即刻地给出十分鲜明的语言和行为风格,包括外貌的魁梧和英俊,姿态的卓尔不群,神情的端庄雍容。这些"可感性"要素对于一个学者的威信可能完全不必要,当你亲眼见到某一个使你膜拜日久的学术权威学者时,也可能他的形象和语言口头表达的滞涩让你大失所望,但你仍然会在心中留给他权威的空间并极力重新组合自己的知觉评价来维护先前已形成的对他的权威认同感。

权威者的威信建立会被崇敬者加以理想化处理,因为对权威的需要就是满足人们心里象征性人物完美性的需要,因此权威一旦被树立,他就具有几分神性。为了维护这种神性,一则是快速填充和弥补缺憾的成分,二则是使自己行为与被领导者之间适当拉开距离。"仆役眼中无英雄",恰恰说明了缺乏了距离审美就无法使那些象征性的完美因素通过格式塔的填补方式在知觉的空白处用臆想搭砌起来。含蓄或许是能起到这种拉大距离又不致脱节的一种最为有用的方式。含蓄所造成的模糊的刺激,给人们的想象留下了可资利用的空间。"水深流去慢,贵人话语迟",甚至"沉默是金,善辩是银"的格言中都透露出维护权威之道的蛛丝马迹。少言寡语在平民身上可能被认为是木讷的表现,而在首领的身上便成了城府高深的可靠标志。

二、威信的建立与威信的提升

威信是在他人心中建立自己的影响作用。那么,对船长来说,如何建立与提升威信呢?

第一,正视自己的角色。"在其位,谋其政",既然身为船长,就需要清楚船长的职责、角色与责任。必要时,船长需要勇敢、果断地做出决策,不卑微,不轻视自己。同时,正视也不意味着夸大,无须因为身为船长就自视甚高,因为这样反而会造成过远的权力距离,不利于上下级沟通,无法及时收集信息而做出"一叶障目"的决策。

第二,了解自己与他人的需要。威信是在他人心中建立自己的影响作用,所以了解他人是非常重要的。船长可以了解船员的所思所想及内心的需要。任何人都渴望被理解与看见。当船员们感到被理解、尊重、看见,及需要被满足时,自然而然地会产生积极情绪,并愿意"追随"船长。

第三,恩威并施。当船员表现出船长希望其出现的行为时,船长可适时给予鼓励与强化,促进船员该行为继续发生。当船员表现出船长不想要的行为时,船长可适时给予惩罚,以减弱该行为的继续出现。具体强化与惩罚的方法可参考著名心理学家斯金纳提出的行为矫正技术。常见的行为矫正技术包括正(负)强化、间歇强化、惩罚、消退、塑造、渐隐、代币制等。

正强化:任何导致我们以后进行该行为的可能性增加的结果。就是奖励那些符合组织目标的行为,以使这些行为得到进一步加强,从而有利于组织目标的实现。

负强化:也称阴性强化,就是对于符合组织目标的行为,撤销或减弱原来存在的消极刺激或者条件,以使这些行为发生的频率提高。

间歇强化:一种偶然地或间歇地、不是每一次都对所发生的行为进行强化的方法。

惩罚:当有机体自发做出某种反应后,随机呈现一个厌恶刺激(或不愉快情境),以期消除或抑制此类反应的过程。

消退:消退属于降低行为发生率的技术之一,是一种无强化的过程(忽视或不再释放刺激条件),其作用在于降低某种反应在将来发生的概率,以达到消除某种行为的目的。

塑造:强化一系列合乎期望的行为。(一步步地进行强化,最终出现某种行为)

渐隐:与塑造很像。不同的是,渐隐法先提供最容易引发正确反应的情境刺激或模仿对象,然后在诱发刺激弱化的情况下巩固正确反应,直到这种正确反应在适当的新情境下仍能产生。如自己先做出标准动作,再让他人模仿,自己在旁边指导。

代币法:通过编制一套激励系统来强化正确行为,如会员卡储值、编制一个积分表等。

总体来说,船长首先要处事公正,秉公办事,只有把这块基石放稳,那么才能以一正压百邪。也就是说,威信建立的第一要务在于高擎公正。以公压私是以不变应万变的基本方法,只有在此基础上的一些暂时的或局部的宽容才愈发显得珍贵。所以,船长建立威信与提升威信,都要依具体的情况而决定其程序和方针,要看工作现实状况和被领导者的现实状况。

三、船员的组织心理

在自然界中,物质存在着"同分异构"现象,比如金刚石和石墨,前者刚硬无比,后者柔软异常,因为其结构不同。船员队伍的结构不同,也会影响整体的效能,一艘船上除了常规职务定岗分配之外,还要注意到年龄的搭配、性格的搭配、经验水平的搭配。搭配得当,会产生更大的"合力",搭配不当,则会产生"斥力"。所以,研究船员的组织心理,对航海活动的影响是十分必要的。

【微视频】
领导者的
心理问题
与调适

像生物从低级向高级进化可以形象地归纳为组织器官逐渐由单一走向复杂的特化和分工合作过程一样,社会的演进由分工而造成了许多相互区别的产业部门。部门内部还可以进一步进行分化,从而形成了一定的组织行为的结构框架。在这些组织结构之中,实现着权威、角色和地位的分配,越是分化得好的组织,越能实现其独立性与整体性的高度统一。

【微视频】
工作压力

船员在同一艘船舶上工作形成了一个整体,在这一整体之下,又可以分成由船长负责的一整套相互配合的分支部门,如驾驶、轮机等。船上因为实行的是特殊管理,责任分工明确但又需通力合作,尤其是当危险或紧急情况发生时。

【微视频】
压力源

能够实现既分工明确,又能通力合作的组织结构,应该是总负责人管理分部门负责人,分部门负责人各自管理自己系统或部门下属的人员的直线型组织结构模式,这种模式易于实现统一指挥和分级管理的原则。

在管理中,船长对各分部门的管理是通过分部门负责人来实现的,这就首先要形成上下明确的责、权、利的分配关系。有职无权,会导致敷衍塞责;有权无利,会滥用其权。责、权、利的上层领导间的统一,比责、权、利在下层工作人员之间的统一更加重要。组织结构必须形成的机制是,每个人在为集团组织做出贡献的时候,他自己也就能得到更大的自我价值的实现。在这一价值的维度上,价值的高低是由从零向正负两端渐进性排列的。在履行组织责任的时候,使责任者随时都能清楚地感到恪尽职守所能产生的精神利益和物质利益,并与此同时,感受到不尽其责时自身受到的威胁。

一艘船上有各司其职的船员,在平常情况下,船员只是按章办事地去履行自己的职责,甚至在产生消极情绪时,还会出现职责履行不力的情况。如果这种情况持续时间短,或失职的程度不严重,那么船上总体工作仍然继续正常进行,但在险恶情况下,玩忽职守可能会招致灭顶之灾。所以单凭被动接受奖惩来维护工作秩序,缺乏对组织中员工的目标与理想教育,这种组织中的员工就缺乏自觉能动性。在良好的组织结构与规章制度的基础上,施行恰到好处的员工主人翁责任感和使命感的教育,才能实现理想的队伍建设和管理。当员工所处的组织环境良好时,这个员工才能恪尽职守,恐于失职,乐于创新,这样的组织环境究竟应该具备哪些要素,是管理心理学家一直在探索的问题。美国管理协会主席洛蒂(M.C.Rorty)提出良好组织的十项条件:

(1)明确而清楚地规定每个管理者的责任;

(2)责任必须配备相应的权力;

(3)在没有确实了解有关人员的影响以前又要变动一个职位的责任范围;

(4)担负组织内任务的工作者只能从一个来源接受命令;

(5)不能越级下达命令;

(6)对下属的批评应找其单独谈话提出,不应在有他的同事或下属在场的情况下提出;

(7)重视下属在权责上的争执与分歧,并及时认真裁决;

(8)职位升降、工资调整和各种奖惩必须报上一级批准;

(9)不能让一个专爱挑某人毛病的人去当某人助手;

(10)应给管理者必要的帮助和方便,使他们能独立地检查自己工作的质量。

美国的巴纳德认为组织应具备三个基本要素:

(1)共同目标。组织的目标就是共同的目标,共同目标是统一决策、统一行动的前提。组织目标要适应环境的变化,要被组织成员理解和接受,要尽可能同组织成员的个人目标相一致。

(2)协作意愿。就是指组织成员要为组织目标贡献力量,有了这个意愿,就会共同为实现组织的目标而努力奋斗。

(3)信息沟通。通过沟通把组织联结起来,进一步通过必要的、信息良好的沟通使各部分成员明确共同目标,以确保个人的协作意见。

无论是洛蒂的十项条件,还是巴纳德的三个基本要素,其核心就是用约法三章来根据实际要求和理论要求界定组织中每个人的责、权、利。

西方将企业管理分成7"M"要素,也就是企业管理的7个对象,包括人(Men)、资金(Money)、方法(Methods)、机器(Machines)、材料(Materials)、市场(Market)、士气(Morale)。7"M"就是这7个英文词汇首字母的总称。

在任何一个环节中,都渗透入人的因素即心理因素。人的心理是多因素驱动的非线性变化系统,几乎没有可能用一种方法来调节所有的人。俗话讲"爱吃萝卜不吃梨",就是说个人有个人的喜好,管理者一方面把人看成复杂人,另一方面也努力在这纷繁复杂的现象后面去寻求统一的规律,对这种统一性宁可信其有,不可信其无,如果面对没有统一性的人群,管理心理学将没有存在的必要。任何科学都是在努力抽出现象背后的本质。

人的统一性用马斯洛的需要层次理论也不能完全说明,其实,管理心理学关于经济人的假设,关于社会人的假设,都只是从不同的方面去抽象人的统一性的基点。人是主体与客体的统一,是需要与环境的统一,所以,一个管理学家研究组织行为学或组织心理学,就是要研究在不同的内外因作用下去分析群体组织机构建立的最佳方式和组织机构内部人们利益的平衡方式。为了限制一部分行为,就必须约之以规,就必须统之以领导行为,这就是确定职责及其效用。一个人在一群人之中明白了我是干什么的,干好了怎么样,干不好又怎么样,这样一个简单的事情便是组织心理学的核心要义。

至于不同类型的组织,如何分配和协调其中的决策系统、信息系统、参谋系统、执行系统和监督系统之间的任务,那是组织学下的具体任务。在小的组织里,可能一个人可以担负上述五大系统功能;在一个大的组织系统里,上述五大系统功能可能要建立五个部门,每个部门下面又要有更细的分支。这都是视需要而定的事情,组织心理学和组织学研究的侧重点不同,前者重点研究组织中人的心理变化规律和相互作用规律。

本章复习题

一、名词与术语

管理、领导、领导者、领导者特质、领导行为理论、领导行为四分图模式、管理方格图理论、PM 领导行为类型理论、权变领导理论、领导风格、路径-目标理论、领导-参与模型、领导生命周期理论、魅力型领导、变革型领导、交易型领导、领导替代理论、内隐领导理论、自动加工、控制加工、服务型领导、奖励、惩罚、内容激励理论、过程激励理论、期望理论、双因素理论、归因理论、威信。

二、思考题

1.领导与管理的区别和联系是什么?

2.领导和被领导者的区别和联系是什么?

3.管理者对基本人性的理解是什么?

4.传统领导有效性理论包括哪些?

5.什么是领导有效性的特质理论?

6.领导有效性行为理论的具体内容是什么?

7.领导有效性权变理论的具体内容是什么?

8.什么是领导生命周期理论?

9.什么是魅力型领导?

10.变革型领导和交易型领导的联系和区别是什么?

11.什么是领导替代理论?

12.内隐领导理论包括哪些?

13.什么是服务型领导?

14.什么是诚信领导理论?

15.领导风格的影响因素是什么?

16.如何对船员进行激励与惩罚?

17.如何树立与提高船长的威信?

本章参考文献

[1]王有权.航海心理学[M].2 版.大连:大连海事大学出版社,2007.

[2]刘永芳.管理心理学[M].2 版.北京:清华大学出版社,2016.

[3]段锦云.管理心理学[M].2 版.杭州:浙江大学出版社,2017.

[4]冯彩玲,张丽华.变革/交易型领导对员工创新行为的跨层次影响[J].科学学与科学技术管理,2014, 35(8):172-180.

[5]耿晓伟,郑全全.领导替代理论[J].人类工效学,2007, 13(3):70-71.

[6]理查德·L·达夫特.领导学原理与实践[M].3版.杨斌,译.北京:机械工业出版社,2008.

[7]李超平,时勘.变革型领导的结构与测量[J].心理学报,2005,37(6):803-811.

[8]凌茜,汪纯孝.饭店各级管理人员的公仆型领导风格对员工服务质量的影响[J].旅游科学,2009,23(5):29-38.

[9]凌文辁,陈龙,王登.CPM领导行为评价量表的建构[J].心理学报,1987(2):199-207.

[10]凌文辁,方俐洛,艾尔卡.内隐领导理论的中国研究——与美国的研究进行比较[J].心理学报,1991(3):236-242.

[11]杨廷钫,凌文辁.服务型领导理论综述[J].科技管理研究,2008(3):204-207.

[12]詹延遵,凌文辁,方俐洛.领导学研究的新发展:诚信领导理论[J].心理科学进展,2006,14(5):710-715.

[13]郑伯埙.组织文化价值观的数量衡鉴[J].中华心理学刊,1990,32(3):31-49.